盐 城

大运河文化视野下的名都

南京大学文化与自然遗产研究所
盐城市文化广电和旅游局 ◎编

河海大学出版社
HOHAI UNIVERSITY PRESS
·南京·

图书在版编目（CIP）数据

盐城：大运河文化视野下的名都 / 南京大学文化与自然遗产研究所，盐城市文化广电和旅游局编 . -- 南京：河海大学出版社，2022.6

ISBN 978-7-5630-7373-3

Ⅰ . ①盐… Ⅱ . ①南…②盐… Ⅲ . ①大运河—文化研究—盐城 Ⅳ . ① K928.42

中国版本图书馆 CIP 数据核字（2021）第 276484 号

书　　名　盐城——大运河文化视野下的名都
　　　　　YANCHENG——DAYUNHE WENHUA SHIYE XIA DE MINGDU
书　　号　ISBN 978-7-5630-7373-3
责任编辑　彭志诚
特约校对　薛艳萍
装帧设计　槿容轩
出版发行　河海大学出版社
地　　址　南京市西康路 1 号　（邮编：210098）
网　　址　http://www.hhup.com
电　　话　（025）83786678（编辑室）
　　　　　（025）83722833（营销部）
排　　版　南京布克文化发展有限公司
印　　刷　南京迅驰彩色印刷有限公司
开　　本　787 mm × 960 mm　1/16
印　　张　19
插　　页　2
字　　数　300 千字
版　　次　2022 年 6 月第 1 版
印　　次　2022 年 6 月第 1 次印刷
定　　价　98.00 元

《盐城——大运河文化视野下的名都》编委会

目录

绪论：“大运河盐文化”视角下的盐城市

近年来，习近平总书记多次作出重要批示指示，要求我们“保护好、传承好、利用好大运河这一祖先留给我们的宝贵遗产”，深入挖掘以大运河为核心的历史文化资源，助力国家文化建设和中华民族伟大复兴工程。作为大运河起源和流经的主要省份之一，江苏省委省政府高度重视江苏段大运河文化带的建设工作，自2015年起便对江苏段大运河及其沿线城市陆续组织开展深度调查和顶层设计。2018年省发改委编制《江苏省大运河文化保护传承利用实施规划》，实施期为2018—2035年，远景展望到2050年，是围绕江苏段大运河文化带建设的重要顶层设计。这项规划中，省内八个沿线城市徐州、宿迁、淮安、扬州、镇江、常州、无锡、苏州和三个拓展城市南京、泰州、南通共同组成“8+3”格局，初步构建了网状分布的江苏大运河文化带建设格局，将大运河文化带建设与江苏全面推进现代化建设的事业深度融合。在这项重要顶层设计中，盐城被列为江苏段大运河的辐射区之一。

作为推动江苏省大运河文化带建设的科研机构之一，南京大学文化与自然遗产研究所在过去五年中密切参与大运河文化带建设的有关决策咨询和课题研究，在大运河文化带的有关城市多次开展深度调研。2019至2020年，在盐城市文化广电和旅游局的合作下，南京大学方面的专业人士在盐城境内开展实地考察。研究发现，先前因与大运河主流本体地缘较远而被认为关联薄弱的盐城市，在历史根源上对大运河文化的兴起与发展作出过不可磨灭的突出贡献，实为大运河盐文化的支柱性城市和区域。因此，当前“辐射区”的定位和重视程度与盐城在历史上为大运河繁荣作出的突出贡献并不相称，盐城实应作为拓展城市纳入江苏大运河文化带建设。相关研究成果提交江苏省大运河文化带建设工作领导小组后，得到了高度重视，2021年，研究所受盐城市文化广电和旅游局委托编写出版本书。

本书的编写致力于为盐城纳入大运河文化带建设拓展城市提供深度研究和学术支撑。其一，通过系统梳理盐城地区大运河盐文化的发展脉络，从自然地理与历史发展的角度论述盐城与大运河的紧密关联。其二，通过广泛收集整理一手资料，开展深度研究，构建盐城地区大运河盐文化的实践与知识体系。其三，通过对盐城境内大运河盐文化相关的文化遗产进行深入调研，在了解、保护与利用现状的基础上，提出进一步发展的相关建议。总之，通过对"大运河盐文化"这一概念的建构和界定，本书将系统阐述盐城与大运河文化之间的密切关联，论证盐城是江苏段大运河文化带建设不可分割的一部分。将盐城纳入大运河文化带建设，不仅能够弥补当前江苏大运河文化带网络体系的缺口，而且可以促使盐城在大运河文化带建设体系中展现独特的文化地位，释放多样的文化价值，分享国家大运河文化带及国家文化公园建设的"红利"，带动盐城市文旅融合和文化建设事业的高质量发展。

一、盐城纳入大运河文化带的研究基础

提及盐城与大运河的渊源，离不开讨论江苏之于大运河文化的特殊地位和淮盐之于大运河文化的深远影响。

中国大运河是我国延续千年的南北交通大动脉。它北起北京，南至绍兴，流经北京、天津、河北、山东、河南、安徽、江苏、浙江八个省（直辖市），又连通海河、黄河、淮河、长江、钱塘江五大东西走向的河流，在我国构筑起人工运河与自然河道共同组成的网络化水运系统。在长达 2500 多年的发展历程中，大运河对我国南北经济发展、文化交流、社会进步、城市成长、国家统一、中外交流等发挥过巨大作用。可以说，大运河是一条保障中华文明连续发展及国家统一的政治河、经济河、文化河。

在中国大运河流经的八个省（直辖市）中，江苏占有独特的重要地位。江苏不仅是大运河的起源地，且是拥有河道路线最长、线路最复杂、流经城市最多、相关遗产最丰富的省份，可谓大运河文化最重要的地域载体。论及江苏境内大运河体系之完善，以贺云翱为代表的学者明确提出：不同于大运河在其他省多呈线状，江苏段的大运河是连接省内 13 个地级市的"一张网"，是推动江苏不同地域文化协同，均衡发展及美丽江苏建设的最好抓手和动力系统。作为境内

大运河主干河线的前身，公元前486年，吴王夫差开凿沟通长江和淮河的“邗沟”，连接了扬州和淮安两座城市。西汉吴王刘濞开“东邗沟”，即后来的“运盐河”“通扬运河”，打通大运河至境内东部沿海一带的水路。隋代开“掘沟”，延长古运盐河的水路。唐代开挖淮安到连云港的官河，即后来的“盐河”，开辟了大运河至境内东北部沿海一带的运河航线。与此同时，唐宋前后出现在东部沿海地区的“串场河”则是大运河支线水路在境内东南部的纵向延伸，让沿海地区的泰州、盐城、南通一脉相通。运河体系的发展直接推动了江苏一系列城市的持续发展，在大运河干线上从南到北有苏州、无锡、常州、镇江、扬州、淮安、宿迁、徐州等，而在多条运河支线上，则把南京、泰州、南通、盐城、连云港以及更多的中小城市和集镇串联在一起。这种网状水系是江苏之于大运河文化极为特殊和重要的特色，也正是这一特点为盐城与大运河文化创建了客观的物理关联。

在大运河的发展和繁荣历程中，江苏省特有的淮盐生产与运销曾发挥过举足轻重的作用。位于我国东部沿海地区的江苏省，南北地势狭长，其广阔的海域和规模罕见的滩涂岸线为海盐生产创造了得天独厚的自然优势。淮盐通过水路运输为江苏省乃至全国提供了物资和财政方面的有力支持，其生产和运销管理体系促进了沿线城市政治和经济发展。不仅如此，通过贩盐积累财富的盐商发展了不同运河城市的教育、园林、建筑、文学、艺术、饮食等，这对整个江苏乃至更大范围运河沿线地区的城镇空间塑造和精神文化涵养都产生了深远影响。可以说，沿境内大运河水系网络而发展兴盛的淮盐业，为作为中国古代“国脉”的大运河提供了更深层次的动力来源。位于东海之滨的盐城是江苏淮盐体系的重要原点，也是历史上两淮产盐区的中心。换言之，盐城正是大运河深层动力的主要来源之一。

其实在盐城本地历史文化的有关研究中，不乏围绕盐业展开的探讨。早在20世纪90年代“盐文化”这一学术范畴提出之时，江苏就作为历史上重要的两淮盐区受到了及时关注。近十几年来，省内包括盐城在内的有关地市也不断开展相关的区域性研究。淮盐文化是传统行业文化与特定地域历史文化相融合形成的特色文化，本身对海盐的生产、运销、管理体系都有所涉及，但由于这一概念本身较强的产业特色和地域特色，其理论层面的探究较少，盐城地区的有关研究也在视野上受到一定局限。一方面，当前的淮盐文化研究更关注盐业作为一项经济产业的发展，相较于扬州、淮安等因盐业经济而取得突出发展的城市，盐城等海盐生产基地城镇得到的关注较少，加之当前传统盐业的消逝，有限的研究关注也基本停留在盐产业本身，如制盐工艺和技术。另一方面，由于绝大多数区域性研究的开展都是服务于地区发展，盐城对其淮盐文化的关注大多集中在相关遗产资源的泛泛梳理和对开发利用的表面构想。总体来说，虽然盐城对本地盐文化的重要性已有所意识，但始终缺少历史宏观视野下的探索和系统层面的理论建设，导致盐文化在盐城本地仍停留在一项较为本土化的特色文化的认知层面。

二、大运河盐文化的提出与范围界定

近年来，江苏省大力开展大运河文化带建设，为包含盐城在内的江苏各地市的本地历史文化研究提供了新的契机。以大运河这样的宏观历史地理概念为统领，无疑为江苏各地的区域性历史文化研究增加了深度和广度。以盐城为例，对江苏大运河文化的关注促使我们重新回顾盐城在淮盐文化中的重要地位，重新关注到盐城作为淮盐产业基地为大运河提供的深层动力。"大运河"与"淮盐"两大概念的碰撞和有机结合，有助于我们从更加宏观系统的视野审视盐城的历史文化地位，更进一步为盐城本地文化资源的保护规划和开发工作提供历史支撑，促使盐城的地域特色文化融入具有全国乃至世界性的大运河文化体系中去。

为了更好地结合大运河文化建设和地方性发展的需要，本书提出"大运河盐文化"这一概念，以期从更宏观的视野论证盐文化是大运河文化体系中不可分割的重要组成部分，并阐述盐城地区与大运河之间的紧密关联。大运河盐文化作为一个较为新颖的学术概念，主要包含四大方面。

其一是为大运河文化提供原始动力的海盐生产系统。盐作为一种重要的国家经济社会战略性物资，不仅能够帮助国家积累大量的财富，甚至还能够稳定国家的统治，所以古代历朝历代都严格把控。江苏得益于其规模罕见的滩涂岸线，海盐生产的自然条件得天独厚，其东部沿海地区历来是我国极为重要的海盐生产基地，两淮所产的海盐也是运河漕运的大宗货物。两淮盐区不断发展的生产规模与制盐工艺是大运河文化取得长足发展的原始动力来源之一。

其二是作为大运河支线的盐运水路系统。如果将江苏境内的大运河主流河道比作大动脉，那么东部沿海地区的盐运河河道便可看作输送养料的血管。历史上曾有一系列专门向大运河供给盐业资源的支流河道，比如连接南通、泰州与扬州的老通扬运河、连接东台与泰州的泰东运河、连接盐城与南通的老串场河、连接淮安与连云港的盐河等。这些因盐运需要而开通的古运河不仅将东部盐场生产的淮盐源源不断地送往大运河主干道从而进入更广泛的城乡市场，更在大运河沿线城市之间构建起丰富强健的水运系统，为大运河持续发挥作用提供了根本性的保障。

其三是以盐运河为轴线的淮盐产运销管理系统。古代盐铁之重，关乎国运，盐业的生产、运输、销售历来受到国家的严格管控。江苏拥有 3000 年以上的盐业历史，在历代中央政府的关注下，不仅发展出了成熟的盐业生产技术和生产模式，还催生出盐运、盐税、盐政等一系列制度化的管理体系及其文化遗产。围绕两淮盐业发展衍生而来的产运销管理系统不仅是大运河盐文化的主体之一，更是大运河文化的重要组成部分。

其四是随着淮盐生产与运销而沿水路沿线发育而成的城镇及文化系统。与大运河盐文化相关的城市和城镇广泛分布于长江和淮河中下游以及江苏沿海地区。在大运河盐文化的发生、发展过程中，大运河主干道以东地区逐渐形成层级递增的淮盐运销城镇：最东沿海地区设有盐场，向西逐步形成小镇规模的盐运集散中心，再西连接主干道沿线的运河重镇扬州与淮安。两淮盐业的生产源源不断地供应了运销城镇的发展，大量盐商活跃于这些城镇之中，进而通过盐的集散构成了国家的财税来源，同时还在大运河沿线形成了独具特色的盐商文化。

三、盐城是大运河盐文化的支柱城市

大运河盐文化的影响范围主要在江苏沿海地区。连云港、盐城、南通三座沿海城市共享江苏沿海地区独特的淤泥质海岸，得以发展起江淮盐业，是大运河盐文化的主体城市。在大运河盐文化中，盐城始终处于主导地位，是盐文化的支柱性城市。

以盐城为中心的江淮沿海地区，处于南北两大文化区的交汇地带，经济、文化受制于两大文化圈的影响，很不稳定，本身难以形成体系完整的历史文化

类型。但这里作为中国最重要的海盐生产基地，却几千年来未有改变。公元前119年设立盐渎县，其中的“盐渎”即为“盐运河”之意，表明早在2000多年前，盐城地区就发展起海盐生产与运输水系。后来两淮盐业应运发展，盐城也始终是两淮盐区的中心城市。几千年来，海盐的生产、运销一直是盐城人民生活的主体。盐城地区几乎每一个城市、集镇都曾是海盐的生产、运销中心，每一条历史上的主要河流、陆路都与盐相关。

在海盐生产方面，位于江苏沿海地区的盐城地势狭长，其盐场分布及生产规模在历史上的两淮盐区中始终占有很大比重，是淮南盐的主要产地。不同于淮北地区相对稳定的自然环境，盐城地区的海岸滩涂在黄河夺淮后屡屡变化，在不断适应环境变化的过程中，盐城地区的制盐工艺、生产规模也在不断作出适应性调整。境内范公堤东部的广大区域，每一个集镇都是起于南宋以后的海盐产地，都积累了重要的生产经验和成就，在历史上曾为大运河沿线地区的经济文化作出过重大贡献。

在淮盐运输方面，盐城境内纵横密集的河流，或顺其自然，或稍加疏浚，或人工开挖，都为淮盐的运输作出了重要贡献。盐城地区拥有至少四条历史上十分重要的盐运水道：与大运河支流老通扬运河几乎同时开凿的泰东运河，有效加速淮盐集运并促进大运河盐运的制度化发展的串场河，上起兴化下至邵伯直通大运河的盐邵河，还有沟通盐城与大运河重镇淮安的古涧河（古运盐河）。此外，各盐场周边还有众多灶河、引河，它们连同天然河道在盐城地区与大运河主干道之间形成密集水网，这样高密度的盐运水系在整个江苏都十分罕见，其对大运河盐文化的重大支撑和深刻影响更是不言而喻。

在淮盐生产和运销管理方面，盐城的贡献更为独树一帜。历史上盐城地区行政建置的设立均与淮盐生产和运销有关：汉代因盐设盐渎县，东晋更名为盐城，唐宋在境内设有盐城监、海陵监，专门管理境内盐亭体系的产运，宋元时期增设盐仓、买纳场等，进一步加强盐业的运销管理。随着黄河夺淮后海岸线东迁的自然变化，盐城地区逐渐承担起更多的淮盐管理责任，范公堤西部地区的集镇，在明清时期大都发展为海盐生产运销的配套产业地。历史上，盐城逐步发展起纵向管理体系，层级分明，深度服务于淮盐的产、运、销，为淮盐进入大运河沿线城镇作出了突出贡献。

在城镇与文化发展方面，江苏省内盐文化烙印最深的大运河沿线城市就属扬州与淮安，盐城地区借由水系同时连接了这两大运河重镇。其北部一带的产盐向北运往淮安，南部东台一带则经泰州运往扬州、仪征，向北、向南两条路线共同构成了盐城地区的盐运体系。作为省内三大沿海城市之一，相比于以北的连云港主要运销淮安、以南的南通主要运销扬州，盐城地区的运销体系在两淮盐业中更具代表性，对淮扬两地盐商文化的塑造更加深刻，对大运河盐文化的支持也更为突出。

盐的生产和运销贯穿了盐城几千年历史的全过程，是盐城历史文化的基因所在。而大运河的水网体系从宏观层面将盐城接入了更广阔的历史地理文化脉络，使盐城不再作为一个孤立的偏远地区，而是整个大运河经济历史文化网络中的重要组成部分。与其说盐城在大运河盐文化中位于核心地位，不如说大运河盐文化才是盐城地方历史文化的准确定位，是盐城最重要的城市底色。

盐

第一章

盐城大运河盐文化的发展概况

盐城在大运河盐文化中的核心地位不是一蹴而就的，而是经历了漫长的发展和演变过程。从春秋时期煮海为盐至近现代废灶兴垦，盐城地区的盐文化发展经历了兴起、发展、兴盛、衰落、转型等多个阶段，形成了该地区特有的盐文化体系、精神内涵和价值体系。本章致力于从自然地理与历史人文两大方面阐明盐城地区大运河盐文化的发展背景，尝试详细回答盐城何以获得大运河盐文化的核心地位。大运河盐文化能够在盐阜大地滥觞和发展，不仅得益于其特有沿海环境带来的天然优势，更离不开千百年来盐阜先民对发展机遇的把握和对历史变迁的积极应对。

一、大运河盐文化发展的自然条件

盐城市位于江苏省中部偏东地区，地处淮河下游，东临黄海。市域略呈长方形，南北长，最大直线距离为 213 千米；东西窄，最大宽度为 143 千米，市域老海堤内总面积 14983 平方千米。全境平原地貌，为苏北平原的组成部分之一，地势西北部和南部高，中部和东北部低洼。市境内可细分为三大平原，分别是里下河平原区、滨海平原区和黄淮平原区。市境内河湖密布，陆地水域面积 426.87 万亩。东西向的主要河流有灌河、中山河、苏北灌溉总渠、射阳河、新洋港、斗龙港、东台河等，南北向的河流主要为串场河和通榆运河。境内湖泊、荡塘亦多，古射阳湖被分割为大大小小的湖荡滩地，大纵湖为境内目前面积最大的湖泊。盐城东部濒临黄海，标准海岸线长 582.03 千米，海域辽阔，有优良的海港和丰富的海产品。沿海发育的巨大的辐射状沙脊群以及滩涂上的珍禽和麋鹿两个自然保护区构成了东部沿海特有的自然景观[1]。

约两万年以来，盐城市境经历了陆地—海洋—陆地的演变过程。里下河、滨海、黄淮三大平原区的地貌现状是地质作用、气候变化的结果，是长江、淮河、黄河冲击作用的产物。尤其是自南宋建炎二年（1128）黄河夺淮入海后的 700 余年时间里，巨量的泥沙对市境海岸线的变迁和三大平原的形成产生了很大影响。至今，射阳县大喇叭口以南段海岸仍在不断向外扩展，每年新增土地 2 万余亩，而北段的海岸线则以侵蚀、后退为主。

（一）自然地理环境的形成

距今两万年左右的晚更新世末期，盐城市境尚为陆地。当时正值冰期，气温骤降导致海平面下降，发生大面积的海退，东海大陆架暴露于海面之上，成为平原，晚更新世的岸线一度可达到日本九州一带[2]，位于东海大陆架边缘的盐城辖境自然也以陆地环境为主。1980 年，大丰县西团镇以东离地面 4 米多深的深灰色粉沙土层中，发现 100 多枚动物的骨骼和牙齿化石。经南京地质陈列馆古生物脊椎动物专家鉴定为晚更新世末期动物群中的鹿、野猪、麋鹿的遗骸。麋鹿是沼泽平原草食动物，表明当时这里为陆地森林、草原、沼泽环境[3]。随着地质年代进入早全新世，气候迅速转暖，冰川减退，海平面急剧上升，原本暴露于海面之上的陆地逐渐被海水淹没。距今 7500 年前后是全新世的最大海侵期，

[1] 数据参考：盐城市地方志编纂委员会：《盐城市志》，江苏科学技术出版社，1998，第 194—195 页。

[2] 凌申：《全新世以来苏北平原古地理环境演变》，《黄渤海海洋》1990 年第 4 期。

[3] 盐城市地方志编纂委员会：《盐城市志》，江苏科学技术出版社，1998，第 195 页。

整个苏北平原发生了最大规模的海侵。盐城辖境所在的江淮平原是苏北凹陷带的一个组成部分，上涨的海水可达断凹西缘的低山丘陵区，整个里下河地区成为深2.5米左右的浅水海湾[4]，盐城辖境的大部分都浸入海水，成为浅海湾的一部分。考古发现大量的浅海浮游生物遗骸腐烂物质，给这些海域铺上了一层厚15厘米左右的灰黑色淤泥层。盐都区学富镇治西北500米处发现深3.5~7米的前海低洼海底，曾生存着大量今亚洲沿海已经灭绝的长达30多厘米的海生大牡蛎。

在其后的1000~2000年间，海平面稍有回落，且基本达到了稳定阶段，同时，由于升降幅度较小，这片浅海湾中堆积作用明显增强。受潮汐的影响，海拔不超过1米、东西宽度超过200千米的里下河平原地区，成为咸淡水交织、潟湖密布的湿地，在该地区零星分布有海拔高度超过2.8米的沙、泥冈（堤）。盐城辖境东部里下河地区在长江、淮河、里下河水系的冲击下，大量泥沙在浅海湾底部逐步淤积，向海推进的沙体形成沙嘴型的三角洲，在海流回旋和海浪的冲击下形成波状起伏的海积层，并逐渐形成呈西北—东南走向的岸外沙堤（沙冈）。

境内岸外沙堤共有四道，分别是东西走向的淮河南岸沙堤（淮安—阜宁一线），南北走向的西冈（羊寨—东台一线）、中冈（西桃园—上冈一线）和东冈（北沙—东台一线）[5]。其中，以西冈、东冈规模最大，成为不同时期海岸线的自然标志。西冈从今阜宁县的废黄河边起，向南经羊寨、喻口、沙缺口、冈西、龙冈入兴化，大约形成于距今7000至5000年前。东冈在今北沙、阜城、上冈、盐城城区、伍佑、刘庄一线，再向南入东台，其形成时间大约在距今3900至3300年前，至迟在2000多年前就已出露。岸外沙堤的出露成为辖境全新世海侵高峰期后成陆最早的地区。这些沙堤长达千米，宽度少则数十米，最宽可达500米，高出地面2~8米，是当时渔耕条件较好的岗地。潮间海岸线基本稳定在里下河黏土泥质平原的第二阶梯，即今范公堤遗址一线。距今6000年前后，已有先民在这些沙、泥冈及其附近地区劳动生息，留下古文化遗址，这里出土了大批石斧、石刀、石环等文物。

距今5000至3000年前的中全新世末，纵贯境内南北的岸外沙堤与长江北岸、淮河南岸的沙嘴相接，原来大而浅的海湾的一部分逐渐封闭，形成了里下河碟洼地势的潟湖地貌，而沙堤上的一些缺口就成为潟湖向大海排水的河道。随着时间的推移，潟湖继续接受长江、淮河带来泥沙的不断充填、堆积，西部里下河区域水面高于逐渐下降的东部海平面，里下河区域内的咸水由天然河道自西

[4] 凌申：《全新世以来里下河地区古地理演变》，《地理科学》2001年第5期。

[5] 凌申：《全新世以来苏北平原古地理环境演变》，《黄渤海海洋》，1990年第4期。

向东排入大海。与此同时，沿海沙堤阻止部分海水潮汐入侵，长此以往潟湖逐渐变淡，加之潟湖内生物体不断积累填高地面，原来的水面被分割成大大小小的湖荡沼泽，逐步形成淡水资源[6]。随着大海潮起潮落，泥质里下河平原东缘形成众多遗址，建湖上冈至射阳特庸、唐家、老舍一线渐低的沙冈带天然屏障了潮汐侵袭，古射阳湖至上冈，留下了新石器时代、商、周至汉、唐、宋一系列人类活动古遗址。

总体来说，与江淮地区的西部山地相比，盐城辖境所在的东部陆地成陆晚，人居环境差，平均海拔低，四周高程 3~5 米，中部射阳湖、大纵湖及周围湖滩海拔不足 2 米，最低处仅 1.1 米，整个区域周围高中间低的浅碟状地貌，尤其古射阳湖，是里下河地区的锅底。尽管成陆缓慢，但是沙堤、潟湖、河道、湖荡沼泽的形成与过渡为辖境内的人类活动提供了生存环境。一方面可利用西侧里下河沼泽种植稻作，便于发展农业；另一方面周围水网密集，可发展渔樵业。在距今 6000 年前后，已有先民在岸外沙堤及其附近地区劳动生息。阜宁县施庄乡东园村发现了面积约 3000 平方米的新石器时代文化遗址，出土了大批石斧、石刀、石环等石器，经考证与淮安青莲岗文化相同，表明 6000 年前后该区已成陆。东周末年开始，里下河平原人工化的建设逐渐加强，东西向河流及邗沟开凿携带大量的泥沙，部分堆积在区域内，人类开垦规模扩大，里下河地区由潟湖逐渐演变成湖荡连片的沼泽地带，区域内有射阳、得胜、武广、樊良、白马、津湖、山阳等众湖，可利用的陆地面积也有所增长。

从自然环境的初步形成来看，今盐城辖区所处的地域范围与海洋关系极为密切，为大运河盐文化的孕育提供了温床。一方面，海平面的升降让盐城所在的江淮平原始终处于沿海地区，海水的长期冲刷对辖境内的地质条件产生了深远影响，从自然资源的角度为盐业的出现提供了可能。另一方面，在海水和河水共同作用下，盐城辖区逐步形成了潟湖、入海河道、湖荡沼泽等丰富的自然水体和陆地，水陆交错的自然格局为后来的水运发展奠定了坚实的基础。

（二）海岸线变迁与发展

在出现人类活动后的漫长时期，盐城辖区所在的江淮平原不断经历着岸线变迁，海岸线的持续变化对盐城地区的文化发展产生了深远影响。

[6] 陈饶：《江淮东部城镇发展历史研究》，博士学位论文，东南大学，2016，第 23 页。

江淮地区沙堤分布示意图

根据地质学对江淮平原的岸线复原，先秦江淮岸线稳定以来，曾经历过四次较为显著的东迁。基于对贝壳堤及古人类遗址分布数据，苏北沿海地区海岸线分别在7000—6500aBP、6000—5200aBP、4500—4000aBP、3800—3200aBP四个时段发生了较大变化。距今7000至6500年间，岸线自赣榆绕过中云台山，经灌云东，过涟水，从建湖以西至海安—扬泰一线；距今6000至5200年间，岸线大致北起赣榆经中云台山、灌云、灌南，沿西冈至海安、泰州、扬州；距今4500—4000年间，苏北北部岸线位置变化不大，苏北中部海岸停留在中冈一线；距今3800—3200年间，苏北北部持续稳定，云台山以南仍为海域，苏北中部岸线向东迁至东冈一线[7]。

进入历史时期，盐城辖境内的海陆变化可大致分为三个阶段：黄河夺淮以前岸线的相对稳定，黄河夺淮时期岸线的全面东移，以及黄河改道后岸线的北蚀南涨。

[7] 朱诚、程鹏、卢春成、王文：《长江三角洲及苏北沿海地区7000年以来海岸线演变规律分析》，《地理科学》1996年第3期。

盐城地区海岸线变迁示意图

1. 黄河夺淮前：相对稳定

南宋黄河夺淮以前，盐城辖境内的海岸线相对稳定，基本维持在东冈一线。由海潮冲击作用形成的较早的“东冈”，其规模较大，“长百六十里”，宽一至二十里不等，地表高度据今日测量可达 3~5 米[8]。这段时期，以东冈为界，东

[8] 建湖县博物馆：《建湖县沿岗地区出土汉墓群》，《东南文化》1996 年第 1 期。

部是广袤的海域与平坦的泥沙质滩涂，西侧则湖泊沼泽遍布。整体来看，辖境内水域面积较多，里下河大多地区沮洳遍地，主要的陆地面积集中在由海潮冲击作用下成陆较早的东冈一带。冈身内外芦苇杂草丛生，河汉沟渎纵横交错。古文献中对这一时期的自然环境多有记载，《淮南子》云：“江淮通流，四海溟涬。”[9]南宋王象之在《舆地纪胜》中说：“宋代，范公堤本为海岸。”又有：“大海，盐城东一里。”《两淮盐法志》载：“江北范堤以东，唐宋以前，悉为沧海，厥后泥沙逐渐淤垫，海岸东迁，由海而陆。”不仅指出东冈西侧水陆交错的地理环境，也对当时的岸线位置作出了明确说明。

近年陆续发现的秦汉建筑和汉墓均在东冈线或附近地带，也进一步支持了东冈成陆较早的判断。阜宁县的施庄有汉墓，建湖县的草埝口附近发现一批东汉墓群，盐城市砖瓦一厂周围有大规模的汉代遗址。盐城老北门有许多秦汉建筑遗址，市中医院附近发现大量汉代陶罐及战国时代的陶豆，市拖拉机厂厂区内发现许多战国时的文物，市二中校园内出土战国封泥两枚，伍佑附近的三羊墩、头墩、二墩、三墩一带有大批的西汉和东汉墓群，墓葬规模很大。这表明今市境 204 国道沿线成陆于秦汉之前。

唐宋年间的常丰堰、范公堤都沿东冈所筑，表明从秦汉至北宋的 1300 多年间，海岸线基本稳定在东冈。常丰堰、范公堤的修筑，大体上挡住了海潮的入侵，加速了潟湖区的淡化，促进了河湖的沉积及土壤的脱盐过程，保护了境内的农田，方便了人们的围垦利用，从而加速了里下河地区的成陆速度。[10]

2. 黄河夺淮时：全面东移

南宋建炎二年（1128），黄河由泗入淮，一直到清咸丰五年（1855）黄河在铜瓦厢改道入渤海，历时 700 余年的黄河夺淮时期对境域海陆演变产生了很大影响，黄河大规模南泛所带来的巨量泥沙加速了盐城境域的成陆过程，且致使海岸线不断东移。黄河口由原在云梯关（今响水县黄圩镇境内），逐步向东推进到今滨海县大淤尖以东，东移 90 千米，平均每年向海延伸 24 米。与此同时，今市区距海越来越远。南宋时，海距东门桥不到 1 千米，至清乾隆六十年（1795）距海已 50 多千米。

[9]〔西汉〕刘安：《淮南子》卷八《本经训》。
[10] 盐城市地方志编纂委员会：《盐城市志》，江苏科学技术出版社，1998，第 196 页。

南宋初至元，黄河洪峰过境，经运河（明代串场河、泰东河之名）南输入江，河水漫溢，东台溱东开庄、时堰，亭湖便仓、伍佑、新兴河西地面被抬高 0.8~1.2 米。此时海拔不足 1 米的里下河锅底洼地地貌已成雏形。[11] 明弘治八年（1495），黄河全溜经淮入海后，巨量泥沙全部经淮河口“云梯关”入海，关外迅速形成“黄河三角洲”，同时受由北向南的近海流动力运输作用，黄河入海泥沙被大量南运沉积，盐城境沿海的陆地全部向东扩展，迅速形成了今天的苏中、苏北滨海平原。

黄河多次决口，漫流的河水携大量泥沙，使黄河两岸被抬高到 6~9 米，改变了里下河区域地貌，众多古老湖泊淤塞消亡，射阳湖大规模缩小并脱离盐城市境。今市区距海愈来愈远，万历《盐城县志》载，南宋、元时，盐城城厢（今人民路）距海不到 1 里。考古发现亭湖大洋村地下 15 米深处有明代早期沉船，表明当时范公堤东约 1 千米处还是 15 米深的大海，而至明万历十一年（1583）其距海已达 50 里。清乾隆六十年（1795）盐城城厢距海已 100 多里。黄河口由原在云梯关（今响水县黄圩乡境内），逐步向东推进到今滨海县大淤尖以东，东移达 90 千米。至清咸丰五年（1855），境内的黄淮平原区、滨海平原区面积不断扩大，极大地增加了盐城辖境内的陆地面积。里下河地区同样由于黄河巨量泥沙的填充，原先的湖荡遍布渐次演变为成片陆地，但也使本地区逐渐失去控涝抑旱能力而成为旱涝连年的重灾区。[12]

总体来说，范公堤以东的滨海平原成陆时间较短，大部分不到五六百年的历史。成陆过程是由西向东推移，愈向东成陆时间愈迟。射阳县的新坍、海关（今海河镇）以西地区约在宋代成陆。四明、通洋、盘湾、北洋等地约在明代成陆；六垛、鲍墩、合德、黄尖等地约在清初成陆。大丰区的刘庄、白驹、草堰、大龙、三渣、洋心洼等地全部成陆时间为明嘉靖年间；龙堤、新团、西团、南团、小海、沈灶等地，全部成陆时间为清顺治年间；潘镴、大桥、万盈、方强等地，全部成陆时间为清乾隆年间。清光绪以后，川东、草庙、通商、南阳、大众、裕华、新丰、金墩、三龙、丰富全部成陆，王港、斗龙的部分土地渐次成陆。东台市的南垛团、杨家团等地明朝中叶以前已经成陆；头灶、六灶、南沈灶等地则在明朝中叶以后成陆；曹镴、唐洋等地清初已成陆，新街成陆于清朝中期。[13]

[11] 徐于斌主编：《史海盐踪——盐城海盐文化历史遗存（盐城文史资料第 28 辑）》，中国文史出版社，2016，第 6 页

[12] 同上。

[13] 盐城市地方志编纂委员会：《盐城市志》，江苏科学技术出版社，1998，第 196 页。

3. 黄河改道后：北蚀南涨

清咸丰五年（1855）黄河北归入渤海，境内海岸泥沙来源减少，海陆演变又发生了新的变化，主要表现为今射阳县大喇叭口以北的海岸线以蚀退为主，大喇叭口以南直至东台的海岸仍继续淤长。

境内北部岸线的侵蚀后退，尤以废黄河三角洲为甚，滨海县大淤尖以东原来向大海突出的三角洲逐渐消失至今状，整体形成海进陆退的趋势。自咸丰五年（1855）以来，废黄河三角洲共蚀去土地1400多平方千米，目前在自然状态下冲蚀速度每年仍达2.223平方千米。清光绪十一年（1885）的《阜宁县志》载："海滩日塌，昔之青红沙、丝网滨均塌入海。"中华民国二十三年（1934）的《阜宁县志》载："咸丰五年铜瓦厢河决，北徙不复，海滩地始见坍塌者，广大平原由桑田又沦为沧海。"又载："由于黄河久徙，凡遇一二日狂风巨浪，海岸必剥蚀丈许，计一岁中至少削去三四十丈，而涝年尤甚，以故青红沙、丝网滨早付汪洋，近五十年已由小另案塌至六合庄（指原来的大、小六合庄，非今日的新六合庄）。"废黄河口新六合庄附近的海岸，自咸丰五年（1855）至1967年的112年间共蚀退16.95千米。曾在咸丰五年黄河北徙时还与陆地相接的位于灌河口的开山，至1974年已经离陆7.5千米，现已经成为海岛。[14]

与北部陆地退蚀相反，大喇叭口以南的海岸线仍在不断东移，处在淤长之中。长江夹带大量泥沙入海，再由南向北的沿岸流携带南下。这两股泥流在境内海岸前缘汇合，在海浪和潮汐的作用下，大量泥沙沉积下来，使海岸继续向外推移。同时这段海岸的北部黄河河口沙嘴及水下三角洲凸出海中，像一堵屏障掩护了这段海岸，使之免遭盛行风浪的侵蚀，或缩小了侵蚀范围，加上该岸段岸外水下浅滩发育，使风浪侵蚀度较小，形成了良好的淤积环境。尤以大丰、东台一带增长速度最快，每年以200~300米的速度向海淤长，使这里成为滨海平原最宽的地带。[15]

二、大运河盐文化发展的人文历程

大运河盐文化在盐城经历了漫长的发展和演变过程。从春秋时期煮海为盐至近现代废灶兴垦，盐阜先民对当地的自然资源积极利用，对环境变迁不断寻求对策。可以说盐城地区的历史发展为大运河盐文化奠定了坚实基础。

[14] 盐城市地方志编纂委员会：《盐城市志》，江苏科学技术出版社，1998，第196–197页。

[15] 同上书，第198页。

（一）先秦时期：大运河盐文化的基础奠定

1. 边夷部族被中原文化逐步同化

盐城市境内古称“淮夷”，在先秦时期属于江淮地区的边缘部族。从区域文化发展的角度来看，这一时期的盐城地区主要受到江淮地区滨海开发的整体发展影响，在数次移民活动中加快了与中原文明同化的进程，逐步建立起与列国之间的文化交流。

受到江淮东部大海侵及多次海平面升降影响，先秦时期江淮地区的聚落呈现西密东疏的分布格局。[16] 从考古资料呈现的情况来看，江淮地区的新石器时代遗址相对集中在西北侧的淮河中下游两岸与海岱、中原文化接壤的地区，即今天泗阳、泗洪境内的零星残丘上和盱眙的山脉丘陵上；东侧沿海地区的遗址较为稀疏，主要受到海岸线变化的制约。江淮东部的遗址主要分布在淮安—涟水、阜宁—盐城、扬州—海安沿线，如陆庄、潘舍、南荡、开庄遗址基本位于赣榆—建湖—扬泰一线的岸线之上，东园、利群、北冈墓群、吉家墩、隆政等遗址位于沿岸沙堤之上，青莲岗、纣墩、天目山、单塘河等遗址位于沿淮、沿江的沙堤高地，并且古代聚落随着岸线的东迁而逐渐东移。总体来看，盐城所在的江淮东部因直面岸线的变动和沙堤的形成而更易受到自然环境的影响，致使境内的早期聚落分布相对稀疏且发展不甚稳定，不过史前江淮间滨海聚落遗址及文化的整体发展还是为盐城地区奠定了一定的人口支撑基础。

盐城境内石器时代主要遗址

遗址名称	地址	文化面貌
人民路遗址	江苏省盐城市亭湖区毓龙街道东关社区（迎宾新村一区一单元）	新石器晚期—汉
人民中路贝丘遗址	江苏省盐城市亭湖区毓龙街道东关社区（人民中路悦达都市花园西区）	
梨园遗址	江苏省盐城市阜宁县古河镇梨园村	青莲岗文化
东园遗址	江苏省盐城市阜宁县施庄镇东园村	崧泽向良渚过渡
陆庄遗址	江苏省盐城市阜宁县板湖镇陆庄村	大汶口、良渚
立新遗址	江苏省盐城市阜宁县羊寨镇立新村	东周—汉
小陆田遗址	江苏省盐城市阜宁县羊寨镇建华村	东周—汉
停翅港遗址	江苏省盐城市阜宁县陈集镇停翅港村	
老管遗址	江苏省盐城市阜宁县芦蒲镇芦南居委会	良渚文化影响
大曹庄遗址	江苏省盐城市阜宁县沟墩镇跃进村	
鲸鱼化石出土点	江苏省盐城市建湖县上冈镇冈北村	
开庄遗址	江苏省盐城市东台市溱东镇开庄村	大汶口、良渚
小东贝丘遗址	江苏省盐城市东台市富安镇小东村 6 组	

[16] 杨怀仁、谢志仁：《中国东部近 20000 年来的气候波动与海面升降运动》，《海洋与湖沼》，1984 年第 1 期。

从文化面貌来看，上古时代的盐城经历了漫长的文化融合过程。早在新石器时期，海岱地区的北辛文化、大汶口文化在发展至鼎盛阶段开始向外扩张，跨过淮河，后沿着淮河向南向西扩展，与青莲岗文化融合。太湖流域的先民为了寻找更适宜生存的环境，过江北上择居，恰逢江淮东部成陆阶段，于是选择西侧地势较高的高邮一带以及沿海的沙冈定居，因此在龙虬庄晚期、陆庄、东园等遗址均发现与良渚文化相关的特征。[17]不难看出，江淮东部地区是中原文化、吴越文化、楚文化互相交流的必经之地，尤其具有南北融合的特征。北侧淮河下游入海口的淮安、涟水一带，可见有若干具备江淮东部地域特征的青莲岗文化遗址，基本分布在海拔 2~5 米的平原地区。在南侧的里下河浅洼平原区，新石器时期的遗址数量较多，遗址面积大，以今高邮和海安为中心形成的龙虬庄文化分布区，出土了大量具有江淮东部独特性的遗存，如骨器、麋鹿角和兽骨，该地区遗址海拔最低，在 1.5~2.5 米间。

盐城境内的考古调查也进一步支持了这一时期文化融合的趋势。在盐城境内共发现六处新石器时代晚期遗址，分别为阜宁古淮河流域的古河梨园、施庄东园、板湖陆庄、陈集老曹、古长江三角洲北缘东台溱东开庄，以及最新发现的东台蒋庄等遗址。盐城市区解放北路也见有新石器时代中期石镞、晚期石钺出土。诸多遗物证明，最早开发盐城区域的是来自黄河下游、淮河中上游、长江下游流域的先民。如距今约 6000 年的施庄东园遗址，出土了石斧、石锛、石环等珍贵文物，属于良渚文化和土著文化的融合，系淮夷部族率先开发本境的遗迹。再如溱东开庄遗址，其出土的黑皮陶鼎、盘、罐等不仅具有长江下游流域崧泽文化晚期和良渚文化早期特征，还有黄河流域下游大汶口文化特点，是不同文化在这里得到融汇的真实写照。夏商时期盐城境内虽因水位较高留下的人类活动遗迹不多，但龙冈中学商代晚期墓葬出土陶质鬲、簋、卣、甗、器盖等，在器型和纹饰上与中原青铜器、陶器如出一辙，也进一步说明商代时期（公元前 6 — 前 11 世纪）盐城地区主体部分已融入中原文化和文明体系。

先秦时期，由于中国的政治、经济、文化中心长期处于黄河流域，远离中原的江淮地区被古人视作蛮夷之地。文献记载，西周初年，鲁侯伯禽令奄民南迁，途中留有部分奄民在今盐城一带定居。后来，江淮地区出现立有君长的淮

[17] 陈饶：《江淮东部城镇发展历史研究》，博士学位论文，东南大学，2016，第 17–32 页。

夷小国干（邗）国，淮北地区亦出现徐夷、厹犹、钟吾等国，其势力和影响都到达盐城境内。东周时，江淮地区小国纷起，战争频仍，史籍中有关淮夷独自或联手周边部落与周交战的记录较多。春秋初叶，立国于太湖流域的吴国崛起，开始向江北发展，至春秋末期，先后吞并了地处江淮区域的干（邗）国和地处淮北的徐夷、钟吾等国，其辖地为吴国所占有。吴、越争霸时期，越王勾践趁吴王从邗沟北上中原大会诸侯之际，攻打吴都，夫差自中原退师南返时，“封（其民）于江淮之间”[18]，此为盐城地区又一次重大移民。不难看出，这些发生在江淮东部地区的战争和交流促进了古盐城被中原文明同化的进程，也在一定程度上通过族群迁徙为古盐城地区补充了人口。

2. 吴王夫差开邗沟加强与东部沿海地区的联系

在这一时期列国间的交流举措中，吴王夫差开凿邗沟一事尤其值得重点说明。公元前486年，吴王夫差为北上伐齐，开凿邗沟，贯通古射阳湖，长江和淮河两大水系，开始了江淮之间的直接交流。《左传·哀公九年》载：“吴城邗，沟通江淮。”杜预注云：“于邗江筑城穿沟，东北通射阳湖，西北至末口入淮。”[19]虽然邗沟的开挖主要出于军事目的，但是间接为江淮地区提供了经济发展的支撑，也大大推动了其东部古盐城地区的交通、经济与文化的发展。

一方面，邗沟的开凿对古盐城地区地理环境演变有一定影响。江淮东部的里下河平原由于临海地势低洼，处于沼泽地状态，在先秦时期成陆情况较差。邗沟南接长江，北连淮水，其开凿加强了区内排水功能，有助于碟形洼地湖沼积水外泄。同时，还为江淮挟带部分泥沙在区内堆积提供了通道，加之邗沟疏浚和修筑堰堤等工程所产生大量沉积物，使本区湖沼淤积明显，广袤的水面被淤隔为许多湖荡沼泽。随着时间推移，沙冈逐渐加宽增高，里下河地区随着淤垫加重，水平面逐渐高于海水，加上周围地势较高，中间较低，江淮和西部山区的水系逐渐汇入，加速了区域内水系的外流，逐渐于东岸沙堤上形成了数条天然古潮汐通道口，如庙湾口、喻口、草堰口等，起到了排水排卤的作用，进一步加强了里下河地区排盐过程和淡水沼的形成[20]。先秦时期，盐城境内主要有大型湖泊射阳湖及其他诸多中小型湖泊，江淮间由西向东，由南向北的水系走

[18]〔战国〕左丘明：《国语》卷十九《吴语》。
[19]〔晋〕杜预：《春秋左传注疏》卷五十八。
[20] 陈饶：《江淮东部城镇发展历史研究》，博士学位论文，东南大学，2016，第39页。

势初现端倪。如此经邗沟影响塑造而成的地理环境不仅有利于古盐城地区水路交通的形成和发展，而且逐步增加的淡水环境更利于先民在此定居生活。

另一方面，邗沟的开凿也带来了潜在的经济效应。沟通南北的邗沟加强了江淮之间的商品交流，为之后大规模开发苏北沿海地区的海盐资源提供了运输上的可能。可以说，历史上盐城海盐业的大规模开发正是大运河的重要成果。

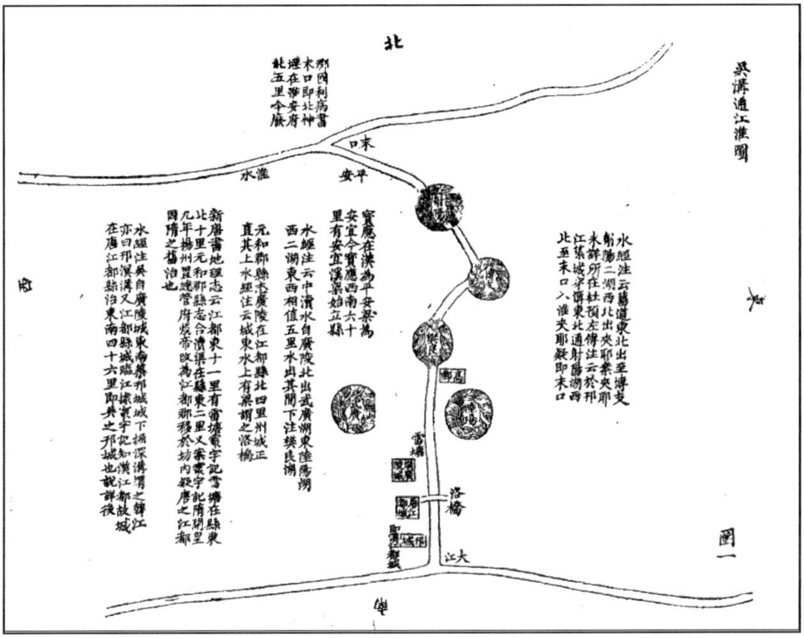

《吴沟通江淮图》，选自清道光《扬州水道记》

3. 古盐阜地区自发兴起的海盐业

周以前，古盐城先民多以渔盐为生。江淮地处沿海，盐碱土地不利于农作物生长，因此新石器时期江淮地区的生产经济以渔猎和采集为主，后期稻作物才逐渐发展起来。春秋战国时期，吴、越、楚曾相继统治这块“淮夷故地”，因其特定的地域环境，昔日淮夷地尤以盛产淮盐著名。里下河地区是重要的产盐区，当时的海岸线在东冈一带，盐城地区正是“斥卤弥望，可以供煎烹，芦苇阜繁，可以备燔燎”[21]，天然具备“煮海为盐”的有利条件。这一时期，盐阜先民利用临海之利，汲海水而煮盐，吴、越、楚国沿海地区的海盐生产已初具规模。

[21]〔清〕噶尔泰纂辑：《敕修两淮盐法志》卷一一《沿革门》。

早期的盐业生产还没有专业的分工，往往与农业相并进行，农忙时务农，农闲时煮盐。所以《管子·轻重甲篇》强调：“孟春既至，农事且起……北海之众，无得聚庸而煮盐。”就是说，在春天农忙的时候，不要雇人来煮盐，以免影响农业生产。[22] 自邗沟开通以来，邗沟以东地区盐铁业发展迅速，人类活动活跃。东部岸外沙堤西侧发展为成片的盐产地，广陵、山阳（今淮安）、盐渎都为这一时期的区域经济中心，其中盐渎东部岸外沙堤西侧是“煮海为盐”的盐产地。《史记》述及盐城为“东有海盐之饶”[23]。按《盐法志》载：“东海之濒也，广斥者延袤数百里皆斥卤也。”[24] 当时东冈沙堤随着泥沙堆积加宽加高，西侧又有西冈阻隔，因此两条冈堤之间的潟湖咸度较高，适宜煮盐。

在实证方面，中华人民共和国成立以后，盐城当地多次开展考古调查和抢救性考古发掘工作，在串场河一带发现春秋战国时期的文化遗存；20 世纪 60 年代江苏省文物工作队在盐城市北门遗址中发现周代的文化遗存和众多陶片、原始瓷残件等[25]；90 年代初，在配合城市建设进行考古调查和抢救性发掘时，陆续发现散布于盐城汉代遗址周围的春秋战国时期遗迹，包括其中一块芦苇席片，C14 测定（BC86009）距今 2730 年（±80 年），还有大量的鼎足堆积，初步推测为煮盐的遗存[26]；在上冈利群村，盐城市和建湖县文物工作者发现战国时期遗址，采集到以印纹硬陶为代表的战国时期的遗物[27]；近年考古调查发现，东台境内可能早在商周时期已经开始出现煮盐的产业活动，这为了解盐城地区早期盐业的兴起提供了新的方向。

[22]《江苏盐业史略》编写组：《江苏盐业史略》，江苏人民出版社，1988，第 7 页。
[23]〔汉〕司马迁：《史记》卷一二九《货殖列传》。
[24]〔清〕王定安等纂修：《重修两淮盐法志·沿革门》。
[25] 南京博物院：《江苏射阳湖周围考古调查》，《考古》1964 年第 1 期。
[26] 盐城市海盐文化研究会：《海盐文化论》，《盐城工学院学报（社会科学版）》2006 年第 1 期。
[27] 叶劲：《元代新兴场典史崔彬古墓发现记》，《东南文化》1988 年第 6 期。

小结

总体来看，先秦时期盐城地区的整体发展为大运河盐文化的兴起奠定了基础。这段时期盐城地区的发展处于自发阶段，尚未形成强有力的地区性文化势力，究其原因，主要还是受到自然地理环境的制约和江淮地区整体发展水平的影响。这一时期，来自南、北多方的内陆人口迁移促进了淮夷地区的经济开发，邗沟的开通促进了江淮地区及其东部沿海地带之间的有机联系，加之借由东冈沙堤天然利好而零星出现的盐业生产遗迹，都显示出古盐城地区开始为大运河盐文化的兴起做好了准备。

（二）秦汉时期：大运河盐文化的滥觞

1. “盐铁官营”：江淮东部地区盐业发展的政策契机

秦始皇二十六年（前221）统一中国，废分封，置郡县，全国分为三十六郡。至此，“秦并六国，其淮、泗夷皆散为民户”[28]，淮夷之民已经融入了华夏民族大家庭。经过先秦时期的基础发展，秦汉时期的盐城地区“煮海为盐”所必需的原料、燃料、交通与基本生活条件几乎都已天然具备。这一得天独厚的地理优势也导致在其后数百年的封建王朝统治下，本地区成为“历代海岸煎盐之所”[29]，少有改易。

不同于先秦时淮夷地区相对自发、规模较小的地区性盐业活动，秦汉时期中央对盐业的整体政策已经切实影响到了江淮东部的盐城地区。大体上，这一时期的盐业政策环境经历了由严渐宽、再由宽收严的变化。秦朝延续了春秋时期齐国重臣提出的“官山海”，即官府直接介入盐铁的生产和运销环节，且制定了更加严苛的盐税政策，“田租、口赋、盐铁之利二十倍于古”[30]。江淮地区的盐业生产在秦专制下受到严格的控制[31]，从而充盈了秦国的国库。食盐专卖政策在一段时间内保障了王朝对盐利持续稳定的获取，维持了百姓食盐供应有序。但是，秦时“二十倍于古”[32]的财税专制管控给沿海盐民造成了极大的赋税重担，长期发展于民无益。西汉初期，汉高祖刘邦采纳秦亡的经验教训，“弛山泽之禁”[33]，对山海采取放任政策，百姓可自由经营盐铁业。自由贸易的宽松环境为盐城地区带来了一次海盐业的大规模兴起。

但是，宽松的政策条件很快让权贵、势豪、富商大贾们趁机“擅障山泽”，直接控制了海盐的生产资源，为了打击豪商大贾势力、抑制土地兼并、增加财政收入，汉武帝刘彻从践位三十年起陆续推行食盐专卖与铁器专卖的“笼盐铁”之策。正如其倡议者桑弘羊说：“笼天下盐铁诸利，以排富商大贾，买官赎罪，损有余，补不足，以齐黎民。是以兵革东西征伐，赋敛不增而用足。”[34]元狩四年（前119），汉武帝重禁山泽，实行盐铁专卖，不允许富商和权贵擅自使用奴隶和流亡人员从事煮盐业以致富，转而将盐的销售收归国有，实行民制官收、官运官销。笼盐铁之策采取的措施正如负责盐铁官营的东郭咸阳和孔仅所奏：“愿募民自给费，因官器作煮盐，官与牢盆”[35]，即由官府招募平民百姓，提供

[28]〔南朝〕范晔等：《后汉书·东夷列传》。

[29]〔宋〕乐史：《太平寰宇记》卷一二四《淮南道二·楚州》。

[30]〔汉〕班固等：《汉书》卷二四《食货志》。

[31] 陈饶：《江淮东部城镇发展历史研究》，博士学位论文，东南大学，2016，第44页。

[32]〔汉〕班固等：《汉书》卷二十四《食货志》。

[33]〔汉〕司马迁：《史记》卷一二九，列传第六十九《货殖列传》。

[34]〔汉〕桓宽：《盐铁论》卷第三《轻重篇》。

[35]〔汉〕司马迁：《史记》卷三一《平准书》。

煮盐场地和煮盐器具，亭民自备生产费用，产品由官府收购，从此制盐才开始成为一个正式的职业。“盐铁官营”制的实行使国家完全控制了盐业的劳动对象、生产过程及流通运销，为平衡国库收支之所需，征税额度更高达 80%。[36]

除了受到中央盐业政策的影响，秦汉时期的盐城地区延续了先秦时依靠移民补充人口的策略，为盐城地区的整体发展夯实基础。秦灭六国后，楚、魏等国的流亡人士迁至沛、丰地区，如汉高祖刘邦的祖父也是从魏都大梁（今河南开封）迁至丰（今江苏丰县）。《汉书》：“秦灭魏，迁大梁，都于丰，故周市说雍齿曰‘丰，故梁徙也’。是以颂高祖云‘汉帝本系，出自唐帝。降及于周，在秦作刘。涉魏而东，遂为丰公’。丰公，盖太上皇父。其迁日浅，坟墓在丰鲜焉。”[37] 这些移民对后来江淮地区的开发起到一定作用。西汉南、北方的移民对江淮的人口增长起到很大作用。汉惠帝刘盈曾组织 4 万人迁徙至江淮之间，汉武帝于建元三年（前 138）和元封元年（前 110）迁东瓯、闽越等地数万人民于江淮之间。随着人口的增多，他们利用自然条件，发展渔业和盐业，因此东冈沙堤上设立了多个煮盐聚落。

2. 东邗沟的开通促进盐城地区盐运的发展

在政策宽泛的自由贸易时期，虽有权贵、势豪、富商大贾们“擅障山泽”，通过直接控制海盐生产资源而阻碍了中央对盐利的控制，但也在一定程度上对区域性的盐业发展产生了积极影响。对古盐城地区而言，吴王刘濞开通东邗沟一事就极大地促进了江淮沿海地区的海盐外运，通过水路运输将盐城地区与内陆城镇体系紧密相连。

汉高祖十二年（前 195），刘邦分封刘濞治于广陵，建吴国。吴王封地“王三郡五十三城”，管辖东阳郡（治所在下邳，今江苏睢宁西北）、鄣郡（治所在故鄣，今浙江安吉西北）及吴郡（治所在吴县，在今江苏苏州），依仗“东有海盐之饶”，三国治所广陵成为“江东一都会”[38]。文景年间（前 179—前 141），“濞则招致天下亡命者盗铸钱，煮海水为盐，以故无赋，国用富饶。”[39] 吴国由官府出面，拘集逃难囚犯到东部沿海地区，于海边煮海水为盐，进行盐业生产。吴王刘濞经营掌管从江苏盐城至浙江海盐的盐业，迅速富强起来。当

[36] 陈饶：《江淮东部城镇发展历史研究》，博士学位论文，东南大学，2016，第 44 页。
[37]〔汉〕班固等：《汉书》卷一《高帝纪下》。
[38]〔汉〕司马迁：《史记》卷一百二十九，《货殖列传》。列传第六十九《货殖列传》中记载：“彭城以东，东海、吴、广陵，此东楚也。其俗类徐、僮。朐、缯以北，俗则齐。浙江南则越。夫吴自阖庐、春申、王濞三人招致天下之喜游子弟，东有海盐之饶，章山之铜，三江、五湖之利，亦江东一都会也。”
[39]〔汉〕司马迁：《史记》卷一百六，列传第四十六《吴王濞列传》。

时的主要产盐地有：盐渎县（盐城市）、海盐县（浙江省海盐县）及盐官县（浙江海宁市西南）。当时吴国的盐、铜收入每年约 50 亿，三十余年的收入可达 1500 亿，相当于汉朝中央近 40 年的财政收入。[40]

随着吴国海盐产量的增加，为了使沿海地区的物资外运更加便利，吴王刘濞在吴王夫差开凿的邗沟的基础上开挖了东支道，自如皋蟠溪至扬州茱萸湾。

吴王刘濞因冶铜铸钱、煮海为盐获取了丰厚利润，故免除吴国境内的农业赋税。《史记》“太史公曰：……（濞）能薄赋敛，使其众，以擅山海利。”[41] 清嘉庆《两淮盐法志》：“史起蛰曰：吴王濞立国广陵，煮海水为盐，盐所入辄以善价与民，此两淮盐利之始也。”[42] 可见，刘濞发展盐业，改善了吴国百姓的生活，提高了百姓务农积极性，吴国境内粮增产、人增口，为刘濞军事实力的壮大提供了强大的物质保障。

汉时，盐的分配和大规模转运，由产区或设在中转地的盐铁机构来负责，按照销区人口数和田亩数匡算出应予供应的食盐数量，销区也必须照此从附近产区或中转地调盐，禁止擅自煮盐。通常情况下，盐的运销由调入地区的官府自己组织劳动力，准备运输工具，从产盐区运出。销售时，在有条件的地方，由官府自置吏员，设点卖盐；在没有条件的地方，则收取重税，将盐交给商人分销。汉武帝时，由于粮价上涨，食盐私营，盐产量增多，商人竞销，淮盐售价一时出现“盐与五谷同价”的现象，比齐国的“四倍于每石粟价”的盐价有了大幅度下跌。

这一时期，淮北盐区海州盐的销售大抵经游水用船运出，淮南盐则主要由邗沟运至扬州分销。[43]

3. 盐渎县的设立与盐业的兴盛

汉武帝“笼天下盐铁”，并在全国盐铁产销地设置盐铁官署。西汉共在全国设置了 32 处盐铁官署，在沿海的 29 个县中，江淮地区只有今盐城地区设置了盐渎县，可见其在西汉盐铁业界的重要地位。究其根本，古盐城一带“东有海盐之饶”[44]，汉初，于此，既是海滨渔业集散地，又是淮东的盐产、盐政中心，农商发展，文化进步，在此设置盐铁官署，理所应当。

一般认为，“盐渎”县置于汉武帝时期的元狩四年（前 119）[45]，从此便有

[40] 罗庆康：《刘濞煮盐析》,《盐业史研究》，1994 年第 4 期。

[41]〔汉〕司马迁：《史记》卷一百六，列传第四十六《吴王濞列传》。

[42]〔清〕佶山：《嘉庆两淮盐法志》卷六。

[43]《江苏盐业史略》编写组：《江苏盐业史略》，江苏人民出版社，1988，第 11 页。

[44]〔汉〕司马迁：《史记》卷一百二十九，列传第六十九《货殖列传》。

[45] 因史料失佚，盐渎县和盐城市的置县时间在历史学术界一直存疑。据 1996 年版、2019 年版的《盐城市志》，盐渎县置于汉武帝元狩四年（前 119），盐城市置于东晋义熙七年（411）。2020 年冯雁军在《写真地理》发表《汉初盐渎置县和晋末盐城置县时间若干问题考证》，提出盐渎县建县时间为汉高帝六年（前 201），盐渎更名盐城的时间为义熙九年（413）。考虑到新的学术观点有待学界的进一步讨论、检验和推广，此处暂沿用原市志观点。

了专门的盐铁官署管理淮南地区的盐铁生产。境内所产之盐归朝廷管理，由邗沟运至广陵（今扬州）分销。东汉章和元年（87），广陵太守马棱曾“奏罢盐官，以利百姓”，其中所说的盐官，就是指设于广陵郡所属沿海的煮盐业地区盐官，可见此时江淮地区的盐业已有一定规模。东汉灵帝“是岁，熹平元年（172）也……诏书除坚盐渎丞”[46]，盐渎有了见诸史书的第一任县丞孙坚，也就是孙权的父亲。

“盐渎”，字面意为运盐的河道，《后汉书》中亦有考证：“郡县出盐多者置盐官。”[47]能因“盐”得名，可见当时周边的盐业生产已具有一定规模；又以“渎”命名，则说明用以盐运的专门水道已延伸至东部沿海的盐城地区。盐渎县的设立充分体现出当时的盐城地区因产盐而受到了中央的关注和管控，这一时期的盐运水道虽缺少详实的文字记载，但将区域中心城市沿运盐河设置，足以说明中央开始对盐运水道和管理系统予以重视。

20 世纪 50 年代以来考古发现显示，汉代盐渎县城故址和盐铁官署就位于今盐城市区范围内，且当时盐城地区的盐业盛况正发生在今串场河一带。在盐城市境古代沿海一线有汉代墓葬 30 多处（群），仅盐城市区及其周边就分布有北门、体育场、凌桥等汉代遗址。这些遗址中出土了陶豆、罐、铁犁、渔网坠等生产生活用具，匕首、铜镞等兵器，数量尤多的是板瓦、筒瓦、花纹砖、水管等建筑材料，还陆续发掘出古陶井九口、砖井四口、多处屋基等遗迹。[48]可以看出，当时该地区已有不少人类活动存在。

境内汉代遗址和墓葬中出土的大量珍贵文物进一步佐证了古盐城地区的繁荣。城北遗址中发现几枚封泥，其中一枚有“射阳丞印”四字，还有的是姓氏，可能是当时射阳县令、丞或盐官的姓氏。盐城南郊的大量汉代古墓群中，尤以头墩、三墩的八座汉墓规模较大，陪葬品贵重丰富，已陆续清理出的珍贵文物达 200 余件，有陶器、漆器、铜器、木器等。其中两件漆盘，质地优良，图案精美，并有“大官”“上林”字样，是为漆器中的上品，属于皇室专用漆器，可以推想这些墓主的身份或许是盐官、士绅。从盐城麻瓦坟汉代遗址及三羊墩汉墓群的出土文物来看，这些汉墓或许正是西汉晚期盐铁官、大盐商及其眷属的墓葬。[49]

从考古发现来看，汉代的盐渎县筑有土城，城内有不少富商巨贾和普通居民集中居住。汉代的盐城，沿海遍布盐场，城镇较为繁荣，盐业、农业、渔业

---

[46]〔晋〕陈寿：《三国志·吴志》卷一《孙坚传》。
[47]〔南朝〕范晔等：《后汉书》之《官志》。
[48] 徐于斌主编：《史海盐踪——盐城海盐文化历史遗存（盐城文史资料第 28 辑）》，中国文史出版社，2016，第 19–20 页。
[49] 袁颖、黎忠义：《江苏盐城三羊墩汉墓清理报告》，《考古》1964 年第 8 期。

及冶铁等手工业已有发展，尤以水上运输业较为发达。

小结

秦汉时期是盐城地区大运河盐文化兴起滥觞的阶段。不同于先秦时期相对自发分散的发展趋势，这一时期古盐城在海盐生产和运输上都受到了政策性的影响，得到了制度层面的安排和发展。从自由贩盐的宽松政策，到刘濞利用地方势力发展盐业盐运形成区域性政治势力，再到由中央直接设署管辖并通过主动开凿盐运河将沿海地区的产业影响向内陆辐射，这些发展都为盐城地区海盐业为主的经济走向打下了坚实的产业基础。

与此同时，盐业生产的发展使人口逐步向沿海一带转移，沿海地区人口增多，经济发展，江淮盐业的发展也进一步促进了沿海城镇的兴起。经过这一阶段的发展，盐城地区的盐产与盐运也更加紧密地结合起来，初步具备了文化有机体的雏形，这为以后大运河盐文化体系的进一步确立提供了土壤，逐渐形成了古盐城的城市底色。

（三）三国至隋：大运河盐文化体系初见雏形

1. 时局动荡侧面带动盐业发展繁荣

三国至南北朝时期，江淮地区因长达300年的政治局面不够稳定，南北分裂，战争频繁，政权更迭，盐渎故地也几经变化。三国时期，连年兵灾，盐城地处魏吴边境，受害尤甚。建安十八年（213），曹操恐滨江郡县为孙权抢夺，迫令广陵等郡县的人口向内迁徙，致使“江淮之地不居者数百里”。魏、蜀、吴三国时，盐城沿海无人居住，射阳县与盐渎县俱废。西晋统一后，盐渎县才得以恢复，境内农、盐业经济也得到了相应发展。晋武帝平吴统一中国后，于太康元年（280）招抚江淮流民返回，于太康二年（281）复置盐渎县。晋代永嘉之乱后，北方人大举南迁，曾在境内南部（东台）侨置建陵县，带来大批中原人口。其时，兖州许多大族率乡里民众流移于广陵，盐城境内系迁入地之一。

东晋末期，安帝义熙七年（411），“海可渔，滩可樵，为民生利，乃城海上。环城皆盐场。”[50] 从此，盐渎更名为盐城，且盐城之名一直沿用至今。盐城因盐置县、因盐兴城，在以后漫长的时间里，盐城的海盐生产无论是技术还是产量、

[50] 胡应庚等：《续修盐城县志》卷一《舆地志》；乾隆《盐城县志》。

质量，在海盐生产历史上都独领风骚。“盐渎”更名“盐城”所反映的正是盐城地区受到盐业带来的巨大影响，形成了更重要的城市地位。盐城的经济得益于国家政策而有所提升，社会生产生活也取得长足的进步，盐运河通道也更加完善。

这段时期朝代更迭，各个政府都在窥视江淮的盐业经济，并着手再次开发建设，但政局长期分裂导致盐铁官营贯彻力度不够，在南朝实行放任盐业政策的推动下，盐业官营与私营并存，私营盐业从侧面带动了地区经济的发展，促进城镇出现。[51]

东晋南朝时期，古盐城海盐生产继续保持发展态势。东晋学者郭璞在《盐池赋序》中描述了当时沿海一带盐业生产的盛况：“吴都缘海，海滨有盐田，相望皆赤卤，吴民煮以为盐，即盐官县境也。”盐城地区海盐生产的繁荣态势在南朝阮升之的《南兖州记》中亦可见一斑：“上有南兖州盐亭一百二十三所。县人以鱼盐为业，略不耕种，擅利巨海，用致饶沃。公私商运，充实四远。舳舻往来，恒以千许。此吴王所以富国强兵而抗汉室也。”[52]当时盐运河的繁忙跃然纸上。这一时期盐城地区经济和文化的进一步发展，又为后来唐宋时期盐城的兴盛奠定了基础。

2. 江淮地区盐运体系的形成

隋代形成全国大一统，江淮沿海地区也在六朝盐业繁荣的基础上迎来盐运经济的更大发展，正是在这段短暂却重要的时期，江淮间最早的盐运体系开始形成，这与隋代文帝和炀帝时期构建大运河体系关系十分密切。

隋开皇七年（587），隋文帝为了灭陈而在古邗沟东侧“开山阳渎以通运漕”[53]，“盖由茱萸湾至宜陵镇，达樊汊，入高邮、宝应山阳河，以达于射阳湖”[54]。山阳渎又称邗沟东道，本身是隋文帝为了南下灭陈而采取的一个战略行动。广陵离陈都南京不远，他命大将贺若弼坐镇，通过山阳渎把灭陈的军需、辎重、给养集中到广陵。山阳渎开成后，隋文帝于开皇八年（588）进军，九年（589）一举灭陈。[55]此后山阳渎历经多次疏浚与整治，一直是江淮东部地区重要的水运通道。从水系发展来看，山阳渎在西汉吴王刘濞的东邗沟（古运盐河）基础上，

[51] 陈饶：《江淮东部城镇发展历史研究》，博士学位论文，东南大学，2016，第 44 页。
[52]〔宋〕乐史：《太平寰宇记》卷一百二十四《淮南道二 · 楚州》，转引南朝阮升之《南兖州记》。
[53]〔唐〕魏徵等：《隋书》卷一《高祖纪》。
[54]〔清〕刘文淇：《扬州水道记》，卷一。
[55]〔北宋〕司马光：《资治通鉴》卷一八〇《隋纪》。

进一步沟通了扬州和盐城。它还曾在一段较短时间内作为江淮之间大运河的主航道，可以由盐城地区向南运送军队和粮草以攻打南朝。后来隋炀帝正式开隋大运河，作为邗沟东道的山阳渎很快转变为一条向扬州输送淮盐的盐运河道。

隋大业元年（605），隋炀帝重开邗沟，一般认为，他这次工程是对吴王夫差所开邗沟故道的大力提升。《资治通鉴》对隋炀帝开邗沟有如下记载："大业元年……发淮南民十余万开邗沟，自山阳至扬子入江。渠广四十步，渠旁皆筑御道，树以柳。"[56]御道树以杨柳，谓之"隋堤"。《大业杂记》亦载："又发淮南诸州郡兵夫十余万，开邗沟，自山阳渎至于扬子入江，三百余里，水面阔四十步，通龙舟，两岸为大道，种榆柳，自东都至江都二千余里，树荫相交，每两驿置一宫，为停顿之所，自京师至江都，离宫四十余所。"[57]可以看出：隋炀帝发动淮南民工十余万，开邗沟三百余里，自山阳（唐代楚州治所，今淮安）的淮河至扬子入江。这使邗沟离开了隋文帝所开的邗沟东道山阳渎，重新又回到西侧故道。隋炀帝修邗沟是在旧邗沟的基础上第一次大规模地裁弯取直、整修扩大，逐步形成后来大运河的规模。

此外，隋炀帝也对扬州以东的运盐河进行了整治，其中最为突出的是开凿"掘沟"，即在西汉吴王刘濞开凿的东邗沟（古运盐河）的基础上继续向东开凿，将盐运河道由如皋延伸至今如东地区。[58]由于隋代对隋炀帝整治运盐河的事迹缺少详细文献记载，掘沟作为盐运水道的繁荣景象在唐代日本高僧圆仁所著的《入唐求法巡礼行记》中才可见一斑："盐官船积盐，或三四船，或四五船，双结续编，不绝数十里，相随而行。乍见难记，甚为大奇。"

自隋大运河开凿起，出于交通运输的需要，大运河系统得到了历朝历代持续的开发和维护。北起彭城（今徐州市），中继广陵（今扬州市）、丹徒（今镇江市），南达吴县（今苏州市），东抵连云港，一个由泗水、淮河、邗沟、长江、江南运河、茱萸沟等大型水道及一系列湖泊组成的，贯穿盐城、海陵、楚州、扬州，几乎遍布江苏全境的运河网络臻于成熟。运河也成为控制江淮地域的关键所在。

隋代对水运体系的建设影响贯通江苏，极大地促进了大运河盐文化城市体系的形成。不同于春秋时期初开邗沟以军事目的为主，隋代对水运体系的重视

[56]〔北宋〕司马光:《资治通鉴》卷一八〇《隋纪》。

[57]〔唐〕杜宝：《大业杂记》。

[58]徐琛：《圆仁入唐求法通如之旅路线考》,《东南文化》1995年第4期。

在很大程度上受到江淮东部沿海地区盐业发展的客观影响。经过六朝时期的发展，盐城地区的海盐产业已形成一定规模，产量稳定增长，海盐成为水路运输的重要货物，其生产运销产生的税利已然成为国家经济的重要部分。因此，隋代对水运体系的关注和建设投入都与盐业自身的蓬勃发展密不可分。这也正是沿海区域依靠盐业而取得的经济发展引起了朝廷的高度重视，使得朝廷下决心进一步投入人力、物力来拓展这一地区的水运交通。

3. 无税政策促使盐业经济飞速发展

隋文帝开皇三年 (583)，国家开放盐池、盐井之禁令，免征盐税，“通盐池盐井与百姓共之，远近大悦。”[59] 朝廷开放盐禁、推行无税之策，旨在改善前朝遗留“赋重役勤，人不堪命”[60] 的状况，深得百姓欢迎。两淮地区盐业生产出现了新的生机。

隋文帝“与百姓共之”的政策承认百姓与国家“共有”盐利，放松了官府对食盐资源的开采权与经营权，鼓励百姓参与盐业的开发，具有划时代的意义。隋至唐开元时期的 130 余年间是中国食盐无税时期，两淮盐业经济进入飞速发

[59]〔唐〕魏徵等:《隋书》卷二四《食货志》。
[60]〔唐〕杜佑:《通典》食货七《丁中》。

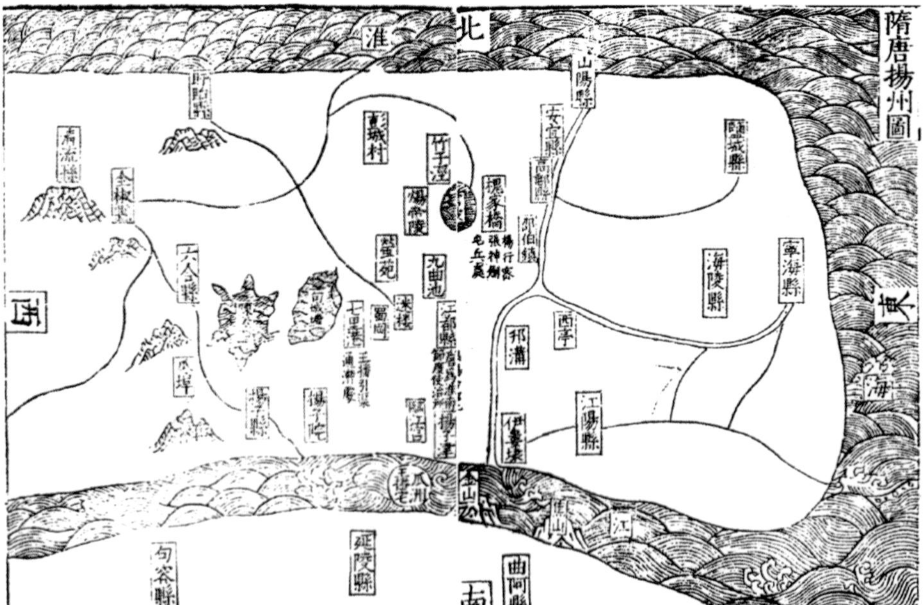

《隋唐扬州图》，选自明嘉靖《惟扬志》

展时期。《唐律疏议》卷二六“占山野陂湖利”条记载：“山泽陂湖，物产所植，所有利润，与众共之。”开元九年（721），左拾遗刘彤上《论盐铁表》说：“夫煮海为盐，采山铸钱，伐木为室，丰余之辈也。”[61]这些都清楚地反映了盐铁在事实上可由私人开采经营的情况。

小结

三国至隋唐时期是盐城地区盐业发展和与运河经济文化体系相互塑造的重要阶段。虽然这段时期朝代更替频繁，缺乏对盐业盐政政策性的系统发展，但是中央管辖的松弛提高了区域盐业发展的自主性，加之隋代至唐初的一段时期内推行无税政策，东部沿海地区的盐业焕发生机，迅速形成了一定规模的海盐产业，沿海盐业的繁荣直接带动了区域经济和城镇的整体发展。

与此同时，整个江淮地区的盐运水路体系也取得了关键性进展。本身江淮东部沿海地区具备天然的水路优势，湖泊罗布，水网交织，为海盐内运提供了有利条件，更重要的是隋代全国大一统时期多次对江淮地区的水运网络进行拓建，使盐城作为苏北的盐运中心与整个大运河网络体系建立起了直接联系。早先被认作蛮夷之地的沿海地区能够得到中央政府的关注并建城通运，这正是盐城地区欣欣向荣的盐业经济所带来的客观影响。这一时期增加的盐运路线将盐城地区纳入了更大范围的交通运输网络，使其与江苏乃至全国的各大城市发生联系。

综合来看，三国至隋的这段时期虽然政权更迭，变化多端，但盐城地区却依靠其盐业带来的经济优势为后来大运河盐文化体系的形成构建了最基本的形态。

（四）唐宋时期：大运河盐文化体系的形成与发展

1. 盐业管理体系的制度化和规范化

唐高宗李渊统一南北以后，采取了一系列恢复社会生产、发展经济的措施。唐太宗“贞观之治”，海内统一，国力强盛，盐城地区的经济得到极大发展。宋代基本延续了唐代的盛况，是盐城经济社会的又一繁荣期，不仅盐业，沿海渔业和堰内农业也较发达。在此社会背景下，唐宋时期江淮东部的盐业体系得到了制度化和规范化的长足发展，其中极为突出的便是盐业管理体系的形成，以及在这段时期内因数次盐法改革而得到进一步的完善。

[61]〔北宋〕王溥：《唐会要》卷八八《盐铁》。

唐初承袭隋朝旧制，开放盐禁，允许私人自由经营，国家不再对盐实行专卖，也不再收税，只是在销盐时和其他商品一样交纳“市税”，商人们从中发了大财。这种情况大约持续了一个多世纪。唐天宝十四年（755），节度使安禄山（703—757）起兵叛乱，揭开安史之乱的序幕。乾元元年（758），第五琦为整顿安史之乱暴露出的国家危机，临危受命，出任盐铁使，随后颁布盐法，“就山海井灶收榷其盐”“尽榷天下盐”[62]，推行食盐专卖制。由此，国家建立起专门的管理体系，在重要的盐产区附近设立盐监、盐院等职能机构，配备官吏，由这些官吏对负责生产的亭户进行具体管理，同时免除亭户的杂徭负担，使其专于食盐生产。亭户生产出的食盐由官方统一收购，加价形成“榷价”后，再由官吏们运销各地，形成独立于地方政府之外的垂直经营管理系统。第五琦的盐法改革建立了以监院为基础的专卖体系，并形成食盐民制、官收、官运、官销的产销方式，可以说，这次盐法改革是国家对盐业建立完善专门管理体系的重要开端。

唐肃宗上元元年（760），刘晏出任户部侍郎，再次进行了被称为“就场专卖法”的盐法改革。官府“于出盐之乡置盐官”[63]，在盐场直接收购淮盐，以收购价加税转手卖给盐商，再由商人自由运销。这套体系不仅保护了盐民的利益，而且激发了盐商的积极性，进一步为国家盐业发展和盐税收入提供了保障，盐利因而大增。宝应元年（762），刘晏兼任盐铁使和转运使，负责食盐的生产和收购，又将盐铁与漕运深度结合，“以盐利为漕佣”[64]。他在全国产盐区设置四场十监，积极扩大沿海煮盐事业。其中淮南就设有海陵、盐城两监，用以专门管理食盐的生产和收购；还在淮北设监院，在涟水设海口场，并在漕运要道专设了涟水场仓坨，以接收、转运淮北盐。为了保证盐的漕运，杜绝走私，刘晏还“自淮北置巡院十三”，这些巡院都设在海盐销区之内的交通要地。在设巡院的城市中，扬州尤为重要。刘晏派干员助手、判官多至数十人，有时还亲自坐镇。唐后期扬州贸易繁盛，雄富冠天下，这都与刘晏兴淮南盐利及运漕米、办均输有直接的关系。[65]

宋初上承唐、五代以来的旧制，大部分地方的盐都是官卖。北宋庆历八年（1048），范祥改变唐代以粮换盐的办法，推行盐钞法，以钞代粮，令商买钞，

[62]〔北宋〕王溥：《唐会要》卷八七。欧阳修，宋祁等：《新唐书》卷五四《食货志·第四十四》。

[63]〔宋〕司马光：《资治通鉴》卷二二六《唐纪四十二》。

[64]〔五代〕刘昫等：《旧唐书》卷四九《食货下》。

[65]《江苏盐业史略》编写组：《江苏盐业史略》，江苏人民出版社，1988，第9–11页。

然后凭钞运盐售盐。盐钞法的好处很多，商人直接向官府交纳盐费，省却过去采购粮食的层层盘剥，由商人自己运销，灵活性大，运费得以降低；盐钞是按照各地实际需要定向填发的，不易发生滞销或囤积居奇的现象，有效地稳定了盐价。[66] 此外，宋代对盐的产销管理形成一些更为明确的章法，进一步完善了盐产与运销管理体系的操作细节，如预定产量，下达产销计划；考较、催煎、买纳仓、场监、提举司等盐官都有任期，一般为三年。盐官满任以后要考察所管范围内政绩的好坏，超额完成任务的有奖赏，并予擢升；亏损的要罚俸禄，并予以贬谪。[67] 在唐宋时期两淮盐业与运销整体发展的影响下，盐城地区的盐业管理体系得到了制度化和规范化的系统发展。唐代朝廷在全国主要产盐地，共设置四场十监，今盐城市境内在当时就设有两监，分别为盐城监和海陵监，以管境内盐务。

“盐城监，古之盐亭也，历代海岸煎盐之所。元管九场，伪唐（南唐）以为盐监，周显德三年平江淮之后，因之不改焉。”[68] 据载，唐代第五琦实行盐法改革时，“盐城县有盐亭百二十三”[69]，可窥见其当时的规模。

海陵监位于今东台西溪，“海陵监，煮盐之务也。唐开元元年置海陵县，伪唐于海陵县置泰州，以辖其监。”[70]

至宋代，两淮盐区共设三监二十九场，盐城境内设有海陵、盐城二监及十一场。今盐城境内东台等盐场分属泰州的海陵监，丁溪、竹溪、南八游、北八游、紫庄、伍佑、新兴、七惠、四安（亦称四海）九场属于楚州盐城监。大中祥符二年（1009），盐城监废为仓，南宋绍兴二十七年（1157），时盐城只有新兴、伍佑两个催煎场，部分盐场譬如丁溪、紫庄、南八游、北八游等改隶海陵监，部分盐场不再产盐，未再见于史书。

2. 捍海工程与串场河拓展大运河盐文化空间

由于盐业对国家财政的支持，海盐经济在朝廷中所占地位愈发重要。然而，海潮时常冲毁亭场、盐灶、盐运河道，淹没盐民庐舍，严重威胁盐民安全且影响海盐产量，所以沿海地区自然风险规避不得不纳入考量。

早在唐中期大历年间（766—779），就有淮南西道黜陟使李承修常丰堰以

[66]《江苏盐业史略》编写组：《江苏盐业史略》，江苏人民出版社，1988，第 12 页。
[67] 同上书，第 13 页。
[68]〔宋〕乐史：《太平寰宇记》卷一二四《淮南道二 · 楚州》。
[69]〔宋〕欧阳修、宋祁等：《新唐书》，卷四十一《地理志》。
[70]〔宋〕乐史：《太平寰宇记》卷一三〇《淮南道八》。

御海潮。当时淮南地区每遇台风季节，常有海潮漫溢，卤水充斥、淹没良田、毁坏盐灶，李承念民生疾苦，奏请朝廷批准，沿海修筑一条南北走向的捍海堰。堰址北起楚州沟墩（今阜宁沟墩），南至海陵（今大丰刘庄镇北），大体沿东冈沙堤一线修筑，全长约142里，四年始成，捍海堰名“常丰堰”，百姓又称之为“李堤”。这是境内有史以来第一道挡潮屏障，其修筑为盐场煮盐创造了良好的条件，盐税收入大增。《旧唐书》载：“屯田瘠卤，岁收十倍，至今受其利。”[71]当时东冈一带本身靠近海岸线，因属海盐集散区而形成了一系列场、仓命名的市镇。加之水源丰沛，常丰堰在修筑取土的过程中在堰侧形成复堆河道，即后来串场河的前身，这在一定程度上拓展了盐城西部的内河水系。总体来看，常丰堰的修筑促使东冈沿线一带成了串联各市镇、聚落的纽带。

到了宋代，盐城地区的捍海工程已成为当地海盐文化的重要延伸。为保护海盐产区、保障生产运销，北宋开宝九年（976），泰州知事王文佑加修常丰堰，并将捍海堤堰向南延至东台安丰镇，这也是保障位于常丰堰西侧的运盐河道安全运营的重要举措。不过，年深月久，常丰堰已不足以作为两淮沿海地区之屏障。天圣元年（1023），时任泰州西溪（今东台市）盐仓监的范仲淹力排众议，在常丰堰的基础上大范围增修泰州古捍海堰。他“调四万余夫修筑”，堰址“西自盐城，北接山阳，南抵通、泰、海门，绵亘数百里”。古捍海堰的修筑历时两年，因“有束内水不致伤盐，隔外潮不致伤稼之功用”，从此“农事盐课，两受其利”，当地民众“称其堰为范公堤，不忘所始也”。范公堤东御潮卤，西蓄淡水，对盐城地区影响深远。史载，范公堤筑成之后，外流他乡的3000余户，陆续返回境内耕种庄稼或煮海制盐，盐城地区的经济再次呈快速增长之势。

范公堤的修筑不仅保证了农业与盐业发展，还为盐城留下胜景“范堤烟雨”。历代文人墨客以范公堤为背景的诗词作品不胜枚举，明代盐城知县杨瑞云曾赋《范公堤》曰：“吴陵持节日，沧海设重关。寒日低淮浦，高祠遍楚山。草深沙脊在，鱼鳄徙市廛。我欲穷遗迹，徘徊烟树间。”清人高岑亦题《范堤烟雨》，诗曰：“拾青闲步兴从容，清景无涯忆范公。柳眼凝烟眠晓日，桃腮含雨笑春风。四围碧水空蒙里，十里青芜杳霭中。踏遍芳龄一回首，朝暾红过大堤东。”西溪的仰止亭、奉先亭、博望亭以及三贤祠等众多古遗址，成了后人念怀范仲

[71]〔五代〕刘昫等：《旧唐书》卷一五〇《李承传》。

淹这位历史先贤的情感寄托。

在捍海堰修筑过程中逐渐形成的运盐河道“串场河”是盐城地区大运河盐文化发展的又一重要里程碑。串场河的前身是唐代常丰堰修筑取土时形成的复堆河道，南宋绍熙年间（1190—1194）曾对断续的复堆河加以疏通，统称为“运盐官河”，与东邗沟一脉水系相连（即今泰东运河、老通扬运河等）。随着淮南盐业的发展，宋末元初，两淮制置使李庭芝在修筑捍海堤堰遗留的河道沟渎的基础上，正式开浚串场河。串场河以东台海道口为界，分南北两段，开浚的

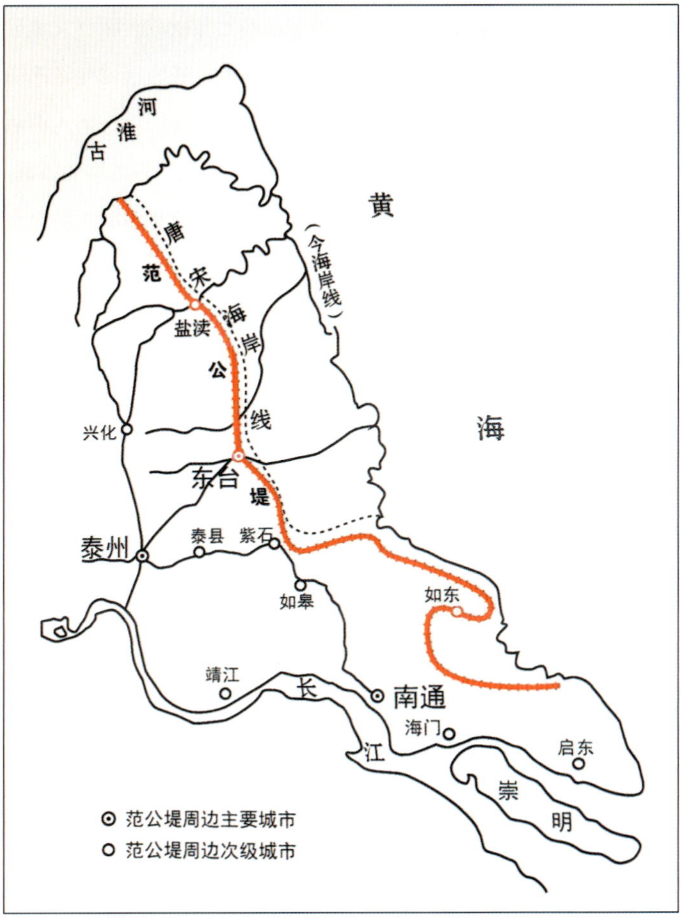

范公堤位置示意图

过程是先南后北。南串场河由海安向北流经富安、安丰、梁垛至何垛场；北串场河由海道口向北流经丁溪、草堰、白驹、刘庄、伍佑、新兴、庙湾。整个河道逐步将沿海各盐场连成一线，“串场河”也因此而得名。串场河的筑成，使得当时“亭民无车运之劳，又得免所负，逃者皆来归，盐利大兴”[72]。自此，串场河成为盐城地区沿海各大盐场海盐外运的主流通道，淮盐的集散交易得到了极大便利，由此道运出的海盐，到南宋时期已占据朝廷收入的半壁江山。

串场河作为东邗沟水系的重要延伸，其疏浚连通有效推动了盐城地区盐运体系的网络化和系统化，将原先略显单薄零散的盐运河道进行了贯穿和整合。最重要的是，宋代串场河的全面开浚将隋唐时扬州、泰州与盐城之间已具雏形的水运系统正式打通。在原先山阳渎的基础上，串场河的开通为盐城地区的海盐外运提供了一条新路径：自此，盐城地区生产的淮盐可由串场河汇集，再从东台入古运盐河（今老通扬运河）运往扬州，最后进入大运河主干道的运输体系。本质上，串场河的开通是大运河水系及其功能的直接延伸，更是借助水路丰富了大运河盐文化的空间建构。

3. 盐城地区的大运河盐文化的发展成果

经过盐业管理体系的建设和完善以及对盐业生产与运输空间的保障和拓展，唐宋时期的盐城地区盐产富足，盐利颇丰。唐宝应元年（762），全国税利1200万缗，盐占了一半以上；其中江淮地区盐税利约75万缗，占全国盐税利的12%。顺宗时江淮盐税利上升至230万缗，占全国盐税利的32%。正可谓“岁得钱百余万缗，以当百余州之赋”。盐城在当时的两淮盐业内属于淮南，据统计，唐代淮南盐税约占全国盐税的一半，而盐城盐税又约占其半。尤其在唐中期刘晏接手办理东南盐务后，淮南盐异军突起，问鼎江浙。按《元和郡县图志》记载：海陵监“每岁煮盐六十万石”，为全国第一大监，盐城监“每岁煮盐四十五万石”，位列第二，两者相加超过百万石。[73]至大历末年，江淮盐利收入增加到600余万缗，正如《新唐书》载：“天下之赋，盐利居半，宫闱、服御、军饷、百官俸禄，皆仰给焉。”[74]那时，吴、越、扬、楚盐廪数千，积盐二万余石，可见，淮南盐的发展规模已不可小觑。诗人李白、杜甫在两淮地区停留时，各自留下

[72]〔元〕脱脱等：《宋史》卷四二一《列传第一百八十》。

[73]〔唐〕李吉甫：《元和郡县图志》。

[74]〔宋〕欧阳修、宋祁等：《新唐书》，卷五四《食货志第四十四》。

了“玉盘杨梅为君设，吴盐如花皎白雪”“蜀麻吴盐自古通，万斛之舟行若风”的千古绝句。

宋代政府也非常重视两淮尤其是淮东的海盐生产，“国家鬻海之利，以三分为率，淮东居其二”[75]。宋代两淮、两浙之盐，称为东南盐，所谓“东南盐利，视天下为最厚”。岁课之多，过于解池，这一阶段两淮盐区获得了很大的发展。《宋史·食货志》载：淮南有楚州盐城监，年产盐 41.7 万余石；泰州海陵监，如皋仓小海场年产盐 65.6 万余石。北宋真宗时期（998—1022），盐城境内盐城和海陵二监年产盐达 107 万石以上，为淮南产盐之冠。明道年间（1032—1033），淮盐产量增加，除定额发售外，积盐 1500 余万石。[76] 总之，这一时期的淮河及里下河区域，因“盐廪”“粮仓”的存在而成为“剧邑”“国之上县”。

江淮东部沿海地区的盐业生产与运销发展带动了盐城社会多方面的进步，盐城在唐宋时期发展为经济兴旺、文化繁荣、水运发达的重要漕运城镇。唐代，盐城城镇面积得到大规模拓展，社会各业繁荣发展。这一点在 20 世纪 80 年代到 21 世纪初盐城市区的考古发现中得到了印证。市区新华书店、邮电大楼、商业大厦、市农行大楼等处地下，发现大量唐代遗迹，出土铜钱及陶瓷制品等文物。特别是 1994 年建军中路原市政府大院地下发现的唐代院落遗址，屋面采用构件组合，内屋用箩底砖铺地，庭院之内有砖铺的四折曲径、形状大小各自不同的砖铺天井、宽阔的砖铺斜坡道路，以及立瓦铺成的小径。遗址的建筑规模和形式上反映出唐代盐城的城市民居建筑已经达到较高水平，加之遗址中出土了大量珍贵精美的器物，更看出唐代盐城市区居民生活水平较高。随着海盐业和农业的兴盛，宋代盐城的规模也得到了相应发展，盐城多次修筑城池、城门，各类官署衙门等机构建筑得到了更系统的规划。同时，两淮场镇也开始出现规模性的建筑，除了位于场镇中心的场署、分司公署、盐课司等管理单位，还形成了祈求盐业生产顺利的宗教建筑，如各盐场供奉的王地祠、龙王庙、关帝庙等，其他生活类建筑也随着盐业生产空间的扩张而向周边延伸。

与此同时，境内盐业生产和运销体系的发展带来了更广阔的文化辐射，对大运河主干的沿线城市产生了一定影响。唐代，吴、越、扬、楚盐廪数千，为了妥善处理大量积盐，刘晏在四大州交通要道多设盐仓，把盐收贮起来，以备

[75]〔元〕脱脱等：《宋史》卷一八二《食货志》。
[76]《江苏盐业史略》编写组：《江苏盐业史略》，江苏人民出版社，1988，第 12 页。

不时之需。有一年内陆盐池受霖雨影响，盐产匮乏，向来依靠盐池供应的长安，市场盐价飞涨，导致人心惶惶。刘晏奉命调海盐三万斛解燃眉之急，仅四十天时间，他便如数将盐运至京都。[77] 由此可见，当时江淮沿海地区储盐有序、水运通畅、取调便利，已然形成能够及时响应内陆需求的运销管理体系。宋代逐渐形成以串场河为主干的区域性水运体系，将海盐向南运往长江与大运河的交汇处，向北运往黄河与淮河的交汇处，不仅促进了沿河城镇的形成和发展，更对扬州与淮安两大运河重镇的繁荣作出了不可磨灭的贡献。宋代淮南盐场的产盐主要运往真州（今扬州仪征），其运销管理极大地带动了以扬州为中心的城镇群的发展。当时主要实行榷盐专卖制度，但在淮南食盐积蓄较多时也适当允许商人通商，极大地推动了扬州地区盐商文化的兴起，足见盐城在河运发展的利好下为全国经济所作出的突出贡献，同时也可证明盐运河在大运河运输体系中日益占据了更为重要的地位。

鉴于唐宋时期政权稳定、举国繁荣的盛况，盐城借助大运河水系的发展与内陆建立起更为紧密的联系。在唐代，云梯关是大运河上游支流的入海通道，亦是我国主要的出海口。《新唐书》《旧唐书》均有记载，高丽僧人封大圣，新罗国王子金士信，日本国遣唐使粟田真人、小野石根以及阿倍仲麻吕等，都曾渡过黄海在盐城登陆，经官河、淮河转大运河西去长安。这些僧侣途径盐城，佛教文化也随之在盐城得以传播。地方史志载，唐太宗派兵东征高丽时，名将薛仁贵曾在永宁寺内设营驻扎，在海边修造战船，操练水军。大将尉迟恭还在西溪海边建造了海春轩塔，以供战船、民船辨别航向。可以说，盐城作为大运河和海洋的连接桥梁，是海运与河运的中转枢纽，更是大运河文化传播的必经之地。

小结

唐宋时期是大运河盐文化形成体系并得到整体发展的重要时期，这一时期的淮河及里下河区域因成为全国最重要的“盐廪”“粮仓”而跃为“剧邑”“国之上县”。这一时期国家政权稳定，无论是在中央还是地方层面，都对盐业的生产和运销投入了相当可观的人力和物力，以推进其管理体系建设，充分利用

[77]《江苏盐业史略》编写组：《江苏盐业史略》，江苏人民出版社，1988，第 9 页。

盐城地区近海滩涂的自然优势，辅以及时有效的人为改造和干预，最大程度地将海盐资源转化为国家财政利税和社会整体发展的机遇。尽管安史之乱后唐王朝由盛转衰，后又经唐末、五代的战乱，整个社会经济走向衰颓，但本区由于有稳定的农业和盐业经济的支撑，故受影响甚小，得以保持持续发展的势头。

这段时期，盐城地区在大运河盐文化体系中的核心地位也逐步显现。其一，盐城境内开展了大量保障盐业生产的捍海工程，并疏浚串场河以拓宽盐运水路系统，这些工程的开展反映了盐城地区对于两淮盐业至关重要。其二，境内逐渐形成由盐监、盐场、亭户构成的垂直经营管理系统，盐城监、海陵监二监管理着沿串场河分布的诸多盐场的海盐生产和运销，较大的管理投入比重也体现了盐城地区在东部沿海产盐区的重要地位。其三，盐城地区的盐业发展促进了江淮地区的城镇发展并逐渐形成更广阔的辐射影响，至此，盐城逐渐摆脱了远离内陆文明的地理劣势，反而作为大运河与海洋的连接桥梁，将自身嵌入了更广域的文化体系。

（五）宋末至元：大运河盐文化遭遇困境和短暂衰落

1. 战事频仍与黄河夺淮

宋末至元代时，盐城地区的盐业曾出现过短暂的衰退和收缩，这主要与当时改朝换代导致的战事频仍以及黄河夺淮带来的自然灾害有关。南宋至元时期，盐城所处的淮河两岸成为边境重地，随着北方势力南下而逐渐成为南宋与金国交战的前线，备受战争之患。南宋绍兴、乾道年间以及元代曾多次修筑土城，就是为了抵御北方势力的入侵。与此同时，黄河夺淮的自然变故给盐城地区带来了不可逆转的影响。南宋建炎二年（1128），黄河首次南侵，夺泗夺淮，导致淮、沭、沂、泗水系混乱。绍熙五年（1194），黄河在已经被金国占领的河南阳武（原阳）决口，金人任其肆虐，黄河水咆哮奔流，夺泗夺淮，从盐城以北入海，完全侵占了淮河入海河段。

作为宋金交战前线的盐城地区，时而为金占领，时而为南宋收复，境内盐场也随之频繁易主，如《宋史》载：“盐城，上。有九盐场。建炎间入于金，绍兴元年隶涟水，三年，又来属。”[78] 显然，这一时期盐城的盐业不得不面对混

[78]〔元〕脱脱等：《宋史》卷八八《地理四》。

乱的管理，对境内盐业形成重大打击。在自然方面，黄河多次泛滥致使境内大片良田为泥沙覆盖，沟河宣泄不畅，旱涝灾害频繁，对农业冲击巨大。在黄河入淮后的前段时期，黄水泛滥对大丰大部和东台全境的经济、文化造成了极大的破坏，域内民生凋敝，城镇式微。不仅如此，由于黄河带来的水量致使盐城地区海水淡化加剧，卤气渐远，加之黄河所携大量泥沙被带到海中，导致海岸线全面东移、滩涂日扩。相比于过去几千年来岸线相对稳定在东冈一线，黄河夺淮带来的环境变迁对盐城而言称得上是短期巨变，原先围绕东冈一带开展的盐业生产也不得不紧跟自然资源而逐渐东迁。范公堤以西渐成农业区，导致盐城逐渐失去海滨城镇地位。

当然，长期以来靠盐业生产和运销而兴盛的盐城面对变化的形势并未束手无策，尤其是针对自然环境的变化采取了一系列应对措施。这一时期最大的问题在于黄河夺淮破坏了江苏北部的原生水系，一方面，黄河下游南徙带来多余水量，增加了里下河地区泄洪压力；另一方面，黄河水中携带大量泥沙，对原有水道造成淤塞。因此，这一时期的盐城对射阳河、黄沙港、新洋港、斗龙港、东台河等古潮汐水道进行疏浚，逐渐形成了盐城地区一系列的排水河道，与盐城地区广布的湖荡连成网络。

也正是在宋末至元的这段时期，串场河的作用逐渐凸显。这条南北走向的水道将众多东西走向用于分担泄洪的古潮汐水道相连成网，为里下河地区的泄洪提供了通道，发挥了调节水量的作用。同时，围绕串场河形成的部分工程还大大便利了堤西地区的农业灌溉。不仅如此，串场河还极大地分担了江淮地区的盐运压力。受泥沙淤积影响，原射阳湖的水源急剧减少，先前沟通扬州和盐城的山阳渎时有淤塞，虽屡有疏浚，终难以畅通如故，两地水运难以稳定。南宋咸淳五年（1269），两淮制置使李庭芝利用范公堤复堆河，开浚串场河南段，使得各场盐河相通。串场河的串通让盐城地区生产的淮盐可由串场河汇集向南，从东台入古运盐河运往扬州。也就是说，海盐可以经串场河运达东台后，经过今泰东河段，进入今老通扬运河，再一路向西抵湾头入扬州，最后进入大运河主干道的运输体系。串场河贯通为沿线盐场提供了新的航道，渐变为堤西地区的主干河道。它为扬州成为最大的海盐集散地提供了条件，进而成为大运河立体水运网络的一部分。

2. 新盐法的实施与空前严苛的私盐缉查

尽管盐城地区的盐业发展在宋末至元受到一定阻碍，但由于海盐业已成为盐城地区的支柱产业，加之盐利也成为国家财政的重要来源，统治阶级为了巩固税收，采取多重措施从盐法政策上来弥补天然利好的消减。

为了加强来自盐业的财政税收，宋代逐步发展起钞引盐，即一般说的“引”制。其主要特征是食盐不由官府直接出售给消费者，而是先批发给持有盐引的商客，再由商客辗转销售。在宋代明道、景祐年间，江南路的淮浙盐区，商人从官府购买盐券，称之为“盐钞”。盐钞和盐引为宋代盐商转销官盐的商事凭证，多用现钱购买，因而为国家财政带来了直接收入。

但引法本身，尤其在推行的早期存在漏洞并带来了许多弊端。北宋蔡京用事时，以搜刮财利为目的，改行“换钞”，即更印新钞，收换旧钞，在江浙地区极力推行钞盐制，把钞盐钱作为国家的主要收入。以至宫闱生活、百司支费，大多取给于盐，钞盐制成了官府巧取豪夺的合法手段。后来复创立引制，引有长引、短引之分。商人多花钱买长引的，准许行销他路；买短引的只能行销本路。长引期限一年，短引期限一季。期限到后盐如未售完，即行毁引，没收归官。有时因销路不畅，数十万券一下子全部废弃，早上是豪商，晚上便倾家荡产变为流民。所以，盐商们为了巴结官府，忙于迎送官吏，“支应需索，垫付培倍，甚而亏蚀本钱，荡破家资”。两淮盐商与官府相互勾结，行使行盐特权，侵夺盐户、欺侵下户、转嫁负担、扩充家财，过着“高堂峻宇”、妻妾成群的腐朽生活。[79]由于盐业利税对中央财政意义重大，元灭宋后引法被元朝政府沿用并进一步完备。元代全国盐务政令悉归户部，实行“引票”法，由官府酌定盐本“工本钞”，盐商向官府的盐运司交钱买引，然后凭盐引到盐场支盐，再运到各处去发售。然而官府为了充裕财政，率增盐价，引票价格不断攀升。元初盐引每价为九贯，短短数年增至每引一百五十贯，增长了十六倍。成宗大德四年（1300），在两淮推行立仓纲运之法，改为由盐仓支盐，进一步规范支盐流程，即官府在盐运扼要地点建立盐仓，设官负责监制、收买和支发食盐。此举令客商只能赴仓支盐，意在防止商人下场勾结场官走漏私盐，或逼勒灶户加斤。[80]引法和立仓纲运使元代的食盐专卖进一步成为财政搜刮的主要手段，结果形成元代后期官商竞卖，使私盐一度充塞市场，产盐人卖不出盐，盐民生活愈加困苦。

[79]《江苏盐业史略》编写组：《江苏盐业史略》，江苏人民出版社，1988，第12—13页。

[80]《江苏盐业史略》编写组：《江苏盐业史略》，江苏人民出版社，1988，第14页。

宋末至元这段时期，中央在增加官盐税利的同时，对私盐贩卖的打击力度也有所加大，且从生产和运销两方面都有举措。在生产方面，宋代起推行灶甲制，旨在“绝私煎之弊”，即在盐民中设立头目，主持灶甲事务，监管煎盐工具，严格限制盐民私煎，对上代表亭户支取盐工本费，对下向亭户“催盐”“发本”。南宋绍兴初至乾道间，淮浙等“煮盐之地”的亭民几度被反复编排和组织。在运销方面，宋代由专门机构和地方州县联合缉私。为加强对私盐的缉查和管制，设置了都转运盐司、巡检官和巡检司，在两淮盐区等地分置专门的机构“提点私盐使”。私盐缉查成为宋代巡检之要务。元代缉私更为严苛，设置巡盐官、巡盐军，由官、军协同缉私。官府还规定，造假引票者，杀头抄家；盐民走私者，轻则鞭打七十，重则处死。严刑峻法映射出官方对垄断盐利的极端维护。缉查私盐保证了国家盐税收入的最大化，通过缉查私盐，对私产私销和偷税漏税进行严厉打击。

3. 苛政和盐户的反抗斗争

宋末至元的这段时期，两淮的盐佃户、盐佣工，以及自煎盐民的下层人户，在盐商与官府的双重压榨下过着极端困苦的生活。宋代开始，淮盐发展迅速，劳动力不足的矛盾更显突出，官府无法解决，只好沿用旧制，拨来许多罪犯从事煎盐。盐民渐成为一种特殊户籍，由官府派遣到沿海卤地草荡上，给予制盐的简陋设施，承担着繁重的产盐徭役。一般盐户和贫困盐户的生活和生产条件极其艰苦，“夏日苦热，赤日行天，则汗血淋漓；严冬朔风，则履霜蹑水，手足皴裂。”[81]两淮盐民在艰辛、超负荷的劳动之下，其收入依然微薄，甚至还受官吏的层层盘剥。政府收购场盐，经常不能按时付清盐本。《宋史》载：“灶户鬻盐，与官为市，盐场不时偿其值，灶户益困。”[82]《两淮盐法志》记述的材料表明：仅通泰等州，官府欠盐民的本钱就有 110 万贯[83]。

自然条件的严酷再加上官府、盐商的剥削和压迫，两淮盐户日益困穷，甚至出现“灶下无尺草，瓮中无粒粟”的境地，悲惨的遭遇把广大盐户逼上绝路，并激起了他们的反抗斗争。一方面，盐民不得不为了生计在走私犯法的情况下开始私盐。“亭户饥寒，不免私卖。若朝廷严究，还其本钱，而后可以尽革私

[81]〔元〕陈椿：《熬波图》卷上《担灰滩晒》。
[82]〔元〕脱脱等：《宋史》卷一八二《食货志》。
[83]《江苏盐业史略》编写组：《江苏盐业史略》，江苏人民出版社，1988，第 14 页。

卖之弊。”这也说明了盐民走私的原因。[84] 另一方面，大量盐民选择逃亡。虽然盐户逃亡的现象由来已久，但在宋末至元代的这段时期达到高潮。逃亡户的盐额勒令在户包纳，必然是“豪强者以计免，而贫弱愈困”[85]，导致更多的盐户逃亡。

反抗斗争的进一步发展便是武装起义。元朝末年，自然灾害频仍，苛政敲剥百姓，大丰境内的盐民生存无着，终于在至正十三年（1353）爆发了以张士诚为首的元末盐民大起义。张士诚本为白驹盐场一普通盐民，因不堪忍受日益苛重的盘剥压榨，与张士义、张士德及同乡盐民等十八人一起率盐丁起兵反元。起义后，张士诚攻据高邮，占据平江（苏州），自立为诚王，纵横江浙一带，控制了江南广大区域。今盐城境内，除响水境外，曾一度为其属地。张士诚所领导的起义军切断了元朝漕粮、盐运的主要来源，在财政上沉重打击了官府，彻底动摇了入主中原 89 年的元朝的统治基础。

小结

宋末至元是大运河盐文化发展过程中遭遇困境和短暂衰退的一段时期。虽然得益于唐代和宋代早中期的快速发展，两淮盐业的整体态势并未明显倾颓，但许多隐患和问题在宋末至元代这段时期逐渐暴露，对盐城地区大运河盐文化的发展产生了一定的负面影响。一方面，南宋黄河夺淮产生的影响逐渐显现，缓慢东移的海岸线阻碍了沿海亭场的盐业生产，增加了海盐内运的困难，削弱了盐城作为滨海城镇的地缘优势。另一方面，中央对盐业税利的依赖惯性致使两淮不得不应对更加严峻的课税压力：不仅收紧了盐业生产的相关政策，对盐产业链形成从上至下的多层盘剥，而且在淮盐运销方面加强缉私，通过严刑峻法堵死官方以外的商贩路径。本就面临天然利好消减的盐城地区在这一时期更是承受多重压力，导致盐民走投无路开始反抗斗争，以起义的方式暂时切断了中央对两淮盐业的控制。

（六）明清时期：大运河盐文化的成熟与全盛

1. 盐业管理体系与运销体系的成熟

明朝建立以后，社会秩序逐步安定，经济得到恢复和发展，盐业生产日臻

[84]《江苏盐业史略》编写组：《江苏盐业史略》，江苏人民出版社，1988，第 14 页。
[85]〔明〕宋濂、王祎：《元史》卷一七六《谢让传》。

复兴。朝廷得以对全国各地的盐业生产和运销进行管理，相关体制得到建立和完善。明代至清中叶的这段时期，中央和地方相互配合，一定程度改善了宋末至元代所形成的困境，使两淮盐业迎来发展巅峰，促成了大运河盐文化的成熟与全盛。

首先，明清两代两淮盐业的发展巅峰与中央制度的设计和盐业管理体系的布局密不可分，盐城作为两淮盐产区的重要区域深受其益。这段时期，在元代管理结构的基础上形成了更为完善的纵向管理体系。朝廷于扬州设立两淮都转运盐使司，其下另设三个分司，分别是淮安分司（后改至海州）、泰州分司（一度设于东台）、通州分司。运司和分司取代了之前“监”的作用，直接负责盐场的管理。明清时期的两淮盐区共有三十场，每个分司各领十场，淮安分司管理上十场，泰州分司管理中十场，通州分司管理下十场。[86] 其中位于今盐城境内的盐场有当时泰州分司下的富安、安丰、梁垛、东台、何垛、小海、草堰、丁溪和淮安分司下的白驹、刘庄、庙湾（天锡场并入）、伍佑、新兴，共十三场。各盐场分别设立盐课司官署，置盐场大使、副使，直接管理盐场产销及督收盐课事宜。盐场之下还设有团灶，各团置总催、秤子等具体职务。总体来看，明清时期的盐业管理结构与前代相比，纵向体系更加完整细致，形成层层有序的管理，其中尤其突出的改进是盐课司官署的设立。盐课司署是历史上第一次正式在各盐场生产一线设立的完整的盐务管理机构，每个盐课司署设有吏房、火伏房、钱粮房（万历后改为折价房）、承发房四科，对产销管理和盐课征收发挥了重要作用。同时，也兼顾维护盐场地方社会治安、赈济灾荒，促进了地方教育、文化及农业经济的综合发展。

与此同时，在盐产运销方面也加强了管理体系建设。在官盐运销管理上，明清时期延续了元代设置的批验所，在仪征和淮安分别批验沿海各场生产的淮南盐和淮北盐，收缴盐税，并监督盐商的专卖。其中，盐城地区的东台、安丰、富安、何垛、梁垛、丁溪、草堰、小海、栟茶、角斜十个盐场产盐南运，在仪征批验；白驹、刘庄、伍佑、新兴、庙湾五个盐场产盐北运，在淮安批验。在私盐缉查上，从之前的关防发展为由地方巡司管辖而形成的区域私防。作为政府非常设准军事机构的巡检司得到迅速发展。巡检司置巡盐御史，主要行使在

[86] 吕四、余东、余中、余西、西亭、金沙、石港、掘港、丰利、马塘、栟茶、角斜、富安、安丰、梁垛、东台、何垛、丁溪、小海、草堰、白驹、刘庄、伍佑、新兴、庙湾、莞渎、板浦、临洪、徐渎、兴庄。其间略有变化。

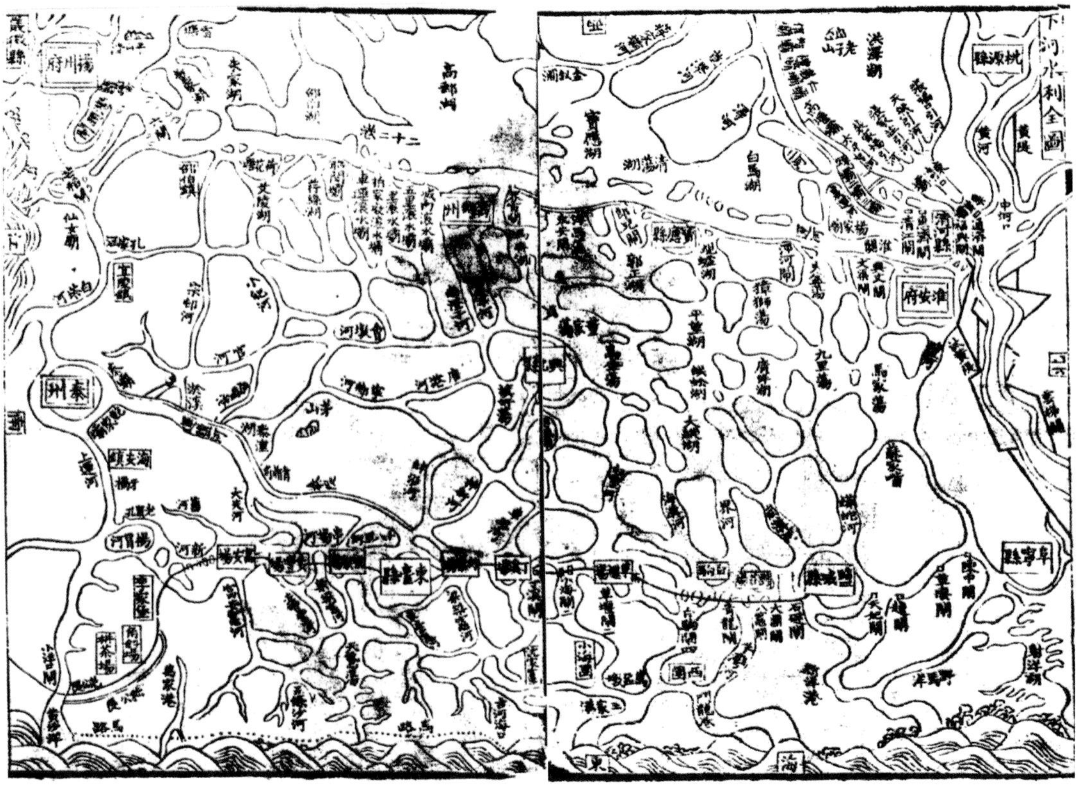

《下河水利全图》，选自清嘉庆《扬州府志》

关津要道缉查往来、缉拿寇盗、打击走私等职能，管辖权归当地州县。其中位于今盐城境内的巡司有富安巡司、西溪巡司、沙沟巡司、上冈巡司、草堰口巡司、羊寨巡司、马逻巡司、火套巡司、庙湾巡司、喻口巡司等。此外，还在各盐场设置缉查关卡、隘口，由朝廷驻守兵丁，与重要场署驻地设立的缉私营和各地方巡司相互策应，从团灶到盐场再到水运要道，层层设卡，严格缉私。

2. 海盐生产技术的进步与串场河的全线贯通

明代后期，黄河夺淮的影响日益显著，盐城全境的海岸线迅速东移，新生的大片海涂为"滩晒盐"新技术的应用提供了极好的平台。明清两代，盐城地区的海盐生产技术有了较大的改进，不仅有效应对了海岸线东移和海涂淤长等环境变化带来的生产挑战，而且使得沿海地区的盐产量显著增加。

利用阳光、风力等自然资源晒盐是海盐生产工艺的一次重要变革，盐民在实践中因地制宜地创造出多种利用卤水晒盐的方式，有埕晒、砖池晒、板晒、石晒等。到了清末，泥池滩晒逐渐成为晒盐方式的主流，极大地提高了生产效率。先进的生产方式推动了淮盐生产的迅速前进，奠定了淮盐在我国盐业生产上的重要地位。受到地理环境制约，滩晒法主要应用于淮北盐场，两淮盐业的重心开始缓慢北移，在区位上南北兼顾的盐城，其北部的盐场得到了更大的发展，在全局上为两淮盐业提供了更坚实的支持。

与此同时，明清时期的大运河盐运网络发展日趋成熟，有效提升了盐城地区海盐运输的效率。明清两代是大运河水运体系发展的重要时期，面对黄河夺淮日渐明显的负面影响，整个江淮地区的大运河水运网络体系在明清时期得到中央的高度重视，并历经多次拓浚治理。

在扬州至淮安段运河，有陈瑄开清江浦河道，沿管家湖筑堤，又开扬州白塔河，利用常州孟渎河，这些工程从永乐十三年（1415）开始到万历二十八年（1600）全部完工。从此里运河的线路基本定型，水闸设备完整，南北大运河整体畅通，真正成了南北物资、文化交流的大动脉。

在大运河发展的同时，盐城作为黄河夺淮的直接影响地区，更是多次组织浚河修堤，尤其借助串场河等内运水道拓展了东部沿海地区的盐运水系，将地区水路网络更充分地融入大运河水运网络体系。明永乐九年（1411）、天顺年间（1457—1464），串场河多次进行大规模疏浚；清康熙四十五年 (1706)，都统孙潭齐奏准开挖盐城至便仓段 20 多千米；乾隆三年 (1738)，大理寺卿汪漋奉旨开挖盐城至阜宁段 60 千米，至此，串场河全线贯通。纵贯盐城全境的串场河在明清两朝得到了最大程度的开发利用，并在数次疏浚中密切接入大运河淮扬段网络体系。

串场河全线贯通后，北起淮河，南至海安，将沿海地区的盐场、盐仓以水路相连，保证了苏中沿海淮南盐产区运输水道的畅通。此外，还增加了经过高邮的淤溪河（今盐邵河）、向北至淮安的古涧河等通达大运河的运道。海盐通过串场河等内河支流从各盐场集散至扬州、泰州，清光绪年间《重修两淮盐法志》载“淮南引盐自场达扬”[87]，再经由大运河网络运输到东南六省（江苏、安徽、河南、湖北、湖南和江西），巨大的销售市场促进了两淮地区食盐生产的繁荣。串场河等境内盐运水系的疏通提升了盐城地区盐产运输的效率，保证了盐城在历史上的重要经济地位。通过盐运连通扬州、淮安、泰州、南通等多个大运河城市，盐城地区更紧密地融入了大运河的盐运体系，密切支撑着大运河经济，与大运河共同谱写了江淮海盐昌盛的历史。

明代至清中叶的这段时期，在中央和地方的有效配合下，两淮盐业积极发展并取得了显著成就。盐城地区作为两淮地区的重要组成部分，为大运河盐文化的成熟与全盛作出了突出贡献，其最直接的体现就是向国家提供的财政支持。虽无法准确统计今盐城境内的盐场在当时的具体产量，但从两淮盐业的记叙中可推一二。“两淮盐赋甲天下”“两淮为天下财赋之薮”的说法已广为流传，据清嘉庆年间《两淮盐法志》载：“盐课居赋税之半，两淮盐课又居天下之半。山海天地之藏，其有关于国计民生者。”清代淮南盐产占据绝大部分比例，以嘉庆六年（1801）为例，淮南盐的额产占两淮八成以上。道光朝重臣陶澍在其上奏的折子中曾言：“两淮盐引，课额甲于天下……运销六省，水陆数千里。”[88]以清顺治十年（1653）为例，时全国税课入库 212.8 万两，而两淮盐税入库就达 119.7 万两，占全国盐税的 56.3%，康熙三年（1664），两淮盐税占全国税课的 64.5%[89]，“嘉庆六年 (1801)，境内产盐 118.9 万引 (每引 200 公斤，折 23.8 万吨)，占两淮盐产总量之 59.4%”。即使到了清光绪十九年（1893），淮盐课税仍占全国的 40.8%。[90] 由此不难想象盐城地区在当时为国家财政作出贡献之大。

3. 淮盐产业带动盐城地区综合发展和文化繁荣

随着两淮盐业规模和影响力的扩大，盐产业与盐运业对区域综合发展的带

[87]〔清〕佶山：《嘉庆两淮盐法志》图说上，“泰坝监掣署图说”。

[88]〔清〕陶澍：《陶澍集·复地方官筹款运盐及按户派销之法断不可行折子》。

[89] 资料来源：盐城中国海盐博物馆官网。

[90] 盐城市地方志编纂委员会：《盐城市志》，江苏科学技术出版社，1998。

动作用也日益凸显。一方面，盐城本身作为区域治所在淮盐产业的影响下得到了发展。明永乐十六年（1418），备倭指挥杨清、守御千户冯善重修盐城城池，在宋元时期原有的土城城基上，修建了砖城。城高两丈三尺，宽一丈二尺，周长七里一百三十四步，设东、西、北三门。城墙外有护城河围绕，河宽二丈五尺，深九尺。杨瑞云任盐城知县期间，于明万历七年（1579）增开南门。立南门城楼上放眼全城，城内有文庙、陆公祠、文峰阁、永宁寺等古建筑。杨瑞云为此曾作《南城诗》：“入郭听弦诵，通衢引稻粮”“从此看盐渎，辉光映紫垣”。整座城池西阔东窄，形状似瓢，因而也称“瓢城”。关于瓢城的寓意有两种说法，一说是滨海水患连年，城池依地势而建，此形制便于上游洪水分流，“瓢”的称谓也寄予了本地人希望不被水淹之意。另一说是盐城环城皆盐场，城市发展高度仰仗盐产业，皆以瓢舀盐，故以瓢形筑城，表达了期待盐业兴盛的美好愿望。

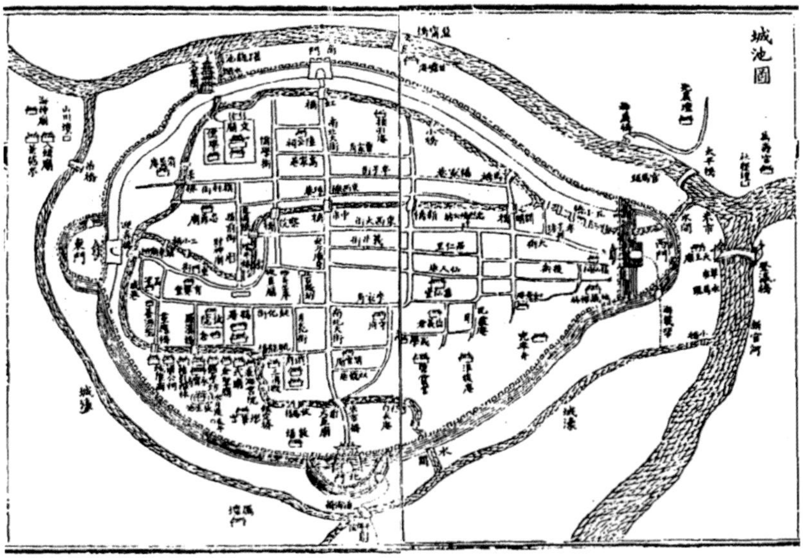

《城池图》，选自清光绪《盐城县志》：图中可见盐城为瓢形

另一方面，淮盐业的稳定发展促进了盐城地区的盐场城镇化，对整个苏北沿海东部的城镇文化都起到了重要的塑造作用。随着盐政管理制度的变革，盐商也逐步介入海盐的组织生产之中，许多盐商携家带口来到沿海盐场，使苏北沿海长期封闭的情形得到改变。盐业的兴盛带来了人口的增多，两淮地区聚集

了数量庞大的以盐业为生的人，“至两淮藉盐为食之人不下十数万众”[91]，由此而带动了盐城一系列相关产业的发展，盐场开始向场镇转化，出现了多功能分区，场镇布局与城镇布局逐渐接近。经过历代发展，盐城地区盐场的规划与建设规制在明清时期基本已经形成了较为统一的规制。各盐场中心皆位于串场河东岸，范公堤从场镇中心穿过，以便盐产的水陆运输。盐场范围一般都向东延伸到大海，配有一定额度面积的草荡。每个盐场内设有固定的配置：有与海盐管理有关的盐课司署、察院、盐仓、关卡等；有与海盐生产有关的盐包厂、潮墩、煎舍、灰池等；有与教化有关的社学、三贤祠（供奉为修建范公堤而作出巨大贡献的范仲淹、张纶、胡令仪）等；有与风俗有关的如龙王庙、土地祠、玄真观等庙观祠堂；还有与盐官、盐商、盐民生活相关的民居、街市、桥梁、水井等各式建筑。盐民一般以团灶为单位，散居于范公堤外，煎舍、灰场分布在沿海广袤的滩涂上，海涂上分布着数量不等的供盐民们避让海潮的潮墩，以及沿海防寇的烽火墩，所有与这些构成了境内盐场的生存状态。清雍正九年（1731），庙湾场成为阜宁县城，清乾隆三十三年（1768），东台场建成东台县城。其他各盐场也都发展成为当地具有相当规模的重要集镇，如富安、安丰、草堰等，至今依然留有各具特点的文化遗存。[92]

由盐运带来的人口流动为盐城地区带来了不同地区的文明成果和各具特色的城市文化，盐城地方文化日益繁荣，呈现出多元发展的态势。明清两代，盐城境内文化教育全面兴盛。从明嘉靖到万历的98年间，盐城先后创建社学26所，并建正学、建西、陆公等书院。清康熙到乾隆年间，阜宁、东台建学宫，各县还建立了太学，学风渐兴，为盐城孕育了一批文学、哲学、书法等方面的文化名人。明初，文学巨匠施耐庵、罗贯中都曾隐居白驹场，亲眼目睹过盐民悲惨的生活，二人分别撰写下中国四大名著之二的《水浒传》《三国演义》。明代哲学家王艮，灶户出身，十一岁时家贫辍学，随父兄淋盐，其创立的“泰州学派”名闻全国，“修得正果”后又将教育推向“农夫盐丁”，践行并发展了有教无类的教育思想。明末书法家宋曹是新兴场人，他的作品漂洋过海，饮誉扶桑。清初盐民诗人吴嘉纪，其独具风格的诗歌作品也丰富了海盐文化的内涵，在中国文学史上与历代群贤共放异彩，被称为“清初三大家”之一。剧作家孔尚任游历盐城，完成了不朽名篇《桃花扇》。

[91]〔清〕陶澍：《陶澍集·复奏仪征绅士信称捆盐夫役因闻课归场灶之议纠众赴县哀求折子》。

[92] 夏春晖：《江淮东部沿海海晏发展的历史见证——串场河》，《盐城工学院学报（社会科学版）》，2008年第2期。

文学艺术之外，民间艺术也随着大运河盐文化得到了发展。明末清初串场河一带有才艺的灾民，用于糊口谋生的杂耍、小曲、快板、童子锣等曲目，历经三百多年衍化，孕育出里下河地区杂技、淮剧、民歌、民间器乐曲、民间舞蹈等多方面独具特色的地方文化，其中最有名的是“十八团”杂技。盐城十八团位于建湖县庆丰镇一带，“团”是盐区特有的生产组织，是古时“二三四人共一盘铁，或五六人共一盘铁”的“聚团公煎”之所。康熙年间（1662—1722），十八团兴办马戏会，群英会聚，各显神通，观者逾万。清代中叶，十八团马戏班已发展到 20 个左右，足迹遍布沿海各省，享誉大半个中国。

4. “两淮盐业甲天下”背后的盐民苦难

明代至清中叶，与两淮盐业进入高潮相对的，是这一时期盐民日益卑下的地位和难以忍受的煎盐之苦。明代役民制盐，更甚于前。明初，旧有盐户流亡殆尽，官府设法签补盐场附近民户充当灶丁，两淮运司所属各场灶户都是淮、扬等府内县民签充的，此外又迁徙顽民、罪犯到盐场煎盐，“……始令配役者分隶盐亭役使之”。洪武三年（1370），明太祖朱元璋从苏州、松江、嘉兴、湖州等地迁来 4000 余户、1.5 万余人到盐城、淮安沿海充作煎丁，史称“洪武赶散”。康熙《两淮盐法志》载：“灶户率多吴民。相传张士诚久抗王师，明祖怒其负固，而迁恶于其民，摈之海滨，世服熬波之役，以困辱之。”[93]朱元璋恨江南之人为张士诚效命，乃籍其富豪之田为官田，征以重税，迁徙其人，或供垦作，或迁之于海滨为灶户，使他们世世代代承受制盐之苦。盐城境内发现的诸多家谱文献，都记载自己的祖上因“洪武赶散”而被迁入江北煎盐或垦地。

明初“洪武赶散”虽在客观上对明初黄河下游泛滥区在农业、盐业生产的恢复，江淮的经济发展和南北方经济文化交流等方面起到了积极推动的作用，但当时沿海地区条件艰苦，立法严苛，盐税繁重，盐民生活十分不易。“灶丁办盐以丁力为主，以卤池为本，以草荡为资，以盘铁为器，以灶房为所。”[94]“按跨卤池，盘灶而屋之，以避风雨。”[95]对犯徒罪者，则依《明律》之规定，“各照所徒年限，并以到配所之日为始，发盐场者，每日煎盐三斤”[96]，但须隔省，例如福建、广东之人发两淮，直隶江南之人发山东，直隶江北之人发河间。灶

[93]〔清〕谢开宠：《康熙两淮盐法志》卷十五。

[94]〔明〕史起蛰：《嘉靖两淮盐法志》卷五《法制》。

[95]〔清〕周右修等：《嘉庆东台县志》卷十八《盐法》。

[96]《大明律集解附例》卷一“徒流迁徙地方”条。

户犯罪至“徒、流、迁徙、杂犯死罪者”，杖一百，调至其他盐场煎盐。

明正统以后，各场盐户逃徙死绝渐多。嘉靖年间，两淮盐场先后爆发水患、旱灾、大疫，盐户逃亡过半。正统以后，工本不给，盐课加重，盐户无法资生，莫不视制盐为畏途，乃率相逃亡。或投托头户，甘为家人；或逃往他方，潜为佣工；或私自披剃，隐于寺观；或出为赘婿；或窜名军伍。凡可以脱灶籍者，无所不用其极。在盐丁缺额的情况下，为保盐业生产稳定，不得不强役民户或以罪犯补充，规定“凡犯盐法，民人徒罪以上者，俱充灶丁终身”[97]。这种签充民户与罪犯、顽民发场煎盐之法，历洪武、建文、永乐、洪熙、宣德五朝而不改。

清初，两淮盐户来源大抵沿明之旧。清早期盐民诗人吴嘉纪有诗记盐民之苦：“白头灶户低草房，六月煎盐烈火旁”；“早夜煎盐卤井中，形容黧黑发蓬蓬。百年绝少生人乐，万族无如灶户穷。”“悲哉东海煮盐人，尔辈家家足苦辛。频年多雨盐难煮，寒宿草中饥食土。”[98]清中叶，由于政府重视盐法，整肃盐政，纳盐交官，尚少苛扰，故官民相安，盐户少有逃亡，罪犯充役之事也渐渐少有，但盐民生活仍然十分困苦。

清末文人田北湖发表在《国粹学报》上的连载文章《说盐》也记录了当时盐民的困苦：“灶丁受商虐，其状至惨，吾历诸场，见灶民裸居而草食，胫肘生盐霜皆成腊肉，问其何以不衣布食谷，则曰：商人层垒盘剥而克扣之，日给粮钱数十文耳。盖范堤邻近之民，役力于灶下者，无不同此荼毒。自盐商视之，曾不若犬豕马牛矣。”[99]其时盐户生活之艰苦，地位之卑微，盖可想见。

小结

明代至清中叶是大运河盐文化发展成熟与臻于顶峰的一段时期，也是盐城历史上经济文化的综合繁盛期。这段时期，盐城地区作为两淮盐业的重要组成部分在淮盐产销上取得了突出成就：管理制度井然有序，生产技术改进提升，盐运水道疏浚拓展。淮盐业的发展不仅带来盐城地区经济繁荣，也带动了整个地区的文化发展。这期间，百业复苏、社会繁华、兴办县学、人才辈出。但不容忽视的是，这段时期的繁荣景象是建立在对沿海地区底层盐民的剥削压榨之上。朝廷和商人借助完备的管理体系对盐民进行层层盘剥，一方面是来自国家

[97]〔明〕朱廷立：《盐政志》卷七。

[98]〔清〕吴嘉纪：《陋轩诗集》。

[99]〔清〕田北湖：《说盐》，《国粹学报》1909年。

财政对盐利的依赖；另一方面也说明滨海一带盐业生产的自然优势日渐消减，导致需从人力方面进行找补，这也为后来大运河盐文化的衰退埋下伏笔。

如果说此前盐城地区大运河盐文化的发展更依托于天时地利的影响，是天然利好催生的产物，那么明清时期其全盛的态势则更多地依靠人为的有效组织、积极干预以及主动发展，其人文社会的特性与之前相比更加突出。

（七）清末民国：大运河盐文化的式微与没落

1. 淮盐产业日渐衰颓

盐城地区的盐业自清中叶开始逐渐步入下坡，许多前代遗留的问题逐渐暴露。盐业经济衰落最主要的原因是黄河夺淮引起的海势东迁，致使原本盐业生产的自然优势日渐消退。明清时期，黄河夺淮对盐城地区的影响日渐突出。黄河夺淮带来的海水淡化和大量泥沙沉积，使海岸线迅速东延，及至清代，境内范公堤以东地带已潮汐不至，土卤日淡，荒草丛生。海滩的扩大加剧了引灌海水的难度，原本的盐场都不再适合继续从事大量煎盐的生产。海积平原不断扩大，清乾隆年间，盐城已离海边百余里了。清代后期，随着海滩的不断增扩，引灌海水逐渐困难。“石港、刘庄等场产盐既少，金沙场且不出盐”[100]。光绪三十四年（1908），淮南盐区终因海岸日远，卤淡产薄，渐不宜盐。

黄河夺淮后，盐业生产的自然优势日渐消退，盐城地区以草煎为主的盐业生产和运输成本都显著提高。一方面，为靠近随海岸东移的卤水资源，一般采用“移亭就卤”、置办新亭的方式来继续盐作生产。同治年间，移筅置亭场一般每副约需银 130 至 250 两不等，花费不菲，高于修复旧亭场的费用。[101] 另一方面，新亭东迁导致草卤分离，增加了新亭场运草、运粮、运盐的成本。新亭虽近咸潮，却远离草荡，多者二十余里，少者七八里，牛车运输远则三日，少则二日。[102] 可见，“移亭就卤”的方式大大提高了盐业生产的成本。相比于淮北广泛采用引潮滩晒的方法，这一时期以草煎为主的淮南盐区本重利微，劳动生产率很低，加之烧草数量可观，每灶一亭其蓄草供煎之地，须数十亩甚至数百亩，极大地浪费土地资源。据李积薪著《江苏盐垦》统计，淮南区制盐成本高于淮北晒盐的 13~15 倍之多。更重要的是，“移亭就卤”也并不是盐产量的可靠保障。由于试煎要承担风险，所以官府盐引时常积压。晚清以来，在场商

[100]〔清〕赵尔巽：《清史稿》志九八《食货四》。

[101] 鲍俊林：《明清两淮盐场“移亭就卤”与淮盐兴衰研究》，《中国经济史研究》，2016 年第 1 期。

[102] 张季若编：《张季子九录·实业录》卷三，上海书店，1991 年影印本（中华书局 1931 年版），第 6 页。

资本占搁的情况下，政府和商人对新亭建设的投入大大减少。故晚清至民国初，社会经济状况恶化，新亭铺设乏力，旧亭场盐产下滑，淮南盐业陷入前所未有的困境，长期的移亭就卤盐作形态走向衰亡。

这段时期，盐业生产与运输管理制度中的问题也逐渐暴露，盐城地区的淮盐运销一度出现困难。清末，淮盐的贩运和销售全由大盐商们垄断。由于腐朽的封建主义的生产方式，闭关自守的经济政策，臃肿庞大的官僚机构，使清王朝逐渐衰败。淮盐也因为盐税负担沉重，各级官吏盘剥，加之捐输报效频繁和行盐中的舞弊，而走向衰落。道光元年（1821），原先被淮商垄断的6省250个州县的淮盐销售市场丧失殆尽，淮盐由鼎盛时期跌落下来。这时，淮盐由于产大于销，大量积压。道光二年（1822），两淮每年应行纲盐160余万引，到道光十年（1830），淮南仅销50万引，亏历年课银57000万两。[103] 导致淮盐销售困难的原因是多方面的：一是运道艰难。当时淮盐水运行船，几乎倍于盐的成本。二是盐的销价增加。三是籍官走私过甚，章法败坏，层层抽扣。四是私盐充斥市场。五是应酬太重。[104] 这些弊端都对盐城地区本就受创的盐产和盐运造成了进一步的打击。

此外，灶民的流失也是影响盐业生产的重要因素之一。清末，商办盐灶只知苛求获利，灶丁无着，纷纷逃亡。清末文人田北湖著文指出："近年淮南盐产额奇绌，时时脱档，虽由海岸东伸，潮远卤薄，然草荒价贵，实为祸源。灶丁方困苦无告，豪猾又争垦荡田，两害相乘，灶丁逃亡多矣。今草一担，值钱五百文，需两担草煎一桶盐，而商人每桶盐只给钱九百文，人非至昏极黑，孰甘折阅从事者，毋怪煎丁之废煎也。"田北湖的叙述正是盐区广大灶民陷入悲惨处境的真实写照。为了生计，广大灶民不得不大批逃亡。光绪年间，淮南盐区每年都有千余灶丁失踪无着，严重地影响了各场盐业生产的发展。灶民大量的逃亡，虽为无奈困境下的最后自救，却也使得两淮盐业难以展开生产活动，在一定程度上导致了淮南盐业的衰落。

自清中叶起，盐城本地盐产量日渐减少。由于海岸东移，开垦耕地，草价上涨等因素，淮南煮盐无论是成本、功效，还是产量都难敌淮北晒盐。范堤以西原有的煎灶逐步撤并，盐产量不及历史上产盐高峰的六分之一。仅以淮南中十场为例，清嘉庆年间，栟茶、角斜、富安、安丰、梁垛、东台、何垛、丁溪、

[103]《江苏盐业史略》编写组：《江苏盐业史略》，江苏人民出版社，1988，第19页。
[104] 同上书，第20页。

草堰、刘庄十场共产煎盐80万引，而到清末的光绪年间，十场产盐仅34.89万引。短短80年间，产量就下降了65%以上，足见清末的淮南盐业生产已呈江河日下之势。清末盐城境内11所盐场年产仅10.8万吨，与其鼎盛时期相比，已无法同日而语。盐业的式微已是不争的事实，盐城最终失去了海盐重镇的地位。

2. 从“弃灶私垦”到“废灶兴垦”

在清末民初时，迫于盐业式微的生存压力，沿海已有不少灶民舍煎改垦，在其荡地上种植麦、豆等粮食。由于种植粮棉的财利远大于煎盐，朝廷颁布的产盐区禁垦通告也无法制止这种日盛的私垦现象，盐城地区的农垦文化日渐兴起。

盐赋在全国财政税收中地位之重，使得历代政府对灶民明确规定：“不准典卖灶地，灶民不准私自开垦荡草，不准出境，皆为煎盐计也。”[105]“近年开垦的堤外之地悉令放荒。嗣后无论堤之内外，概禁开垦。”[106]朝廷为维持盐纲，不顾灶民的生存需求，宁肯让土地荒芜，也不准开垦，由此而引发的灶民与国家之间不断发生局部冲突。随着自然条件的恶化，制盐成本日趋增加，为了生存，一些胆大的灶民开始对煎盐的草荡进行垦殖。范公堤以东约20千米，包括丁溪、小海、草堰、白驹、刘庄等盐场，逐渐形成私垦区。以刘庄为例，刘庄场“卤气枯竭，荡多垦熟化为腴田，又无尾沙，难谋移筅，灶丁乐于开垦，苦于办煎”[107]。私垦虽然违反国家法令，但其带来的直接经济利益，使得国家、地方、灶民兼而得利。

清末，国势日衰，国家对社会基层的控制大不如前。为增加财政收入和解决民灶相争，一些有识之士认为，与其着力维持禁垦，不如放垦。光绪二十一年（1895），张謇在《海门垦辟荒滩筹备海防经费疏》中已经提及此事，其后不久，朝廷逐步放垦，开盐场荡地禁垦之禁，废灶兴垦因得到国家允许而逐渐合法化。

光绪二十六年（1900），张謇、汤寿潜、李审之、何嗣焜、郑孝胥、罗振玉、孔驯等七人联名请求允准设立垦牧公司。政府特设淮南垦务专局，“委派专员安，专办放垦”[108]，“迨民国初年，盐法变通，盐额订逐年递减之例。荡地乃得公开兴垦。”[109]以张謇为首在苏北滨海平原开展的“废灶兴垦”，为这一区域的经济开发和兴办实业作出了极大贡献。

---

[105] 民国《阜宁县新志》卷五《财政志·盐法》。

[106] 嘉庆《两淮盐法志》，卷二七《场灶·草荡》。

[107]〔清〕周庆云：《盐法通志》卷二十《场产三·地物三》。

[108] 陆养浩：《拓展苏北垦殖》，《江苏研究》，1935年第1卷第1期。

[109] 实业部国际贸易局：《中国实业志·江苏省》，1933年，第五编，《农林畜牧·盐垦》。

辛亥革命后，张謇在袁世凯内阁中担任实业总长，任职期间，他力主废灶兴垦，于1914年颁发了废灶兴垦、奖励植棉的条文。在苏北沿海考察时，他将视线投注到范公堤以东的大片新淤土地。1916年，张謇来到建湖县上冈，围垦24万亩海滩，创办了大纲盐垦公司，今境内草堰口、上冈及冈东地域均为当时垦区。“继垦牧而起者……东台有大赉、大丰、通遂，盐城有大祐、泰和、大纲，阜宁有华成、阜余、新南，盐垦公司十余，其地视垦牧小者倍，大辄七八倍，而距海远，卤淡土沃收效视垦牧易，事半功倍，亦固其宜。”[110] 自此，淮南盐区掀起了围垦造田，大兴农业，盐垦兼营的热潮。

兴垦期间，数十万南通、海门、启东移民，举家迁入今东台、大丰、射阳、盐城等地沿海。他们懂得种棉和棉田管理，解决了废灶兴垦中劳动力和技术缺乏的两大问题。经过20多年的努力，茫茫沿海滩涂，变成了堤河纵横、连田阡陌的植棉基地。随着近代民族危机的加深，发展民族工业、以实业救国一时成为热潮，中国棉纺织工业在围垦植棉的基础上迅速崛起，盐城地区的大量垦区成为原棉生产的基地，成为实业救国的坚实助力。

在废灶兴垦的影响下，盐城地方工业从手工作坊起步，逐渐发展起来。中华民国六年（1917）创办九丰米厂，中华民国十七年（1928）建民生工厂，中华民国二十四年（1935）开办耀盐电汽股份有限公司。同时，吸引了一批商贾前来定居，南京、镇江人来此经营南北货，惠州人来比开办茶庄、药铺等。沿街商号林立，河面船帆云集，商业繁荣，市场活跃。

总体来看，废灶兴垦促进了沿海经济结构的转型，加速了沿海地区的土地资源的开发利用，对盐城地方经济发展和社会进步发挥了积极作用。兴垦前，境东部的海堤残缺不全，卤水经常倒灌；兴垦后，境内63家盐垦（垦殖）公司相继开发滩涂，种植粮棉。大规模兴修了水利，在范公堤东侧的大片区域，开河筑堤，取得了惊人成绩。大片棉田出现了，垦区棉花开始源源不断地往外输出，有效促进了民族纺织工业的发展，为地方经济发展和社会进步注入了新的活力。这段“废灶兴垦”的特殊历史，也给自盐业衰落后便陷入困境的盐城指明了发展的新方向和新视角。

[110] 张謇：《张謇全集（第3卷）》，江苏古籍出版社，1994，第398页。

3. 政权更迭与频繁战事下的近代盐务

近代以来，政权变动、频繁战事和机构改组对盐城地区盐务工作的系统发展造成了很大的负面影响。中华民国初期，帝国主义列强以袁世凯“善后大借款”为由，直接插手中国盐务，并在各级盐务机关中设置稽核机构，以控制盐税收入抵偿债务。时盐城境内设有东台稽核支所和盐城稽核支所，另有庙湾、南洋、北洋、草堰、小海、丁溪、东何、轻税盐（指东台城厢）、安丰、梁垛 10 个秤放局和伍佑秤放总局，负责盐区收购。中华民国十六年（1927），国民革命军攻克南京后，各地稽核机关曾一度被撤销，但蒋介石政权为赢得帝国主义列强承认，于中华民国十八年（1929）又重新恢复了稽核机关，并在盐务产销管理方面增大了稽核分所的权力。以盐税作外债担保，盐务稽核所的设置一度将盐务管理的实权交到洋人手里，这对两淮盐业的发展极为不利。

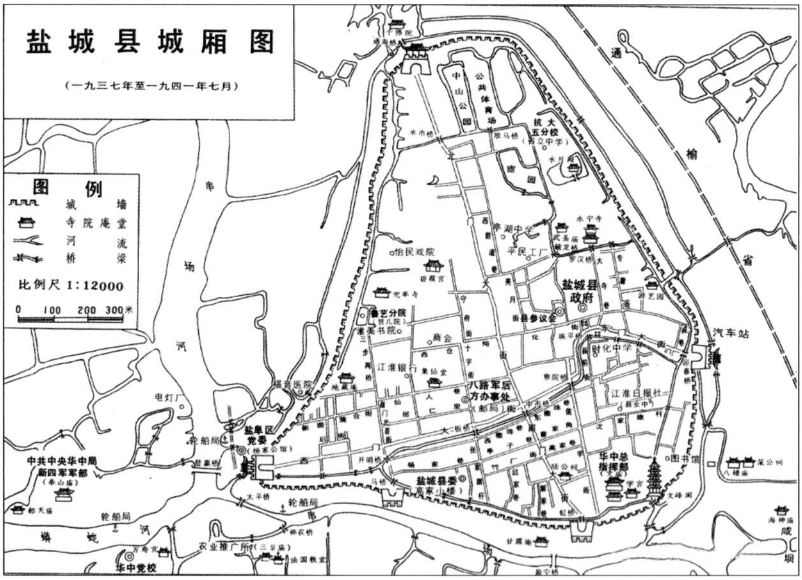

民国时期盐城县城厢图

20 世纪 30 年代，日军入侵盐城，境内经济遭受严重摧残。中华民国二十七年（1938），日军飞机轰炸盐城县城，西大街百余家商店变成一片瓦砾，初具规模的邮电交通设施基本被摧毁，所存工业企业为抗战前的十分之一二。同年 4 月 26 日，日军侵占盐城，大火烧房七个昼夜，全城房屋仅剩十分之二三。日军侵华期间，两淮盐场遭受了天灾人祸的空前劫难，盐城盐业受到了极大冲击，海盐产量骤减，各盐垦公司财产损失极为严重，大片已垦土地重新抛荒。作为两淮的主要产盐区的淮北诸盐场，一直被日伪军侵占。盐城境内淮北盐区沦陷后，日伪军大肆掠夺淮盐资源，抢掠淮盐调往华中华北供各地侵略军食用，并抬高盐价，倾销给沦陷区的中国百姓，另外还用海轮掠运淮盐回日本国土。

1941 年 1 月皖南事变后，新四军于盐城重建军部，在这里发展经济、兴办教育、创新文化，盐城一度成为华中敌后抗日的指挥中心。2 月，中共苏北区党委和苏北行政委员会决定，由新四军第一师第二旅和东台县民主政府接管两淮盐务局所属的通泰盐务支所及下属草堰、安梁两盐场公署和 10 个放盐处，管辖苏中区范围内的淮南盐场。在中共地方党组织领导下，盐城境内苏中、苏北抗日根据地盐区接管旧盐务机构，开辟生产盐田，如新四军参与新建的“新滩盐场”。苏北根据地民主政权通过建立统一的盐务机构、制定积极的政策和措施，扩大了淮盐的产销规模，保证了根据地物资供应，其所征收的盐税为支援战争和巩固发展根据地发挥了很大作用。然而，20 世纪 40 年代后期，受到解放战争影响，两淮地区的盐务管理机构频繁变动，仍在一定程度上阻碍了盐城地区盐业经济的发展。直到中华人民共和国成立后，盐城地区才逐渐从战争的阴影中走出来。

小结

晚清到民国的这段时期，大运河盐文化式微。历史上盐城地区对海盐经济的高度依赖在多方面的影响下逐渐瓦解。海岸线东移导致盐城地区淮南盐区的制盐成本陡然升高，政府与盐商对境内盐业的投入也因天然优势的消退而明显减少。随着生产与运销管理方面的弊端逐渐暴露，不堪盘剥与生活困苦造成的灶民流失更是对境内淮盐产业形成了重大打击。与此同时，以张謇为首的有识之士大力推广“废灶兴垦”，在很大程度上促成了盐城地区经济的快速转型，改变了境内的经济格局，弱化了对淮盐经济本身的依赖。加之后来抗日战争和解放战争的影响，境内经济再次受到冲击，动荡的时局进一步加速了盐城境内盐业的没落。

大运河盐文化的式微不仅仅体现在盐业发展受阻，近代以来的各种变革对盐运河道也产生了很大影响，致使盐务生产与运输的关联日趋薄弱。一方面，频繁的战事对原有的盐运水路系统造成了极大破坏，许多原本用于货物运输的河道得不到及时的疏浚而淤塞废弃。另一方面，随着西方文化与技术的引入，陆路交通得到发展，公路、铁路等运输方式分担了曾经盐业对水路运输的高度依赖。

（八）中华人民共和国成立以后：大运河盐文化的终结与价值重塑

1. 新盐业在盐城的现代化发展

进入现代，以盐得名的盐城，不再是原来意义上的盐城，而是逐步转变成一个集现代纺织业、汽车制造业、高效农业为一体的绿色发展的厚德盐城。虽然盐业不再如历史上作为盐城的核心产业，但在这片盐韵深厚的土地上，海盐业并未消失殆尽，而是以现代产业的新形式继续发展。

随着国家的发展强大，过去晒盐、烧盐的小作坊早已荡然无存，代之而起的是规模化的制盐产业。不过在中华人民共和国成立初期，盐城地区的经济模式还是经历了一定的摸索。当时，淮南盐区执行政务院和华东军政委员会指示，根据沿海灶情分布及苏北垦务水利兴办过程，有步骤地开展了大规模“废灶转产”的盐务工作。经过近十年的努力，境内 4 个煎盐场（由 13 个古代煎盐场历次裁并而成）和原煎盐亭灶皆废，38535 名灶民全部转农，彻底结束了绵延两千余年的传统煎盐历史。20 世纪 50 年代末，沿海各县采取国家投资和县社投资相结合的方法，先后建成 7 个县社集体晒盐场和 7 个农场盐场。但因选址不当，投资不足，管理落后，到 60 年代初，先后有东台、大丰 8 个盐场报废。

改革开放以来，规模化的制盐产业正式发展起来。20 世纪 70 年代末，沿海各县再兴办盐高潮，先后建成大丰、射阳、滨海、响水 4 个县社集体盐场，奠定了 80 年代盐区生产建设基础。80 年代后，盐业产销合一，成立了江苏省盐业公司盐城分公司及下属各县支公司和盐场，通过大规模地实施盐田技术改造，原盐质量逐步提高，产量稳步增长。80 年代中后期，盐业产销企业改革管理体制和经营机制，推行多种形式的经济承包责任制，提高了经济效益，多数盐场被所在县列为利税大户。盐城的新盐业在稳定的发展势头下为国家经济建设作出重要贡献。[111]

总体来看，虽然中华人民共和国成立以来盐城地区逐步恢复了盐业生产，但现代新盐业在多方面都不同于传统淮盐业。其一，新盐业彻底取消小作坊式的盐作模式，转而建设规格化和机械化的新盐田，采纳了现代工业的生产方式。其二，大面积推广塑料薄膜苫盖结晶池新技术，基本取消了平晒结晶的传统生产工艺，制盐技艺发生了根本革新。其三，改变了单一海盐生产的格局，逐步形成“以盐为主，盐虾并举，多种经营，综合发展”的生产新格局，在经营管理上也产生了重大变化。所以，盐城地区现代盐业的发展更多的是现代化的创新，与传统两淮盐业已大相径庭。

2. 传统淮盐产业资源的功能变革

随着盐城经济格局的改变，境内遗留的传统淮盐产业资源也发生了相应的功能变革。一方面，中华人民共和国成立后废灶兴垦持续推进，灶田逐渐转变为垦田。1949 年，苏北行署发布废灶兴垦令，继又颁发《苏北区开发沿海荒地暂行办法》，沿海灶区逐步实施废灶转产。1952 年春，开挖疏浚排水干河，畅通沟洫，东部灶田得到开发利用。此后，灶田全部转为垦田。另一方面，原先用于引潮和盐运的区域性河道逐步改造为用于排灌的农田水利。里下河低洼平原区在历史上常年受渍，中雨受涝，暴雨成灾。历代封建王朝对里下河地区水系做过一些治理，但灾害始终未除。中华人民共和国成立后，面对盐城境内经济转型和涝灾频发的当务之急，各级党和政府在境内组织开展排灌水利工作，有计划地开挖与疏浚境内骨干河道，对许多历史上曾服务于引卤、盐运的区域性河道进行了功能改造。

与此同时，进入现代的盐城迅速建立起立体化的交通运输网络，逐步取代了历史上盐城地区以盐运为主要功能的水路交通。以串场河为代表的运盐河道已经结束了它们的时代使命，然而以往社会的痕迹犹在，随着时代发展，保存至今的大运河盐文化遗存逐渐转变为盐城地区重要的文化资源，代表着一个城市的文化自信和文化竞争力。

[111] 盐城市地方志编纂委员会:《盐城市志》，江苏科学技术出版社，1998，第 874–875 页。

3. 大运河盐文化的新传承

近年来，盐城在城市文化建设的过程中对海盐文化寄予了高度关注，对本地盐文化遗产资源十分重视，在很大程度上促进了大运河盐文化的保护与传承。

盐城市区的盐城海盐历史文化景区建有全国唯一展示海盐文明的中国海盐博物馆、盐镇水街、盐渎公园等。中国海盐博物馆是全国唯一一座反映中国悠久海盐历史文明的大型专题博物馆，它的兴建不仅为盐城人民增添了一个值得自豪的“国”字号的文化旅游景点，更为盐城的海盐文化提供了一个独特的文脉承载平台。在筹建中国海盐博物馆的同时，盐城还配套在新老城区连接带建成富有海盐文化特色的水街、水城、娱乐街和美食街，使其与海盐博物馆一起，组成五大特色系列项目。与海盐博物馆连成一体的串场河景观带中，建有盐字广场、唐之盐政、宋之盐政、明清盐政、煮海祭宗、淋卤煎盐、八卦盐田等七大景区。这个景观带，又与串场河沿岸的盐渎公园、迎宾公园等众多盐文化景点有机串联，成为一条贯穿盐城市区的“绿色锦缎”。与此同时，市委、市政府还高度重视盐城海盐文化品牌的打造，成立了海盐文化研究会，推出了“海盐文化专题”陈列展览，组织书画家、摄影家走进海盐区采风，创作出一批“咸味”十足的书画作品，极大地提升了文化盐城的品位和形象。

在盐城的现代化进程中，大运河盐文化蕴藏着重大的经济价值、文化价值、生态价值、历史价值、艺术价值、创新价值。作为国家沿海发展和长三角一体化两大战略的交汇点，盐城积极参与到大运河文化带建设当中，目前，盐城正从长三角一体化和建设环黄海生态经济圈高度，加快“东线探秘自然遗产，中线解码古老串场，西线戏水大纵湖荡，北线寻踪黄河故道”等线路建设，围绕盐文化构建多条旅游网络。在第二届大运河文化旅游博览会上，盐城围绕大运河盐文化推出多项创新项目，盐城文旅成为聚焦亮点，大运河盐文化已然成为盐城文创产业的重要资源、公共文化设施的选择对象，以及盐城旅游业、服务业的重要切入口。

小结

新中国成立以来盐城地区的盐业发展，虽可看作是基于地区资源优势的传统产业的延续，但更多的是现代化的创新。历史上与淮盐产销紧密相关的盐运河道在现当代也发生了根本的功能转变，盐产与盐运相互依存、一体式的管理模式已不复存在。在现代社会，“大运河盐文化”逐步转变为一个历史概念，有关资源也转化为文化遗产，更多地以文化建设、旅游发展的形式融入人们的生活。

虽然现代化建设与发展逐渐弱化了运河文化与海盐文化之间密切相依的联系，但在盐城的历史进程中，大运河盐文化始终贯穿每个重大历史节点，是盐城的文化精神所在，更是江苏大运河文化的重要补充。大运河盐文化仍是盐城的文化根脉和重要元素，是文化盐城建设的第一张名片，亟需当地政府自上而下进行推动，把这一珍贵资源保护好、发展好、利用好。

第二章

盐城海盐生产系统研究

盐是重要的国家战略物资，不仅能帮助国家积累大量的财富，甚至还能稳定国家的统治。从汉代至清末，两淮盐业便成为封建朝廷的经济支柱，有“两淮之利，重于东南，而两淮为最”“两淮盐课甲天下”之说。尤其明代以后，两淮间有盐场三十个，集中于扬州，使“扬州繁华以盐盛”。两淮所产的海盐也是运河漕运的大宗货物，行销于苏、皖、赣、湘、鄂、豫六省，左右国家财政。

盐城是两淮盐区的重要组成部分，更是江淮东部极为重要的海盐生产基地，其不断发展的生产规模与制盐工艺是大运河文化取得长足发展的原始动力来源之一。盐城境内的海盐生产系统主要包含三大方面，即盐业的生产规模、制盐技术发展以及生产过程中工具的变化。这一系统在漫长的历史上为大运河盐文化的发展作出了卓越贡献，具有独特的地域特色和研究价值。

一、盐业生产规模的发展

（一）盐产地的出现与盐业的兴起

先秦时期，江淮地区盐业生产的记载较为模糊，但从有限的史料中可以推断盐城地区已出现海盐产业。春秋前期，江南吴国日益强大，包括盐城在内的两淮地区皆入吴境。《管子》载"君以四什之贾，修河、济之流，南输梁、赵、宋、卫、濮阳。恶食无盐则肿。……然则天下不减矣。"[112]明确产盐的齐国将盐"南输梁、赵、宋、卫、濮阳"，却未提及吴楚之地，从侧面说明当时江淮沿海地区可能已有海盐生产，所以没有齐国的销售市场。及吴王阖闾（前514—前496在位）时，吴境出现明确的产盐记载。《史记》载："彭城以东，东海、吴、广陵，此东楚也。……夫吴自阖庐、春申、王濞（即吴王刘濞）三人招致天下之喜游子弟，东有海盐之饶。"[113]又有《会稽地志》载："吴王伐越，次查浦。越立城以守查。吴作城于浦东，以守越。以越在山绝水，乃赠之以盐。"进一步说明当时的吴国有充足的盐产。

汉初，江淮地区的盐业经济在吴王刘濞的带领下正式兴起，盐城境内盐业得到同步发展。刘邦分封刘濞置于广陵，建立吴国，吴国由官府出面，招致天下游民到东部沿海进行盐业生产。《汉书》载："吴东有海盐章山之铜，三江五湖之利，亦江东之一都会也。"[114]刘濞利用阖闾、春申在此经营盐业的基础，"濞则招致天下亡命者盗铸钱，煮海水为盐"，并经四十余年经营，出现了"以故无赋，国用绕足"的强盛局面。[115]这一时期，位于江淮地区的吴国，产盐中心设在盐渎县、海盐县及盐官县，三县均在时滨海一线，其中盐渎居于最北，就在今盐城境内。盐渎因汉初"煮海兴利，穿渠通运"而得名，可以想见当时的盐城境内盐业生产已初具规模。据载，当时两淮沿海煎盐，昼夜可产千斤。整个汉代，虽在盐政管理上多有变动，但整体生产规模未有大变，盐城地区始终是当时的主力产盐区。

三国时期，吴和曹魏以长江为界，但对两淮盐业不见有具体记载。及魏晋南北朝时，因北方人口大批渡淮，江淮地区置有诸多侨州郡县。考虑到盐渎一带"海可渔，滩可樵，为民生利，乃城海上，环城皆盐场"[116]，东晋安帝义熙七年（411），盐渎改称盐城，正式成为重要的盐业基地。由于这里一直较为安定，盐业得到迅速发展。南朝阮升之《南兖州记》曰："上有南兖州盐亭一百二十三所。

---

[112]〔春秋〕管子：《管子·地数篇》。
[113]〔汉〕司马迁：《史记》卷一二九，列传第六十九《货殖列传》。
[114]〔汉〕班固等：《汉书》《地理志》。
[115] 同上书，卷三五《荆燕吴传》。
[116] 胡应庚等：《续修盐城县志》卷一《舆地志》；乾隆《盐城县志》。

县人以鱼盐为业，略不耕种，擅利巨海，用致饶沃。公私商运，充实四远。舳舻往来，恒以千许。”盐亭是当时盐业生产管理中的一级组织，南兖州拥有盐亭百余所，真实反映了当时江北淮东一带盐业生产的规模。从中可以看出，当时盐城地区从事盐业的灶户颇多，煮盐、运盐规模颇大，盐业生产已相当繁荣。不过较为遗憾的是，这段时期具体的盐场（亭）分布未能留下更为详尽的记载。江淮一带历经东晋南北朝的经营，已具“鱼盐杞梓之利”。《昭明文选》载鲍照《芜城赋》：“孳货盐田，铲利铜山。才力雄富，士马精妍。”反映出包括盐城在内的两淮地区煮盐业发展迅速。

江淮东部先秦至六朝时期主要盐产地

时代	主要盐产地
夏商周	青州、吴国海盐县附近
春秋战国	青州、吴国、江淮沿海
秦	青州、吴国、江淮沿海
汉	东海郡朐县、临淮郡盐渎县、会稽郡海盐县
魏晋南北朝	东海郡郁洲、山阳郡盐城县，吴郡海盐、盐官二县

（二）崭露头角的盐产业

唐宋时期是盐城地区盐业生产初步形成规模的重要时期。与之前的时期相比，唐宋时境内的盐业生产场所在文献中有了更为具体的记载，其生产规模也更为明晰。这段时期，盐城地区的海岸线基本处于范公堤一线，因此境内的盐业生产也围绕这一带展开。

在唐代，盐城地区的盐业产地分属当时的扬州海陵县和楚州盐城县，两地分别设有盐监进行具体管理。境内偏北归楚州盐城监管辖的产地分布在当时的文献记载中可见一斑。《新唐书》载：“盐城本故汉盐渎县地……有盐亭百二十三，有监。”[117] 前引《元和郡县图志阙卷逸文》卷二《淮南道》曰：“盐城县，本汉盐渎县，属临淮郡。州长百六十里，在海中。州上有盐亭百二十三所。”《资治通鉴》中也有“僖宗中和二年夏四月”注云：“盐城，汉盐渎县地，久无城邑，唐武德七年置盐城县，有盐亭一百二十三，有监，属楚州。”[118] 可见，当时盐城境内偏北部地区有一个狭长的海岛，岛上分布有一百二十三所盐亭，大概率是延续了南朝时期盐产地的分布。唐代后期，盐城监所管辖的盐场分布

[117]〔宋〕欧阳修、宋祁等：《新唐书》卷四一《地理五》。

[118]〔宋〕司马光：《资治通鉴》卷二百五十四《唐纪七十》。

发生了分区变化，据北宋《太平寰宇记》载：“盐城监，古之盐亭也，历代海岸煎盐之所。元管九场。伪唐以为盐监。周显德三年平江淮之后，因之不改焉。”[119]其中提到盐城监在五代十国之前“元管九场”，说明在唐代后期盐城监下设有九场，这九场可能是由一百二十三所盐亭合并发展而来。若九场的具体情况在唐末宋初一脉相承，则唐时的九场就应是后来宋初盐城监所辖“五祐、紫庄、南八游、北八游、丁溪、竹子、新兴、七惠、四海”[120]的前身。

境内偏南归海陵监管辖的盐场分布在当时的文献中未见系统记载。《新唐书》云：扬州海陵县“有盐官”[121]，说明唐代的境内南部已是产盐之处。部分地方史研究中提及唐代盐城境内已设有东淘亭场和虎墩场：唐开元元年（713）形成盐场建置，有东淘亭场，南唐昇元元年（937）东台设置海陵监，东淘亭场属其监；唐泰和五年（831）置虎墩催煎场。[122]再参考《宋史食货志补正》中提及的海陵监所辖盐场场名，可判断唐代后期盐城境内南部确有盐场：“海陵监，煮盐之务，唐开元元年置海陵县，为监于县。后置州以辖其县。开宝七年（974）移至于如皋。下辖七场：角斜场、栟桑场、虎墩场、掘港东陈场、丰利东西场、梁家垛场。”南北综合来看，唐代的盐城地区在沿海分布有十余所盐场。

这段时期，盐城地区的海盐产量规模在《元和郡县图志》中有所记载：“海陵县，故楚邑，汉以为县，属临淮郡。纪胜泰州。盐监，煮盐六十万石，而楚州盐城，浙西嘉兴、临平两监所出次焉。计每岁天下盐利，当租赋三分之一。”[123]六十万石的盐额（朝廷规定的生产任务）位列当时众多盐监之最。盐城监则“每岁煮盐四十五万石”[124]，盐额相当于海陵监的四分之三，在众多盐监中位居第三，也是当时江淮地带十分重要的盐业产地。

总体来看，这段时期盐城地区的盐业生产规模相当可观。虽然关于盐场、盐亭的分布缺少详细线索，但从有限的文字记载来看，当时盐业产地呈团状聚落沿海岸线南北分布，加之产量可观，已初步显现出专业集中化发展的趋势。

宋代淮南盐场增多，且规模扩大。北宋初年，盐城地区的盐业生产仍分属于楚州盐城监和泰州海陵监。《太平寰宇记》载：“盐城监……盐场九所，在县南北五十里至三十里，俱临海岸：五祐、紫庄、南八游、北八游、丁溪、竹子、新兴、七惠、四海。”《元丰九域志》卷五《淮南路》和《宋史》卷八十八《地理

[119]〔宋〕乐史：《太平寰宇记》卷一二四《淮南道二·楚州》。
[120] 同上。
[121]〔宋〕欧阳修、宋祁等：《新唐书》卷四一《地理志五》。
[122] 徐耀新：见《历史文化名城名镇名村系列·安丰镇》，江苏人民出版社，2019，第2页；《历史文化名城名镇名村系列·富安镇》，江苏人民出版社，2018，第2页。
[123]〔清〕缪荃孙辑：《元和郡县图志阙卷逸文》卷二《淮南道》。
[124] 同上。

四》也都说盐城监有九个盐场。[125]可见当时境内偏北归属盐城监的部分有九个盐场。境内偏南归属海陵监的盐业生产规模在《太平寰宇记》中也有所记载："海陵监，煮盐之务也。……皇朝管煎盐亭户七百一十八丁，一千二百二十。管盐场八：南四场，北四场。"[126]一般认为，其中的北四场位于今盐城境内。根据《宋史食货志补正》对当时海陵监盐场场名的补正："海陵监……开宝七年（974）移至于如皋。下辖七场：角斜场、栟桑场、虎墩场、掘港东陈场、丰利东西场、梁家垛场。"[127]可以判断，盐城境内在当时归海陵监管辖的盐场至少有虎墩场和梁家垛场。关于北宋初期的产量规模，《宋史》中有所记载："其在淮南曰楚州盐城监，岁鬻四十一万七千余石，……泰州海陵监如皋仓小海场六十五万六千余石。"[128]

大中祥符二年（1009），两淮盐业的管理体系发生变动，盐城境内的盐场分区和归属也随之发生了变化。《宋史》载："天圣中，通、楚州场各七，泰州场八，海州场二，涟水军场一。"[129]其中"楚州场各七"反映了原先宋初归属盐城监的九所盐场裁并为七所，"泰州场八"应仍延续宋初的"南四场，北四场"。这一记载反映出天圣年间（1023—1032）盐城境内盐场分区发生了微调。随着北宋经济下滑，庆历年间（1041—1048），仁宗皇帝采取张方平建议的紧急措施，对淮南盐务进行整顿，将部分盐场改名。一般认为，嘉祐年间（1056—1063），境内北部的七所盐场分别是丁溪、草堰、白驹、刘庄、伍佑、新兴、庙湾，境内南部则有富安场和梁垛场。[130]

南宋，境内盐场分布再一次发生了变化。南宋绍兴二十七年（1157），盐城县只有新兴、伍佑两个催煎场。南宋增加何垛、小淘（安丰）、古窑等盐场。南宋绍兴二十八年（1158），朝廷对淮南19个催煎场实行裁并，时境内盐场有：虎墩、古窑、小淘、梁家垛、何家垛、丁溪、刘庄、伍佑、新兴。南宋孝宗乾道七年（1171），置东台场。淳熙八年（1181），"通、泰、楚隶买盐场十六，催煎场十二，灶四百十二。"[131]南宋建炎二年（1128）黄河夺淮后，境内范堤以东海岸迅速东延，堤西原有盐场开始远离海水，渐不宜制盐，盐业生产规模收缩，产量下降。

[125]〔北宋〕王存等：《元丰九域志》卷五："盐城州东南二百四十里四乡九盐场"；〔元〕脱脱等：《宋史》卷八八《地理四》"盐城，上，有九盐场。"

[126]〔宋〕乐史：《太平寰宇记》卷一百三十《淮南道八》。

[127]梁太济，包伟民：《宋史食货志补正》，中华书局，2008。

[128]〔元〕脱脱等：《宋史》卷一百八十二《食货下四》。

[129]〔元〕脱脱等：《宋史》卷一百二十八《食货志》。

[130]江苏省地方志编纂委员会：《江苏省志·盐业志》，江苏科学技术出版社，1997。

[131]〔元〕脱脱等：《宋史》卷一八二《食货下四》。

盐城地区唐代至北宋时期盐产地概况

隶属	所辖生产场	说明
楚州盐城监 一百二十三盐亭 逐步并为九场 （今境内偏北）	四海	具体位置不详
	七惠	具体位置不详
	新兴	位于今新兴镇一带
	珠溪 / 伍佑	位于今伍佑镇一带。 初名珠溪，在唐乾符年间一度废煎
	紫庄	位于今刘庄镇一带
	北八游	位于今白驹镇一带
	南八游	位于今草堰镇一带
	竹子	位于今小海镇一带
	丁溪	位于今丁溪镇一带。 《太平寰宇记》记载盐城监管辖，其后一直沿用
扬州海陵监 “有盐官” （今境内偏南）	东台	位于今东台市一带。 南唐昇元元年（937）海陵监移驻东台场，始见东台场名
	梁家垛	位于今梁垛镇一带
	东淘 / 小淘 / 安丰	位于今安丰镇一带 唐开元元年（713）形成盐场建置，设东淘亭场。宋初称小淘场、小陶浦，《太平寰宇记》记载海陵监北四场之一。庆历七年（1047）更名为安丰
	虎墩	位于今富安镇一带。 唐太和五年（831）置虎墩催煎场。庆历七年（1047）更名为富安

（三）蒸蒸日上的盐业生产

元代至清代中叶是盐城境内生产规模稳定发展的重要阶段。这段时期，盐城境内的海岸线由原范公堤一线不断东迁，盐场规模也在缓慢向东扩张。加之文献记载丰富系统且具有延续性，不难看出这段时期的盐场分布已呈现稳步发展的态势，其空间分布也更加有迹可循。

元代食盐产地的材料较为系统，但是都比较简略。盐城地区在元代的盐业产地归属两淮都转运盐使司，但不同史料中对两淮地区具体盐场的记载略有出入。《元典章》载两淮盐运司曰：“各场盐司三十一处：马塘、掘港、西亭、余东、余中、余西、金沙、石港、江口西、丰利、白驹、东台、梁垛、小海、草堰、刘庄、小陶、角斜、富安、河垛、栟茶、丁溪、板浦、天赐、临洪、五祐（伍佑）、新兴、莞渎、徐渎浦、白砚、庙湾。”并且在“庙湾”二字后面注曰：“今并”[132]。《元史》载两淮都转运盐使司所辖盐场二十九所：“吕四场、余东场、余中场、余西场、西亭场、金沙场、石港场、掘港场、丰利场、马塘场、栟茶场、角斜场、富安

[132]《元典章》卷九《吏部三》。

场、安丰场、梁垛场、东台场、河（何）垛场、丁奚（溪）场、小海场、草堰场、白驹场、刘庄场、五祐场、新兴场、庙湾场、莞渎场、板浦场、临洪场、徐渎浦场。”[133]

由于元代史料对盐场名称已有明确记载，且大多地名沿袭，不难判断当时分布在盐城境内的盐场有十余所，即庙湾、新兴、伍佑、刘庄、白驹、草堰、小海、丁溪、何垛、东台、梁垛、安丰、富安。总体与宋代所记录的场数相当，也为后来明清时期的盐场分布定下了基本格局。

在盐产量规模上，元时，煎盐生产一度恢复，至元十六年（1279），两淮年产盐 587623 引（每引四百斤）。至顺四年（1333），两淮盐产达 81.6 万石，盐城境内 13 场达 290 万石，占淮盐产量的 76%。元末因战乱迭起，两淮盐产量大减。

明朝两淮盐区设立泰州分司、通州分司、淮安分司，共管理三十场。盐城地区的盐场分属于淮安分司和泰州分司管辖。当时境内隶属于泰州分司的有东台、梁垛、安丰、富安、何垛、丁溪、草堰、小海，隶属于淮安分司的有白驹、刘庄、伍佑、新兴、庙湾。

明王朝重视两淮盐区生产恢复，增设盐课司署，补充煎盐生产劳动力和灶具，强化场务监督，加强盐政管理，生产逐步恢复。明万历二十一年（1593）淮南中十场产盐 210296 引（每引为 200 公斤），折合为 42059.2 吨。其中，境内东台场 30948 引，梁垛场 23913 引，安丰场 35492 引，富安场 23716 引，何场 17502 引，丁溪场 24588 引，小海场 8346 引，草堰场 18468 引，8 场共产盐 182973 引，占淮南中十场盐产总数的 91%。

清高宗乾隆元年（1736），境内泰、淮二分司盐场实施调整原淮安分司改称海州分司，其属辖的白驹场撤并于草堰场，刘庄、伍佑、新兴、庙湾四场改归泰州分司管辖。时境内 12 个盐场皆属泰州分司管辖。乾隆十一年（1746），因海势东移，丁溪场盐课司署东移 50 里，至沈灶。乾隆三十年（1765），新兴场盐课司署署宇倾圮，场大使刘钟芳将盐课司署迁至上冈。次年（1766），小海场盐课司署东移 50 里至小海团。乾隆三十三年（1768）小海场撤并于丁溪场。咸丰十一年（1861），草堰场盐课司署东移 50 里至西团。直至清末，境内 11 座煎盐场未变。

[133]〔明〕宋濂、王祎：《元史》卷九一《百官志》。

清乾隆十三年（1748），境内12场共产盐244899引，折合为48979.8吨。其中，富安场17609引，安丰场24666引，梁垛场23930引，东台场24572引，河垛场13406引，丁溪场18408引，草堰场32750引（其中白驹并场18765引），小海场6326引，刘庄场35275引，伍佑场22974引，新兴场11198引，庙湾场13785引（其中天赐并场380引）。嘉庆七年（1802），两淮23场共产盐2001160.7引，合400232.14吨。其中，境内11场产盐共1188834.7引，合237766.94吨，为乾隆时产量的4.9倍，占两淮盐产总量的59.4%。

盐城地区元代至清中叶盐产地概况

生产场	概况
富安场	位于今东台市富安镇
安丰场	位于今东台市安丰镇
梁垛场	位于今东台市梁垛镇
何垛场	位于今东台市市区
东台场	位于今东台市市区
丁溪场	位于今大丰区草堰镇
小海场	位于今大丰区小海镇
草堰场	位于今大丰区草堰镇
白驹场	位于今大丰区白驹镇
刘庄场	位于今大丰区刘庄镇
伍佑场	位于今亭湖区伍佑镇
新兴场	位于今建湖县新兴镇
庙湾场	位于今阜宁县、滨海县境内
天赐场	位于今滨海县田场镇
济南场	位于今响水县陈港镇

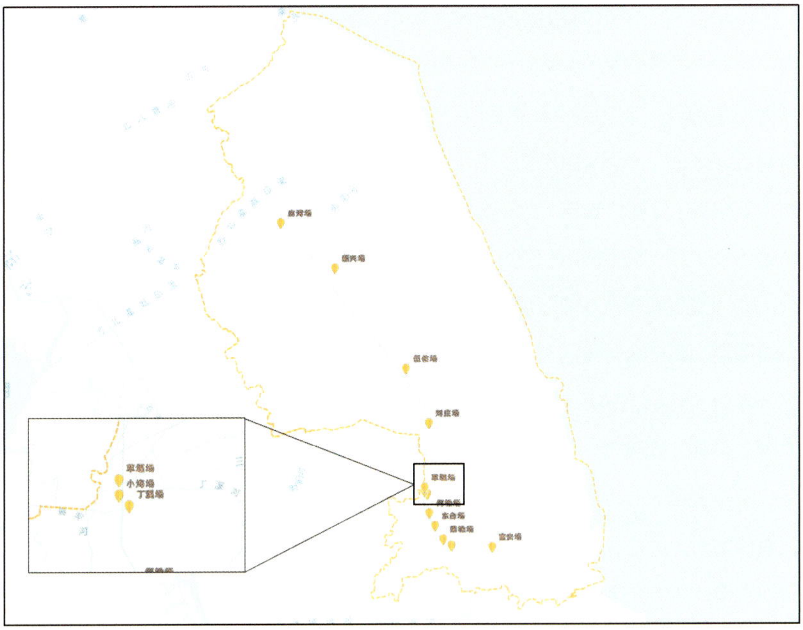

明清时期境内盐场位置示意图

（四）日异月殊的盐业生产

从清末到近现代，盐城境内盐业生产的规模发生了较大变更。一方面是自然环境变化，尤其是海岸线变化，导致盐城地区失去了海盐生产的天然优势；另一方面是社会环境也发生了较大改变，近现代政权更替、废灶兴垦和民族工业的发展在一定程度上促进了盐城本地产业的转型。因此淮盐产业的转型势在必行。

清末，盐城境内煎盐场所延续了先前的 11 座盐场，同时受到淮北晒盐影响，增设了晒盐场。光绪三十二年（1906），盐城人陈琴堂与赵鸿杰、姚镜蓉等人合资在新洋港口南岸设立海裕晒盐场，系为境内最早的滩晒制盐场。时有池滩 4 份，产盐 184 引（光绪时，每引为 400 公斤），折合 73.6 吨，但遭淮盐诸商联合阻挠，并扼其销路，以致该场晒盐生产维艰，民国初，陈琴堂病逝后，海裕晒盐场遂废止。光绪三十四年（1908），北济南晒盐场在陈家港成立，先期在灌河北岸（今灌云境内）铺滩；宣统二年（1910）后，济南场之大源、裕通、庆日新、大有晋 4 个盐业公司相继在陈家港海滨铺滩圩，东至套子口，西至灌河口，共有池滩 680 份，生产面积 8500 公顷。

中华民国元年(1912)因煎盐场区缩小，两淮盐场进行较大规模的裁并。富安、安丰、梁垛三场合并，称安梁场，场署设在安丰；东台、何垛两场合并，称东何场，场署设东台城；刘庄场并入草堰场，仍名草堰场，场署设西团；丁溪、伍佑、新兴，庙湾四场不变。至中华民国二十年（1931），两淮盐区再度并场，境内东何场并入安梁场，场署驻安丰；丁溪场并入草堰场，场署仍驻西团；庙湾场并入新兴场，场署仍驻上冈；伍佑盐场不变。

20 世纪 30 年代中期，境内安梁、草堰、新兴、伍佑四大盐场灶地均被盐垦公司围垦。原安梁场盐区有泰源、通济、华泰等公司；原草堰场盐区有大丰、裕华、遂济等公司；原伍佑场盐区有泰和、大祐等公司；原新兴场盐区有华成、合德、大纲、阜通、新南等公司。

中华民国三十年（1941）7 月，宋公堤修成后，堤外广袤滩涂遂成铺滩晒盐的最佳场所，民主政府机关和新四军部队在新滩盐区建滩成立制盐公司。主要有:新四军泰山公司的恒源、华中财委的裕中、两淮盐务局的裕华、新四军三师的大生、阜东独立团盐场、滨海第二联合中学盐场等。三百弓（今滨海县临淮乡玉众村）地主王效周、顾异之兴办裕农制盐公司（今新滩盐场裕华工区境内），铺八卦滩 2 份，当年收益颇丰。随着投资者的日益增多，盐滩份数逐年增加，中华民国三十一年（1942）有盐滩 28 份，中华民国三十二年（1943）有 131 份，中华民国三十三（1944）年增至 222 份，到中华民国三十四（1945）年池滩已发展到 342 份，大小公司 43 家，年产大籽盐 80 万担左右。中华民国三十五年（1946）土地改革时，盐业资本家纷纷出逃，中共阜东县委派杨庄区区长陈茜到新滩盐区接收私营的裕农、裕民、裕生、裕成等制盐公司联合成立了大新制盐公司。

中华民国三十七年（1948）11 月，淮北盐场全境解放。中共华中工委和华中行政办事处决定在灌河以东，原济南盐场的大源、裕通、庆日新和大有晋（部分池滩）四大制盐公司池滩的基础上，组建灌东晒盐场（因盐场均在灌河以东，遂称灌东），下设陈北、新滩、蒲港、洪港、海堤、淮河、三圩、八圩 8 个圩务所，计 72 个圩子、560 份池滩。新滩盐区对出逃在外的资本家及民众集资铺设的滩地实行产权登记并赎买后，盐场池滩全部实行公有化并改称新滩盐场，下设裕华、堆西、新生三个圩务所，共有池滩 25 个圩子，182 份池滩，生产面积 1800 公顷。

1949 年 4 月，淮南盐务局下辖台南、台北、盐东、阜东四个盐场。1950 年，共有盐民 6603 户，38535 人，亭场 3814 块，面积 21108 亩，盐锅 2177 口，盐 4237 块，晒板 3967 块。1954 年境内沿海有堤东、黑苴、临海（原三仓）、洋东（原曹）何垛五个盐场，隶属于县盐场管理处。1956 年实现盐业合作化，建成 16 个高级盐业生产合作社，共有草荡 14 万亩。1958 年实现人民公社化，16 个盐业合作社合并改为九个盐业生产大队，1961 年全部转农。

在盐产规模方面，清中后期淮南盐产量骤降，泰州和通州分别减产 1/2 和 3/4。[134] 清道光以后，淮南盐场产量不稳，时盛时衰。道光六年（1826），境内 11 场产盐 451485.1 引合 90297.02 吨，占两淮盐产总量的 47.2%。咸丰八年（1858），境内盐产量略有回升，11 场共产盐 837355 桶（每桶 109 公斤），合 91271.7 吨，较道光时增长近 1.1%。清末宣统二年（1910），境内盐产数量有所增加，11 场共产盐 99303 桶，合 108246 吨，较咸丰时增长 18.6%，占两淮盐总产量的 54.8%。

中华民国元年（1912），淮南盐区共产盐 2000 余万担（每担为 50 公斤）。境内东何、安梁、草堰、丁溪、伍佑、新兴、庙湾七场产盐近 1940 万担，占淮南盐产总数的 94.52%。中华民国二十年（1931），淮南盐区盐垦公司开始废灶兴垦，盐业生产规模迅速缩小，淮南盐产量下降至 57 万余担，境内安梁、草堰、伍佑、新兴四场产盐 48.9 万担，占淮南盐总产的 84.9%。20 世纪 30 年代，境内淮南盐区一些盐垦公司在废灶兴垦的同时仍部分生产食盐，以盐济垦，解决因兴垦而形成的经费支绌，到中华民国二十六年（1937），各公司已具一定规模。

二、盐业生产技术的革新

汉代以前，海盐生产主要以煮盐为主。春秋时代的吴王阖闾时期，就有人在江苏沿海“煮海为盐”，也就是直接将海水煎炼成盐。西汉武帝时期，招募民众在江苏沿海煎盐，昼夜可产千斤。唐代开沟引潮，铺设亭场，晒灰淋卤，镦煎锅熬，并开始设立专场产盐。到了宋代，煎盐工艺已很成熟。明清时期，海盐制作方法又由煎盐发展到晒盐。由于气候原因，淮南盐场以煎盐为主，淮北盐场则以晒盐为主。从盐城地区盐业生产技术的现有研究来看，境内盐业生

[134] 凌申：《江苏沿海两淮盐业史概说》，《盐业史研究》1989 年第 4 期。

产工艺主要有三种，即“煮盐”、“煎盐”和“晒盐”。本节详细介绍这三种盐业生产工艺及其优缺点。

（一）煮海成盐法

两汉至六朝的这段时期，盐城地区主要采取煮海为盐的方式进行盐业生产。由于煮海成盐是关于东部沿海地区制盐方法最早的记述，其详细的操作流程在史料上较为匮乏，所以关于煮海成盐的操作方法主要来自考古发掘。

通过在山东、江苏、浙江、广东等沿海众多海盐生产遗迹的发掘调查，推测当时先民们利用近海滩地的地下咸水或海潮涨落，将海水引入坑、滩等场地进行浓缩，再持续注入集中安插于灶格上的陶具，通过煮熬得到海盐。一般来说，这种煮海成盐的方法在考古遗址内表现为成片的陶器残片堆积（大多为盔形状陶制炊器残件）和盐灶、卤水坑等相关造迹。这是因为点盐过程的粗放性和长时间高温煎熬，导致制盐陶器的大量损坏，所以出现成片、成堆的炊具类陶器残片堆积。盐城境内的迎宾北路遗址、大丰友谊村制盐遗址为煮海成盐法提供了有关实证。

这种相对原始的煮海为盐法工序简单，占地面积小，但费时间废燃料，作为主要生产工具的陶器在生产中折损率较高。总体来说，这种直接煮海水以成盐的原始生产方式水平低下，产量较少。

（二）煎盐工艺

煎盐工艺是两淮盐区普遍采用的制盐工艺，其使用时间长，相关记载也较为详细。一般来说，农历每年春二三月，秋八九月是煎盐的大好时机。在漫长的发展过程中，其具体的操作流程经过了不断细化和改进。在具体工序上，煎盐工艺大致分为制卤和煎卤两大步骤。

1. 制卤

制卤阶段包括一系列准备工作。制卤这一阶段在操作流程上经历了改进，唐代有“刺土制卤”，宋代后改进为“晒灰制卤”。

刺土制卤

刺土制卤的相关记载见于唐代海陵监亭户创造的“刺土成盐法”。《太平寰宇记》卷一百三十具体记述了唐五代淮东地区人民采用此法的生产过程。“凡取卤煮盐，以雨晴为度，亭地干爽，先用人牛牵扶，刺乃取土。”[135]刺土制卤的操作步骤大致包含以下几个步骤。[136]

其一，摊泥。以咸泥置漏碗中，经海水沥尽，用锹挖出，堆积于漏碗四周，称生泥，天晴时担至晒场，平铺于场面，灰场盐晶如霜，即盐花。

其二，刮泥。灰场盐花既现，盐民即用拖刀，将灰场上浮泥刮起成片。刺取之际，必待“雨晴为度，亭地干爽”。

其三，抄泥。刮起之泥，干湿不均，再由两人背搔扒，反复抄之，使其干松、细碎。

其四，集泥。泥干松后，由两人对裁板，把泥土收堆成一条直线泥岭，再裁成一担一堆，以利于挑运。

其五，做溜。将堆积之咸泥，用畚箕挑至土基中再做溜，溜底先垫草，咸泥堆在上面做溜，“高二尺，方一丈以上”。

其六，淋卤。溜亦称泥碗，底平如镜。溜边砌一卤井，中间以芦管与卤溜连通。再由妇女和少年手执芦箕，将咸水（海水）从卤溜上方缓缓浇下，使饱溶土中盐分的卤水，自溜底渗入卤井。

其七，验卤。用石莲子试卤，全浮者即可入煎“以石莲子最重者一粒，次重一粒，又次重一粒，掷卤中验之。上卤者则最重者浮，否则，最重者沉，次重者浮也。俱沉为淡，卤不堪煎矣。”

刺土成盐法的制盐过程体现了生产工序健全化、生产分工系列化的优点。其间，生产者的组织配合也比较合理，男人干“刮咸刺土”类重活，女子或小孩干“淋卤验卤”等轻活。此外，刺土成盐法要利用潮汐，还要选择合适的天气，才能保证引入海水，提高刺土取卤的效率。

晒灰制卤

宋代亭户在生产实践中，改刺土溜淋制卤为“晒灰采卤法”。盐民在海边选择地势平坦、盐分重、土质硬的地方造晒灰场。《小海场新志》记载：“晒灰，

[135]〔宋〕乐史：《太平寰宇记》卷一百三十《淮南道八》。

[136]〔清〕林正青：《小海场新志》卷五。

言其土之细如灰也。又灰即草灰。每日晓，先合力用削刀削灰，使松，随以碌扒碌碎，更用筱竿搅，使极细极平，方担潭中海水，以木瓢洒泼如雨，使之匀透。晒至晡时，则盐花入于灰内，仍以削刀收边，用板堆夹灰，成一长埂，以防夜雨。或收灰入坑，明早仍用翻扒，推埂使平。更碌扒碎之，筱竿泼水，夹板，堆聚如前。盛夏二日或三日，秋冬四日，晒力方足。冬则西北风尤胜日晒也，凡灰久咸水浸润出盐尤多。”[137] 晒灰采卤的具体工序大致包含以下几个步骤。

其一，制灰。盐民煎盐配有草荡，采白草煎熬，白草在燃烧过程中，还未炭化之前，江水灭火，成为草炭，即草灰。

其二，晒灰。每日清晨，灶户看天色晴霁，将灰坑内淋过卤的草灰，挑至晒场，摊平摊匀。在晴朗天气，日出前，灶民全家劳力一齐动手，将烧盐后的草灰（最好是白毛草灰）挑铺于灰场。大的亭场可铺灰百余担，小的七八十担。

其三，撒灰。草灰挑至晒场后，用板锨逐担撒开，每担均匀布 4 平方丈。

其四，打灰。灰散开后，为使均匀滩晒，操作人由前向后退，使用扫管普遍扫刷一次，俗称打灰。

其五，收灰。灰晒至当日午后 4 时，灰呈黑色，而且闪闪发亮，则知卤气已升，灰已成咸。经日光暴晒一天，土层中的盐分吸于草灰，泛起盐霜，灶丁就用扫帚或木扒把灰扫成堆，在日落前收灰入坑淋卤。

其六，淋卤。灰坑长方形，上宽下窄，深 1.5 米，口宽 3 米，长 4 米左右。坑底铺上芦笆，并安竹管通卤井，井为砖砌或木制。干灰入坑后，先将灰摊平，然后用脚依次踏实，再用板锨荡平，四周做成灰岸子。再用海水浇灌，通过水渠流至灰坑，灰坑表面 3 至 5 寸，水从灰土上慢慢向下渗透，灰上卤气随水而下，卤水便顺着灰坑下竹管流入卤井中，称为“白卤”。

其七，试卤。要知卤的淡咸，必须测试。古时试卤用石莲子，后来盐民用鸡蛋土法测试。方法是取石莲子 10 枚投入卤水，如 10 枚莲子全部浮起，表明卤水浓度高，可全部用于煎盐；如石莲子有一半浮起，则表明卤水浓度减半，产量也要少一半；如仅有 3 枚或 3 枚以下浮于卤面，则表明卤水浓度太低，不能煎盐，要重新进灰淋卤。经测试后，卤水浓度达到煎盐要求，当天打入卤池，就可室内贮存，以备开煎熬盐。

[137]〔清〕林正青：《小海场新志》卷五。

与之前用咸泥制卤相比，盐民用煎盐草灰制卤不仅降低了劳动强度，而且提高了制卤效率，是制盐技术的一大进步。

2. 煎盐

盐卤制好后，则进入煎盐环节。煎盐环节又可分为备草和煎卤两个步骤。

其一，备草。“草为盐母”是说煎盐必须用柴草煎熬。盐民煎盐，历代政府都规定配煎草荡，配煎地亩各场不一。

其二，煎卤。将可煎之卤，投入锅起火煎制，3 ～ 4 小时后卤气开始凝结，再投入皂角，使卤水浓缩结晶，再煎 1 ～ 2 小时，停止、纳凉，晶成盐。盐收定后，再取卤煎制。

在海盐生产过程中，“摊灰淋卤”是一个重要程序。原先，淋卤一次就起煎，以致有些盐厂的盐色不佳；光绪初年，境内盐场又试行“重淋法”，取得了很

明嘉靖《两淮盐法志》

好的效果。《清盐法志》卷一〇八《两淮九·场产门》载："见据泰分司许运判讲求煎炼，先取泰属最下之东、何两场原卤，用灰重淋一次，其清如水，入鏾试煎，成盐竟能洁白。犹恐偶然之事，未足为凭，复提十一场上中下各亭之卤，眼同过灰煎炼，呈验盐样。一律色洁如霜，无分尖和场分，始信地气之说，未必尽然，特人力不齐，过灰有净有不净耳。"[138]

（三）晒盐工艺

晒盐工艺在盐城境内使用不如草煎盐工艺普遍，主要集中在境内北部今响水陈集镇的济南场的一部分。大体上，晒盐工艺是引海水入池，利用太阳热能蒸发水分，最后成盐，又称大盐滩晒。嘉靖《两淮盐法志》卷三载："每灶各砌砖石为大晒池，旭日晴霁，挽坑井所积卤水，渗入池中曝之。"其工序主要

[138]〔清〕张茂炯等：《清盐法志》，卷一百零八，《两淮九·场产门》。

《南场煎盐图》，选自清康熙《两淮盐法志》

有纳潮储水、蒸发制卤、结晶长盐、扒盐集坨四道。

1. 纳潮储水

在海水涨潮时利用水位差，开启海堤上的纳潮闸，将海水纳入潮闸，并通过扬水站吸海水贮入水库，后经水道送至各分滩。纳入的海水作为盐业生产的原料，含盐浓度越高，成盐就越快，产量就越高，且降本增效。

2. 蒸发制卤

制卤是盐业生产的中心环节，耗时耗力最多。海水直入滩池蒸发池后，沿着一定的落差循环，利用太阳热能和风力浓缩直至饱和。一般从海水进滩到浓缩饱和，需经过 13~14 步蒸发，正常天气下需历时 10~15 天。

3. 结晶长盐

卤水经蒸发区、调节区逐步蒸发后，浓度已接近饱和。卤源丰足，即可进入结晶区，灌入预先准备好的结晶池，又称灌池，时间一般在上午八九时，然后撒入大颗粒原盐，称“种盐”，卤水进入结晶过程。

此工序包括灌池、汾碴、换卤、除浑 4 个环节。灌池，就是将饱和的水灌入结晶池，并达到要求的深度；汾碴，即在结晶中翻动盐粒，一般一天一次或二三天一次；换卤，灌入池内的结晶到一定程度，浓度升高（一般不超过 30°），深度下降，钠镁比值下降（一般达 1°以下），就要换入新的饱和卤，否则会影响盐质；除浑，就是除去结晶池内浑泥水，一般在换卤的同时进行。

4. 扒盐集坨

当结晶池内盐长到一定程度时，要用大耙把盐扒到池堰上。扒盐时间长短根据天时和蒸发量决定。如果连续晴天，一般 4~5 天扒一次，以免天时不好难以抢收入坨。这种滩晒制盐法省时、省力、成本低，但存在产量不稳、质量不高、劳动负荷沉重、受天时干扰严重等弱点。

利用阳光、风力等自然资源晒盐是海盐生产工艺的一次重要变革。滩晒盐工艺在历史上也经历了几次改进。起初，晒盐是在淋卤煎盐基础上的拓展。大约在宋、金时期，山东、福建一带开始出现了将淋卤池中的卤水灌入经过铺筑的小面积晒盐池中，借助日晒、风吹逐步结晶成盐的制盐方式，至明代这一技术在各海盐区逐步推广。

早期滩晒盐主要指明代的砖池晒盐，砖池晒盐初期，一般采用煎盐时期延续而来的灰上淋卤法，即在傍海近潮之处，每户分别用砖砌成一个晒池，每片砖长八寸，每三百片砖可获得“一引”（即大致相当于 150 千克）的食盐出售资格。后来因为计数麻烦，清代改为按照面积计算，二平方丈为“一引”。除了用砖铺砌的结晶池，四旁还有相应的池，从头道、二道以至九道，用以蒸发水分。每个泥池旁还有一个小砖卤井，下雨时即卤入井储积。砖井旁有沙格（蒸发池），池小而深，也用于晒盐。

后来逐步改为纳潮制卤。离海近者，开掘潮沟，引水为卤名为卤沟，又名戽沟；离海远者，选择卤气重的地方，凿泉取水，名为卤井。平时以藤斗戽大井水，入头道沟内渍晒，再入二道，次第套晒，渍水成卤，储于沙格（加卤池）。待天晴时，再转入砖池摊晒。卤面先起飘花，后成盐粒。用竹笆将制成的盐粒扫拢，装入箩筐渍去苦卤，即可出售。夏季一个白天即可成盐，春秋季节需要两天。冬季风寒，三四天内也能成盐，叫作“寒盐”。到了清末，泥池滩晒逐步成为晒盐方式的主流，极大地提高了生产效率，成为我国近现代最普遍的制盐方式。

清末民初，淮北改砖晒为滩晒，产量增加极快，淮北盐场占两淮的份额快速上升。1913 年，淮北盐产已占两淮五成以上。胡焕庸在《两淮水利盐垦实录》中概括道：“北盐渐盛，南盐渐衰，盖在清末已见其端倪矣。”民国年间废灶兴垦以后，淮北盐产已基本取代淮南，淮南六场产量合计不如淮北一场。[139]1908 年到 1924 年济南场（今灌东盐场）铺设的 145 条圩 1160 份滩的大型泥池——八卦滩，首开江苏盐场泥质滩晒盐的先河。

与煎盐相比，晒盐改变了以柴草为能源的生产方式，代之以阳光、风力来蒸发水分，炼制食盐。利用阳光、风力蒸发制盐法比之于利用火力的煎盐法，虽然不可避免地受到阴雨天气的影响，盐产量有时难以保证，但是，晒盐法的

[139] 江苏省地方志编纂委员会：《江苏省志·盐业志》，江苏科学出版社，1997，第 97、98 页。

《北场晒盐图》，选自清康熙《两淮盐法志》

工本要比煎盐法少得多。

三、制盐工具的改进

生产工具是生产力发展的主要标志，盐城境内的制盐工具也经历了演变和改进。煮海成盐法涉及的劳作工具在史前时期主要是陶制的盔形器，汉代出现关于牢盆的记载，唐代以后境内煎盐多使用盘铁，至明清煎盐主要使用锅鐅。

（一）牢盆

关于煮海成盐法中涉及的劳作工具，史料中有“牢盆”的记载。《汉书》和《史记》中都有“因官器作煮盐，官与牢盆”，表明汉武帝时，曾有名为“牢盆”的煮盐器具由官府发放给百姓进行制盐活动。由于对“牢盆”的具体形制缺乏具体记载，学术界对“牢盆”的解释一直都有争议。一种说法认为“牢”是官府提供煮盐的场地，“盆”是主要生产工具，即煮盐使用的大铁锅；还有一种说法认为“牢”就是价值的意思；也有认为“牢盆”本身就是指一种东西，就是指特制的煮盐器具。

关于盐城境内使用“牢盆”制盐的情况，清嘉庆《东台县志》记载：“东台南三灶等地有铁镬……相传为汉煮盐牢盆，或曰镇水物也，如邵伯铁犀之类，未知孰是。”在东台市东台镇三灶村农家乐园中，陈列着一尊古铁镬外郭 65 厘米，内径 1.63 米，内深 56 厘米，壁厚 7 厘米。底小于面，边阔 15 厘米。在边的四周附有 6 个分布对称、宽 5 厘米、长 10 厘米的小边（实为 6 个方形小齿）。境内现存东台铁镬重约 440 多公斤，可容纳近 400 公斤的水，推测一次可容纳 100 多公斤的盐，产量不可说不高。

（二）盘铁

盘铁是一种大型铁铸煎盐器，适于“团灶”式生产，多见于唐代至明代。盘铁皆为官铸，每灶一副，又称一盘。盘铁铸造工费甚巨，因此盘铁厂较少，且很少开铸。两淮盐区在泰州官设盘铁厂，两淮“富安等场盘铁，俱系洪武、永乐中铸造”。

盘铁有整块盘铁和切块盘铁之分。整块盘铁的记载较少，一般认为整块盘铁的年代在切块盘铁之前。更为常见的切块盘铁是由若干角组合而成，其形状有圆形，有方形，大小不一。由多角切块盘铁组成，大的直径 2.5~3 米，厚 0.1~0.2 米，每角重四五百斤。盘铁上有耳，用支柱搭灶，一般用 8 个支桩搭成，盘高为 2 尺。其形制在嘉庆《两淮盐法志》有记载：“盘四角搘为一，织苇拦盘上，周涂以蜃泥。”乾隆《两淮盐法志》卷十八《场灶·灶具》载：“官置铁炭，每一盘铁四角，一角该铁五千斤。”可见官式盘铁以“角”为单位，四角为一盘，一角用铁五千斤，一盘铁则为二万斤。

在使用方面，盘铁煎盐方法有两种，一种是待盐卤浓缩到结晶程度时，播盐母或皂角，促使结晶，将晶体捞出，沥干。另一种方法是待盐卤水分全部熬干迅速取盐。盘铁边缘的方形齿的作用有二：一是因为盘铁很重，在每个齿上系上绳便于搬运; 二是为了便于支灶。如果按这些方形齿的数量及相互间的距离，用砖头砌成相应的柱子，即可将盘置于其上煎盐了。用盘铁煎盐前，需先做好砌柱承盘、排凑盘面、拌泥嵌缝、芦辫拦围等准备工作，然后用竹管从卤池内注卤入盘，起火煮卤，待卤水将干时，投入皂角数枚，卤即结晶成盐。盘铁平时每户保存一角，官方监督，以防私煎。煎熬时各户拿来拼凑成盘，其缝隙用石灰膏抹严实。一副盘铁分为四角，每角又分几块，厚 10~13 厘米，每块重 50 余公斤，使用时拼成一盘，直径 3 米多，周围边高 0.4 米，用铁栓合成，底平如盂，缝隙经卤汁结塞不漏。盘铁下用土垡砌圆灶（即盐灶），四周设灶门七八眼用以烧草。一灶有亭户二三十家，轮流共煎，亦称团煎、团煮。灶周围立芦芭障以挡风，露天操作，遇雨即停。盘铁烧一昼夜谓之一伏火，每昼夜可熬盐五至六盘左右，每盘成盐约 300~400 斤，昼夜可熬盐 1500~2000 斤。明万历二十一年（1593），东、何、安、梁、富五场共有盘铁 474.1 角，分为 1020 块。

元代浙江盐场官陈椿的《熬波图》诗，生动地反映了当时使用盘铁的历史情况:

方盘虽薄容易裂，圆镬虽深又难热。
不方不圆合而分，样自两淮行两浙。
洪炉一鼓焰掀天，收尽九州无寸铁。
明朝火冷合而观，疑是沉江九肋鳖。

在盐城市区县前街出土的整块盘铁和滨海陈涛镇出土的切块盘铁充分证明先民“聚团公煎”的重要历史依据。今日大丰区以“团”为地名的地方，如大团、西团、南团等就是明代产盐的生产单位。

（三）镬

镬为灶民自家备用的小型煎锅，其说法多见于宋代，可以说是明清“锅𨱎”的前身。

镬形似釜，为温卤之器，适于家庭性生产。时有亭户使用镬进行私煎，一夜可煎两镬，得盐 30 公斤，俗称“镬子盐”。“镬子盐”不归公仓，专售商户，称为锅户。元代和明代严禁私煎，镬子停用。

（四）锅鐅

锅鐅是继盘铁之后相对轻便的煎盐工具。《小海场新志》载："各场视籍户多寡以置灶，每灶盘铁四角，官铸官给。其制如石版，其数有角有块，以数块砌一角，四角成一盘，同灶人轮以煎卤，轮次未逮，则煮鐅以需之，亦官给。其形如锅而浅。故名锅鐅，每灶户给发一口。自盐引改征折价，盐不复入官仓，皆商人自行买补。"[140]明中期以来，盘铁与锅鐅混用，明万历四十五年（1617）官方推行"散煎法"，从制度层面将笨重的盘铁改为轻便的锅鐅。此后两淮地区煎盐逐渐以锅鐅为主，清代各场均以锅鐅为主要煎盐工具。锅鐅均为官制，再由官方发至灶户自煎，也称"官鐅"。两淮盐运使司在扬州湾头专设官鐅厂铸造。灶户按规定缴价领鐅。清末，大丰的小海设官鐅厂。民国期间至中华人民共和国成立初，因海势东迁灶区东移，大丰大桥镇东首吕家墩设鐅厂，生产的鐅由淮南盐务管理局按计划分配给灶户或以旧换新，不得随便生产和自由买卖。

锅鐅实指两种不同的规格的器具。锅深，主要用于暖卤；鐅浅，主要用于煎盐。两者大小不一。一般来说，鐅比锅大且浅，大的直径四尺，厚约半寸，深一尺，重约 140~150 斤。在使用时，熬用深锅，煎用浅鐅，锅熬鐅煎，两者配合使用。锅鐅煎盐需支搭锅鐅灶，形同烧开水的"老虎灶"。一般每灶安置一鐅一锅，或一鐅两锅。鐅在灶门，锅在灶尾，鐅以成盐，锅以温卤。当鐅中起大泡，卤气开始凝结，俗称"起楼"，投进皂角，锤而入之，俗称"直鐅"，锅鐅煎盐一昼夜，可成盐 14 鐅，每鐅约 45 斤，产盐 600 余斤。

由盘铁到锅鐅的过程体现了生产工具利弊的变化。锅鐅与盘铁相较，据大丰区草煎盐非物质文化遗产继承人邹迎曦老先生口述："大盘难坏，而用柴多，便于人众"，"小盘易坏，而用柴少，便于自己。"境内明初盐业生产，采用"聚团公煎"法。所谓"聚团公煎"，就是每一场分几团，一团分几户，轮流煎办，以纳丁盐。其实际生产状况，大体是由灶丁"三四人共一盘铁，或五六人共一盘铁，每一日该煎盐一十三斤"。明中期"团煎"制式微，而锅鐅则更适宜于灶户的家庭性生产。锅鐅开煎后，全家男女老少昼夜努力，先投入皂角，使卤气凝结成晶，然后经过起散、双脱、直鐅等工序最后成盐。清初，明代团煎之法废除，由一灶一户单用的锅鐅代之为主要的生产工具。锅鐅煎盐较之盘铁煎盐省工省草，产量倍增。

[140]〔清〕林正青：《小海场新志》卷五。

由盘铁到锅鏾的过程也体现了盐场生产方式的变化，体现了商人资本进入盐场。明万历四十五年（1617），盐引改征折价，盐不复入官仓，便改由商人出资铸造盘鏾供灶户生产使用。团煎制废除后，盘铁因“工大费重，不能添设”，锅鏾遂应运而生。锅鏾铸造经官方批准，由商家出资，然后开始造作。铸造锅鏾的规格、价格有规定，每口重 140 斤，计价五两八钱。灶场如需要购买锅鏾，则将应买数目报明场员，场员给予印照，令其到鏾厂购买收照交付鏾商。每季末，还要汇缴盐政司存查，倘查出无照私卖，鏾商灶户分别治罪。“向来各场盘，原有定数，设有增减，必须册报”。为查清各灶场的盘数，还“委员赴场抽查，如有私增盘鏾，与册报不符，即眼同击毁，灶户、场官分别究治”。即使是用坏的锅也是严格管理的，“凡有破鏾，随时赴场呈缴。该场员即转解分司，汇解运司衙门，验击变价。将价发交场员，转给灶户收领”。对于无力置锅的贫灶，则借款给他们。如乾隆八年（1743）七月，盐运使朱续晫“以各场贫灶无力置锅鏾，详准借助商捐银一千一百六十两铸鏾百副……煎出盐斤，每桶于盐价内扣银五分存场，汇解归款”。

第二章

盐城盐运水路系统研究

在江苏境内，东部沿海地区的盐运河道是大运河主流河道，就好比输送养料的毛细血管。历史上曾有一系列专门向大运河供给盐业资源的支流河道，比如连接南通、泰州与扬州的老通扬运河，连接东台与泰州的泰东运河，连接盐城与南通的老串场河，连接淮安与连云港的盐河等。这些因盐运需要而开通的古运河不仅将东部盐场生产的淮盐源源不断地送往大运河主干道，从而进入更广泛的城乡市场，更在大运河沿线城市之间构建起丰富强健的水运系统，为大运河持续发挥作用提供了根本性的保障。盐城作为历史上重要的淮盐生产基地，其用于盐运的水道复杂多变，形成了极具辐射和影响力的区域性水路系统。这一系统在漫长的历史上为大运河盐文化的发展作出了卓越贡献，具有独特的地域特色和研究价值。

一、盐运水路系统的发展趋势

（一）大运河的开凿与其向东部的延伸

盐城境内盐运水路系统的建立与大运河主干道的贯通关系极为密切。春秋末期，吴国战胜其邻国楚、越，为了北霸中原，吴王夫差在长江北岸古邗邑一带筑邗城，并利用潴积江北的江水开凿了邗沟。《左传·哀公九年》载：“吴城邗沟通江淮。”杜预注云：“于邗江筑城穿沟，东北通射阳湖，西北至末口入淮。”[141]邗沟是当时夫差由南北上的关键性工程。有邗沟南引江水北上，吴国便可向北运送士兵和粮食，这为吴国北霸中原提供了可靠的后勤保障。邗沟贯通古射阳湖，开始了江淮之间的商品交流。春秋末期邗沟的开凿虽主要出于军事目的，但是也间接为江淮地区提供了经济发展的基础，大大推动了其东部沿海地区的交通、经济与文化的发展。

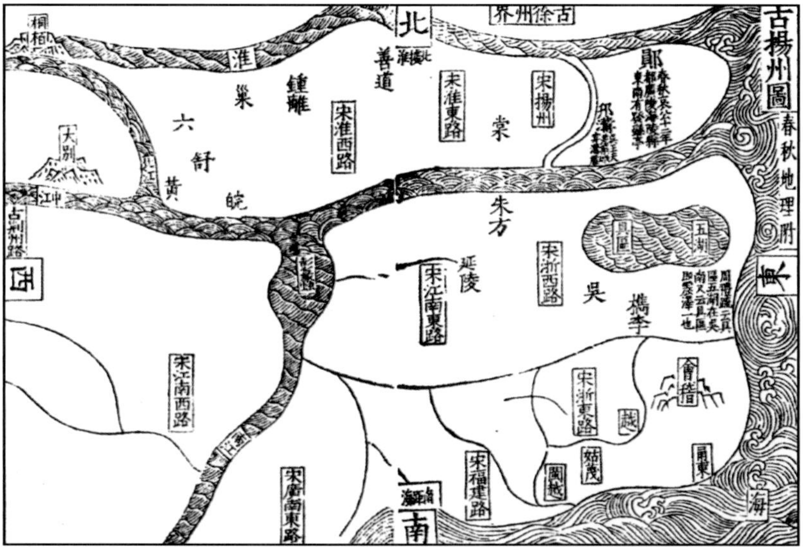

《古扬州图》，选自明嘉靖《惟扬志》：图中可见沟通江淮的邗沟

邗沟的开凿带动了东部沿海地区的发展，使其原本得天独厚的产盐条件得到开发，至汉代，盐城地区的盐业已形成一定规模。随着沿海地区海盐产量的增加，为了使沿海地区的物资外运更加便利，西汉吴王刘濞在吴王夫差开凿的邗沟的基础上开挖了东支道，自如皋蟠溪至扬州茱萸湾，这条水路被称为古运

[141]〔晋〕杜预：《春秋左传注疏》卷五十八。

盐河、东邗沟或老通扬运河。《宋史》《惟扬志》《扬州府志》《天下郡国利病书》等文献对这条水路的开凿有所记录，以明万历《扬州府志》为例：“吴王濞开邗沟，自扬州茱萸湾通海陵仓及如皋蟠溪。濞以诸侯专煮海为利，凿河通道，运海盐而已。”[142]根据这些史料证实，吴王濞确曾开挖过一条从茱萸湾至海陵的人工河道。其时，刘濞的文学侍从枚乘亦曾对茱萸沟有过“转粟西乡，陆行不绝，水行满河，不如海陵之仓”[143]的描述。这条东邗沟“专以运盐，非南北通行之路”[144]，它的开通使原盐外运更为便宜，极大地刺激了古代沿海地区盐业的进一步发展。

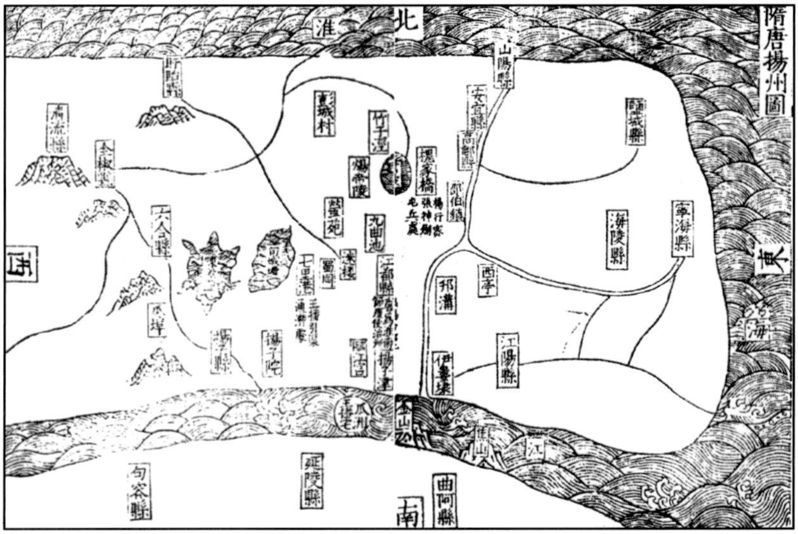

《隋唐扬州图》，选自明嘉靖《惟扬志》：图中可见东至“海陵县”“宁海县”的东邗沟与通往“盐城县”的水道河线

刘濞所开的古运盐河，西连邗沟，东达海滨盐区，成为连接邗沟与沿海产盐基地重要的水路通道。一般认为，今盐城境内的泰东河也开发于汉代，是吴王刘濞在开凿古运盐河时向东北部延伸的附属工程。西汉元狩六年（前 117）建海陵县（泰州），辖海安、西溪两镇。西溪为海陵煎盐之区，西溪东边是一片大海，当时称为西溪的泰东河直通海口，海口外有一港口为九龙港（今东台镇城南村地段）。泰东河将西溪产盐向西南运往海陵，再入古运盐河运达扬州，从而进入沟通江淮的南北邗沟。

[142]〔明〕杨洵：万历《扬州府志》。
[143]〔汉〕班固等：《汉书》卷五一《枚乘传》。
[144]〔清〕刘文淇：《扬州水道记》卷一。

盐城水路系统发展初期示意图（红线为大运河，黄线为盐城市域，蓝线为古运盐河，绿色为串场河）

（二）以串场河为代表的东部盐运水路接入大运河水系

在古运盐河、泰东河等运盐水路的影响下，扬州成为两淮地区淮盐的重要集散中心，是连接沿海盐业生产基地与大运河水系的重要城市。唐开元二十二年（734），江淮转运使裴耀卿“置输场、盐仓，以受淮盐”。在两淮集散中心扬州设转运院，专门运销淮南通泰诸场的食盐。宝应元年（762），刘晏充当户部侍郎兼转运使后，改革榷盐法，将官运官销的盐，一部分改为商运商销，并在海盐销区“置巡院十三”，扬州由此成为两淮盐商盐船汇集的运输中心。长庆元年（821）三月，盐铁使王播奏请在扬州和白沙（今仪征）两处重新设立盐院，官府售盐给盐商，由其转贩各地。南宋人洪迈曰：“唐世盐铁转运使在扬州，尽斡利权，判官多至数十人，商贾如织。”[145] 唐代盐铁转运使常驻扬州，海运及内运都很发达。当时两淮行盐线路，淮北盐的漕运主要经游水、官河上达涟水，至仓坨再经邗沟、淮河、泗水分转各地；淮南盐中转枢纽为扬州，再经扬子县白沙（今仪征）分销长江沿岸。濒临大江的白沙成为当时的船运要津，商旅云集，从涟水场转运的两淮盐大多又经此分销长江沿岸。[146]

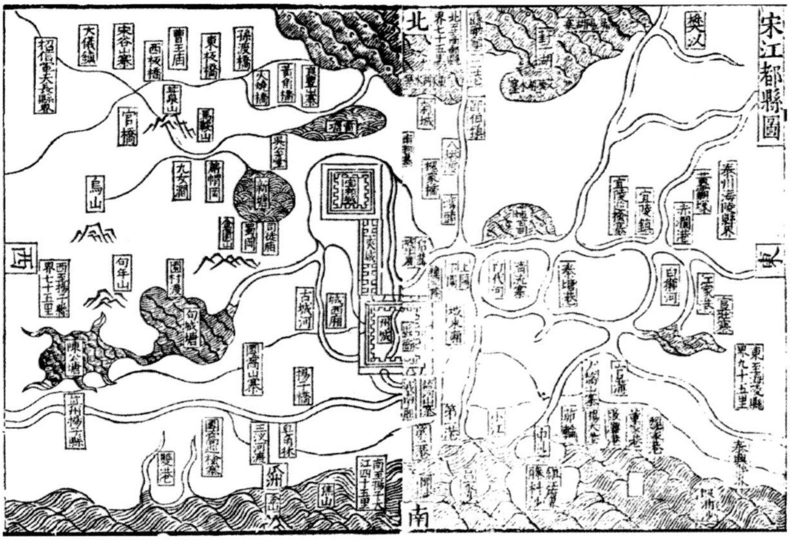

《宋江都县图》，选自明嘉靖《惟扬志》：图中可见由大运河主干道向东延伸的运盐河

[145]〔宋〕洪迈：《容斋随笔》卷九。

[146]《江苏盐业史略》编写组：《江苏盐业史略》，江苏人民出版社，1988，第 11–12 页。

唐宋时期，盐城境内东冈沿线有盐场十余所，分别是虎墩（今富安）、梁垛、四安、七惠、新兴、竹溪、丁溪、南八游（今草堰）、北八游（今白驹）、紫庄和伍佑诸场。

鉴于一方面来自西面的洪水压境和大海潮时常冲毁亭场、盐灶，淹没四庐，威胁盐业生产和人的生命安全，另一方面海盐经济在朝廷中所占有的越来越重要的地位，使得保护海盐产区的生产生活以及有效地实行海盐的运销管理成为朝廷不可忽视的头等大事。唐代，时任淮南黜陟使的李承就在东冈一线修筑捍海堰，在此基础上，宋天圣年间，在西溪盐仓监任官的范仲淹与张纶等人，奏请修筑捍海堰。范仲淹以兴化县令身份带领四万民工，耗时两年，沿海岸线修成堤堰，有效地保护了盐业、农业生产，此堤被称为“范公堤”，从此，“农事盐课，两受其利”。同时，当地人民沿堤对筑堤取土留下的复堆河和沟渎进行了挖掘沟通，逐步将沿海各盐场连成一线，既为沿海各盐场的运输提供了主流通道，更为泄洪提供了通道，“串场河”也因此而得名。串场河的筑成，使得当时“亭民无车运之劳，又得免所负，逃者皆来归，盐利大兴”[147]。由此道运出的海盐，到南宋时期已占据时朝廷收入的半壁江山。

串场河正是这段时期盐城境内所形成的最重要的盐运水道。南北走向的串场河与大运河主干道近乎平行，结合境内东西走向的自然河道，形成水网。串场河南接泰东河，借由泰东河、古运盐河将盐城境内的盐业生产基地与扬州相连。在 2012 年开工建设的泰东河工程沿线，先后发现 10 处古文化遗址，其中东台段沿线发现晏溪河、辞郎村、新稽村唐宋遗址，太和村、蓦云村、陶庄村四组与五组宋代遗址，蒋庄村、五星村新石器时代遗址等 8 处历史文化遗址。考古挖掘进一步佐证了泰东河流域厚重的历史文化。串场河的北端与射阳河相通，借由古射阳湖遗留的密集水网打通了与淮安的水路。串场河南北分别与扬州和淮安相连，同时将东部沿海地区的盐业生产基地接入大运河，促使原本地区性的盐运水路系统成为大运河水系的一部分。该河历史上为堤东各盐场转运食盐的纵向河道，又是堤西各河流泄洪入海的大动脉，水源兼供两岸农田灌溉。

当时盐城境内有刘晏所设的盐城监和海陵监，分别管辖境内北部和南部产盐的运输。境内北部属楚州盐城监管辖的盐场产盐走北路；南部属海陵监管辖的盐场产盐走南路。当时盐城境内大部分盐场属于淮南盐区，往返于扬州至如

[147]〔元〕脱脱等：《宋史》卷四二一《列传第一百八十》。

皋的盐队规模浩大。日本僧人圆仁在《入唐求法巡礼行记》中言及他于开成四年（839）七月抵达海陵延海乡、延海村，于夜间行船至扬州，与运盐官船同行。“二十一日半夜发行，盐官船积盐，或三四船，或四五船，双结续编，不绝数十里，相随而行。乍见难记，甚为大奇。”盐船形成“舳舻万艘，隘于河次，堰开争路，上下众船相轧”的情境。

唐宋后淮盐产量逐渐提高，淮盐运输的需求促进多条新的运盐河的出现，如高邮—盐城，泰州—东台，后因里下河湖荡化逐渐分界为兴盐界河、海沟河、白涂河、车路河、梓辛河、蚌蜓河、运盐河等多条东西向河道。盐场最早位于里下河的自然泄水港与串场河交汇，逐渐形成重要区域城市或大的盐场，如盐城（新洋港）、草堰（王港河）。后为了控制泄洪，保障盐场岸线，宋代在堤上开闸修坝，随着岸线的变迁，这些海港的入海口也随之向东移动。自然形成的通海河道形态曲折，流向多变。[148]

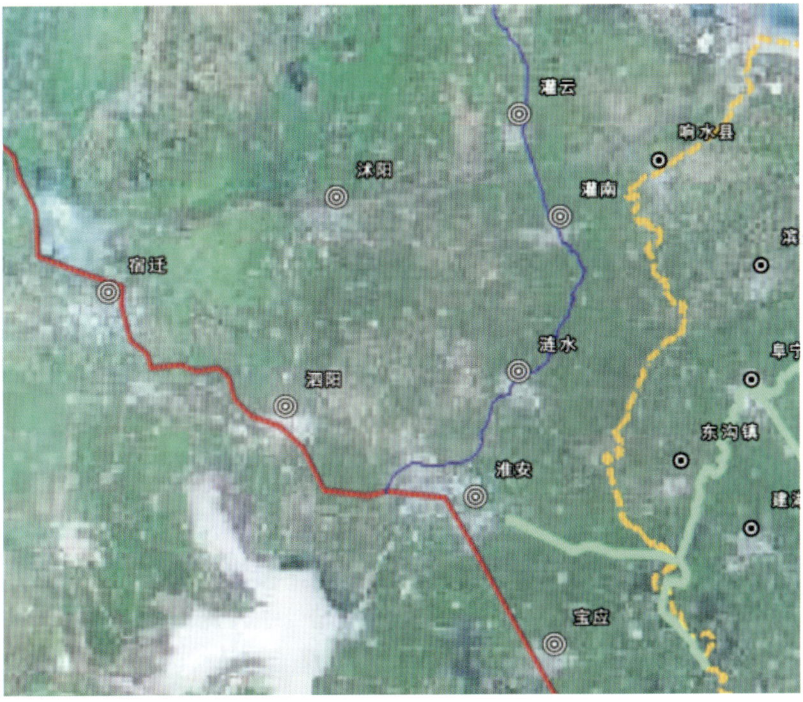

盐城水路系统发展中期示意图（红线为大运河，黄线为盐城市域，蓝线为涟水河，绿线为串场河）

[148] 陈饶：《江淮东部城镇发展历史研究》，博士学位论文，东南大学，2016，第 228-229 页。

（三）境内盐运水路系统的发展与稳定

两淮地区盐业生产基地的规模从元代开始趋于稳定，尽管受到岸线东迁的影响而不断向东扩大，但整体盐业生产场所和运输路线的分布已更加有迹可循。

元代起，两淮成为最大的产盐基地，两淮之盐主要运销江苏、江西、河南、两湖等地。至元十四年（1277），置两淮都转运使司于扬州，专管盐政。大德四年（1300）推行“立仓纲运”之法，在水路要冲建立盐仓，设运盐官，分纲运盐。随着两淮盐业日益昌盛，运销的规模也随着相应扩大起来，于是开辟了一些新的运销途径，也采用了更新的交通工具。其时，淮盐外销除行昔日河道外，还增设了海路。关于盐运转海最早记载，见于明代王同所写的《海州蔷薇河纪成碑》：“（蔷薇河）自宏治己酉淤塞，南北阻绝，盐运转海。”

盐城境内的盐运水路在先前南北两路的基础上进一步细化发展趋于稳定。境内北部产盐主要经涧水运往淮安。淮南盐运至泰州盘坝，经里运河、仪扬运河至仪征楚江。乾隆以后，仪扬运河及江口淤浅，于是由瓜洲出江。同治四年（1865），于瓜洲设淮盐总栈，故瓜洲也曾一度称为淮盐出江口岸。

作为境内运盐的核心水道，串场河—泰东河一线水路在明清时期空前繁盛，将境内富安、安丰、梁垛、东台、何垛、丁溪、草堰、小海、白驹、刘庄等诸多盐场的产盐向西送往扬州。据清嘉庆《东台县志》载：在元、明、清三朝的497年中，串场河先后疏浚过12次，其中元、明各2次，清8次。其间清康熙四十六年（1707）、雍正二年（1724）、乾隆三十年（1765）、嘉庆十八年（1813）和二十年（1815），在今东台境内的串场河段均有疏浚工程。串场河的开通有效地加速了淮南盐的集运并促进大运河盐运的制度化发展和盐文化的形成。

泰东河也在明清时期留下多次疏浚的记录。泰东河全线开挖贯通于明永乐二年（1404），为明代加快海盐流通所采纳的举措。为提升河道的水运和挡潮御卤功能，明永乐四年（1406）、万历三十五年（1607）、天启二年（1622），曾先后3次挑浚泰东河。明成化七年（1471）监察御史杨澄奉命监两淮盐课，在巡视泰州沿海时，获知泰州堰毁坏多年，盐场受患、稼穑受害，深受触动，批准修筑泰东河堤。修堤工程从东台西溪到泰州鱼行庄，全长60千米，历经4个月，全面竣工。此堤既可在范公堤破坏时挡海潮、防卤水倒灌农田，又可控制让运盐船只能在盐河中航行，私盐不得横行，同时又能保运盐河水位，以利漕运。清代曾多次疏浚泰东河，修筑泰东河堤，如清康熙三十八年（1699）、四十年（1701）、四十四年（1705）和道光五年（1825）。

明清时期的串场河—泰东河一线以运盐为主，尤其泰东河，是东台各盐场运盐往泰州城北西坝转运全国各地的主航道，给东台至泰州的盐运增加了一条水上便捷通道，拉近了东台境内淮南中十场与泰州的距离。东台堤东灶区的运盐船可以从串场河经泰东河进入泰州城北西坝（坝下为里下河，低水位），御转上河（长江、淮河，高水位），并运往各地。一时间，泰东河“盐船万艘，往来如织”，促使盐城境内的盐业生产进入鼎盛时期。

除了南北纵向盐运水路的发展，盐城境内东西走向的盐运河道也在明清时

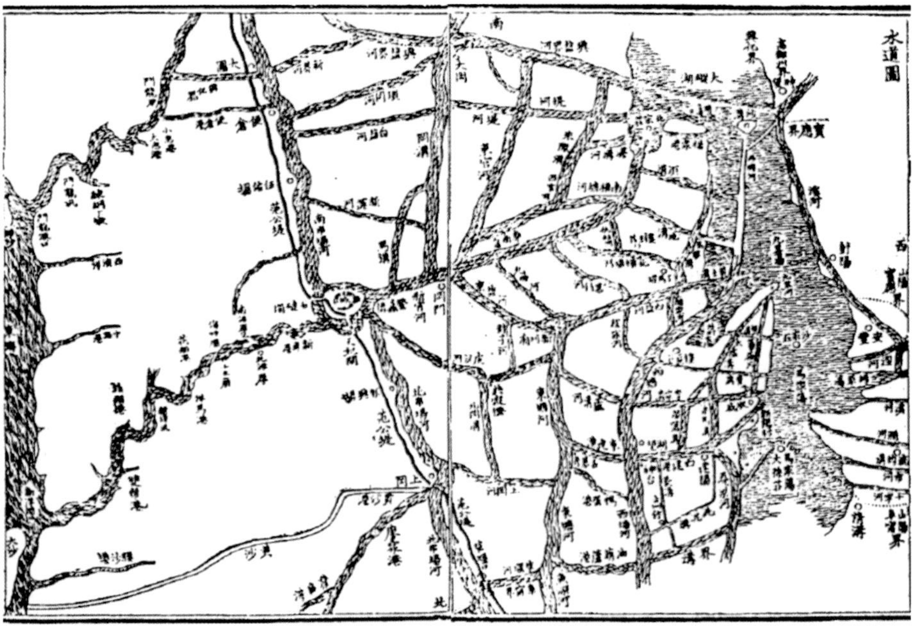

《水道图》，选自清光绪《盐城县志》

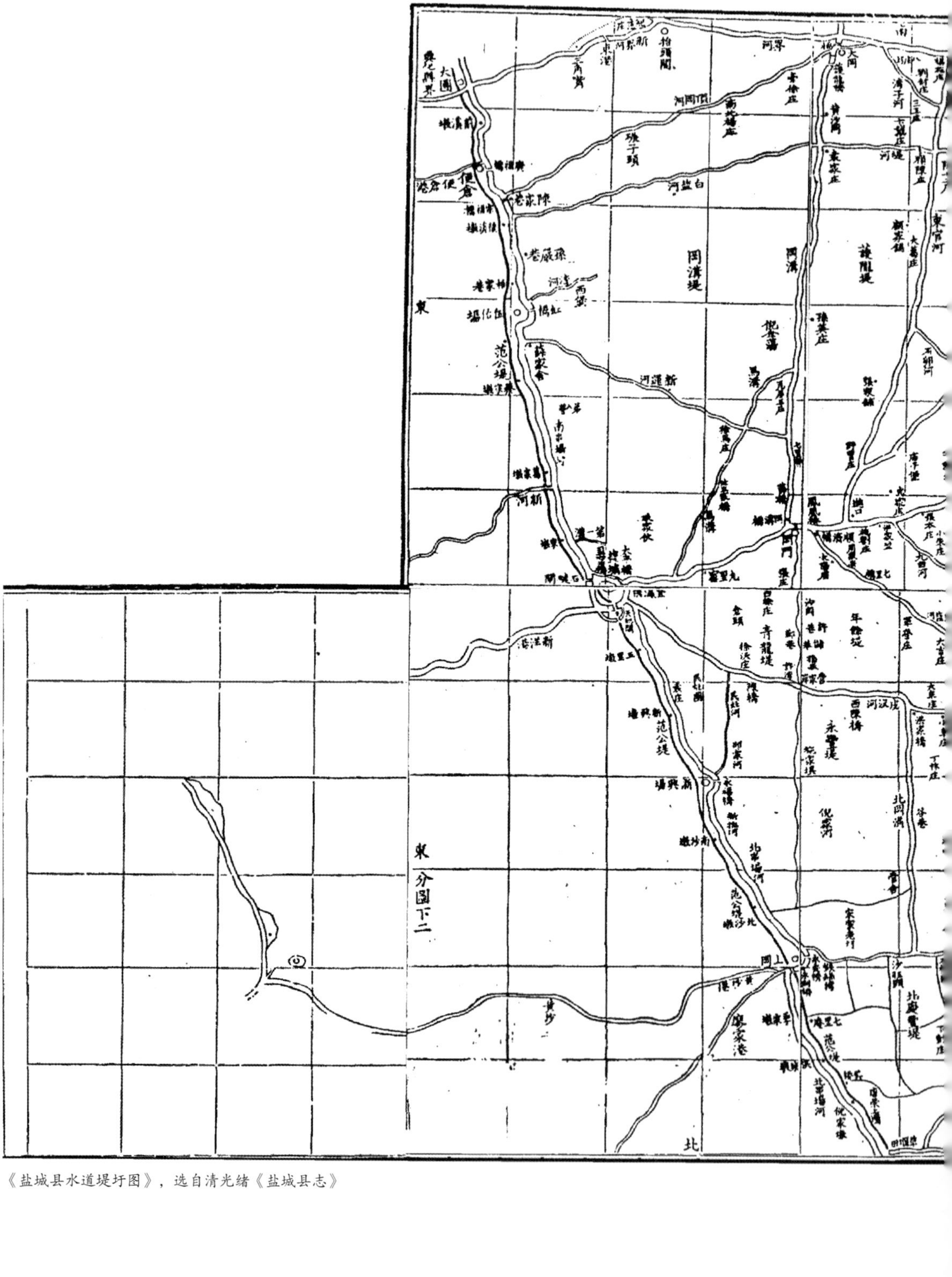

《盐城县水道堤圩图》，选自清光绪《盐城县志》

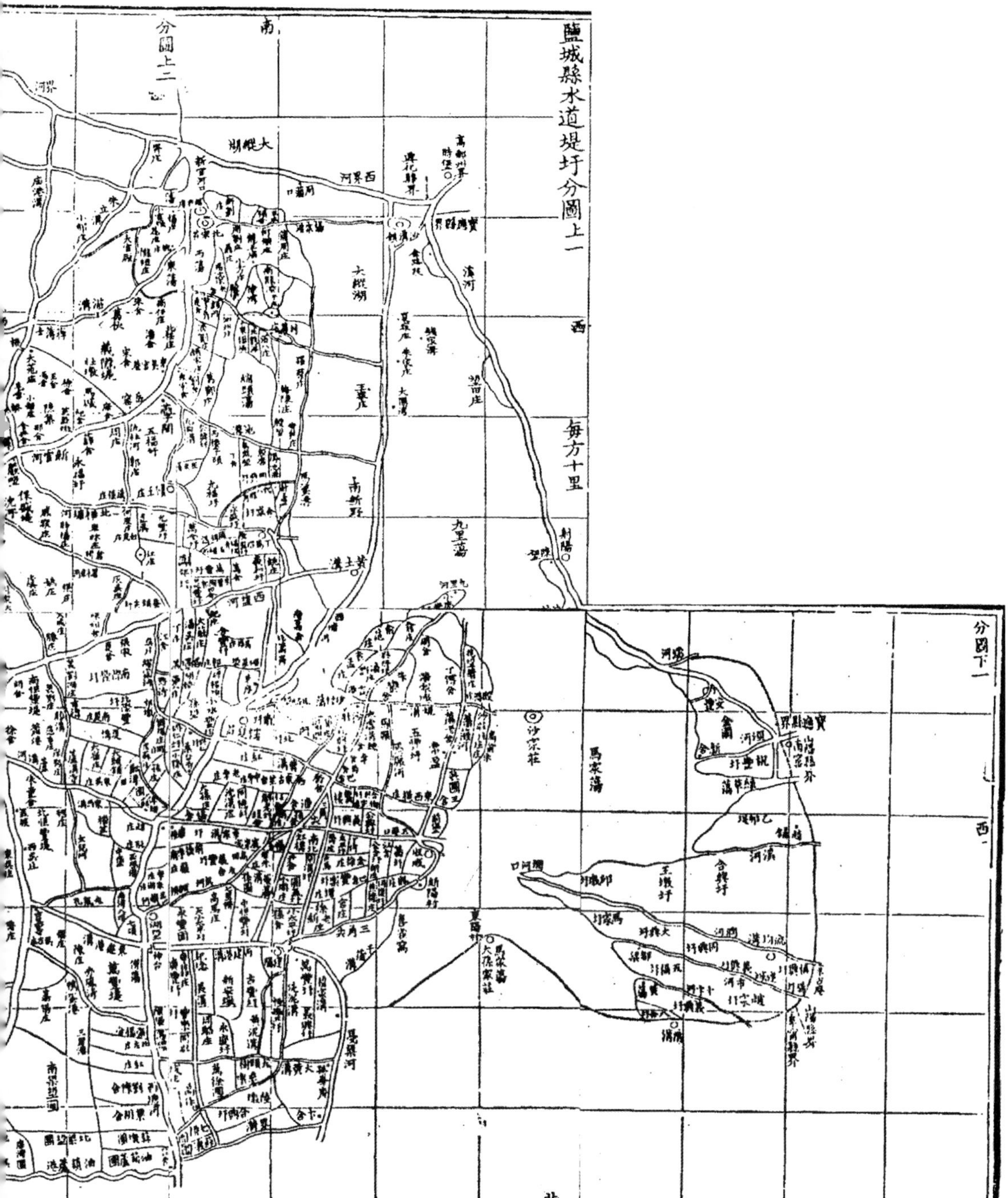
鹽城縣水道堤圩分圖上一
分圖上二
分圖下一
南
西
北
每方十里
大縱湖
西界河
新陽
沙溝莊
馬家蕩
九里蕩

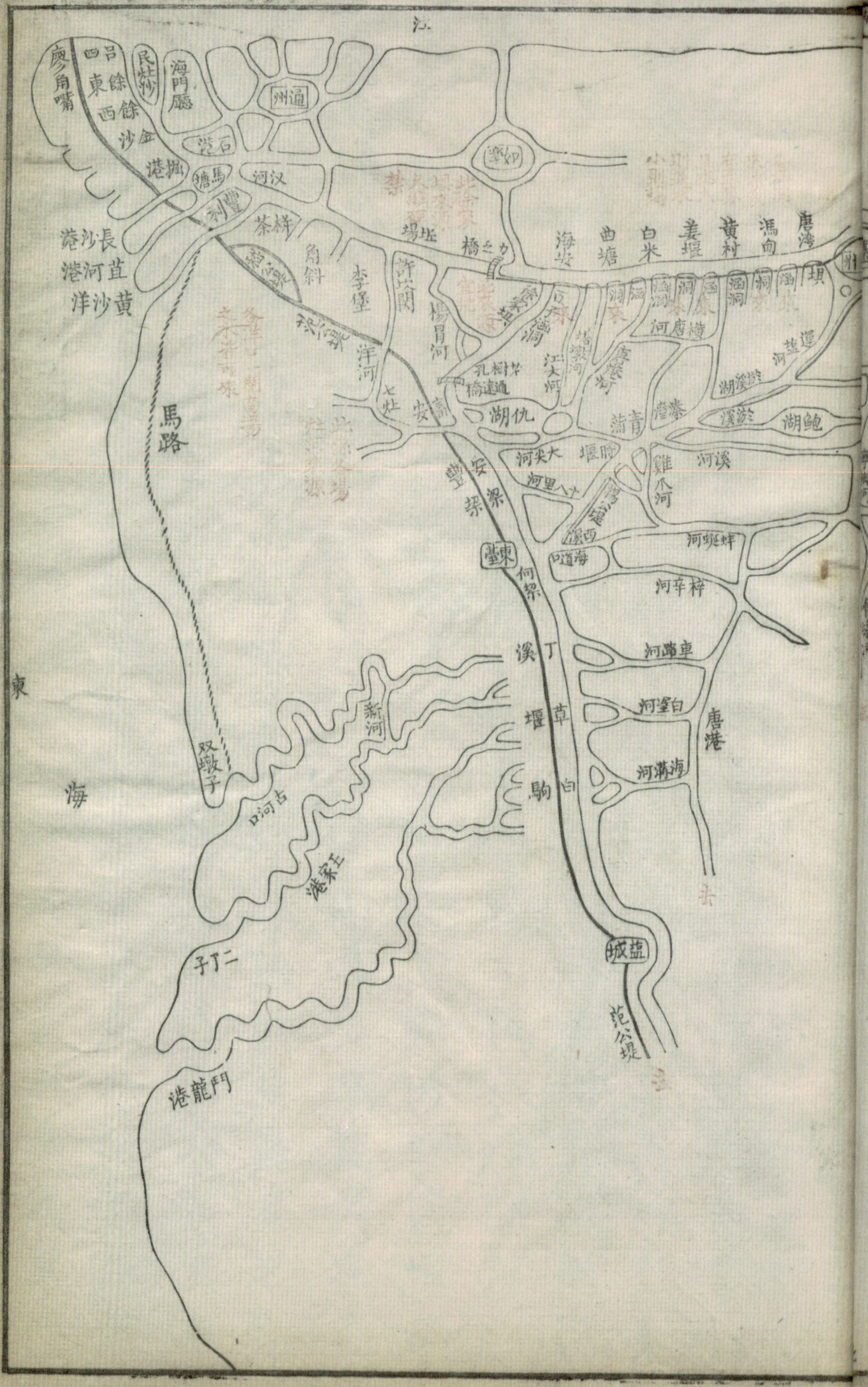

江
通州
海門廳
呂四
餘東
餘西
金沙
廖角嘴
石港
掘港
馬塘
如皋
栟茶
角斜
李堡
長沙港
黃沙洋
馬路
双墩子
東
海
古河口
新河
王家港
二丁子
七灶
安豐
梁垛
東臺
何垛
丁溪
草堰
白駒
鹽城
范公堤
唐港
仇湖
青蒲
大尖河
八十里河
車路河
白塗河
海溝河
梓辛河
蚌蜒河
雞爪河
鮑湖
唐灣
馮向
黃村
姜堰
白米
曲塘
海安

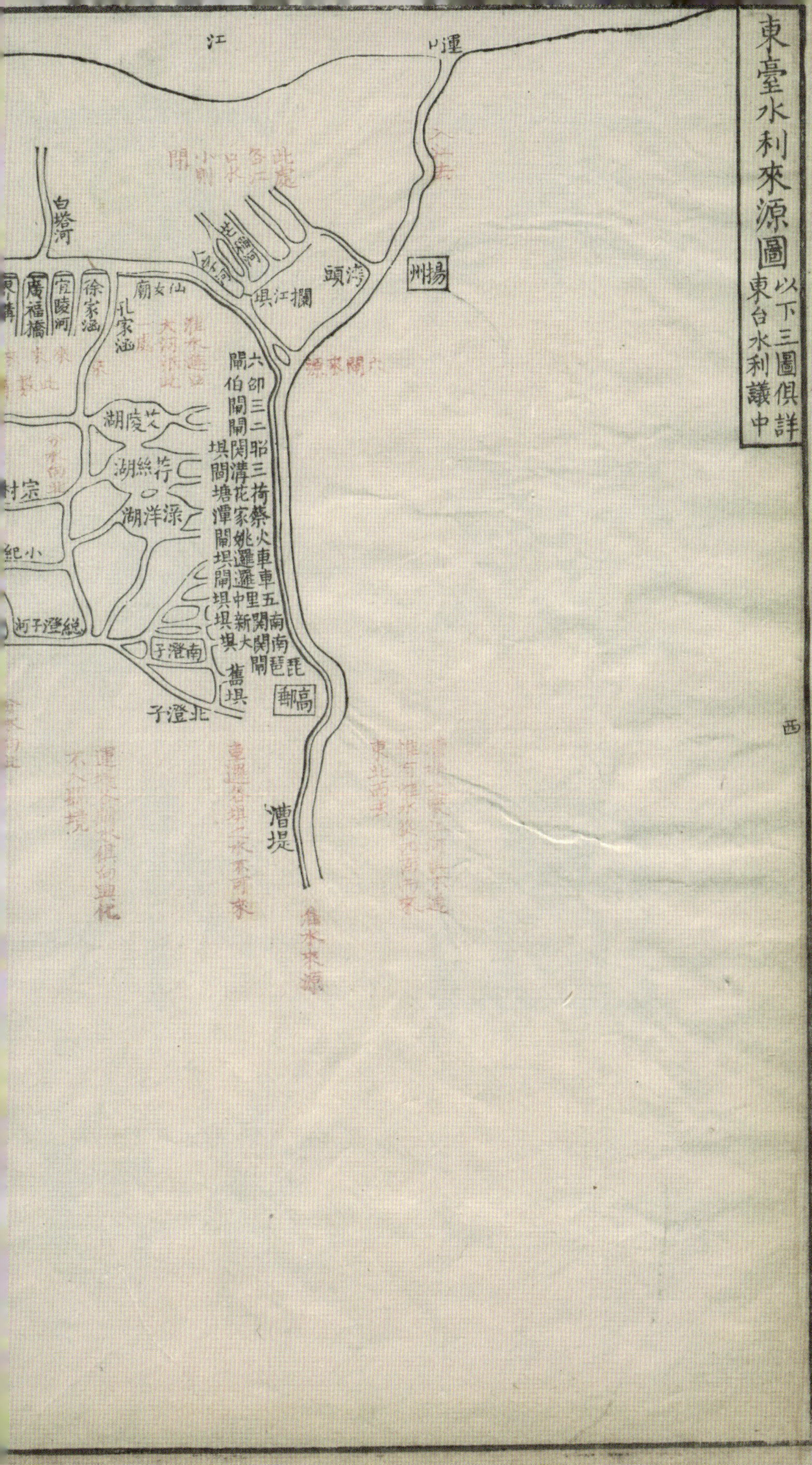

《东台水利来源图》，选自清道光《淮扬水利图说》

范公堤
如皋
泰州
唐灣
馮甸
黃村
姜堰
白米
曲塘
海安
小洋口
黃沙洋
栟茶
角斜
許坎閘
李堡
洋河
七灶
富安
通遠橋
仇湖
鮑湖
溱潼
青蒲
唐家洋
馬路
五倉河
四倉河
三倉河
二倉河
一倉河
東臺
何垜
丁溪
草堰
白駒
劉庄
伍佑
鹽城
蚌蜒河
梓辛河
唐港
棋盤蕩
車路河
得勝湖
白塗河
海溝河
新官河
新洋港
門龍港
南洋岸
北洋岸
天妃閘
越閘
新閘
上岡
草堰閘
溝墩閘
野潮洋
通洋港
射陽河
花園港
五辛港
鮑家墩
射陽湖口
九灶河
大岡
廟灣
阜寧
穿里河
救生河
仁和鎮
東坎
十巨
八灘
東
海

十四

《东台水利去路图》，选自清道光《淮扬水利图说》

期得到持续稳定的发展。尤其在明末至清中叶黄河夺淮的影响下，伴随境内东部成陆和海岸线东迁，东西走向的盐运河道呈现不断细化且东延的趋势。明末清初，海岸线东延至沿海马路（今黄海公路）一带，距范公堤已 30 千米，盐区也随之东移，荡地面积达 100 余万亩。明清盐场数量增多，又另引多条东西向的河道，新开河道较为平直，一方面成为联系盐城与海边的主要航道，一方面充当灶河的作用，盐民制盐靠它淋卤晒灰，成品海盐也靠灶户装运至范公堤过坝，再过串场河转运至各地。[149] 这段时期开凿疏浚的水路众多，如黄沙港、六子河、车路河、西团河等。

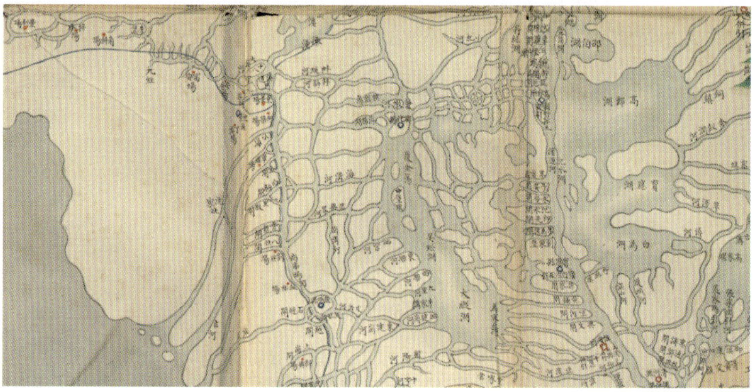

两淮盐场及四省行盐图（局部）

盐运水路系统全盛时期示意图

[149] 陈饶：《江淮东部城镇发展历史研究》，博士学位论文，东南大学，2016，第 228–229 页。

二、盐运水路系统的特点剖析

对盐城地区的地貌水系分析发现，沿海滩涂水网纵横，且人工化痕迹明显。本区域并没有自然形成的大河，汉代刘濞修筑运盐河是为了淮盐运输的需求，唐宋筑堤挖土而成串场河，这是区域内最重要的两条人工河道。明清岸线东移，原里下河的东西向泄水港也向东延长，如射阳河、黄沙港、新洋港等，这些河港后经过人工疏导修竣。人工改造水系的主要目的是引水煎盐，制盐需要海水，随着盐滩面积逐渐扩大，商垣建亭的增多，为了保障海盐生产，灶民需开通海河道，用引海潮，增加卤水的面积。明清泥沙增多，河道淤塞，每年产盐量加重，捞洗加深，为了保障河道畅通，还需在港口处修建坝堰，采取坝堰蓄水的措施，每逢汛潮不抵岸或沟港干涸时，都需要人工疏浚。

串场河、运盐河、范公堤对场镇空间的形成和发展具有重要意义。串场河的开通是为了便于盐场的运输，所挖泥土堆积成堤，因此串场河在场镇形成之初已成为其城镇空间的一部分。盐场最初均位于范公堤西，随着城镇功能丰富，商业繁荣，人口增多，城镇空间逐渐向堤东蔓延，最终形成两种格局：其一，场镇位于串场河与范公堤之间，以串场河作为护城河或护场河，形成四面环水的格局；其二，范公堤穿镇而过，串场河作为场镇的一部分，如白驹、东台、草堰、何垛。总之，沿海城镇的产业特性决定了其在形成之初已与串场河、范公堤成为一体。

较大型的场镇有城濠系统，设置水口，如庙湾、盐城、东台均设水口三座。从护城河引水于城内环绕，河上设桥，既有运输的功能，又有传统营建的藏风纳气之势。对于普通场镇而言，水系对内部空间起到分割作用，通常盐课司、大使馆位于环绕水系之内，以视地位之高，如石港、梁垛。随着城镇功能丰富，用地面积扩大，于是用水系对主要空间进行划分。[150]

沿海地区便形成了不同的水系形态。这些水系多是经过人工整治的，形态较为规整，不仅是接引海潮的河道，同时也是盐场各灶、各团、各仓之间主要的运输通道。清代沿海地区人工水系大体可分为三种。

其一是鱼骨状。大港直接引多条纵向水系，形成“鱼骨状”水网，如庙湾场从射阳河引出南北向的蛤蜊港、双港、大塌港、新中港、大北港、黄龙港、

[150] 陈饶：《江淮东部城镇发展历史研究》，博士学位论文，东南大学，2016，第232−233页。

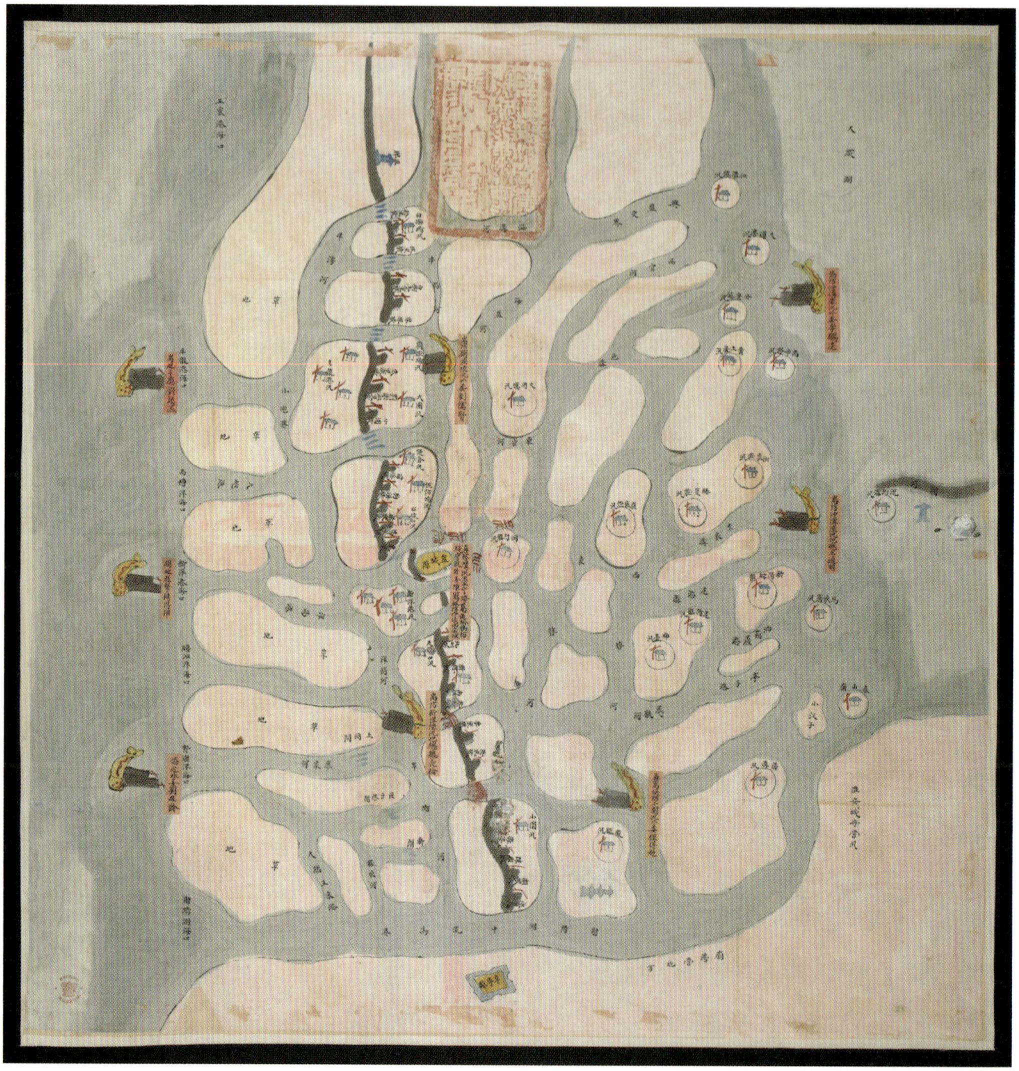

清道光十九年绘《盐城营河海舆图》，大英图书馆藏

大新港、滔子港等水系。

其二是网格状。从主港引横纵水系，再引出横纵支流，形成网格状。滨海平原明清时期岸线增长最快，东西向河港过长，灶民从通海港入海口处引南北平行与海岸平行大港，称为“通海运盐河”、“本洋”或“灶河”，用于连接

相邻的两条东西向大港，再引南北支流，形成纵横交错的水网，如草堰场，由斗龙港引阔港、盐河与丁溪场水系相连，开通海河道，以港口做坝，连接海潮，修坝于沿海蓄水，用以盐灶生产。

其三是条田状。近代盐垦公司经营区所规划的农田水网，多呈几何划分，整齐平直，每个单位面积相同，水道的一侧建有房屋。这一格局延续至今，形成苏北水乡独特的村庄布局和条田水系形态。[151]

[151] 陈饶：《江淮东部城镇发展历史研究》，博士学位论文，东南大学，2016，第231页。

第四章

盐城淮盐管理系统研究

历代政府为专卖盐利都会加强对盐场的管理。有的从生产出发，避免劳动力流失，而制定严苛的灶户制度；有的从盐价出发，为了避免供过于求，而限定产额；有的从盐税出发，为了避免影响专卖收入，而缉拿私盐。盐城作为历史上重要的产盐区，历代政府都曾加强盐业管理，形成了独特的淮盐管理系统。这一系统主要包含三大方面，分别是宏观层面的政策和理念，两淮地区和盐城境内的盐务机构设置，以及在淮盐生产与运销过程中的具体管理方式。

一、盐政制度的变迁

（一）夏、商、西周时期：有贡无税

先秦时，已有文献表明江淮的盐产用于朝贡。《尚书·禹贡》有青州“厥贡盐絺”的记载，说明商代前就有“贡”给奴隶主国家的盐。当时盐贡的记载仅限于青州，而盐渎一带在周时属青州所辖，又盛产海盐，极有可能参与了天子朝贡。因此，夏迄周时的盐城地区，其所产的海盐很可能已以贡盐的形式参与到了举国的政治活动中。

（二）春秋至南北朝时期：推行盐铁专营

春秋战国时期，食盐成为重要商品，江淮地区的沿海诸国多有贩盐。春秋中期，齐国重臣管仲进行盐政改革，实行“官山海”，即官府和民间同时生产海盐，但一律由官府进行收买和运销。“官山海”的政策主要在齐国推行，未直接影响到两淮地区，但这一政策使官府直接介入了盐铁的生产和运销环节，是我国盐业史上的重要里程碑，对后来两淮盐业的发展产生了深远影响。

秦代大一统后，延续管仲的“官山海”，行“山泽之禁”[152]，完全执行盐铁专卖政策。凡经营盐铁皆须得到政府批准，并按规定交纳重税，以充盈国库。江淮地区统一于专制集权体制之下，盐的产销自然受到严格控制。《汉书》载：秦“颛川泽之利，管山林之饶……田租、口赋、盐铁之利，二十倍于古。”[153]如淳注曰：“秦卖盐铁贵，故下民受其困也。”这一时期盐城地区的盐政，自然也受到统一管理，遵从专卖政策。

西汉初期，由于意识到先前“山泽之禁”的弊端，曾短暂地实行自由经营政策。《史记》载：“汉兴，海内为一，开关梁，驰山泽之禁，是以富商大贾周流天下，交易之物莫不通，得其所欲。”[154]在这种情况下，朝廷“纵民得铸钱、冶铁、煮盐”[155]，两淮盐业获得了突飞猛进的发展。这一时期的盐城地区，有“濞则招致天下亡命者盗铸钱，煮海水为盐”。他们往往以招募流放的罪人制盐而致富，但这些人只能算作临时的雇佣劳动力，并不是固定专事盐业生产的民户。

由于两淮盐利尽落豪强贵族之手，汉初自由贸易阶段并不长久。及平定“吴楚七国之乱”，汉武帝下令盐铁国有，并在中央大农令下置盐铁丞总领全国事务，

---

[152]〔汉〕司马迁：《史记》卷一百二十九，列传第六十九《货殖列传》。
[153]〔汉〕班固等：《汉书》卷二十四上《食货志》。
[154]〔汉〕司马迁：《史记》卷一百二十九，列传第六十九《货殖列传》。
[155]〔汉〕桓宽：《盐铁论》卷第一《错币》。

在郡国置盐铁官负责管理生产销售。《史记》载："山海，天地之藏，皆宜属少府，陛下不私，以属大农佐赋。愿募民自给费，因官器作煮盐，官与牢盆。"[156]此后，盐由招募的平民自煮，官府供给官器"牢盆"，成品由盐官付予工价、收归国有，并由官府负责专卖。国家开始将盐铁生产实行全国范围的专卖制度，江淮沿海盐业纳入了官榷范围，朝廷收入大增。此后，汉武帝尽管多次兴兵征伐，"赋敛不增而用足"。

三国至魏晋南北朝时，政权频更，南北战火连年不断，两淮地区盐业管理体制兴衰多变、错综复杂，盐城地区的盐政仅可从史料中略窥一斑。《晋书》载，建安初年，卫觊以"盐者国之大宝，自丧乱以来放散，今宜如旧置使者监卖"[157]，曹操遣谒者仆射监盐官，对盐实行专卖制度。西晋有"凡民不得私煮盐，犯者四岁刑，主吏二岁刑"[158]的禁令，并设有司盐都尉和司盐丞，分别为六品和八品官。这大致反映了包括盐城地区在内的两淮盐业的概况，进一步说明当时盐业实行官营专卖，盐的运销由国家垄断经营。东晋沿袭西晋成规，由国家控制食盐，但对私营大大放宽。《建康实录》载：大兴三年（320），诏令"严设煮盐之法，造私盐者以半与之"[159]，说明盐为官私并举，只对私营者收取更多的盐税而已。正是这种相对宽松的政策环境，致使两淮地区的盐业在南北朝时期呈现出相当兴盛的局面。当时隶属于南兖州的盐城地区，煮盐业相当发达。故有《南兖州记》载："上有南兖州盐亭一百二十三所。县人以鱼盐为业，略不耕种，擅利巨海，用致饶沃。公私商运，充实四远。舳舻往来，恒以千计。"[160]从这段史料中也不难看出，当时已设有"盐亭"作为管理盐户、征收榷税的盐政机关。北朝两淮盐业仍未中断，《隋书》载："魏自永安之后……齐神武因之……于沧、瀛、幽、青四州之境，傍海置盐官，以煮盐，每岁收钱……寻而侯景乱梁，乃命行台辛术，略有淮南之地。其新附州郡，羁縻轻税而已。"[161]这说明侯景之乱后，北朝统治者对"淮南之地"采取了较轻的盐税政策，这对包括盐城地区在内的两淮盐业经济的发展起到了促进作用。

（三）隋至唐开元年间：无税时期

隋统一后，开皇三年（583）朝廷开放盐务禁榷，"通盐池盐井与百姓共之"[162]。

---

[156]〔汉〕司马迁：《史记》卷三十《平准书》。
[157]〔唐〕房玄龄等：《晋书》卷二十六《食货志》。
[158]〔北宋〕李昉、李穆、徐铉等：《太平御览》卷八百六十五，饮食部二十三《盐》。
[159]〔唐〕许嵩：《建康实录》卷五。
[160]〔宋〕乐史：《太平寰宇记》卷一百二十四《淮南道二·楚州》，转引南朝阮升之《南兖州记》。
[161]〔唐〕魏徵等：《隋书》卷二十四《食货志》。
[162] 同上。

执行无税制，听民自由产销。其后至唐开元九年（721），行无税制，包含盐城地区在内的两淮盐区同全国各地一样，步入盐业发展史上新的阶段。

（四）唐中后期：食盐专卖制

唐乾元元年（758），第五琦为整顿安史之乱暴露出的国家危机，临危受命，出任盐铁使，随后颁布盐法，“就山海井灶收榷其盐”“尽榷天下盐”[163]，推行食盐专卖制。亭户生产出的食盐由官方统一收购，加价形成“榷价”后，再由官吏们运销各地，形成独立于地方政府之外的垂直经营管理系统。第五琦的盐法改革建立了以监院为基础的专卖体系，并形成食盐民制、官收、官运、官销的产销方式，可以说，这次盐法改革是国家对盐业建立完善专门管理体系的重要开端。

唐肃宗上元元年（760），刘晏出任户部侍郎，再次进行了被称为“就场专卖法”的盐法改革。官府“于出盐之乡置盐官”[164]，在盐场直接收购淮盐，以收购价加税转手卖给盐商，再由商人自由运销。宝应元年（762），刘晏兼任盐铁使和两淮转运使，负责食盐的生产和收购，又将盐铁与漕运深度结合，“以盐利为漕佣”[165]。

（五）宋代至明万历前：官专卖引法

宋初上承唐、五代以来的旧制，大部分地方的盐都是官卖。北宋庆历八年（1048），范祥改变唐代以粮换盐的办法，推行盐钞法，以钞代粮，令商买钞，然后凭钞运盐售盐。盐钞法的好处很多，商人直接向官府交纳盐费，省却过去采购粮食的层层盘剥，由商人自己运销，灵活性大，运费得以降低；盐钞是按照各地实际需要定向填发的，不易发生滞销或囤积居奇的现象，有效地稳定了盐价。[166] 此外，宋代对盐的产销管理形成了一些更为明确的章法，进一步完善了盐产与运销管理体系的操作细节。如预定产量、下达产销计划；考较、催煎、买纳仓、场监、提举司等盐官都有任期，一般为三年。盐官满任以后要考察所管范围内政绩的好坏，超额完成任务的有奖赏，并予擢升；亏损的要罚俸禄，并遭到贬谪。[167]

宋时实行“官专卖引法”，即煎盐的一切生产资料均属官有，灶民所煎之

[163]〔宋〕王溥：《唐会要》卷八七；欧阳修、宋祁等：《新唐书》卷五十四《食货志第四十四》。
[164]〔宋〕司马光：《资治通鉴》卷二二六《唐纪四十二》。
[165]〔五代〕刘昫等：《旧唐书》卷四九《食货志下》。
[166]《江苏盐业史略》编写组：《江苏盐业史略》，江苏人民出版社，1988 年，第 12 页。
[167] 同上书，第 13 页。

盐全部交入官仓，官给工本费或粮食，名为“民制、官收”，加盐税，再转卖与商。史载：北宋实行催煎制，由各场盐官（称“总催”）为每个灶丁制定一年的“额盐”指标，称为“丁额盐”或“正额盐”。境内各场规定灶丁每人一年煎正盐35石，折合5250市斤（2625公斤）。为监督灶丁沿革执行“计丁输盐”，“依例交纳盐货”，境内各场设若干催煎官，其任务是负责组织、督催亭户，完成或超额完成煎盐任务，稽查入盘卤量与成盐量，掌握亭户监制的正盐数与额外余剩之数，并督促及时纳盐于官仓，以防私贩。北宋，东台设有西溪盐仓，范仲淹等曾任西溪盐仓监。明仿宋制，实行“按丁派引”，境内各场规定每一灶丁一年纳“盐课”（盐税）20引（每引100公斤），官按每引给工本钞二贯五百文。明正统六年（1441）易钞为米，每引给米一斗（15市斤），或麦一斗五升，灶民勉强糊口。

明代“按丁办盐，按引给荡”，产盐交官称“盐课”。此种盐课实为地租税灶丁人头税的性质。明万历二十一年（1593），富安、安丰、梁垛、东台、何垛5场“引额”为131570引（每引100公斤），每人平均交盐税20引。当时商人输粮于边境，四斗支淮盐一引，减去官给灶民工本每引杂粮1.5斗（每斗6.5公斤），官府每引盐获利合粮2.5斗，即每一灶丁每年向官府提供相当400公斤粮的盐税收入。[168]

（六）明万历后：专商卖引法

明万历四十五年（1617）改革盐法，由过去灶民产盐交官、商人输粮换盐，改为专商收盐运销，即将官府收盐改为专商收购，盐灶、亭场由专商置办，称商灶制或商亭制。官府向领荡的灶民征收荡地税（盐课）折价（征收现银），向凭“引”运销食盐的商人征收销盐税（称引课）折价。这一制度免去了政府添修工具麻烦，又不增加官府财政开支。官方（盐署）只负责督煎、监运、征税，从此官不收盐，取消官盐仓，改由官府批准的专商在指定的场灶设垣。垣，即专商收购存盐的堆场，可容数万石，又叫盐廪，廪外筑圩，称包垣。故此种专商叫垣商，又叫场商。垣商向灶民收购食盐堆积于廪，待售于运商。改制以后，原来灶民所领配煎草荡，改按产盐量向官交纳盐课折价（荡地税），每引交折银一钱六分。[169]

[169] 东台市地方志编纂委员会:《东台市志》，江苏科学技术出版社，1994，第314页。

[168] 东台市地方志编纂委员会：《东台市志》，江苏科学技术出版社，1994，第301、314页。

由于沿海新淤荡地不断扩大，官府多次清丈，在新增荡地招商办盐。垣商凭借雄厚的资本，向官厅申请批准领取部照，不仅拥有收盐的垣权，而且拥有草荡、盐灶、亭场等煎盐的生产资料。垣商招民煎盐，灶民成为垣商的雇佣劳动者，使用灶亭、草荡，要向垣商交租。安梁场灶民要交盐产的30%~40%作为租金，东何场要交40%~50%，其余的盐也要全部售于垣商，按桶给价，不准私卖。商灶制比起官盐制，取消"按丁派引"的办法，灶民多产盐可以多卖钱，故清代境内煎盐发展比较快。[170]清嘉庆年间，东、何、安、梁、富五场共有商垣75处。清末民初，东、何场垣商有张德兴、谦顺和、乾裕恒等11家，安、梁场有元丰恒、汪德泰等10余家。

（七）清末民国：民灶制

民灶，又称民亭，始于清代，主要在安、梁场，其他场也有少数民灶。所谓民灶制，即灶民自制亭灶，为灶民自有产权。清代，官府多次在新淤荡地招商办盐，灶民亦可申请办盐，但因只有一两副亭灶，无立垣资本，不具备立垣条件，于是依附于某垣商名下，产盐交某盐商收购。此种民灶，与一般灶民相比，少交灶租。还有一种"商本灶置"的民灶，即灶民设亭置灶缺乏资本，于是向商人贷款支持，商人可获一定盐利。不管哪种形式，终受垣商低价收盐、封建势力压榨，有相当一部分民灶破产，仍将亭灶卖于垣商。

清代约占灶亭总数的30%左右，中华民国三十年（1941），民灶仅占亭灶总数的15%左右。中华民国三十五年（1946），灶民所在的盐垦区贯彻执行中共中央《关于清算减租及土地问题的指示》，灶民和农民一样，经过土地改革，分得了草田、亭灶，从根本上推翻了封建垣主的剥削，盐业生产资料为灶民所有。[171]

二、盐务机构的设置

历代封建王朝均重视盐政管理，设有一整套垂直管理机构。

（一）汉代：设立盐铁官署

汉武帝元狩四年（前119），朝廷在全国盐铁产销旺地设置43处盐铁官署，盐城境内盐业生产兴旺，因盐而设盐渎县。《汉书》记载，汉武帝元狩六年（前

[170] 东台市地方志编纂委员会:《东台市志》，江苏科学技术出版社，1994，第301页。
[171] 同上书，第303页。

117），临淮郡“盐渎，有盐官”。可见境内置有盐铁官，管理境内的盐铁经营以及海盐生产。

东汉灵帝熹平元年（172），盐渎县丞孙坚（吴郡富春人）兼任盐官职，不久，孙因管理失职被罢免盐官职。此后一段时间内盐渎境内的盐官未见文献记载，但考古证据表明境内仍有参与盐业管理的官吏。东魏孝静帝天平二年（535），盐城境复设盐官。

（二）唐宋：盐监、巡院、亭场

唐宋年间中央设立盐监，形成监、院、场的纵向管理机构，是独立于地方政府之外的垂直经营管理系统。

唐玄宗开元年间，置“江淮盐务转运院”于扬州，是为淮南盐区设官的开端。玄宗天宝、至德年间，第五琦初变盐法，就山海井灶近盐利之地置监院，管理各地盐业。在天宝九载（750）左右，形成了以“盐监院”为依托的食盐民产、官收、官运、官销的专卖体制。宋代沿袭唐制，朝廷在东南盐区设提举盐事司管理盐业产销，下设分司，各辖盐场。宋代管理盐产机构有三：大者为监，中者为场，小者为务，监辖场，场辖务。其任务主要是催督煎制，买纳支发。监场官吏由朝廷委派，监官亦由知县重任。北宋政权对监院场仓的建置有了新的措施，盐监院逐步一分为三，演化为催煎场、买纳场、支盐仓。催煎场，任务是监督亭户煎盐；买纳场，任务是收盐与支付盐本钱；支盐仓任务是支配淮盐给盐商。盐区设场始于宋代，并无定制，或有监无场，或甲县监辖乙县场，大多因地制宜，随时增减。[172]

盐监的作用在于其职责的积极与有效：一是监督和指导海盐生产；二是负责“收榷”与“出粜”食盐；三是管理下属生产场和盐户的涉盐事务；四是防止并惩治私盐。因而盐监的设立促进了各场海盐生产的发展。

唐宋年间，盐城境内设有海陵、盐城二监，负责食盐的生产和收购。两监是唐宋时期重要海盐产地，即使是在战乱频仍的五代时期仍然保持自唐以来的生产规模，从事海盐生产的场所并未减少。

海陵监为唐代刘晏改革盐法而设立的区域性盐务机构，主要管辖今盐城境内南部的盐场。海陵监自宝应、大历年间面世，北宋中期淡出，行世250年左右。

[172]《江苏盐业史略》编写组：《江苏盐业史略》，江苏人民出版社，1988，第13页。

其间，于南唐昇元元年（937）到北宋太祖开宝七年（974），海陵监署移驻东台场运行 37 年，其官署后名“时雨堂”。这期间虽然国家分裂，但是对盐的征榷和监管从未放松。宋开宝七年（974），海陵监移至如皋，在东台西溪续设盐仓监，乾道七年（1171）裁撤，其间，宋代真宗、仁宗时期的晏殊、吕夷简、范仲淹三位宰相先后出任过西溪盐仓监官。

盐城监设立于唐肃宗乾元元年（758），负责管理楚州境内盐务。《新唐书》卷四一《地理志五》载楚州盐城县：“本故汉盐渎县地。有盐亭百二十三，有监。”前引《元和郡县图志阙卷逸文》卷二《淮南道》曰：“盐城县，本汉盐渎县，属临淮郡。州长百六十里，在海中。州上有盐亭百二十三所，每岁煮盐四十五万石。”《太平寰宇记》卷一二四《淮南道二·楚州》曰：“盐城监，古之盐亭也。历代海岸煎盐之所。元管九场。伪唐以为盐监。周显德三年平江淮之后，因之不改焉。盐场九所，在县南北五十里至三十里，俱临海岸：五祐、紫庄、南八游、北八游、丁溪、竹子、新兴、七惠、四海。”这里所记载的九个盐场是北宋早期盐城监的盐场。大中祥符二年（1009）后，盐城监更名为盐城仓，用于仓储。《宋会要辑稿·方域》曰：“盐城县，伪唐于泰州盐城县置鬻盐监。太平兴国二年，隶楚州。大中祥符二年，废为仓。”盐城仓后于宣和四年（1122）改名为盐城买纳场，又称“买纳监”。

南宋时，黄河夺淮经境内入海，海涂东移，范公堤西亭场卤水渐远，煎灶纷纷东迁。其时，西溪监仓和盐城监仓均距生产盐场较远，亭户输纳越发“艰于盘运”，于是出现了买纳盐场和催煎盐场。买纳场和催煎场在业务分工上分别为收纳盐货和监督生产，买纳场多以古盐监或盐仓为基础，催煎场多在海滨生产地。买纳场与催煎场存在辖属关系，一个买纳场受纳几个催煎盐场。绍兴二十八年（1158），朝廷对淮南 19 个催煎场实行裁并，当时泰州虎墩、古窑催煎场（此为南宋时增设）并属海安买纳场，小淘催煎场并属西溪买纳场，梁家垛、何家垛、丁溪、刘庄催煎场并属西溪买纳场；楚州伍佑、新兴催煎场并属盐城买纳场。原范公堤西许多古盐场到南宋后因海涂东移、卤水渐远而先后废置。南宋孝宗乾道七年（1171），废西溪盐仓，置东台盐场。

（三）元代：都转运使司、批验所、盐场

元代，在主要产盐区置督转运盐使司，两淮设都转运使司，委正使、副使、运判等官，掌理场灶榷办盐货诸事。[173]盐司按销盐状况确定引额，由户部按额印造，颁发各区盐司收管。同时，置批验所批验盐引。盐场则设官负责监制、收买和支发食盐。

这段时期，盐城境内有都转运使司管辖下的10余个盐场，如庙湾、新兴、伍佑、刘庄、白驹、草堰、小海、丁溪、何垛、东台、梁垛、安丰、富安等。

（四）明清：司署、场、仓

明清时期两淮盐区的管理结构基本继承元代。明朝两淮盐区设立泰州分司、通州分司、淮安分司，共管理三十场。分司署官员称运判，官阶六品，管辖十场，其主要任务是管理食盐生产、运销、征收盐税、考察场官及盐务利弊等。明清时期，在盐务机构设置方面，最大的变化是在各场设立盐课司官署。盐课司署设立于洪武二十五年（1392），置大使、副使，直接管理盐场产销及督收盐课事宜，具体对各盐场加强领导。场官称大使，官阶七品，与知县同等。署内设吏房、火伏房、折价房、日行房四科。主要任务是管理盐业生产、征收灶课（税）、承办灶民田房买卖税契等。场下设团，团设有总催、秤子等。此外，明代官设盐仓与便仓。据《明太祖实录》卷一二三记载：两淮官盐仓初设于洪武十二年（1379），且是以分司为单位而设置的。明正统十二年（1447），两淮盐运司为收买灶户余盐而设立仓廒，史称“便仓”，便仓为官府收灶盐的仓储机构。明清两代各朝一直沿用这套盐政管理体制。

明代，盐城地区的盐场分属于淮安分司和泰州分司管辖。当时境内隶属于泰州分司的有东台、梁垛、安丰、富安、何垛、丁溪、草堰、小海，隶属于淮安分司的有白驹、刘庄、伍佑、新兴、庙湾。清高宗乾隆元年（1736），境内泰、淮二分司盐场实施调整，原淮安分司改称海州分司，其属辖的白驹场撤并于草堰场，刘庄、伍佑、新兴、庙湾四场改归泰州分司管辖。

关于明清时期境内的机构建置，仍可从史料中见及记载。泰州分司署设立于明洪武元年（1368），始驻泰州，明正德十五年（1520），移东台。根据光

[173]《江苏盐业史略》编写组：《江苏盐业史略》，江苏人民出版社，1988，第14页。

绪《两淮盐法志》记载“泰分司署坐落东台县治”，具体位置大约在东台老城的中轴线上，原东台县大会堂位置。

富安场大使署创于明洪武年间，大使史成、副使潘斋建。清康熙三十二年（1693），大使王之玺重建。乾隆间，大使李植、张廷炳、张皋、董如纲先后捐资增建。光绪《两淮盐法志》载场署“在本场西北”。“大门东向，照墙一座，入为甬道，南向仪门三楹，东为关帝庙，仪门内大堂三楹，东西科房六，二堂三楹，东为门舍三，庖室四，西为内宅，东南向，共七楹。前列三楹为书室。”后来当地人称盐课司署为衙门，所以西街的衙门巷一直延续至今。

安丰场大使署创于明洪武年间。大使季彦明、副使黄柔庄建。清康熙三十九年(1700),大使王士勉重修。乾隆、嘉庆间历任多有建造,率出捐俸。“大门、二门皆东向，门内西向差舍二，南向大堂三，入后廊房左右各二楹，二堂三楹，最后为庖室，东出后舍为楹五，二堂西屏门外稍北为宅门，内宅三进，南北向，旁皆有厢，共为楹十有七，宅门外东向从舍三，书室三，再前南向为花厅，厅左舫房一，书室一，余地为园，杂植树木。”福神祠在二门外之北，依然保存得较为完好。今人按原貌复建了安丰盐课司的衙门。

梁垛场大使署始创于明洪武年间，大使潘良安、副使何善庆建，在场北（位于今梁垛镇新桥巷附近），年久倾圮。清康熙四十三年（1704），灶户公建二十四楹于场南新桥巷西，乾隆间大使张增谦、汪文辉、倪汝炜先后各有增建。“大门南向，外照墙一，仪门三楹，东为神祠，入为大堂五楹，科房东西向。二堂五楹堂东客厅三，书室三，从舍二东北隅三楹为庖室，堂西南向签押室一，东向门舍三，最后寝室，共为楹十有二。”

东台场大使署在东台县治，与何垛场署同城。清顺治六年（1649），大使韩应斗增修，以后历有修建。“大门东向，照墙一，栅门二。入为南向仪门三楹。东为神祠，大堂、二堂、三堂各三楹。堂东循墙出为厨，西出月门南北向花厅各三楹。又西为内宅南向三，东西向各三。三堂左右耳房，共为楹六。关帝、财神各庙在仪门外，北向。”

何垛场大使署，场署位于今东台城内，创于明洪武年间，大使潘叟福所建。清雍正、乾隆年间大使徐斌、张星枢、程尚质、苗肇嵒、廖瑞灶、张云官先后修建。

“照墙一座，左右栅门，中为大门，门内东为神祠，西为差舍。二门三楹东西为吏廨，大堂、二堂、内宅各三楹。堂东庖室，二门舍二，西为书室，再西客厅，为楹三，东北向，从舍各三，签押室三楹，在客厅北。”中华民国八年（1919），淮南垦务局成立，场署成为垦务局机关，管理淮南各场的盐务和垦务。

丁溪场大使署创建于清康熙三十五年（1696），“灶总捐赁民房以作廨舍。至乾隆十一年（1746），大使顾承天详请购民房，改建于本场沈家灶东，为地六亩四分有零。历任捐资增修。”“有照墙一座，左右翼墙大门三楹，内循墙东出为神祠，仪门三楹，左右厢各一，大堂、二堂、三堂各三楹，庖室三楹，最后住宅七楹。”

小海场大使署在小海场治中（今草堰），占地二百四十五步，有房屋三十二间。明洪武二十五年（1392），大使王孝义、副使叶茂始建。“草房正厅三间，厢房二间，赈济仓廒五间。景泰四年（1453），大使魏英修建，瓦房共十二间。其后，判官徐鹏举改其堂为槐堂。万历四十八年（1620），大使署存仁重建，大堂三间，工字厅二间，后堂三间，堂后三间，西寝室三间，东西厢各三间，堂前东西各二间，前为月台甬道，仪门三间，左右二角门，大门三间，门之内东为土神同一间，西二间为场禁，大门外有照壁。”清乾隆三十一年（1766），因海势东迁，小海场盐课司东迁五十里，迁至小海团（今小海镇），乾隆三十三年（1768），小海场并归丁溪场。原小海场司署的一部分，后改为小海团社学。小海场旧场署，民国初年改为拯婴局，遗址在今草堰大会堂西侧。

草堰场大使署于明洪武年间由大使李思贤、副使袁景始创建。清康熙十年（1671）大使孙世德修建。康熙二十八年（1689）复毁，赁居民房。乾隆二十六年（1761），大使郝月桂改建，乾隆六十年（1795），大使黄雯重修。“南向大门三，照壁一，入为仪门，东为土地祠，仪门内东西科房四，中三楹为大堂，堂后东西门舍三，二堂三楹，最后三堂五楹，堂西从舍六，书室六，前列三楹为客厅。”咸丰七年（1857）以后，历任大使均移驻西团办公，每年秋后暂至本署设柜征收，署屋年久失修，率多损败。场署遗址在草堰夹河东，旧玉带河北，草堰人称之为后衙。清咸丰十一年（1861），草堰场盐课司正式从草堰下移50里，迁入西团，驻徽州会馆内办公。

白驹场大使署，建于明洪武二十五年（1392），大使钱闰生、副使张政建。“前门一座，正厅三间，前轩一间，后厅房三间，东司房三间，西监房三间。”成化十一年（1475），大使张荣重修。大使后宅在司东南，副使宅在大使宅前。乾隆元年（1736），白驹场并归草堰场，原白驹场署改为白驹闸官衙署。

刘庄场大使署，明洪武年间大使蒋仲季、副使王士琳始建。清光绪《两淮盐法志》记载：“康熙五十二年（1713），灶总增修。乾隆六年（1741），大使吴仲增建照墙、围墙、客厅、从舍。乾隆五十年（1785），大使谢于绍，乾隆六十年（1795），大使杨光祖，先后修葺。大门南向，照墙一座，左右为栅门，左坊署绩考催科，右坊职稽煮海。入为仪门，东西循墙出，神祠各一，大堂三楹，后为戏台，为穿堂，二堂亦三，堂东门舍五，吏廨五，再东出为花厅，南向三楹对照，为楼前，出为书室，亦各三楹，二堂北住宅为楹九，最后东北隅二，为庖室，堂西旧有吏廨五，门舍三。”

伍佑场大使署，明洪武二十五年（1392）大使高子安、副使刘启建，后毁于潮，重建复圮。清康熙九年（1670）再修。乾隆十一年（1746）丁灿加葺。有大门三楹，照墙一座。门内东西神各一，吏各三。中为大堂、堂各三楹，堂东客厅三草亭一。厅后傍左为楼，再后为签押室，堂西前后三进为客座、为书室。东西向余屋五楹，最后寝室，共为楹十有四，皆南向。

新兴场大使署，明洪武年间大使冯子常、副使刘奎建于今新兴镇，清乾隆三十年（1765）署宇倾圮，场大使刘钟芳将盐课司署由新兴迁至上冈镇。光绪《两淮盐法志》载：“有照墙一，翼墙二，南向大门三楹，内左右房各二，仪门三楹，吏廨东西向，中为大堂，堂后东为门舍，西出耳门为花厅，二堂、三堂各三楹，左右各有厢。最后寝室为楹五。东向签押室三楹，在花厅北。”

庙湾场大使署，明洪武年间大使徐福、副使黄安建，位于今阜宁县城。清光绪《两淮盐法志》载：“清雍正、乾隆年间历加增建，有照墙一南向大门三，门内循墙东出为神祠。中为仪门，大堂三楹，左右科房，后为门舍，二堂三楹，西出为客厅，前为厨，最后住宅，为楹五。东西厢各二，幕友房两楹在客厅北。”

三、生产运销的管理

对生产运销的管理包括对生产者来源的管控、生产方式的管控、盐产运输与销售环节的管控，主要是为了将盐产与税收收归国有，防止私盐。

（一）生产者

盐民，古时称为盐丁、灶丁或灶户。盐民们成年累月，头顶烈日，脚泡盐卤，烟熏火烤，从事繁重的体力劳动。两淮盐业得以增长与政府对盐场和灶户的统一管理有关。

早期灶户是沿海县府的负罪羁押人员，没有人身自由，劳动无报酬，生命无保障。唐代称制盐的人家为亭户。从宋、元时代起，即用特殊户籍管理盐民。

宋代官方开始划定盐场，盐亭、草荡及煎盐等一切生产资料均由国家发放，生产场所和生产资料稳定，生产者流动性减小，灶户固定下来，逐渐成为沿海地区的民居。宋代政府采取“建团立盘”和“结甲法”的生产管理方式。《熬波图》记载：“归并灶座，建团立盘，或三灶合一团，或两灶为一团”，意思是一般每个盐场设几个团，每团设若干灶户。宋神宗年间卢秉创结甲之法，《通考·征榷三》记载，南宋“淮、浙盐一场十灶……一灶之下无虑二十家”。一般三灶至十灶为一甲，由甲头来管理盐丁，负责监视煎盐，申报起火停火时间，代盐户领盐本钱。[174] 这样一方面控制私盐，另一方面使人员管理更加系统化，产量固定，灶户受制于团，固定的盐业生产聚落产生，并逐渐壮大。[175]

明清时期对盐业生产者的管理更为严格。明初定下制度，迁徙罪犯到海滨制盐，列为盐场籍贯户口，称灶户。灶户和娼优卒隶一样，同被视为贱民。灶户计工煎盐，定额管理盐民籍贯，以官册记录为准，逃离必究。据载，明清时期，官方多次发配罪犯至江淮盐场。明洪武初年，官府从苏、松、杭、嘉、湖地区，强迁四千余户，到江淮充作灶丁（灶民中 16~60 岁有劳动能力的人称丁）。洪武十四年（1381）明令徒刑罪犯发配盐场烧盐，并规定两广福建刑犯发江淮盐场。清初，官府几次将泰州、如皋、高邮、兴化等地犯罪应徙的籍户迁至沿海各场煎盐。至清雍正八年（1730），除籍管理，废除旧制，盐民才取得平民身份，获得人身自由。

盐民在滨海之地从事繁重的体力劳动，人称“苦业”。盐民分为场丁、灶丁。场丁直接和盐卤打交道，以重活苦活为主，如做场子、晒灰、淋卤、收盐，整天和盐卤打交道。盐卤对皮肤有很强的刺激性，易引起皮肤龟裂，裂痕再浸渍盐卤则鲜血直流，疼痛难忍。灶丁整日整夜烧盐灶，又脏又热。春夏为生产旺

[174]《江苏盐业史略》编写组：《江苏盐业史略》，江苏人民出版社，1988，第 13 页。

[175] 陈饶：《江淮东部城镇发展历史研究》，博士学位论文，东南大学，2016，第 208—209 页。

季，所得较场丁略高一些；入秋后，囤积的火草资源往往不足，温度下降，淋卤浓度不足，熄火停烧，因此称为“熄火穷”。盐民既不能改变，又不能离开，只能世世代代刈草、晒灰、淋卤、煎盐，所产食盐，全部缴公，其所得只是工本费。盐民行动上要受到限制，若出灶区，须经官方批准，且不能携带器械，不能三五人结伴同行，过着类似囚徒的生活。

由于煎盐是“苦业”，加之常遭台风海潮袭击，经常发生灶丁逃跑的事件。明清时，官府每五年就进行一次“审户”“清丁”，新增灶丁年满 16 岁则增定盐税（产盐额），发现逃丁则缉捕回场。清乾隆九年（1744）则在灶户中实行严密的保甲制度，十户一甲，十甲一保。每一灶户门前挂牌，载明：全家几人、几丁、多少荡地、亭、灶、盐课岁额等。场官随时“稽查奸匪私煎私贩”，发现“问题”，即提保长究治。清代，因沿海新淤荡地不断扩展，官府多次招商办盐，垣商领荡置灶，招民煎盐，灶民人口迅速增加。此后，随着海岸继续东延，原有灶民逐步废煎转农。

（二）生产方式

为了从生产源头防范制作私盐，历代盐业管理都采取措施加强对生产方式的管控，尤其体现在对盐业生产资料的控制。

盐城境内对盐业生产方式的管理主要体现在两方面：一方面，在于对制盐工具的管理。汉武帝时，对生产设备管理十分严厉，不准各灶私自添置。谁敢私铸铁器牢盆煮盐，挖去左脚趾，没收其所制器物。宋初，仍使用牢盆，元代后演变为盘铁，工效有所提高。明代，煮盐器皿盘铁、煎锹均为官府铸造。盘铁制作工作量大、费用多，非官方不能制作；煎锹容易制作，则由众垣商申请运司批准后，由垣商出资铸造，以供灶户煎盐使用。清代，对食盐生产的管控主要手段是对锅锹的管理，也比前代更加严格。锅锹管理与火伏管理互为表里，依各场的产额定锅数额，几年清查一次。场员、灶户均不得私增越额，其铸造则由铸冶坊专门从事。每年各场查明当年需要添换锅锹数目，呈报运司并转报盐院批准，批复后制商方可采购铁、碳，由运司委派人员监督，开炉铸造，依数铸完，即熄炉停铸。不是官定所铸的煎锹，灶户不得购置使用。如有损坏灶户应赴场署上缴，由场员解送到分司再转到运司，查验锅镦的购价，给灶户另行买补供煎。雍正六年（1728），令各场遵照定数，逐一清查盘鏾，造册送运司备案。乾隆四十三年（1778），运司委派人员到各场抽查各灶与盘。如有私自增加，与造册不符的，当场击毁，灶户、场官分别追究责任。核定一灶二鏾，凡单鏾者即令买补，坏损者即令缴旧买新，穷灶户由场官垫价买补，并进行编号造册备案，以后更换，按报出，以防隐瞒。嘉庆七年（1802），因各场煎鏾用红漆编号，容易被模仿，就改在鏾口铸成“某年泰字第几号”等字样。咸丰八年（1858），运司清理各场锅镦。同治五年（1866），运使丁日昌因通泰各场煎鏾缺额，不能满足煎办，按半数申请补购，给予印标，备案稽查，煎鏾补足数额时，多余的一律吊缴击毁。光绪十四年（1888），通泰各场盐产多，而销量少，积压如山。盐政曾国荃批示命令鏾商停铸新鏾，并令各场毁禁煎，以清私煎私卖之源。民国期间及新中国成立之初，海势东迁，废灶兴垦，盐亭灶户虽呈递减趋势，但对锅鏾的管理仍十分严格。民国初年，小海合兴冶坊是泰州分司沿海诸场中唯一获准铸制盐的冶坊。新中国成立后，其传人陈汝银、陈汝晏成了小海铁木竹生产合作社职工。

另一方面，体现在对制盐必要的资源管理，如火伏管理。明嘉靖《两淮盐法志》载：由子时生火到亥时熄火（一昼夜），叫一伏火，共煎盐六盘，每盘获盐 200 公斤，一伏火共获盐 1200 公斤。清雍正五年（1727），又制定了考核火伏的章程，其方法是：在场署领导下，设灶长灶头，专管火伏。灶户在开煎之前，须先到灶长处报名起火时刻，领取火伏旗牌，悬挂在灶房门口，每副（一锅两）盐灶一伏火可煎盐一桶三四分至一桶七八分（约四五担），谓之“额码”。停火后，由灶头核算时间，收回旗牌，由灶民填写三联单，填明火伏起止时间、额码，加盖公章，报场署一份，交灶民一份，按“额码”送盐入垣。如所送之盐少于“额码”，则视为私卖；多于“额码”，则视为私煎。私卖、私煎均属违法，轻则处罚，重则办罪。火伏制一直延至民国时期。20 世纪 40 年代，抗日民主政府盐务机关同样重视盐业生产管理，反复教育灶民多产盐、多卖钱、多交税、支援抗日战争。但在具体管理上，采取“税源控制法”，即废除封建灶长灶头，各场下设分灶区，二三个灶区设一个放盐处，设督煎员，控制锅鏾，管理产量。规定每副盐灶都使用火伏簿，灶民起火煎盐，停火不煎，都要向本区督煎员报告，督煎员在火伏簿上写明起火、停火时间，停火时用红土在锅上写字做封闭标记。销盐时必须报督煎员查验，这样征税、开票方可进行。中华人民共和国成立后，由于动员灶民废灶兴垦，盐业限产，重点变为防止走私（漏税），生产管理不严。

（三）淮盐运输与销售

为了防范私盐，淮盐的运输和销售环节都面临严格的管控。

唐宋时期，整个江淮东部区域形成了由“盐亭、盐场、盐监、盐仓、买纳场、运输中转站”组成的“生产－销售－仓储－运输－监管”的淮盐产销网络。盐运与漕运相结合，漕船在南下返航时装满食盐，并运至引地，整个运输体系盘活了整个江淮东部地区的经济。东部沿海盐场作为海盐的生产基地是封建王朝巨大财富的来源地，所产生的经济利益，并未能用于区域的规划发展，而是随着淮盐的运输，被输送到东部运河沿线的扬州、楚州等地。[176]

宋仁宗庆历八年（1048），范祥改行盐钞制，同时将官运官销改为商运商销。销区大多由政府划定，不得越界。此时，淮南盐行销区域除通、泰、储三监外，还要供给淮南、江南、两浙、荆湖等地三十六个州、军。此时盐运，大多用船载，走内河。[177]北宋政府最初为解决边关驻军军备物资（刍粮）供应的诸多困难，招募商人纳刍粮于“沿边州军”，商人再至中央政府领取现钱或茶盐等专卖物资（“折博”），时称“入中”。“折博”和“入中”合称为“折中”。

明初，盐政仿宋代“折中法”，对食盐运销实行“开中法”，令商输粮于边，给以盐引，准其赴场支盐运售。先由户部出榜，招商承运粮食到缺粮地区，再由收粮机关按收粮品种、数量以及应支盐数（一般杂粮 4 斗支盐一引），发给“盐引”（支盐凭证），到指定产盐区管盐仓支盐，自行运销。正统年间，创“兑支”法，于淮浙盐额不敷分配时，准商持引往河东、闽、广诸场支取，以免旧守。

明万历四十五年（1617），袁士振创行“纲法”，实行专岸专卖，即规定销岸（销售地区），委令专商（称运商或岸商）运销食盐。以疏销积引，将商人所领盐引编为纲册，凡纲册有名者，许其永占引窝，据为窝本，无名者不得加入。此种专商需向官府交纳数量较大的盐税押金，享有可以世袭的垄断食盐运销的特权。从此，官不销盐，改由运商凭官府所发“盐引”（凭证），到指定盐场

[176] 陈饶：《江淮东部城镇发展历史研究》，博士学论文，东南大学，2016，第 67 页。
[177]《江苏盐业史略》编写组：《江苏盐业史略》，江苏人民出版社，1988，第 17 页。

向垣商采购食盐，纳税后运往指定销岸（省、县）出售。但是纲法实行之后，由于商人列名纲册，据为窝本，子孙相承，成为专业，导致层层盘剥，陋习甚多，阻碍了盐业生产运销的正常发展，卒开其后三百余年专商引岸之弊，功不掩过。

清代早期盐的管理承明末纲法，针对某些缺陷加以补损。立法之初，盐引年由部颁发，原非固定。凡商人所认额引，均需按年缴课，照额运销。如有课为缴足、引未运清者，即将该商引窝革退，另行募商接充，其无力办运者亦如之，不准转租。清代东台县各场所产之盐，大宗销往湖北、湖南、江西和安徽四省（旧称扬子四岸），小宗销往淮南食岸（江苏中部及江宁、溧水等地）。清末民初，东台产盐规模缩小，所产之盐仅能供应淮南食岸。中华民国十六年（1927）统计，安梁、东何两场年供应 50 余万担，占淮南食岸销盐量的一半。[178]

除了设立特定的运销管理规范，政府还加强了在运道方面的缉私管理，具体体现在设立缉私要隘和关卡。从明代起，历代盐政机关规定运盐出场均走水道。运道有严格规定，沿途设卡查验，以防走私。盐船途径关卡查验领运凭证，以防偷漏盐税，夹带走私等弊。明清两代盐城境内所属各场所产原盐皆由运盐河道过泰坝掣验换上河趸船入栈。为防贩私，从团灶到盐场到泰坝，层层设卡缉私成为盐场控制私盐的重要手段。

一方面，政府在重要关津设置巡检司。巡检司始于五代，主要行使在关津要道稽查往来、缉拿寇盗、打击走私等职能，管辖权归当地州县。明清两代境内设置的巡司主要有富安巡司（今东台富安）、西溪巡司（今东台西溪）、沙沟巡司（今建湖沙沟）、上冈巡司（今建湖上冈）、草堰口巡司（建湖宝塔）、羊寨巡司（今阜宁羊寨）、马骡巡司（今阜宁芦蒲童营）、火套巡司（今阜宁北沙）、庙湾巡司（今阜宁县城）、喻口巡司（今阜宁喻口）等。

另一方面，在各盐场视地形和实际需要设置关卡。各盐场更是直接设置稽查关卡，朝廷在这些关卡驻守兵丁，与重要场署设立的缉私营和各地方巡司相策应，打击民户贩私活动。光绪《两淮盐法志》中对关卡的地点有详细的记录：

东台场，设有缉私隘口三处，分别为灶坝、南关、葛家荡。

何垛场，设有缉私隘口六处，分别为海道口、三里湾、串场河、九龙港、梓辛河、九里墩，其中与丁溪交界处的九里墩最为重要。

[178] 东台市地方志编纂委员会:《东台市志》，江苏科学技术出版社，1994，第 310 页。

伍佑场，设有缉私隘口五处，其中陆路两处，分别为陈家港、便仓；水路有三处，分别为顶冈河、蚌沿河、斗龙港。

安丰场，设有缉私隘口四处，分别为大尖、小尖、仇湖、新灶。

庙湾场，为距离泰州分司衙署最远的一个盐场，运盐河需由鲍家墩至阜宁就场掣验，经朦胧、沙沟绕兴化将近六百里才能抵达泰坝。境内缉私隘口四处，分别为海关、大关、新河口、沟安墩，其中下以海关、上以沟安墩两处隘口最为扼要。

富安场，设有缉私隘口四处，分别为通远桥、潼口、贲家集、许坎关。运盐河距离泰坝一百三十多里。

梁垛场，缉私隘口四处，分别为界牌头、三里庵、休宁坝、减水坝。其中最南侧的界牌头和最北侧的三里庵缉私压力较重。运盐河距离泰坝一百二十里。

草堰场，缉私隘口六处，分别为韦子港、五孔闸、白涂河、海沟河、吉六港、东洋河口。距离泰坝一百四十五里。

刘庄场，境内缉私隘口四处，分别为大团、青龙、八灶三闸和白驹交界口，其中大团最为扼要。距离泰坝一百九十里。

丁溪场，小海场归并丁溪场后，境内缉私隘口共七处，分别为九里庵、丁溪闸、沈灶关、古河口、小海闸、小海关、万盈墩。距离泰坝一百四十五里。

新兴场，境内设缉私隘口五处，其中陆路隘口两处，分别为大团口、旧场，水路隘口三处，分别为天妃闸、上冈闸、草堰口。距离泰坝三百零八里。

这些关卡多数依津渡、桥闸、集市而立，如今依据一些如“坝”“桥”“关”等富有特点的地名，依然能找到部分当年的地点，成为海盐历史上又一重要的记录。

官府对私贩食盐管制很严，在缉私管理上分派了大量人力。《扬州新府志》载：“泰州、东台等地，靠近盐场，是盐贩经常出没的地方，所以流动巡查，监督缉捕，实为必要。”雍正十年（1732）盐政尹继善核定扬淮所属州、县、场，共设缉私巡役 460 名，水手 166 名，巡船 89 只。乾隆三十三年（1768）东台建县后，设巡役 16 名，水手 8 名，巡船 4 只。嘉庆三年（1798）在海道口、青龙闸、朱家尖、仇湖庄、青蒲角、茅山庄、洋蛮河等处设隘口，每个隘口设巡役 4 名、水手 2 名、巡船 1 只。清末则设武装缉私队伍，驻东台的为淮南缉私定字第五营，分为左中右三队 420 余人，分驻各场、隘口，专司巡缉。[179]

为了进一步保证盐税收入，明清时期的官府还对私盐贩运制定了严酷的法律。如：凡假造盐引（凭证）的，要杀头示众，没收全部家产；凡贩私盐 40 至 100 斤的，枷号 20 至 40 天，期满后责 20 至 40 大板；超过百斤的，判徒刑二年，杖七十，没收一半家产；运盐越出规定区域也要判罪。巡役缉获贩私者给以奖赏：一是人盐同时捕获的，盐贩解往州县衙门审讯，私盐按斤重计价给一般赏银，装载私盐的车船折价给一半的赏银；二是仅查获到盐的，盐河车船等变价后一半给赏[180]。

[179] 东台市地方志编纂委员会:《东台市志》，江苏科学技术出版社，1994，第 315 页。
[180] 同上。

第五章

盐城城镇及文化系统研究

江苏长江以北沿海城镇的兴衰皆与两淮盐业有关。纵贯古今，因盐而兴起的城市不少，但是如江淮东部沿海地区这样，城镇体系从肇始、兴旺至衰败，历时两千多年，皆受海盐经济文化影响的，实属唯一。作为淮盐生产基地的盐城，对于我国古代封建社会的经济贡献极为突出。无论是淮盐产业影响下的城镇化发展，还是伴随城镇化同步发展的文化系统，均具有独特的地域特色和研究价值。

一、盐城地区城镇化格局的发展趋势

（一）煮海为盐聚居点的出现（秦汉时期）

秦汉时期，沿海地区刚被开发，自然地理状况较差，岸线初步稳定，淮盐生产刚起步，城镇体系尚未形成，盐城境内仅设立盐渎一个行政机构。盐渎县建立于西汉武帝元狩四年（前 119），因盐业而置县，设海盐官来管理该地区的盐税。汉时，盐渎县是该区域经济文化的核心，从盐城及周边地区汉墓的考古发掘可见，墓葬主人多是西汉末年盐铁官、大盐商及其眷属，说明至秦汉时期，盐城已是人烟稠密的富裕之地，盐渎县周围已有大量的煎盐聚居点，但由于自然地理条件的局限，并无其他的中心聚落或城邑出现。秦汉时沿海地区形成以盐城为中心，众多盐场环绕分布的格局，该时段沿海城镇体系开始出现，为唐宋沿海域镇体系的发展奠定了基础。

不过，这一时期沿海盐业对内陆城镇发展的影响已初步显现。海盐运销促进广陵经济的发展，城市建设、商业等都得到了相应支持，吴国迅速强盛起来。《汉书·枚乘传》：“夫吴有诸侯之位，而实富于天子……夫汉并二十四郡，十七诸侯，方输错出，运行数千里，不绝于道，其珍怪不如东山之府。转粟西乡，陆行不绝，水行满河，不如海陵之仓。修治上林，杂以离宫，积聚玩好，圈守禽兽，不如长洲之苑。游曲台，临上路，不如朝夕之池。深壁高垒，副以关城，不如江淮之险。”说明吴国盐业及城市建设、物资储积，均领先于全国各地。

（二）沿海城镇体系开始萌芽（隋唐时期）

黄河夺淮以前，海岸线相对稳定，捍海堰的修筑为唐代海盐生产提供了保障，北方移民为煎盐提供了充足的劳动力，沿海自然地理、社会经济状况均适宜盐业的发展。

隋代开凿南北大运河，将沿海地区的盐业生产纳入了这一全国性质的交通体系。唐代则是两淮盐业第一个发展高潮，形成由“亭—场—监—院”为一体的淮盐初级产销网络。基于这样的区域性物资运输建设，沿海地区城镇体系开始了萌发发展。

在唐代淮盐产销网络中，监与巡院基本平级，监下设多个盐业生产场，其重要性略低于巡院和监，可理解为纳榷场、集散场，由此唐代沿海地区已出现不同等级的盐业聚落。淮河以南，以盐城和海陵为核心，据文献记载，至唐末沿海至少已分布五祐、紫庄、南八游、丁溪、竹子、新兴、七惠、四海[181]和陵亭场[182]9座盐场。唐代两淮沿海形成以赣榆、盐城、海陵为海盐生产监管中心，以扬州、仪征、泗洲、涟水为海盐分销中心的淮盐城镇聚落群，但严格意义上的城镇体系尚未形成。各个盐场呈团状聚落沿海岸线南北分布，形成了聚落环绕中心城的空间格局。[183]

（三）沿海城镇体系因盐业兴盛而形成（宋元时期）

经过多次增筑、延筑，北宋末年，沿海大堤形成从盐城庙湾至通州吕四场的南北贯通，这道御潮屏障为北宋以来的淮南海盐生产、盐场建设开发提供了坚固保障。宋代通海一带逐渐成陆，岸线变化较滨海平原大，后黄河以淮河作为出海口，泥沙大量堆积于阜宁、灌南一带，对盐城附近的盐场影响很大。设立于唐代的盐城监，经过五代、北宋和南宋的变迁，盐产逐渐减弱，逐渐转变为盐仓和买纳监。宋元两淮盐业机构的名称和地点也发生多次变动，大多时间仍位于扬州，偶尔移置泰州〔掌管盐政机构的名称一直在变，北宋建隆初年称江淮荆浙发运司、乾德元年（963）称江淮转运司、淳化三年（992）称江淮制置茶盐司等，史料记载共12次，至开禧初年设提举淮盐司〕，这与盐产的分布情况有关。[184]这段时期，泰州、通州盐场的产量明显增长，促使淮南盐场由9个增至27个，经元代调整后，基本形成今天的分布格局。宋代淮盐大量外销，为了保障盐业的运销，在真州、扬州、楚州、泗洲等地设置转搬仓。宋元时期淮南盐业生产、销售的管理网络更加系统化、精细化，盐产的扩大带来盐场区的扩大。

宋元是两淮盐场的发展阶段，也是沿海城镇规划的初步阶段。宋代，两淮场镇开始出现规模性的建筑，早期场镇的建筑以“团”为单位，外设围墙，以防私盐。场署、分司公署、盐课司等作为管理中心位于场镇的中心位置。又因淮盐生产多靠自然条件，为祈盐业生产顺利，场镇中的宗教空间十分突出，各盐场均供奉王地祠、龙王庙、关帝庙等宗教建筑。随着时间流逝，这些宗教建筑以及其他生活类建筑伴随着盐业生产空间的扩张而向沿海延伸。

[181]〔宋〕乐史：《太平寰宇记》卷一二四记载此八场隶属盐城监。
[182]据《全唐文补遗》第一辑389页（1994年），陵亭场隶属海陵监。
[183]陈饶：《江淮东部城镇发展历史研究》，博士学位论文，东南大学，2016，第207页。
[184]同上书，第208页。

由于无文献志书记载，因此无法了解盐场内部空间形态。随着人口增加，规模扩大，部分盐场进一步发展成为城镇，如东台、西溪、海安、如皋等，大部分盐场尚未转化成市镇，其行政职能和经济职能较弱，但今天沿海城镇的分布已基本形成，为明清盐场发展成为市镇奠定基础。宋元时期，沿海地区形成以扬州为淮盐管理中心，淮北海州、涟水军和淮南楚州、通州、泰州共同分管的带状盐业生产城镇。[185]

（四）沿海城镇体系逐步成熟（明清时期）

黄河全流夺淮后，海岸线东移的速度猛增，灌河口以南的盐城地区最为明显。海岸线的变化给沿海的开发带来一定的益处，不仅为煎盐提供了大量的荡草资源，为亭灶的铺设提供了更多的空间，还为临海城镇的发展提供了充足的土地资源。灶民不断将盐灶东迁，疏通沿海的河港，开凿新河，引海水入盐场，使明至清乾嘉时期，淮盐产量一直上升，明代两淮盐业约 1.5 亿 ~2 亿斤，清嘉庆年间产量是明代的 3~4 倍。[186]

明清两淮沿海城镇体系在宋元的基础上进一步发展，趋于成熟。一方面，得益于海岸线不断东迁，为新盐场的扩建和旧盐场的城镇化转型提供了必要的条件。淮南范公堤以东形成大量盐场，原范公堤沿线盐场转变为市镇，成为区域的行政和经济中心，且规模不断增加，清末民初东侧出现一些新的市镇。淮北地区在民国时也因盐业兴起一批新的城镇，总的发展规模呈向北、向东的趋势。明清时期，各盐场的隶属分工更加明确，形成以扬州为管理中心，涟水、东台、南通共同管辖的两淮沿海城镇带。[187] 另一方面，明清时期盐业管理日趋完善，产业管理的加强在客观上促进了城镇基础建设的发展。明代盐业管理机构进一步完善，两淮都转盐运使司仍主要驻扎在扬州，其下设置通州、泰州、淮安三个分司及盐引批验所，分司是盐运司的派出机构，直接管辖各盐场盐课司；盐引批验所任务为改良盐务，并辅佐盐运司等主事单位。明代两淮共 30 个盐场，自南向北为上十场、中十场、下十场。清代随着岸线的东移，原有盐滩变为农田，新建的盐滩均随海岸线向东推移。有的盐场由于灶户骤减、卤淡及产量低而被附近盐场所归并，如马塘、余中、白驹、莞渎等。随着淮盐生产重心北移，

[185] 陈饶：《江淮东部城镇发展历史研究》，博士学位论文，东南大学，2016，第 209 页。
[186] 凌申：《江苏沿海两淮盐业史概说》，《盐业史研究》，1989，第 4 期。
[187] 陈饶：《江淮东部城镇发展历史研究》，博士学位论文，东南大学，2016，第 210 页。

盐城监逐渐并入海州分司，清末淮南仅剩通、泰二司。这段时期的盐场建有场署，各场署建造年代多为明洪武年间，均设于各盐场的中心位置，历代多有修葺。场署的建筑形态为中国传统官衙式结构，规制也大致相同，兼有办公、杂物、饮食、起居等功能。各场署周围还建有关帝庙、财神庙、土地祠等神祠配置。一些盐场除配备大使署，还有副使署、察院等衙署。到了清末，由于盐场的产业转移和场署的裁撤，旧的场署或废或圮，渐渐湮没，但因为衙署而修筑的配套设施和聚集的街市店铺，却成为各个盐场热闹繁华的依托。

（五）废灶兴垦与近现代城镇规划建设（近现代）

清末民初，海岸线东移为临海城镇，为近现代发展提供了充足的土地资源，范公堤东侧的诸多市镇兴起，沿海近现代城镇体系逐渐形成。

沿海地区近现代城镇体系的建立离不开废灶兴垦和苏北盐垦公司的发展。1901 至 1925 年，在张謇的带领与影响下，从南长江口的吕四场至北海州南陈家港间长 700 余里，横约 100 里，总面积 36700 平方千米的滨海区域，投资达 1732 万元，规划占地 460 万余亩[188]，先后建立几十家盐垦股份有限公司。其中今盐城市境内有公司 18 家，总投资 1405 万元，占 82.6%，实有土地为 345.1 万亩，占 82.4%，东台大丰公司投资与总面积最大，盐城的垦殖公司多在 1915 年以后建立，时间较晚。盐垦公司建立之前，沿海横约 100 里，纵约 700 里，几乎一片荒芜，只有简陋灶屋，几乎没有成规模的建筑。盐垦公司建立之后，对土地进行分区划定，统一兴修水利工程、交通道路，规划佃户居住区。随着垦区规模扩大和人口增多，为适应农户生产生活需求，便于商贸往来和地区管理，各公司逐步开始兴建市镇。

沿海城镇得以快速发展与人口的迁徙也有很大关系。南部一带土质肥沃，适宜耕植，成陆来一直是沿海主要经济区，耕种人口趋于饱和，难以为生。恰逢各盐垦公司招佃开垦，通海、崇明、如东一带农民纷纷向北迁徙，约占垦区总人口的 85%。垦区一部分劳动力来自原灶民转垦务农，约占 15%，共有近 40 万人迁入淮南垦区。通海人素来善于种植棉花，并习于迁徙，后虽未能全部在垦区安家落户，但是大规模的移民兴垦为苏北地区带来植棉技术。这些移民为

[188] 江苏省大丰市盐务管理局：《大丰盐政志》，方志出版社，1999，第 306 页。

苏北沿海小城镇开发奠定了人口基础，今天盐城、南通一带依然有大量人口从事棉纺行业。由于北部的公司投机性强，资金投资短缺，导致大丰以南的公司比以北的公司好招收佃户，故南部城镇数量多，分布密度高。

这些因盐垦而兴的城镇，根据不同规模、不同功能逐渐成为区域的中心，为今天沿海地区的城镇体系奠定了基础。[189]

盐城地区盐业相关城镇概况

市镇	概况	具体职能
庙湾镇	府东北百八十里，为滨海冲要处。亦曰庙湾场。（《读史方舆纪要》）	盐业生产
上冈镇	万历间为盐城八大镇之一。清乾隆三十年（1765），新兴场公署迁至上冈代管政务，这里即成为盐阜地区腹部的政治、经济、文化中心。1912 年废灶兴垦后，上冈设市。	盐业管理
新兴镇	旧时上冈新兴场是苏北沿海三十六个盐场中较大的盐场之一。	盐业生产
草堰口	汉为熬盐灶地。	盐业生产
伍佑镇	汉为熬盐灶地，唐为盐城监九场之一，称五祐场，一度衰败。宋大中祥符间经楚州团练推官伍祐重新振兴，改名伍祐场。明万历间亦称伍祐镇。	盐业生产
便仓镇	唐产盐，以东临大海名东溟镇；宋建隆间，盐城监并九场为七场，各场设正、便盐仓屯盐。	存储
大冈镇	秦汉间为盐灶地，唐宋后兴集镇，其为盐邑三冈之首，改称大冈。明万历间名大冈镇。	盐业生产、集镇
冈沟镇	秦汉即为熬盐地。	盐业生产
大团镇	唐宋盛产盐。	盐业生产
丁溪场	汉代即产盐。相传以村内“丁”字形小溪得名。唐为盐城监九场之一，称丁溪场。宋迄清，为丁溪场大使驻地。	盐业生产
白驹场	两汉已有产盐记载。唐为盐城监九大盐场之一，名北八游场。宋元迄明清改名白驹场。清乾隆元年（1736）名白驹镇。	盐业生产
刘庄场	汉已有居民定居。古名云溪，唐称紫庄，宋更名刘庄。唐为盐城九场之一，称紫庄场。宋迄清改称刘庄场。曾为市廛商庶、海防重镇。明时名刘庄寨。	盐业生产、集镇
王家港	相传清乾隆间，王姓迁此，在河港北岸立灶煮盐，名王家港。	盐业生产

[189] 陈饶：《江淮东部城镇发展历史研究》，博士学位论文，东南大学，2016，第 215–218 页。

续表

市镇	概况	具体职能
小海镇	明正德间草堰朱、夏灶户迁此立灶煮盐。后发展为小海场万盈团和大庆团。清乾隆前以小海团名场，乾隆间场盐课司署迁此。	盐业生产、管理
草堰场	两汉即为产盐地。	盐业生产
西溪场	宋为西溪盐仓，州产盐，因置监于此，以司其利。明鹾使分司于泰州者，驻西溪东北之东台场。（《读史方舆纪要》）	盐业管理
梁垛镇	相传唐开元间，梁姓迁此，筑垛、立灶煮盐。	盐业生产
安丰场	汉代己立灶煮盐。唐为海陵监小淘盐场，宋季以“民安业丰”，改名安丰。明清为泰州分司诸盐场之巨，设盐场大使。	盐业生产、管理
富安场	五代南唐为海陵监虎墩盐场，历为富安场盐课司驻地。	盐业生产、管理
湖垛镇	唐建张岐塘（今西塘河），聚落初建，村以河名称张岐里。明迁村与古射阳湖中 1.5 千米长土垛上，更名湖垛庄。光绪间为盐城十三镇之一。	盐运

二、盐城地区城镇体系的特色分析

（一）城镇体系的发展分布趋势

沿海城镇体系是指沿串场河及以东地区的城镇体系，该地区是我国封建社会最为重要的盐业生产基地，是整个江淮东部地区专业性最强的城镇。与内陆地区相比，该地区成陆时间短，经济发展水平低，城镇的建设较为落后，其形成、发展、衰败、复兴均与封建盐业经济的兴衰与转型密不可分。盐城地区地势狭长，境内的城镇是江淮东部沿海城镇体系的核心组成部分，境内的城镇体系深受盐业经济影响。

整体来看，盐城境内的城镇体系的发展有以下几大趋势。

1. 由西向东

境内城镇体系的发展受到海岸线变迁影响，呈自西向东发展的趋势。由盐场发展而来的场镇大体上沿海岸线分布。岸线淤涨之前，煎盐地面积有限，盐场既是盐业生产，又是海盐交换和管理的中心；盐灶东移后，各盐场开始向区域中心城镇转化，并形成盐业管理和行政管理两套体系。

宋元时期，境内的城镇基本由盐场转化而来，沿范公堤和串场河分布。随着南宋以后岸线缓慢东迁，旧的盐灶离海渐远，卤淡地薄，生产区与商业管理区逐渐分离。原先位于范公堤一带的场镇逐渐由盐业生产基地转化为盐业的集散地，同时，由于纷纷置新灶于东岸，随着时间的推移，盐民增多，原盐场以东的地区也逐渐形成盐民聚落与盐业市镇。加之清代民间商灶盛行，盐商为得盐利，纷纷扩大盐场规模。场镇核心的商业、管理区东侧以范公堤为屏障，或位于范公堤以内或于范公堤穿镇而过，西侧则紧邻主要的盐运河道。

2. 先北后南

境内城镇体系的发展过程，早期受江淮沿海北部影响较大，晚期则更多地受到沿海南部影响。

汉唐时期，通海一带尚未成陆，赣榆、盐城、草堰、东台是沿海地区的核心城市。包含盐城地区在内的江淮沿海北部较为稳定，境内以盐城、东台为中心的城镇体系发展迅速。南宋以后，黄河夺淮对入海口两岸的盐场冲击较大，沿海南部通海和三余湾成陆，岸线逐渐稳定，沿海地区聚落由北向南发展，南部盐场日益密集，逐渐形成盐业城镇，整体的城镇体系呈现由北向南推进的趋势。

清代以后，随着淮南盐产的衰落，盐城地区场镇发展也受到制约，清末南通开始了近代化的探索，因区域优越，植棉历史悠久，最先建立纺织企业，后又由大生纱厂而衍生出一系列工农企业和商业机构，带动整个通海地区城镇的近代化发展。从 1917 年开始，沿海近代企业逐渐向北部通泰各场扩张，发展顺序大致可以反映近现代沿海聚落呈现由南向北推进的趋势。清末民初的兴垦活动使得近现代城镇发展较快，盐城境内的城镇体系开始更多受到南部地区发展的影响。

3. 两纵多横，以点带线

沿海城镇体系的发展高度依赖交通运输路线，呈现两纵多横、以点带线的分布格局。一条纵轴是指宋代迄今形成的串场河—范公堤交通路线沿线的城镇。

随着清末淮南盐产的减少，老盐场演变成集镇，沿河的范公堤逐渐演变成城镇之间的陆路交通。这条水陆交通轴线在新中国成立后还得到了进一步的发展：古范公堤在中华人民共和国成立后改建成为204国道，串场河以东2~3千米处开凿了通榆运河。这条水陆交通轴线将古代盐场转型发展而来的城镇、村镇串联起来。另一条纵轴是指近现代废灶兴垦后，因沿海垦殖公司而形成的聚居点，后逐渐演变成城镇，起初是由各公司之间的河、堤相连，随着经济发展，今由G228国道相连。这两条轴线之间有多条东西向的天然大港，为境内东部城镇提供了水路交通。城镇发展依赖串场河，海盐通过串场河与里下河水系输送至淮安和扬州，城镇间的沟通也通过这些横纵水系来实现。因此，至民国，沿海地区已经形成由点带线，两纵多横的城镇结构，为今天沿海城镇的发展奠定了基础。

（二）城镇体系的特点与特征

淮盐独特的生产管理模式对沿海地区城镇体系的形成与城镇空间形态的变迁具有重要影响。城镇呈点状沿范公堤分布，是江淮东部沿海地区古代的政治经济重心、盐业管理中心、淮盐集散地与交通枢纽。

盐城地区城镇体系的形成、发展、衰亡与复兴直接受到淮盐制度与经济的影响。区域水系形态是基于古代盐丁引海潮煮盐的基础上形成的，人工水系的修建还对城镇的空间形态产生影响，城镇内部主要通过河道、桥梁、水闸、码头、主街等进行有机结合。沿海城镇是在古代盐场的基础上形成的，其内部空间形态与海盐的生产、运销关系密切。沿海地区近代道路交通规划、河道规划、农田规划、水利设施建设与城镇分布均是在盐垦公司的基础上形成。

1. 人为影响较大，城镇地貌直接受人为活动塑造

江苏东部沿海的产盐古镇与我国其他地区的古镇空间遍布有所不同，两淮盐业古镇自聚落出现、发展到最终稳定的整个过程，均有明显的人工痕迹，其中包括聚落内部的空间结构，河流的分布、走向等都在盐业生产要求下人工进行的。古代整个区域为滩涂，岸线一直持续变化，我国其他地区岸线于宋代基本稳定，而本地区直至民国岸线一直东迁，平原地貌随岸线的变迁而逐渐形成。

沿海地区的城镇由盐场演变而来，是建立在人工水网、堤岸之上的城镇系统，无大山大河做屏障，因此只能自建堤、墩、闸坝等人工屏障。城镇根据古代盐业的产量、人口分布及水系走向规划而成，充分体现了古代人类的伟大智慧。

2. 防御特色明显，城镇地貌形成内向型封闭空间

在东部沿海地区的城镇体系中，盐业产业的有关建筑构成了城镇地貌的一部分，如运盐河、潮墩等与传统的城镇建置共同组成了城镇防御体系。海盐历来是税收大宗，历代政府对其生产运输的管控都十分严格。

政府对沿海地区的盐场建设采取兵营的组织方式，对团场的建造如同城市，四周筑围墙，周围有濠沟，城墙四周设置墙垛，以隔绝敌人袭击和海潮摧坍。陈椿《熬波图》载：“并海立官舍，兵卫森军营”；“四向筑叠围墙，外向远匝濠堑，团内筑凿池井，盛贮卤水，盖造盐仓、柈屋，置关立锁，复拔官军守把巡警”；“团周四向墙堵，上置乳头，仿佛城池，以绝奸伪，或遇坍摧，随时筑垒。其土皆用荡内生田土堑，盖傍海不时风潮大作，非坚实不足御之。”明代，为防倭寇入侵，沿海地区的重要盐业场镇，如庙湾、盐城、东台等陆续增筑城墙。清代，随着这些场镇变成县治，城池规制等级提高。

运盐河和潮墩对场镇起到了防御作用，这是东部沿海城镇在明清时期的一大特色。为了便利海盐运输，大多数场镇四周有水系环绕，形成护场河，以此作为边界，形成封闭空间，场的东侧有范公堤，可视作城镇防御体系的一部分。随着海岸线不断东迁，盐业生产越过了范公堤而失去了保护，故而自明代起，各盐场东侧近海处均建有大量的潮墩，此为避洪避潮，并利于灶丁逃生而筑的高土台。沿海的潮墩随着岸线逐渐东迁，形成一道道防御壁垒。随着盐业生产的衰退、城镇的发展，这些原本用于防洪的高土台逐渐演变成山体，成为城镇发展体系中风水文化的一部分。

由此，盐城地区的城镇形成了以城池、护场河为第一道防御体系，串场河或运盐河、范公堤为第二道防御体系，潮墩、灶墩、烽墩为第三道防御体系的多重城防系统，每个城镇与盐场均形成内向型封闭空间，与我国古代的城防体系如出一辙。

3. **聚落功能清晰，盐业生产运输的产业特色鲜明**

古代盐业城镇多是市镇性质。作为境内的盐业管理中心，场镇的功能形态极具产业特点。一般城镇的核心区是承担盐业管理功能的官署建筑，如场署、分司公署、盐课司和大使宅，位于场镇的中心位置。其次城镇中还有承担储存功能的盐仓、预备仓，通常位于镇的南、北区。对盐仓的建设也有规定，一般分为正仓和便仓。明清煎盐场面积增大，每日煎盐数万引，因此于场团内部兴建盖仓房称为便仓[190]。正仓位于集镇内，通常每个盐场有两到三个盐仓不等，位于城南或城北；有的盐业储量大，水路交通便利，来往交易的人多，慢慢演变成仓城，如盐城的便仓镇、东台的三仓镇等。此外，考虑到海盐产量与水系、天气等自然因素有很大关系，盐场内部往往还形成了为祈求风调雨顺、盐业生产顺利的宗教空间。每座盐场均供奉王地祠、龙王庙、关帝庙等宗教建筑，并且这些宗教建筑空间随着盐业生产空间向沿海延伸。

与古代城镇布局相似，场镇内部还有社学、察院、书院、养济院等空间，布局灵活。明嘉靖三十年（1551）与清康熙十二年（1673）版的《两淮盐业志》中并未出现居住空间，由此，可以推断至清中期以前，盐场主要职能是管理与商品交换，未能形成大面积的居住空间。清乾嘉时期，盐城的核心区功能开始向镇外扩张，在护场河或范公堤外出现寺庙、道观、新仓等字样，串场河以西出现舍、坎等居住空间，这些空间依旧用水系进行分割。由此，至清中期，盐场及附近地区居住人口增多，东侧旧灶开始向居住用地转换，一些垣商驻扎在盐场，商贾众多，从而带动了城镇的发展。此时，盐场开始兼具管理和居住多重功能，是盐业城镇空间繁荣期。清末随着盐业衰落，农垦逐渐增加，场署周围形成居住型聚落，行政管理地位逐渐下降，居住功能增强。

由此，场镇的空间分布具有相似性，形成与城市空间相似的行政、教育、仓储、宗教、居住等功能空间。[191]

[190]〔元〕陈椿《熬波图》："每日煎到火伏盐数为因相离总仓，近则往回七八十里，远者往回二百余里，或河道缺水，或值聚雨所阻岂能继即起运。各灶户自备木植砖瓦、铁钉、石灰工食等项物料，就团内起盖仓房，或五间，或七间，以便收贮。公私皆便，故以便仓名之。"

[191] 陈饶：《江淮东部城镇发展历史研究》，博士学位论文，东南大学，2016，第232–233页。

三、盐业生产与运销带来的文化辐射

（一）盐商促进盐城地区集镇繁荣

盐城的东部沿海集镇，多数是在汉唐到明清时期盐业经济不断发展的过程中发展起来的，明清时期盐商的到来，为这些集镇的繁荣又带来一次新的机遇，这在东部沿海集镇的发展和内部建设中都有所体现。

富安镇是盐城地域最南端的一个古代盐场，现在仍存有大量明清时期的徽式民居。这些硬山造，外为清水墙，用青砖小瓦而筑造的一座座明代住宅就是当时就居于富安的徽州盐商带来的特有的建筑风格，也影响了当地的民间建筑形式，现在仍是苏北沿海腹地保护得最好的一个明清时期民居建筑群。今东台梁垛也是当时淮南盐场之一，清乾隆时期大盐商程世和，既是运商，也是垣商，在梁垛街上的家宅占梁垛场半个街面，所以人称“程半街”，梁垛有很多关于大盐商程世和的传说，至今仍保存的三里长的青石路，即为程世和所铺设。

安丰这个古老的集镇，也是这个时期著名的盐场之一，明清时期，以汪氏、鲍氏家族为代表的徽商脱颖而出，成为安丰场首屈一指的富商。盐商的到来，带来了人员流量，也带来了其他商业的繁荣。明清时期，北起下灶星月桥，南至盐坝盈宁桥，南北七华里的青石板古街，遍布着“九坝十三巷七十二庙堂”。四方商贾云集，店行坊馆星罗棋布，大小铺面八百多家，经营者二千多人，远近各地的南北货应有尽有。清末民初，又形成曹（柏龄）、杨（桂岩）、郭（荫丰）、顾（益谦）四大盐商家族，呈现一派繁荣景象。现仍保存省文物保护单位清代钱庄鲍氏大楼、明清古街及清代一批具有徽式风格的建筑群。

今为草堰镇属地的丁溪、小海二场也有同样的记载，嘉庆二年（1797），场人冯廷芳修十字街。街面一律以青砖铺就，街道两旁商店林立，茶馆、浴室、香店、粮行、饭店、客栈应有尽有。肩挑叫卖，摆摊设点，琳琅满目，过街楼高耸云天，书坊巷楼台亭榭。《小海场新志》记载“东西大市，百货所集，玉带河环其中，为一场风气所聚”。

与盐城相毗邻的伍佑、新兴二场也是如此。关于伍佑，印水心编著的《盐城县乡土地理》中有如下记载：“自（盐城）西门太平桥乘轮南行，入南串场河，溯流而上，往大新河至伍佑市，市集曰伍佑场，场知事署在焉。东南有物，巍然隆起，高出屋脊，望之如丘，盘亘历历，皆盐岭也居民千余户，商店尚多。”伍佑场距盐城甚近，是两淮地区最大的盐场之一，承担的两淮引课亦为最重，故而远近商贾云集此地经商、业盐。伍佑盐商则以垣商为主，又称垣主。垣主各设盐旗，形成一种小规模的经营单位，其中有账务茶房、帮工数十人不等。盐旗各具特色，像招帖，成为伍佑街市一景。到晚清时期，在伍佑设店开旗的垣商有庆仁昌、大德昌、朱成和、日升祥等十多家，他们大多是安徽歙县人，往往自建盐坨，储存堆盐，并配专人经营，运销江南、皖北以至赣北、鄂东等地。徽商对生活享受的追求还带动了当地生活环境的变化，同时逐步融入了当地的文化。清康熙年间，伍佑即有四条主要大街和十多条交叉古巷。其时盐商在主要街巷首以石砖砌有圈门九座，门楣刻有象征吉祥意味的文字，如“紫气东来”“薰风南来”“北阙思光”等。各门设栅栏，夜锁防盗。伍佑由盐场而成为集镇，由集镇而日见喧嚣、繁华，不得不说与本地及外来的盐商有着莫大的关联。

清代新兴场驻地上冈镇的繁华与盐商的建设更是必不可分。明初，两淮盐运使在盐城北十八里的新兴镇设立新兴场公署，场大使，管辖本场十七灶，清乾隆三十年（1765），新兴场公署因旧宇倾斜，兴场宋氏盐商主动要求将公署移驻上冈，并由他捐资重建。在上冈角头街西南选择一块地，仿盐运使衙门格局，建起头门、大堂、暖阁、办公大厅和内宅，共 7 进 99 间半。场公署进驻后，原驻新兴场的盐商，为盐务接洽方便，也随后搬去。会馆、客栈、博场、戏台、社学及庵堂庙宇应运而生，上冈成了新兴场兴旺发达的延伸，一跃成为盐城“八大镇”的首镇，成为盐城灶区的政治、经济、文化中心。上冈宋氏盐商宋道勋为安徽歙县人，于清康熙年间来到盐城上冈一带，圈地纳课，时上冈一带东至浪响三十里，西抵盐城界，北至阜宁界，范公堤以东新淤的大片滩涂大多被其纳入置灶煎盐的范围，宋氏凭借对这片土地的垄断权，从事盐业生产经营。宋氏的灶地规模，在淮南盐区中称最。宋氏发迹后，首先把上冈方圆三里内的地盘全部买下，用来扩大镇区面积，并大兴土木，捐资整修北大街，兴建西大街，在镇东西两头建造歇脚亭和圈门。又在东、南、西、北四条大街交会处，独资创建角头街，建有上千间市房，除自家经商外，还租赁给其他商家经营，使其成为市井繁荣、店铺林立的商业中心。角头街既是宋氏的经商之地，也是宋氏家族的住所。宋氏宅第宏敞，不仅大厦高堂，且有园亭楼榭之胜。祖屋大门面街，后门分别有“前有砂墩（灯）高照，后有泰山相脉”之意。庭院错落有致，雕梁飞檐，一派富丽堂皇。乾隆十三年（1748），宋氏宋端甫纳资捐了个四品衔的红顶花翎，在盐商中更是大红大紫。徽商在上冈的发达，还带动了其他产业的繁荣，太平天国战争期间，安徽歙县商人为避战乱，一次迁入上冈经商的就达 15 家，建有徽商新安会馆。

而今天的阜宁县、东台市更是明清时期的重要盐场，商贾辐辏，盛极一时，逐渐发展成为县城。甚至有些集镇就是因为盐商的到来才有了聚居规模，如今天的射阳县鲍墩，就是因为鲍姓商人的到来而聚集成集镇并命名。

（二）盐业推动文化艺术传播发展

盐商非常重视文化教育事业，很多盐商家中都有私塾，专门聘请一些学者来家中坐馆教书。此外，盐商也热衷于捐资修建书院，用来普及和提高一方学子们的文化水平。由于有盐商在财力上的支持，清代扬州的书院得以迅速恢复和重建。盐产地的盐商在教育上的投入亦不落人后，光绪《两淮盐法志·杂纪门》多有记载：东台场社学光绪七年盐务公捐添设培英义塾，商灶每桶捐钱一文以助经费，何垛场社学也如东台场一样助学。乾隆三十一年（1766）捐助小海团社学，道光十年（1830）场官、商灶捐资建西团社学，另外商人洪贻蕙捐二十五总荡地以助学。道光十五年（1835）商灶捐建沈家灶义学。这些捐助，为提高本地的教育水平提供了有益的帮助。

在明清两代，盐城境内文化教育全面兴盛，文化氛围浓郁。从明嘉靖到万历年间，盐城先后创建社学 26 所，并建正学、建西、陆公等书院。清康熙到乾隆年间阜宁、东台建学宫，各县还建立了义学。学风渐兴，为盐城培养人才营造了良好的氛围。这段时期的盐城，小说家、诗人、书法家，各类人才出类拔萃：《水浒传》作者施耐庵，隐居白驹场写出巨著《水浒传》；哲学家王艮，泰州学派创始人，有《明儒王心斋先生遗集》传世；说书艺人柳敬亭，评话的老祖宗，闻名大江南北；盐民诗人吴嘉纪，流传下来的诗作有 1400 多首，被时贤称为“冠于布衣诗人之首”；明亡，义不事清的宋曹，是书法家，也是诗人学者；水利学家冯道立，目睹家乡水患频仍，发奋钻研水利，为当地民众造福，人称有“大禹之风”，一生写下了多部水利专著，有些至今仍被高校列为教材。

盐业的发展与盐商的扶持对盐城地区的艺术发展也产生了深远影响。明代开始，随着许多徽商来到盐城地区，作为京剧艺术主要前身的徽剧以及其他剧种也开始在盐城沿海一带流传，地方戏受此影响，这些本不上台面的，内容多为表现当地贫民的困苦生活的民间小曲和戏曲唱段，在唱腔音乐、演出剧目和化妆服饰等方面也逐步丰富起来，至清代后期发展为淮剧这一成熟的地方剧种。扬州徽商对戏曲的热爱推动了根植于盐城本地戏曲淮剧的发展。乾嘉时期，李斗所著《扬州画舫录·新城北下录》记载：“两淮盐务，例蓄花、雅两部，以备大戏。雅部即昆山腔，花部为京腔、秦腔、弋阳腔、梆子腔、罗罗腔、二簧调，统谓之乱弹。”当时地方戏曲的繁荣，与盐商在经济上的资助是分不开的，在这样的背景下，根植于江淮地方的小戏也迎来了生机。

遗

第六章

盐城大运河盐文化物质类遗产资源

盐城是古淮盐的重要产地，经过历朝历代的演变，现存有大量反映海盐生产生活的文化遗产。如今的盐城虽已不再因盐业而声名远扬，但盐城地区仍保存着与大运河文化系统有密切关联的大量盐文化遗产。经过历史的沉淀，这些文化遗产成为盐城地区城市与区域发展的重要文化资源，它们仍具备巨大的潜力，为盐城的现代化事业发展贡献力量。

一、盐业生产遗产

盐城境内由于海岸线多次变迁和海潮侵袭，曾经遍布沿海平原的制盐遗迹大多遭到破坏，湮没于海浪草荡之中。但随着文物保护意识的增强，近期国内考古界对盐业考古取得重要突破，境内仅有的一些重要制盐遗存逐渐得到确认和保护。

盐城境内盐业生产遗存分布图

1. 市区迎宾北路制盐遗址

市区迎宾北路制盐遗址位于盐城市区迎宾路北端盐城中学北校区东大门东侧约50米处，东到人民路，整个面积在3万平方米左右。

该遗址最先发现于20世纪60年代初，根据江苏省文物管理委员会和南京博物院考古调查组当时的相关报告，认为该地段有汉代和早于汉代的文化堆积。1995年春，盐城文物管理办公室组织考古专业人员进行抢救性清理、发掘，取得了重要发现。该地段地下0.6米处有两个时期的文化堆积：上层为汉代文化堆积，出土遗物主要有汉代灰色陶制绳纹板瓦、筒瓦、瓦当残片以及少数青釉瓷罐残片等；下层堆积分布零散，发现的大都是釜、罐的残片，以及成堆长短不一有断痕的夹砂褐陶柱形器等。

在初期，迎宾北路遗址发现的炊器残片集聚并未得到过多的重视，直到近年来国内盐业考古工作的开展，才逐步揭开该遗址与早期制盐的密切关系。一方面，山东沿海地区商周时期的煮盐遗址为迎宾北路遗址密集堆积的炊器碎片提供了参照。考古研究者在山东沿海地区商周时期的煮盐遗址发现，成片的陶器残片堆积大多为盔形状陶制炊器残件，并有盐灶、卤水坑等相关遗迹。这是因为煮盐过程的粗放性和长时间高温煎熬，导致制盐陶器大量损坏，所以出现成片、成堆的炊具类陶器残片堆积。这与迎宾北路遗址所发现的现象相一致，在一定程度上为碎片产生的原理提供了解释。另一方面，迎宾北路遗址东北侧即汉代盐渎县治故址的中心区域，此处地面原为农田和少数厂房、民居等。结合史籍的明确记载，盐渎建县于汉初，此前在春秋战国时期已是海盐生产基地。可见，迎宾北路遗址本身就处于盐渎县治故址边缘，这在历史文化背景上也为炊器碎片作为制盐遗迹的解释提供了支持。

综上所述，迎宾北路遗址中的文化现象，附近出土的东周时期瓷小碗、杯和大量的印纹硬陶片等，可以表明，其为先秦时期煮盐遗存。当然，更寄希望于日后有机会在这里，包括盐渎县治故址的周边地区开展较全面的考古发掘，揭开其神秘面纱。[192]

[192] 盐城市政协学习文史委员会：《史海盐踪——盐城海盐文化历史遗存（盐城文史资料第28辑）》，中国文史出版社，2016，第67–69页。

2. 阜宁东园制盐遗址

阜宁东园制盐遗址位于阜宁县施庄镇东园村六组，通榆公路西5千米处，整个遗址区面积约 2.5 万平方米，为新石器晚期和汉代两个时期的文化遗址。

该遗址最初发现于 1978 年，当地农民发现不少石斧、石锛、石玦等石器，教师刘训华曾采集 12 件藏于家中，于 1984 年文物普查时献出。盐城市博物馆组织专业人员进行数次实地调查，遗址在距地表 1.5 米深的沙层中。出土的石器磨制精细，其中有一石斧，形制之大、色泽之美，实为罕见。在遗址西、南地表处，发现有成片的汉绳纹陶片堆积和两口汉陶井及许多铁渣、红烧土块等；东及东南也有许多汉陶罐、陶盆残片和汉菱形砖铺地坪等。

该遗址的发现，为研究境内新石器时期到汉代人类的生活情况和海岸线变迁情况提供了宝贵资料。

3. 大丰友谊村制盐遗址

大丰友谊村制盐遗址位于大丰区刘庄镇友谊村范公堤以东。

2007 年 3 月，大丰刘庄小学生和村民在友谊村范公堤以东约 1 千米处的鱼塘内先后摸到 21 枚金块，并将其全部捐赠大丰博物馆，经专家鉴定，这 21 枚金块是楚国金币郢爰。4 月，盐城市博物馆组织考古人员对出土金币的地点周边进行广泛调查。经调查，鱼塘边缘剖面上层 0.1 米厚的堆积为黄河泛滥时的粉砂沉积层，其下为 0.15 米厚的灰黑色黏土海相沉积层，再下面为黄斑色黏土层等。在灰黑色黏土层表面，陆续采集有东周时期方折沿夹砂红陶釜、折沿绳纹夹砂灰陶罐、折腹灰陶钵、红陶纺轮，汉代灰陶绳纹罐、筒瓦陶片，六朝时期青瓷碗残片等。总体来看，鱼塘所在的地点成陆时间不晚于距今 7000 年，其文化堆积主要属于东周（战国）至六朝时期。

经过试掘，考古工作者在鱼塘东部发现两座东西向排列的灰坑遗迹，大灰坑直径 1.8 米，小灰坑直径 0.8 米。两座灰坑情形相似，坑底均有一层 1 厘米左右的细腻不渗水黏土层，层下黄土坚硬，与周边同深地层在硬度上有很大的区别。黏土层外层土坚硬，与中国北方建水窖时用木槌锤实坑壁防渗漏情况非常类似，表明这两座灰坑实为盛放液体的土坑。大灰坑北部还见有一宽 0.4 米，深 0.2 米，长度超过 5 米的水槽，槽底为弧线状，质地与坑底相似，槽坑内底部发现唐代宜兴窑青釉青瓷碗和寿州窑黄釉瓷碗残片。试掘之外，考古工作者还在周边方圆数百米内进行走访踏查。据当地村民讲，在这鱼塘南部不远有一处面积超过百亩的大盐碱滩，同时存在一块清代烧盐用柴专供柴田石牌。调查过程中还陆续发现数处少量东周、汉代陶片和六朝青瓷器瓷片集中点，该区域为东西长约 7 千米，沿堤南北宽约 5 千米的三角洲地带。可见，遗址所在位置为东周至唐宋时期位于范公堤以东的三角洲，三面环海，蕴藏丰富的海盐资源，加之“滩可樵”的相关记载，为先民在此进行制盐提供了十分充足的物质条件。结合试掘地点所发现的两座盛水坑、水槽及坑内出土唐代遗物等，此处应是自东周始并延续至隋唐时期的一处制盐遗址。

大丰友谊村遗址出土的郢爰

关于村民发现的郢爰，考古专家认为，东周晚期的楚国郢爰仅流通于上层社会，只有在国与国之间礼聘、国王赠赏及大宗交易时才可用此“大面额”的郢爰，故可以认为郢爰的拥有者当为楚国官吏。友谊村发现的 21 枚郢爰零散分布于面积不大的塘底，应该为土坑底。对照四川金沙、三星堆遗址所发现的祭祀坑中，存在大量黄金和其他青铜器零星分布坑底的现象，从民俗角度看，友谊村制盐遗址所出土的 21 枚郢爰可能是制盐时的祭祀用品。[193]

4. 建湖利群制盐遗址

建湖利群制盐遗址位于建湖县上冈镇榆西村，东距通榆路（范公堤）约 600 米，原利群村二组村民殷玉珍屋后。

该遗址发现于 1990 年。当时利群村二组村民殷玉珍在屋后挖土时发现灰池两处，出土战国陶罐、石匕首、钵、壶及五铢钱等。经专家鉴定，可能是东周到汉制盐所用的卤池遗址。

经调查，遗址面积界定 1000 多平方米，文化层厚 2 米左右。其上原为汉墓

[193] 盐城市政协学习文史委员会：《史海盐踪——盐城海盐文化历史遗存（盐城文史资料第 28 辑）》，中国文史出版社，2016，第 70-72 页。

土墩，高约 1.5 米，占地面积约 150 平方米，曾在 1958 年烧窑时挖出楠木棺一具。在该墩下部距地表 2 米处，1987 年出土战国时期石器匕首、石箭镞、印纹陶罐坛以及“半两”铜钱、绳纹陶片等；汉墓中出土泥质绳纹灰陶罐、钵、壶、钫、五铢钱等随葬品。

建湖县上冈古镇素有“四县通衢、盐阜咽喉、建湖东大门”之称。早在商周之际，这里就有先民居住，唐宋时期形成集镇。清乾隆三十年（1765），新兴场公署迁至上冈代管政务，这里一度成为盐阜地区腹部的政治、经济、文化中心。民国初年废灶兴垦后，上冈设市，曾是盐城地区最大的棉花集散中心。[194]

建湖利群煎盐遗址

5. 亭湖新兴场制盐遗址

亭湖新兴场制盐遗址位于盐城市区以北 10 千米，新兴镇中心小学处。

该遗址发现于 1989 年。当时，新兴镇中心小学新建教学楼，在进行地基土方工程中发现一奇异铁块，请求市博物馆鉴定。盐城市博物馆工作人员赶到现场时，铁块已被抬到地面。该铁块通体为黑红色，平面呈不规则菱形，面积约 0.4 平方米，厚 0.35 米。

考古人员对发现铁块的地方进行清理后，在遗迹中发现了宋代及宋代以后各时期的陶瓷片，专家认定该遗迹为宋代或宋代以后的文化遗存。

新兴场是见诸于宋史的重要盐场，唐乾元元年（758）至宋朝，新兴场即为盐城监管辖的九大盐场之一。至宋天圣中期前后，九处亭场并为七场，新兴场仍为七大盐场之一。由于该遗址位于原新兴场范围内，博物馆工作人员认为这是一处与煮盐有关的遗迹。[195] 令人遗憾的是，当时发现的铸铁铁块因后期保管不当而丢失。

6. 东台北海村盐场遗址

2012 年，南京博物院考古研究所对盐城东台市北海村的一处施工区域进行

[194] 盐城市政协学习文史委员会：《史海盐踪——盐城海盐文化历史遗存（盐城文史资料第 28 辑）》，中国文史出版社，2016，第 73–74 页。
[195] 同上书，第 77–78 页。

了考古调查，在何垛河北岸断面上发现文化层堆积，包含陶瓷片、砖瓦等，可辨器型主要为碗、罐等。2016 年 3 月，淮安市博物馆继续负责北海村的考古工作。

遗址实际发掘 800 平方米，文化层堆积较厚，出土器物数量众多、品类丰富。发掘过程中出土了大量的陶瓷器残片，根据釉色和胎质可以划分为青釉、青白釉、黄釉、绿釉和灰陶。此外还出土有灰陶建筑构件，如板瓦、筒瓦、花纹砖、井圈砖等。根据遗址出土器物的造型特点，判断该遗址的年代在唐末五代至北宋时期。包含大量草木灰的灰沟很有可能与煎盐有关，因此可推断这应该是一处唐宋时期的盐场遗址。

北海村唐宋盐场遗址发掘区域

7. 八卦滩遗址

八卦滩遗址位于盐城市响水灌东盐场陈北工区，是当地最早开发的晒盐场之一，其布局为当时最先进的方式——八卦滩，现仍有部分地被使用，面积约 5 万平方米，分有蓄水、晒盐、蓄卤、积晶池，其南端还有盐船转运漕。

从明朝后期开始，沿海一带开始直接引海水晒盐，并一直延续至今。随着滩晒技术的不断改进，淮盐生产的方式由砖池晒盐演变为泥池晒盐。八卦滩是江苏海盐区实行泥池晒盐后的早期滩型，最早出现在清光绪年间，并一直沿用至 20 世纪 80 年代，是盐场先民们长期劳动智慧的结晶。

所谓八卦滩是指盐民根据滩田实际情况，吸取传统上的八卦、九宫、八门等学说，把晒盐场设计成一个“八卦”场区，周围用纳潮沟围圈，只在东北方向和西北方向留有两个出口，分别为开门和生门，除此以外没有出口。八卦滩的中心部分则称为盐廪，是结晶盐的储存区。一般正规的八卦滩由大堤、引潮河、洼地沟、高格、卤井、加卤格、晒格、官格、廪基、驳盐支河等 14 个部分组成，以“圩”为基本单位，在圩内按八卦方位，建成八份盐滩。圩子和盐廪全部建在八份滩中间，有一条运盐河直通圩里，叫胖头河。其制盐的基本路线是先由引潮河纳入海水进夹滩或大圩河，再引进洼地沟，用风车转到洼地面，以后依次放入大生活、小生活，再用风车或水车打到清格，拐到大高，经二高、三高，然后用水车拐或用斗子戽上加卤格，卤水接近饱和时，放入晒格。这样，旺季用上 2 至 3 天，淡季用 6 至 7 天，即可成盐。

1908 年到 1924 年，济南场（今灌东盐场）是铺设 145 条圩、1160 份滩的大型泥池八卦滩，首开了江苏盐场泥质滩晒的先河。八卦滩比原来小型分散砖池滩面积要大数倍到 10 多倍，年产量达 450 万担，占两淮盐产的七成以上，突破了千百年来淮南煎盐、板晒，淮北砖池晒盐的传统工艺，奠定了泥地滩晒产盐方式在海盐生产中的地位。

中华人民共和国成立后，随着电力和大型机械的普及，江苏海盐区出现了新型的小对口滩和大对口滩。改革开放以来，江苏海盐区加快改造八卦滩，大规模兴建对口滩，1992 年省属盐场 100 万吨盐田技改完成后，对口滩全面替代了八卦滩。如今，响水灌东盐场陈北工区的八卦滩遗址面积约有 5 万平方米，分蓄水、晒盐、结晶池等，为江苏省唯一的八卦滩遗址，是泥质滩晒的宝贵遗产。[196]

8. 东台三灶制盐遗存（发现古铁镬）

东台市东台镇三灶村农家乐园中陈列着一尊古铁镬。

铁镬外高 65 厘米，内径 1.63 米，内深 56 厘米，壁厚约 7 厘米，底小于面，边阔 15 厘米。在边的四周附有 6 个分布对称、宽 5 厘米、长 10 厘米的突出的小边。该铁镬重约 440 多千克。究其用途，清嘉庆《东台县志》载：“东台南三灶等地有铁镬……相传为汉煮盐牢盆，或曰镇水物也。如邵伯铁犀之类未知孰是。”[197] 据东台三灶的村民介绍，在“大跃进”时，人们想用这个器物来大炼钢铁，但其十分坚固，虽在镬边一小耳上留下一道割焊之痕，然用尽办法而“无奈其何也”，

[196] 盐城市政协学习文史委员会：《史海盐踪——盐城海盐文化历史遗存（盐城文史资料第 28 辑）》，中国文史出版社，2016，第 90–92 页。

[197] 东台市地方志编纂委员会：《东台市志》，江苏科学技术出版社，1994，第 844 页。

这才使其幸免遭难而得以保存至今。

经初步考证，此物应为汉代煮盐所用的器物“牢盆”。《汉书·食货志》《史记·平准书》中都有关于牢盆的记载，如“因官器作煮盐，官与牢盆”之语。清光绪年间的《两淮盐法志》中也有这方面的记载：“汉制煮盐，官给牢盆。”但较为遗憾的是，古籍虽提及“牢盆”，但对其具体形制却语焉不详，仅在古籍上有一些关于“牢盆”形制的只言片语，可以引证牢盆的重量与容量。陈直在《汉书新证》中，引用了宋人洪适编著的《隶释》卷三，称有汉巴官铁盆铭云：“巴官三百五十斤，永平七年，第二十七西。”又卷十四，有汉修官二铁盆款识云：“二十五石，二十年，修官作，二十五石。”字面来看，两则数据差距较大，但如果其中350斤指器物可容卤水的重量，25石指器物本身的重量，则较为合理。相比之下，东台的古铁镬重约440千克，可容近400千克卤水，其重量、容积之比与汉巴官铁盆较为接近。同时，该铁镬一次可熬盐百余千克，这与盘铁煮盐的产量较为类似。在明代人汪砢玉编著的《古今鹾略》和清代嘉庆年间编撰的《两淮盐法志》中都有“自子至亥，谓之一伏火。凡六干，烧盐六盘，盘百斤”之语。

东台三灶古铁镬

综上所述，现存东台市东台镇名为“古铁镬”的器物，推测应为汉代煎盐的牢盆，是一件可以填补我国盐业史研究空白并能证明汉唐时代淮南煎盐历史的珍贵文物。

9. 市区县前街制盐遗存（出土唐代整块盘铁）

市区县前街曾出土一整块盘铁，是盐城地区重要的制盐遗存。

1991年9月，盐城市城建部门在盐城市区县前街与纯化街交汇处扩建下水管道时，发现盐城浴室北侧墙基处有一个状似大齿轮的铁盘。盐城市文物管理办公室与市博物馆考古专业人员迅速到场勘察。根据当时的工作笔记，在距街面以下约1.5米处，已露出大半块四周有凸棱的铁盘。经过清理，发现是两块错位叠压在一起的盘铁，压于下面的一块，一半压在盐城浴室北侧墙基下面；位于上面的整块盘铁直径为 1.5 米，四周均匀地分布长 22 厘米、宽 2 厘米的方齿 10 个，铁盘中间略高，重约 750 千克。现已推定为制盐工具。整块盘铁出土的县前街为明清时期县衙门的前街，东西侧均有作为仓库、盐仓的记载，因此保存如此完整的巨大盘铁，可能是仓库中的孑遗。

文献上关于整块盘铁的记载较少。现存明清两代四种《两淮盐法志》中关于制盐工具有大致清晰的脉络，唯独缺少整块盘铁的记载，仅在明代陆蓉的《菽园杂记》中有简要记载："大盘八九尺，小者四五尺，俱用铁铸，大止六片，小则全块。"县前街出土的整块盘铁，周边有唐宋以来的瓷片瓦砾，与唐代盐城监设于盐城形成历史的呼应，可补充史料的不足。[198]

县前街出土的整块盘铁，陈列于中国海盐博物馆

10. 滨海陈涛制盐遗存（出土宋代切块盘铁）

滨海陈涛二吉村曾出土一批切块盘铁，是盐城地区重要的制盐遗存。

1991 年 3 月，盐城市水利工程指挥部在滨海县陈涛乡（今为陈涛镇）二吉村疏通苏北灌溉总渠时，发现一艘古代沉船。盐城市博物馆、市文管会得知消息后，立即组织了联合调查组，对沉船周边区域进行整理。经调查，沉船位于穿过二吉村的灌溉总渠南岸，距地表 2 米处，等高于海平面，呈水平搁置，南北向。在耕土层以下压着 30 厘米的淤泥层，淤泥层下为 40 厘米的黄土层，再下为 50 厘米的淤沙层，沉船即在此淤沙层中。该船为普通民船，船身长约 11 米，宽 2.5 米，舱内有 5 道隔梁舱，内原铺满芦苇，均已腐烂。芦苇上面放有数十块不规则的几何形铁块，每块重达数百斤，经清理共有 22 块。这艘装载铁块的木船，后仓已空，仅有一红陶瓮。经考古人员判断，沉船所在的位置，在宋代

[198] 盐城市政协学习文史委员会：《史海盐踪——盐城海盐文化历史遗存（盐城文史资料第 28 辑）》，中国文史出版社，2016，第 82–84 页。

以前为浅海，此船在当时或因船漏、超载、搁浅等原因无法移动，船主故携生活用具，弃船而走。南宋黄河夺淮以后，海岸迅速东渐，明中叶这里已是滩涂，船身逐渐为泥沙掩埋。

针对仓内发现的铁块，考古人员在深入研究后认为是制盐所用的切块盘铁。根据弧边齿状錾的大小，这批盘铁可以分为两个组合。第一组合，它们齿状长25~28 厘米，宽为 20 厘米，经测绘后的模型拼接发现，其整体可能有 10 多块，是完整的盘铁组合。组合后内圆直径 3 米左右，厚 9 厘米。第二组合，它们齿状长 25 厘米左右，宽 23 厘米。经测绘后的模型拼接，该铁盘整体可能有 15 块左右，整体内圆直径有 3 米多，铁块厚 9 厘米。沉船盘铁中另有两块的平面为完全不规则形，似为第一组合或第二组合中的一部分，但不能完全拼对。

结合文献研究，“合数角为一盘”的切块盘铁是唐宋元时期“聚团公煎”制度下产生的生产工具。切块盘铁平时分散保存在各家各户，可相互牵制以免私煎私煮。在官府规定的地点、时间，由数户人家合在一起使用，才能举火煎盐。举火煎盐时，要经过砌柱承盘、拼凑盘面、芦辫栏围、装泥嵌缝等工序，将数角合成一盘，方可盛卤煎盐。滨海陈涛出土的这批切块盘铁，是市境“煮海为盐”的重要历史证据，也为宋元时期制盐方法提供了珍贵实证。[199]

滨海沉船出土的切块盘铁，陈列于中国海盐博物馆

11. 东台新曹制盐遗存（发现明清锅鏾）

东台新曹曾收集到明清时期的锅鏾，是盐城地区重要的制盐遗存。

收集于东台新曹的锅鏾，形似锅，比锅浅。锅鏾直径为 1.14 米，整体厚度

[199] 盐城市政协学习文史委员会：《史海盐踪——盐城海盐文化历史遗存（盐城文史资料第 28 辑）》，中国文史出版社，2016，第 85-87 页。

为1~2厘米，深10~14厘米，中间深25厘米，有飞沿，沿宽5厘米。从盘铁到锅鏾反映了煎盐历史的演变。锅鏾的飞沿可看作是盘铁四周上方形齿的演变，其演变的原因可能是因为锅鏾太薄，无法做成“齿”；其作用是用来作为搁在灶上的支撑点。[200]

东台新曹收集的清代锅鏾，陈列于中国海盐博物馆

二、盐脉工程遗产

盐城是东南沿海重要的盐业生产中心，但因地处淮河入海尾闾，北、西、南三面地势较高，中部和东北部较低，形成“洪水走廊”。为减少交替为患的洪、潮、旱、涝、卤等灾害，历代政府都曾派员组织治理，修筑较大规模的水利工程，保护了人民生命财产和海盐的生产运输。这些在大运河盐文化发展史上曾经发挥过巨大作用的堤、坝、闸、墩、桥等，是盐城地区重要的盐脉工程，大多遗迹可寻，有些工程至今仍在为民造福。

1. 李堤（常丰堰）

李堤，又名常丰堰，位于盐城市境内，北起阜宁县沟墩，南抵大丰区刘庄镇北。修建于唐代的李堤是盐城历史上第一次人工修筑的海堤，它抵挡了海潮的侵袭，保障了盐城境内海盐生产和农业生产。如今由于年代久远，李堤已不见地上遗存。

李堤始建于唐代宗大历年间。淮南西道黜陟使李承在巡视沿海时，发现沿海一带风暴潮严重威胁盐场和农田的安全，于是上奏朝廷，请求修筑捍海堤坝。《行水金鉴》记载：“（唐）大历中，黜陟使李承式为淮南节度判官，谓海潮漫为盐卤，虽良田必废，请自楚州盐城南抵海陵修筑捍海堰。”李承选址在东冈砂堤一线修筑海堤，东冈砂堤是天然岸外砂堤，地势高耸，堤基结实，其中又含有大量贝壳，是修筑海堤的理想之处。李承利用有利地形，主持修筑了楚州经盐城至海陵的捍海堤堰，堰址北起沟墩（今阜宁县沟墩），南抵海陵新城（今大丰区刘庄镇北），全长约70.5千米。当地人们为了褒颂主持修堤的李承，将其所筑的捍海堰称为“李堤”。受海潮影响，李堤修成后屡圮屡筑，宋开宝年间泰州知事王文佑曾进行增修，逐渐将李堤延至小淘浦（今东台安丰）。

[200] 盐城市政协学习文史委员会：《史海盐踪——盐城海盐文化历史遗存（盐城文史资料第28辑）》，中国文史出版社，2016，第88-89页。

李堤建成后，沿堤一带不再遭受海水倒灌灾害，“绵亘两州，潮汐不得浸淫”，“农事盐课，两受其益”，堤内谷物常丰，因此李堤又被称为“常丰堰”。《旧唐书·李承传》记载：“（李承）奏于楚州置常丰堰以御海潮，屯田瘠卤，岁收十倍，至今受其利。”北宋《胡公神道碑铭》记载：“兹邑之田特为膏腴，春耕秋获，笑歌满野，民多富实。”南宋进士楼钥也指出，常丰堰建成后，“亭灶附依，尤利盐事”。可见，李堤的修筑对确保苏北沿海居民的生命财产安全起了重要作用，是使古代盐城里下河平原免受海患，并逐步发展成为鱼米之乡的主要基础设施。它是境内盐业生产的重要保障，为后世苏北沿海百业的兴盛奠定了基础。

2. 范公堤（古捍海堰）

范公堤，古称“捍海堰”，总长75千米，北起阜宁庙湾，南至泰州兴化。范公堤亭湖段遗址北起新兴镇前营村，南至便仓镇富仓村，市区境内长约16千米。北从建湖县入境，经新兴镇前营村至便仓镇富仓村出境至大丰区境内。原范公堤底宽8.5米，高2.5米，面宽3.5米，黄土夯筑，因海岸线变迁，废弃已久，部分残存。

北宋大中祥符八年（1015），范仲淹监西溪盐仓后，目睹海潮倒灌，百姓深受其害的惨状，于天圣元年（1023）上书江淮制置发运副使张纶，建议修筑捍海堰挡潮。张纶奏请朝廷委派范仲淹任兴化县令，主持筑堰。天圣二年（1024）始，范仲淹集中4万余兵夫施工，工程南起虎墩（今富安镇），北至刘庄。因当时正值隆冬，且雨雪连旬，海潮汹涌，兵夫死200余人，不得不中止施工。天圣四年（1026），范仲淹因丧母离任回籍，留书张纶，建议恢复筑堰。张纶和两淮都转运使胡令仪再次上书朝廷获准。天圣五年（1027），张纶兼任泰州知州，负责工程指挥，于当年秋施工，至第二年春完成。堤长25696.6丈（合71千米），堤底宽10米，顶宽3.3米，高5米。堤成后受益显著，“来洪水不得伤害盐业，挡潮水不得伤害庄稼”，民得以安生，农业、盐业两受其利。民众感其恩，故称之“范公堤”，并在西溪、安丰、梁垛等地建“范文正公祠”“三贤祠”，以纪念为筑堤作出过贡献的张纶、胡令仪、范仲淹。[201]

范公堤建成后经历了多次修缮。于南宋咸淳四年（1268）、明成祖永乐九

[201] 东台市地方志编纂委员会：《东台市志》，江苏科学技术出版社，1994，第192–193页。

年（1411）、万历四十三年（1615）和道光七年（1827）等经多次修缮，至清末全线修筑 8 次，大修 19 次，小修不计其数。随着海岸东移，堤身已远离海边，至清道光年间已失去挡潮作用。中华民国二十一年（1932），范公堤被改筑为通榆公路。

范公堤与串场河并行

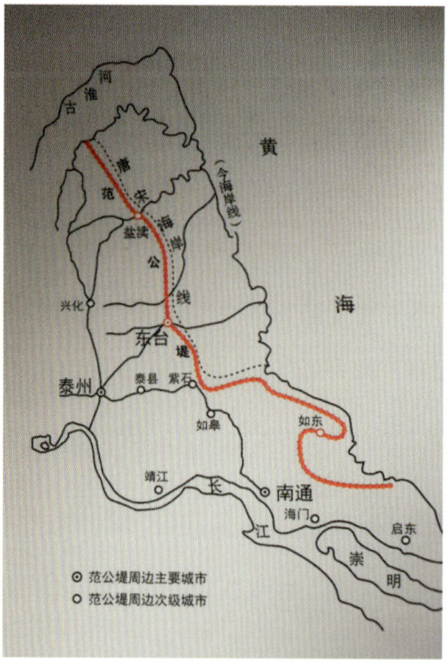

范公堤遗址

3. 范堤古闸涵

范堤古闸涵是指历代王朝政府在范公堤沿线各海口先后建造的闸坝。北宋范仲淹修筑捍海堰时就曾于堰下设闸涵，南宋以后历代维修延长范公堤时，陆续兴办了一批挡潮、御卤、排涝、泄洪的闸涵工程。范公堤闸涵自古以来为兴化、高邮、宝应、泰州泄水之门，在里下河地区的蓄水灌溉、排涝行洪、抵御海水浸灌中起到了重要作用，是重要的水利设施，是盐业生产的重要屏障，也是运盐的重要通道与关口。

范堤的古闸涵中，最为著名的有明清时兴建的归海十八闸。由北向南分别是：沟墩闸、草堰口闸、上冈闸、天妃正闸、天妃越闸、石涵闸、大团闸、八灶闸、青龙闸、一里墩闸、白驹北闸、白驹中闸、白驹南闸、草堰正闸、草堰越闸、小海正闸、小海越闸、丁溪闸。十八闸共计 43 孔，闸孔总净宽 239.5 米，均为梅花形杉木桩基、条石底板、矶心墩墙，下游设木桩、防冲槛、叠梁式木梯闸门，人工启闭。

目前，大部分范堤古闸都已不存，仅东门闸、草堰正越二闸、小海正越二闸、丁溪闸仍有遗存本体保留，其余均已拆除或改建。

沟墩闸

沟墩闸，又名沟安闸、固安闸、戴沟闸、陈家冲闸，曾位于盐城市阜宁县沟墩镇，今已拆除。该闸始建时间未见记载，闸为双孔，闸孔共宽三丈八尺。该闸横跨戴沟，蓄淡御卤，下游由海河东走小关汇射阳河入海，为盐城到阜宁归海六闸之一。[202]

沟墩，古称沟湾墩。沟，即戴沟。湾，为石灰湾和鸡嘴湾，石灰湾有一土墩，取墩下边的土补破漏小船，如油石灰般坚固，因而得名“石灰湾”；墩，指南北两大烽火墩。明末清初，串场河东是一片茫茫盐滩，灶民以烧盐为生。串场河西土壤肥沃，适宜农业耕植，居民以农为主。农闲时则勾蛏挖蛤，捉蟹捕鱼，还有猎户捕获野鸡、野鸭、野兔等，都运至沟湾墩销售。附近灶民也都来此购买生活用品，米行、酒肆、茶馆应运而生，沟湾墩遂逐步形成小街。沟墩经济的繁荣，促进了文化教育事业的发展，出现了如尚文书社、丰书局、

[202] 江苏省地方志编纂委员会：《江苏省志·海涂开发志》，江苏科学技术出版社，1995，“范堤古闸涵”。

胜利剧场等，清宣统二年（1910）即创办小学。中华民国十二年（1923）沟墩绅士陈伯盟创建沟墩中学，拆沟墩闸，用闸石做校基，建成东、南、西三面两层大楼，计 90 间。[203]

草堰口闸

草堰口闸，曾位于盐城市建湖县草堰口镇串场河西岸，今已不在。据《续纂淮关统志》载："草堰闸，县北六十里，在范公堤外。凡东塘河、院道河诸水，由此达野潮洋，入海"，可见，该闸在排泄洪水方面有重要作用。

该闸始建年代不详。据载，清雍正七年（1729），闸久已毁坏、坍塌，与上冈闸同时重建，设闸官管理。乾隆五年（1740），由于海岸线东移，闸已无法继续发挥排泄洪水作用，负责水利的大臣将闸移到东岸流湍浦（刘团堡），改建为永济桥，一孔，孔宽一丈六尺五寸，下游引河由小关经通洋港汇射阳河入海。[204]

上冈闸

上冈闸，曾位于盐城市建湖县上冈镇北串场河西岸，今已不在。据《续纂淮关统志》载："上冈镇，县北五十里，在新兴场北，范公堤西。堤外有闸，名'上冈闸'。凡北冈河、北串场河诸水，由此闸达廖家港，入海"，是重要的排水设施。

该闸始建年代不详。清雍正七年（1729），因上冈闸久已毁坏，重建后设闸官管理。乾隆五年（1740），闸被移到串场河东岸，改建成永利桥，一孔，孔宽一丈四尺五寸。道光二十八年（1848），南墙为潮水冲塌，闸下引河为廖家港，下游为野潮洋海口，一支北走汇射阳河入海。[205]

天妃正闸（北石磁闸、北门闸）、天妃越闸

天妃正闸、天妃越闸，曾位于盐城亭湖区人民北路，横跨新洋港河。其中，天妃正闸又称北石磁闸、北门闸。今二闸均已不在，在其旧址建有城北大桥。

天妃正、越二闸的前身可追溯到宋代的姜家堰和明初的大通磁。姜家堰始

---

[203] 盐城市政协学习文史委员会：《史海盐踪——盐城海盐文化历史遗存（盐城文史资料第 28 辑）》，中国文史出版社，2016，第 133 页。

[204] 江苏省地方志编纂委员会：《江苏省志·海涂开发志》，江苏科学技术出版社，1995，"范堤古闸磁"；盐城市政协学习文史委员会：《史海盐踪——盐城海盐文化历史遗存（盐城文史资料第 28 辑）》，中国文史出版社，2016，第 133 页。

[205] 同上。

建于北宋大中祥符年间。明洪武二十九年（1396）建大通砊，以泄运盐河、皮岔河及北串场河涨水。隆庆四年（1570），淮阴县高家堰崩溃决堤，黄河水泛滥东漫至盐城，在姜家堰破范公堤入海，大通砊闸坏，姜家堰逐渐淤废。

清康熙三十三年（1694），盐城知县武韡于城北新洋港建通惠桥，又名朝京桥，成为盐城的北出口。至乾隆年间，考虑到潮卤倒灌导致水不可饮、土不可耕，商议拆通惠桥建闸。[206]乾隆六年（1741），由泗州知州汪文煜、盱眙知县叶本、河标游击胡成三人督建，建成天妃正闸。闸体“五孔四矶心”形制闸，因附近有天妃庙而得名。乾隆二十二年（1757）复修，乾隆二十六年（1761）在天妃闸设江海关分口，对过往商船征税，天妃闸又承担了海关的功能。嘉庆六年（1801）重建，仍为五孔，闸孔总宽八丈四尺七寸。在天妃正闸不远处，另有天妃越闸分泄天妃闸涨水，越闸共三孔，闸孔总宽五丈四尺，嘉庆六年（1801）、光绪十九年（1893）曾两次重修。天妃正越二闸建成后，闸虽在拦截上游骤降暴雨时略受阻滞，却免除了海水倒灌之苦，发挥了蓄水灌溉、排涝消灾以及抵御海水浸灌的重大作用，造福盐城人民。

民国年间以及中华人民共和国成立后至新洋港疏浚前，天妃正闸仍在发挥作用。因位于盐城北又称为北门闸，桥闸合一，还被称为北门大桥。1946 年，为纪念遇难的新四军军长叶挺，北门闸改称“叶挺桥”。中华人民共和国成立后该闸曾多次维修改造，1969 年桥面改建为钢筋混凝土空心板桥梁结构，砖石桥墩。1975 年 11 月整治新洋港，拓宽河道时，拆二闸建桥，翌年 11 月竣工，改名“城北大桥”。[207]

东门闸（石砊闸）

东门闸，史称石砊口、石闸，位于盐城市亭湖区人民路，东西向，横跨小洋河与串场河交汇处，其北面是曾称石闸引河的小洋河，向北与新洋港河相连，南面是串场河。该闸历经多次改造，今闸体仍在，2009 年被盐城市政府列为市级文物保护单位。

东门闸的前身可以追溯到宋代的广惠砊。广惠砊，一名白波湫捍海堰，在盐城县治东门外三里，始建于南宋淳熙六年（1179），建成后屡坏，于绍熙五

---

[206]〔明〕马麟修《续纂淮关统志》：“天妃闸，县治北门外二里。旧河宽二十七丈，为七邑泄水要口。及秋后潮水越口而上，苦不可饮，卤不可灌，甚则漫溢民田，土不可耕。屡议建闸，率以河身甚宽，土壤浮濡而止。乾隆三年，始行定议，建立斗门五、矶心四，阔九尺，虽上流暴雨骤至，不无阻束之嫌，而盐邑斥卤之患，庶乎免矣。”

[207] 江苏省地方志编纂委员会：《江苏省志·海涂开发志》，江苏科学技术出版社，1995 年，“范堤古闸砊”；盐城市政协学习文史委员会：《史海盐踪——盐城海盐文化历史遗存（盐城文史资料第 28 辑）》，中国文史出版社，2016，第 131-132 页。

年（1194）、明洪武二十九年（1396）两次重修。万历四年（1576），知府邵元哲疏石䃮口，县令杜善教奏请疏浚河道并沿广惠䃮旧址建石䃮口闸。万历八年（1580），巡盐御史姜璧命盐城知县杨瑞云改闸为䃮，另置闸于其南，不久被海潮冲坏，随即填塞。后因兴化等县敦请开筑，于清康熙七年（1668）始与天妃、白驹等海口同时开启。雍正七年（1729）重建石䃮闸，闸体用青石砌成，形制为二孔一矶心，宽三丈二尺六寸，东西长 16 米，南北宽 8 米，高 6 米，闸口 6.92 米，矶心 2.1 米。乾隆六年（1741）、乾隆二十一年（1756）重修，并于乾隆二十六年（1761）在闸东、北二处设立分口。清道光年间勒石刻碑，对石䃮闸的开启做了严格规定，使其既发挥了御潮泄洪作用，又有利于商运交通。同治、光绪年间，多次海潮倒灌对闸造成极大危害。光绪十九年（1893）春旱时，卤水倒灌，于是在闸下引河筑坝代闸，遇上游大水时启放。

清末盐城天妃正闸建成和海岸线东移导致石䃮闸的泄洪防潮功能逐渐减退，但其作为盐城东出口的功能日益显现，并得到改造和完善。清光绪三十一年（1905），以范公堤为路基修建公路，时称“军马路”，石䃮闸演变为东闸桥。当时的桥为木质结构，保持了原闸的全部建筑特征。民国二十二年（1933）以范公堤为路基的公路发展为砖石路面的通榆公路并开通汽车，东闸桥自此成为盐城的陆路交通的要道。1958 年，东闸桥向东增拓一孔，将原来的“二孔一矶心”改为“三孔一矶心”，其结构仿照已有墩基，东端桥基亦用条石，护墙为砖砌，桥面仍保持木结构。1963 年，因桥面木质严重腐朽，将桥面改为钢筋混凝土结构，但原水闸形制未有改动。20 世纪 70 年代后期，盐城城市建设和交通运输日新月异，东闸桥为适应城市发展的需要，于 70 年代末和 80 年代初两次在东闸桥的基础上向南拓宽，桥面由原来的 6.3 米拓宽到 22 米。1997 年，因为建设城市防洪排涝体系的需要，闸桥在拓宽的基础上继续向南接建，建成东闸节制闸，保留中孔为闸门，用于及时排放串场河积水。至此，由广䃮惠、石䃮闸到东闸桥，演变成桥、闸合一的重要城市交通防洪设施，不断的改造、修建保

东门闸

存和延续了它的基本结构、基础形制和最初的功能。

2008 年 8 月，由于城市道路建设的需要，东门闸面临被破坏拆除的境地。为有效保护石闸，文物部门对石闸进行考古探察。勘察发掘发现，虽闸板不复存在，但闸的主体保存基本完好，整座闸体由长 2 米排列紧密的木桩支撑，木桩不腐朽、不变色，完好如初，距离矶心远近不同而密度有别。木桩上铺青条石，条石间以铁制燕尾榫铆牢。建设部门在考古的基础上制定了详尽保护方案，修改了原道路设计，使明代古闸得以完整保留。

东门闸自古以来为兴化、高邮、宝应、泰州的泄水之门，在里下河地区的蓄水灌溉、排涝行洪、抵御海水浸灌中发挥了重要作用，是重要的水利设施和盐业生产的保护屏障，也是运盐的重要通道和关口。如今的东门闸闸体，历经数百年仍坚固如初，保存完好，不仅对研究我国古代建闸造桥技术具有重要的科学价值，也是盐城市区重要的历史地理标志性建筑，具有重要的历史价值。[208]

大团闸

大团闸，曾位于盐城市大丰区新丰镇大团村，刘庄北大团河（陈家桑河）上游串场河东岸，今已不在。该闸南距八灶闸 24 里，西泄兴盐界河、海沟河之水入大团河（陈家桑河），东汇串场河之水，由大团河东归斗龙港入海。黄河北徙后，闸下淤积严重，于是在引河打坝御卤，使大团闸泄水作用减弱。

该闸始建于明末，清乾隆二年（1737）建成。乾隆十二年（1747），改建为双孔，每孔宽一丈八尺（6 米）。抗战中被毁。1967 年春，开挖新斗龙港（原陈家桑河经浚治改成了新斗龙港）时拆除，改建成三孔双曲拱公路桥。[209]

八灶闸（刘庄北闸）

八灶闸，又称刘庄北闸，曾位于盐城市大丰区刘庄镇北侧友谊村，八灶河上游，串场河东岸，今已不在。该闸南距青龙闸三里，西泄兴化兴盐界河之水，东汇串场河之水，由闸入八灶河经斗龙港入海。

该闸始建于明万历三十五年（1607）。明天启二年（1622），兴化知县边之靖修。清乾隆十二年（1747），改建为双孔，每孔宽一丈七尺二寸（5.73 米）。中华民国三年（1914）重修。抗战中遭破坏堵废，1968 年夏拆除。[210]

[208] 江苏省地方志编纂委员会：《江苏省志·海涂开发志》，江苏科学技术出版社，1995，“范堤古闸础”；盐城市政协学习文史委员会：《史海盐踪——盐城海盐文化历史遗存（盐城文史资料第 28 辑）》，中国文史出版社，2016，第 128–131 页。

[209] 江苏省地方志编纂委员会：《江苏省志·海涂开发志》，江苏科学技术出版社，1995，“范堤古闸础”；盐城市政协学习文史委员会：《史海盐踪——盐城海盐文化历史遗存（盐城文史资料第 28 辑）》，中国文史出版社，2016，第 138 页。

[210] 江苏省地方志编纂委员会：《江苏省志·海涂开发志》，江苏科学技术出版社，1995，“范堤古闸础”；盐城市政协学习文史委员会：《史海盐踪——盐城海盐文化历史遗存（盐城文史资料第 28 辑）》，中国文史出版社，2016，第 137 页。

青龙闸（刘庄南闸）

青龙闸，又称刘庄南闸，曾位于盐城市大丰区刘庄镇南侧七灶河上游，串场河东岸（今刘庄镇云溪居委会），今已不在。该闸西泄兴化兴盐界河之水，东汇串场河之水，由闸入七灶河经斗龙港入海。

该闸始建于明万历三十五年（1607），明天启二年（1622）兴化知县边之靖请修。清雍正二年（1724）7 月大潮灾，闸基倾塌。雍正七年（1729），修建二孔，每孔宽一丈八尺（6 米）。乾隆二十年（1755）重修。1959 年夏，为扩大引水灌溉而拆除。[211]

一里墩闸（五孔闸）

一里墩闸，又称五孔闸，曾位于盐城市大丰区白驹镇北侧狮子口村，牛湾河（三十里河）上游，串场河东岸，今已不在。该闸西泄兴化白涂河、海沟河之水，由闸入牛湾河（三十里河）经斗龙港入海。

该闸始建于明万历三十五年（1607）。清乾隆十二年（1747），建闸为五孔，每孔一丈八尺（6 米）。乾隆十三年（1748），巡盐御史尹会一重修。乾隆二十一年（1756）再修。抗日战争中遭破坏，1950 年夏修复，1986 年，拆除改建公路桥。[212]

白驹北闸

白驹北闸，曾位于盐城市大丰区白驹镇北侧狮子口村，牛湾河（三十里河）上游，串场河东岸，今已不在。该闸与白驹中闸相近，西泄兴化海沟河之水，由闸入牛湾河（三十里河）经斗龙港入海。

该闸始建于明成化八年（1472），由判官乐武主持兴建，在大丰境内范公堤 12 闸中修建最早。闸为一孔，孔宽 6.16 米。天启二年（1622）兴化令请修。清雍正十二年（1734），巡盐御史尹会一以闸日久倾颓，于次年支银九百两重修。乾隆五年（1740）移建，由总办江南水利大理寺卿汪漋主办，水利别驾季宗典驻工经办。乾隆六年（1741）春，重建完工，立碑纪念。抗日战争中被毁。1950 年，由兴化县县长殷炳山再修。1974 年，因扩建通榆公路，将其拆除改建为单孔闸桥，孔净宽 10 米，闸底高程 -2.0 米。[213]

[211] 江苏省地方志编纂委员会：《江苏省志·海涂开发志》，江苏科学技术出版社，1995，“范堤古闸础”；盐城市政协学习文史委员会：《史海盐踪——盐城海盐文化历史遗存（盐城文史资料第 28 辑）》，中国文史出版社，2016，第 137 页。
[212] 同上。
[213] 同上。

白驹中闸（白驹正闸、牛湾河闸）

白驹中闸，又名牛湾河闸，曾位于盐城市大丰区白驹镇北侧狮子口村，牛湾河（三十里河）上游，串场河东岸，今已不在。该闸在白驹南闸北二里，西泄兴化海沟河之水，由闸入牛湾河（三十里河）下注斗龙港入海。

该闸始建于明成化八年（1472）。成化二十年（1484），巡盐御史李孟至委派扬州府知事王堂，白驹场副使李芳督工，经费全系商捐。清乾隆五年（1740），总办江南水利大理寺卿汪漋主办，水利别驾季宗典驻工经办，建一孔，宽一丈九尺（6.7 米）。中华民国四年（1915）因卤水破坏重新修复时，徐文高置备双槽闸坊。原闸抗日战争中被毁。1950 年，由兴化县县长殷炳山再修。1971 年，扩建通榆公路时，拆除改建公路桥，桥长 47 米。[214]

白驹南闸

白驹南闸，曾位于盐城市大丰区白驹镇南侧，牛湾河（三十里河）上游，串场河东岸，今已不在。该闸自古为兴化、高邮、宝应、泰州的泄水之门，西泄兴化海沟河、白涂河之水，由闸入牛湾河（三十里河）下注斗龙港入海。

该闸始建于明万历十一年（1583），由河道尚书凌云翼提议修建，巡按姚士观主持修建。清雍正二年（1724）七月大潮灾，闸基倾塌，雍正七年（1729）修复。雍正十二年（1734），巡盐御史尹会一以该闸日久倾颓，于次年动支帑银九百两复修。乾隆四年（1739），河道总督高斌等会奏修筑，次年总办江南水利大理寺卿汪漋主办，水利别驾季宗典驻工经办，里河司马施延瑞修建，于乾隆六年（1741）春完工，立碑纪念。乾隆二十一年（1756），两江总督尹继善以白驹南闸矶心闸墙损坏，奏准支运库银兴修，次年改建为二孔，每孔宽一丈九尺五寸（6.5 米）。抗日战争期间遭破坏。1981 年 12 月，扩建通榆公路时，拆除改建公路桥，桥长 23.5 米，桥面净宽 10.1 米，河底高程 -1.0 米。[215]

草堰正闸（草堰北闸）、草堰越闸（草堰北野闸、苇港闸）

草堰正闸又称草堰北闸，草堰越闸又称草堰北野闸、苇港闸，二闸位于盐城市大丰区草堰镇北侧串场河东岸，五十里河（西团河）上游进口处。历经多次修筑，今闸体仍在，被大丰区政府列为重点文物保护单位。

[214] 江苏省地方志编纂委员会：《江苏省志·海涂开发志》，江苏科学技术出版社，1995，“范堤古闸础”；盐城市政协学习文史委员会：《史海盐踪——盐城海盐文化历史遗存（盐城文史资料第 28 辑）》，中国文史出版社，2016，第 136–137 页。

[215] 江苏省地方志编纂委员会：《江苏省志·海涂开发志》，江苏科学技术出版社，1995，“范堤古闸础”；盐城市政协学习文史委员会：《史海盐踪——盐城海盐文化历史遗存（盐城文史资料第 28 辑）》，中国文史出版社，2016，第 136 页。

草堰正闸始建于明万历十九年（1591），清康熙三十一年（1692）修。清雍正七年（1729），泰州分司运判王兆麟改建为两孔一矶心，计石十四层，高深一丈四尺七寸（4.9 米），金门各宽一丈六尺（5.33 米），矶心宽一丈二尺五寸（4.16 米），用板四槽，相对启闭。东御海潮，西泄高邮、兴化经车路河、白涂河汇串场河来水，经闸入五十里河至斗龙港归海。闸底和三道金门完好，均是大型青石垒砌。

草堰越闸在草堰正闸北侧，二闸相距很近。清乾隆十二年（1747），草堰越闸改建为三孔二矶心，高计石十一层，深一丈三尺二寸（4.4 米），金门各宽一丈六尺（5.33 米），矶心宽一丈二尺四寸（4.13 米），用板六槽，相对启闭。分泄草堰正闸异涨之水，同入五十里河至斗龙港归海。1966 年春，为引水和通航需要，草堰越闸改建为五孔闸，中孔宽 6.5 米，两中边孔各宽 5.2 米，两边孔各宽 1.5 米。该闸至今仍起防洪引水作用，闸下水流湍急，现仍是水运干道。[216]

草堰石闸（小海正闸、小海越闸）

小海正闸又称草堰南闸，小海越闸又称草堰南野闸，二闸位于盐城市大丰区草堰镇草堰村南端小海河头与串场河相接处。历经多次修建改造，今闸本体仍在，二闸一东一西，由长条青石筑成，因相距甚近且造型一致，又被合称为鸳鸯闸。1990 年，小海正闸、小海越闸被盐城市人民政府列为市级文物保护单位，1995 年，二闸合并列为江苏省级文物保护单位，重新定名“草堰石闸”。

小海正闸始建于明万历十一年（1583），由巡按姚士观指示泰州知州李裕修建。万历十九年（1591）维修。清雍正七年（1729），由泰州知州储世暄增为两孔，总宽三丈三尺。小海越闸在小海正闸的南侧，与正闸相连。小海越闸始建于万历十九年（1591）。清雍正七年（1729），泰州知州储世暄维修，乾隆十二年（1747），改建为两孔，总宽三丈三尺，用于分泄正闸涨水。两闸体均以长方巨形青石叠砌，闸基用杉木排桩铺底，上覆石板加固，均为二孔一矶心，每闸均长 14.8 米，矶心宽 4.2 米，金门宽 5.3 米，高 4.8 米，闸门为东西向，每孔两侧有四槽，备有两闸板，相对启闭。两闸东御海潮，西泄兴化车路河、乌金荡之水，由闸入小海灶河经小海团、万盈墩至王家港海口归海，是里下河

[216] 江苏省地方志编纂委员会：《江苏省志·海涂开发志》，江苏科学技术出版社，1995，“范堤古闸础”。

地区泄洪排卤、抵挡海潮、控制水位、调节水系的重要水利设施。

1958 年，二闸又经历修整。闸基用杉木和柏木排桩铺底，复覆以石板加固。为适应泄洪和 204 国道交通需要进行修理，金刚石条之间用水泥嵌缝，闸面用水泥铺面加宽以利行车，每闸只留二槽。多年以来未进行大修，但闸基如故，依然可起防洪引水作用。数百年来，小海正闸、小海越闸历经风雨，仍以全貌遗存，是研究古代水利史，特别是里下河地区水利史不可多得的重要实物。[217]

草堰石闸

丁溪闸

丁溪闸，位于盐城市大丰区草堰镇丁溪村丁溪河西端，历经多次改造，今闸本体仍在，由青石砌成，东南与西北走向，横跨于丁溪河上。1998 年被列为大丰文物保护单位。

该闸始建于明万历十一年（1583），由巡按姚士观指示泰州知州李裕与小海闸同建，旧系二孔。万历十六年（1588）、清康熙三十一年（1692）和雍正七年（1729）分别维修。清乾隆十二年（1747），改建为五孔四矶心，计石十一层高，深一丈三尺二寸（4.4 米），金门宽一丈六尺（5.33 米），矶心各宽一丈二尺五寸（4.16 米），闸孔总宽七丈八尺，用板十槽，相对启闭。该闸东

[217] 江苏省地方志编纂委员会：《江苏省志・海涂开发志》，江苏科学技术出版社，1995，"范堤古闸础"。

御海潮，西泄蚌蜒河、梓辛河之水，南泄富安、安丰串场河之水，使其由闸入古河口归海，入海口为丁溪灶河，引河长 180 里。1958 年对丁溪闸进行维修，改为四孔闸。1983 年，丁溪河西段裁弯取直后，丁溪闸失去作用。

石闸全用古石垒砌，原有五孔，现仅存中间一孔，孔距约 3 米，两侧闸体东西两端呈三角形，石基、扇形闸墙和金门保存完好，有的石头上还刻有飞禽走兽。[218]

丁溪闸

4. 潮墩

盐城地处海滨，历代海滨先民多以渔盐为生，然而，海溢卤潮，不时成灾。古人为防止涨潮时来不及回到安全的陆地，就人工挑挖，在范公堤外的滩涂上修筑高大的高墩，供滨海劳作的盐民渔民暂时避让海潮之用，这些高墩被称为“潮墩”或“避潮墩”，俗称“救命墩”。潮墩一般高 4 米多，为上窄下宽的方台形，方便民众登临。顶部长宽各约 16 米，基部长宽 30 到 45 米，四周墩坡栽上榆柳等树木，以固墩体。

沿海灶场广袤，需要修筑的潮墩数量众多，且筑成后常受风雨侵袭，因此需要修复和维护。早期的潮墩多为官筑。明嘉靖十七年（1538），海潮骤涨，发生“潮变”，范公堤以东水深丈余，致使庐舍漂没，盐灶毁坏，溺死人畜数以万计。有鉴于此，嘉靖十九年（1540）起，在范公堤以东的灶亭之间兴筑潮墩 220 余座，万历十五年（1587），又添置潮墩 43 座。清初海岸线东移，旧时盐灶被废弃，在新淤滩地重建新灶，潮墩数量也相应增加。清乾隆十二年（1747），通、泰各场修筑潮墩 143 座，光绪九年（1883），发展为每座灶屋后筑一潮墩，共筑灶户墩 2570 座，是历史上规模最大的筑墩工程。

除了官筑潮墩外，还有民筑潮墩。清乾隆十一年（1746），由盐商“情愿

[218] 江苏省地方志编纂委员会：《江苏省志·海涂开发志》，江苏科学技术出版社，1995，“范堤古闸础”。

公捐工费”，筹集修筑潮墩所需的 9200 余两银子。另外，还用“寓赈于工”“司库垫发”“按引岸酌缴票费”等方法筹集资金。筑墩体制的改革使潮墩改官筑为民筑，由盐商、灶户共同承担，并鼓励社会人士赞助，将施工步骤改一次完工为分期执行。此后，民筑潮墩连年不断，在潮墩建造史上占有重要的地位。

随着盐灶向东发展，筑潮墩的地区也不断向东延伸，明代靠近范公堤，清代则到了马路（黄海公路）附近。后由于海岸不断东移，西部地区潮汐不至，部分避潮墩失去作用，多数早已平毁。20 世纪 50 年代大搞水利建设，平田整地又毁了一批潮墩，现在所剩无几。潮墩已成为历史产物，但它却留下了许多地名，如许家墩、罗家墩等。[219]

麻墩遗址（东台海丰双坝）

麻墩遗址位于盐城市东台市海丰镇双坝村。麻墩周长 100 多米，占地 1.2 亩，平均高出地面 2.8 米，最高高出地面 3 米。上有百龄古树数十棵，大多是桐油树。目前，古树仍在，上有一寺庙，为村民自发建成，香火不断。

相传北宋初期，海丰一带还是沿海滩涂，民众冒险捕捞海货，常有人被海潮吞没。后有一位姓麻的渔民发现了一块自然形成的土墩能挡海潮，每当大潮到来，首先奔上此墩。此后，他白天扯旗，晚上挂灯，召集众人到此避潮，还常常奋不顾身救援来不及奔上墩的落潮者。人们为纪念他，在墩上栽树，并将他用于救人的土墩称为“麻将军墩”，简称“麻墩”。元代统治者对盐业采取严厉的管理政策，导致穷苦百姓冒险去海边挑私盐，麻墩也曾被百姓用来躲避缉拿。不久，官府强行烧毁麻墩。麻墩被毁后，百姓自发在其上栽种桐油树。明清两代，麻墩是周围数百里民众敬神拜佛的圣地。清帝退位后，东台人夏寅官建议在墩上建庵堂，庵于 1940 年建成，取名“海寿庵”。1942 年春，新四军决定拔除日伪北沈灶据点，时任新四军一师师长的粟裕将军从三仓专程赶来，指挥所就设在麻墩上的海寿庵。中华人民共和国成立后，海寿庵也曾被用作学校，为教育事业做过贡献。[220]

万盈黄墩（万盈墩）

万盈黄墩遗址位于大丰区万盈镇康宁村一组，小海与万盈二镇交界处（小

[219] 东台市地方志编纂委员会：《东台市志》，江苏科学技术出版社，1994，第 193 页；盐城市政协学习文史委员会：《史海盐踪——盐城海盐文化历史遗存（盐城文史资料第 28 辑）》，中国文史出版社，2016，第 142–143 页。

[220] 盐城市政协学习文史委员会：《史海盐踪——盐城海盐文化历史遗存（盐城文史资料第 28 辑）》，中国文史出版社，2016，第 147–148 页。

洋河与小海河交汇处）。目前该遗址保存尚好，墩高出地面约 4.5 米，面积约 100 平方米。四周为庄稼地，环墩河滩无水，长满芦苇。墩上长有 30 余棵白杨树。

万盈黄墩建于明嘉靖三十三年（1554），原为灶民所筑，官方置兵 2 名驻防传烽报警。万盈黄墩是附近渔民盐民登高避潮之处，保障了当地渔业和海盐生产，也是大丰地区海岸线变迁的见证。

小海黄墩（小海团墩）

小海黄墩位于大丰区小海镇江北村五组，建于明嘉靖十九年（1540），高三丈，顶部直径五丈，基部直径九丈，并栽柳树固定墩土，现存面积约 400 平方米，墩高 5 米。

小海黄墩

小洋潮墩

小洋潮墩在小海镇小洋村北，王港河南，是大丰区内少见的潮墩遗迹。小洋潮墩建于明嘉靖三十三年（1554）。中华人民共和国成立初期，江苏省公安厅、司法局、测绘局、省军区司令部联合在潮墩上设立了测量标志，并将其列入地标文物加以保护。小洋潮墩呈不规则圆形，底座周长约 80 米，有 2 米多高。

方强老墩

方强老墩遗址位于大丰区方强镇老墩村，面积约 600 平方米。原址略高于周边农田，呈漫坡状，最高点高出周边 1 米多，目前该遗址保存尚好。新斗龙港开挖时，地质部门在测量过程中发现老墩子底下有三根桩。

三龙潮墩

三龙潮墩位于大丰区三龙镇下坝村三组、斗龙港村、龙西村五组。下坝村三组的潮墩，面积约 1500 平方米，高出地面 3 米。上有一水泥块，中间有一铜球，上阴刻“第 843”，下阴刻“1959 年 11”，原来在墩子正中，后因水土流失，歪斜于原位的东南方。地面上曾采集到晚期青花瓷片等遗存物。原址略高于周边农田，呈漫坡状，最高点高出周边 3 米。目前该遗址保存尚好。遗址上现种有农作物。

南阳黄墩

南阳黄墩遗址位于大丰区南阳镇祥南村四组和祥西村八组。祥南村四组黄墩，原来有一个大墩，上有一座土地庙（现已平），后面有一个小墩，上面有一块石碑，碑上刻有“军用”两字。南阳黄墩与范公堤同时代，现墩基直径 5 到 6 米，占地面积约 200 平方米，原高 10 米，平填整地时将其平，顶上有航标。原址略高于周边农田，呈漫坡状，最高点高出周边 3 米，目前该遗址保存尚好，遗址上现种有农作物。

新丰潮墩

新丰潮墩位于大丰区新丰镇大团村二组。新丰潮墩现存面积约 200 平方米。

新丰潮墩

5. 海春轩塔

海春轩塔位于盐城市东台市西溪之南、泰东河畔，为全国重点文物保护单位。

海春轩塔

塔身七层，八角八面，为砖结构密檐式塔，塔门面朝西北，塔高 20.80 米，无台基、副阶，内中空，二层及以上各层塔壁十分简洁，无斗拱、角柱，每层八面各设圭形佛龛一座，六层共 48 座佛龛。底层直径 6.5 米，壁厚 1.36 厘米，塔身底层较高，为 4.5 米，八面每面边长 2.5 米左右。底层以上出密檐七层，塔内第七层处设有十字金钢梁一副，上置塔心柱。塔刹由铜葫芦、相轮、铸铁覆盆组合而成，塔顶面覆盖筒瓦，别具风格。

据清嘉庆《东台县志》、光绪《扬州府志》、《江苏通志》记载，塔系唐代尉迟敬德监造，塔顶有题名。建塔时，西溪地处海边，建塔的目的是为了镇海和导航，为海盐运输的指航标志，故人称“定海针”“镇海塔”“尉迟塔”。此塔的建成，给沿海盐民渔民带来莫大的福音。西溪也因海产丰盛而日趋繁荣，每年春季鱼汛，海鲜大量上市，南北客商云集西溪，热闹非凡。唐大历年间，淮南黜陟使李承奉命开挖盐河，修筑常丰堰，游览此塔时，见春季的海鲜市场繁荣，众多的轩式长廊为鱼货交易场所，故为该塔取名为“海春轩塔”，并吟诗一首：“东设点将台，西有溪通淮，海轩春潮旺，皆由此塔来。”

中华人民共和国成立后，东台县政府于1955年、1964年、1982年三次拨款维修，保持原状。2004年，东台市政府对该塔进行修缮时发现塔体呈双层，内层保存基本完好，呈唐塔结构。

6. 古云梯关

古云梯关位于江苏省盐城市响水县黄圩镇云梯关村，为江苏省文物保护单位。古云梯关面海控河，历史上曾是漕运枢纽，连接着漕粮的河运和海运，是重要的交通要冲和海防重地，维系着海疆安全，对研究我国海运交通和沿海地区抗击倭寇的历史都具有重要价值。

从唐代到清代的1000多年里，云梯关是历代海防重镇、交通要冲、河防险要、宗教圣地和商贸集散地，史家称其为“江淮平原第一关”。云梯关宋以前为淮河入海口，南宋绍熙五年（1194）黄河夺淮，又为黄河入海口之一。由于黄河带来大量泥沙，不断淤积，海口东移，河道的周围形成云梯状，故名“云梯关”。到了元代，云梯关成为漕运的重要关口，每年经过云梯关运往京师的粮食达数百万石。明初，设大河卫，卫所设于古云梯关。从明隆庆年间起，由于黄河带来大量泥沙，海岸线东移，至清康熙年间，云梯关漕运终于废止。到咸丰五年（1855），清政府正式撤销云梯关关防。

1984年文物普查时发现“古云梯关”石碑，此碑为清工部尚书马慧裕题书，淮安府山安河务同知师兆龙勒石，淮安府于嘉庆十五年（1810）十月所立。经考证，石碑发现处为云梯关遗址，该遗址距地表10米左右，先后发现过几条沉船，出土有宋代瓷瓶、清代铜钱等文物。遗址东侧3.5米深处曾发现明代房屋墙基、砖铺道路等遗迹。1943年以前，遗址上存有清代禹王庙、海神庙、望海楼、厢房等古建筑，后毁于战火。

目前该遗址被废黄河泥土所覆盖，现挖掘发现遗址上有碑亭和废黄河故道。该遗址正在修复、重建，现已有部分设施恢复建成，已形成一定规模。如今已成为开放参观、宗教活动和教育活动等的场所。

古云梯关

7. 海口栈道

西溪古海口栈道，西起犁木街东端，东近老海道桥（旧时为海大口子），全长1600多米（俗称三里路）。这条古海口栈道是东台境内第一条公路，为东台历史上最古老的盐运通道，是东台海盐生产史的重要见证。

2000多年前，西溪以东还是一片汪洋。由于受季风和海潮的影响，使西溪东边形成了一个天然的海口小港（俗称海大口子）。独特的地理位置，为西溪的盐业生产奠定了坚实的基础。据《史记·平准书》记载：“愿募民自给费，因官器作煮盐，官与牢盆。”元狩四年（前119），汉武帝为解决国家财政急需，广为吸纳民众参与盐灶煎盐，并出台了一系列宽松政策，如官府提供煮盐器具，雇工煮盐的费用由政府发给。由于这些措施的落实，西溪的盐业生产有了进一步的发展。至唐代，西溪已成为淮南盐场的重点产盐区。为了方便盐民、渔民的近海作业，为了解决运盐送草在滩涂沼泽地带行走的困难，需要修筑一条通往海口的栈道。经过官府和民众的努力，从犁木街东处修筑了一条长达1600多米的人造土栈道通向海口，这便是最初的三里路。

海口栈道

古海口栈道距今已有2000年历史。到了清乾隆三十三年（1768）东台建县时，路身已似马脊形，路面已统一青砖铺就，宽约2米。它的始建年代比范公堤要早1000多年，一直到20世纪80年代末东广路建成前，它都承担着主干道的功能，是一位服务百姓2000年的“功臣”，是东台人民的骄傲。

8. 盐场名桥

西汉武帝元狩四年（前119）设立盐渎县时，境内遍地皆为煮盐亭场，到处是盐河，“盐渎”就是运盐之河的意思。境内纵横、密集的运盐河，是海盐和各类物资运输流通的重要通道。为便于出行，横跨河流的形态各异的桥梁应运而生，仅范公堤即有桥（闸）100座。资料显示，中华人民共和国成立前，盐城全境有桥梁10067座，而如今全市的大、中、小桥（闸）已逾10万，横跨河流的各种桥梁，尤其是横跨各盐场运盐河上的桥梁，既是盐业与各业生产、交通运输及人民生活的必要设施，也是珍贵的建筑和造型艺术的杰作。

八字桥（通济桥、广济桥）

八字桥位于盐城市东台市西溪境内的三岔形河口、犁木街中部，由广济桥和通济桥两座桥组成，呈八字形，故名八字桥。现为东台市文物保护单位。

传北宋天圣年间，范仲淹在西溪任盐仓监官时，见雄河、晏溪河穿镇而过，在镇内汇合，成“丁”字形，将全镇割为三块，交通很不方便。为沟通两河三岸，他在两河的三岔口主持修建了两座桥：一为通济桥（东西向），桥长17.1米，宽5米，孔径3.4米；一为广济桥（南北向），桥长25米，宽5.5米，孔径4.5米。两桥均为单孔拱形结构，桥面青砖45度相嵌砌成，为锯齿形。因两桥相连，形成“八”字形横跨，合称为“八字桥”。桥身正栏中央各嵌一块大理石，上刻“通济桥”“广济桥”，字迹浑厚雄朴，线条柔中见刚，加之刻技精湛，极有气韵，据传是范仲淹手迹。明、清时代都曾对通济桥、广济桥进行过维修。1983年广济桥倒塌后又一次重修，桥基及拱顶均为条石对缝所砌，仍保持原桥的基本结构。

八字桥的独特之处在于由一模一样的两座拱形桥相连，丁字形交汇一起，沟通两河三岸，有“一步两顶桥，两桥通三岸”的美誉，在我国古代桥梁建筑史中并不多见，古人曾叹为“制造奇迹，不知其所以然”。

通圣桥

通圣桥位于盐城市东台市西溪镇泰山护国禅寺门前，横跨晏溪河，南北向。

通圣桥始建于南宋嘉定元年（1208），是西溪建造最早的桥梁之一，俗称“通庙桥”“庙桥”。该桥为纵联无绞单孔拱形砖桥，宋砖砌造，建筑精细，朴实无华，虽历经千年，几经修建，至今仍保持原貌。桥长 22 米，中宽 5.2 米，堍宽 6.7 米，拱高 5.5 米，桥两侧稍宽约 5.5 米。

为了科学保护古桥通圣桥，2013 年，在通圣桥两边新建与通圣桥造型、规模同样的通贤桥、通善桥各一座。新旧三桥如同“三胞胎”，被称为“泰山寺门前三桥”。

庆丰桥

庆丰桥位于盐城市大丰区草堰镇丁溪村，东西朝向，横跨丁溪夹河，沟通东西小街。1990 年被列为盐城市文物保护单位。

庆丰桥建于南宋淳熙年间，明清时屡次重修。桥为独孔石桥，仅靠桥两端的榫头连成一体，以弧形巨石构架支撑拱门。桥长 31.8 米，坡底宽 5 米，桥中宽 4.1 米，桥面到天盘石 3.3 米，金门 6.3 米。庆丰桥砖石混用，砖有两种，大小相间，石是一色为黄麻条石，桥面正中有一块四尺见方的黄麻石板，上面刻有花纹图案，清晰可辨。人们传说，这块石板叫“八龙治水”，因为桥身下南北各伸出四个龙头，意为“八龙治水，消旱去涝”。

南北桥头扶栏外侧各有“古庆丰桥”四个楷体字，乃清代重修此桥时所写。桥南扶栏内侧正中，有石刻《庆丰桥碑志》一块，碑文记载了庆丰桥的修造经过：“桥建自宋淳熙年间，明杨大成介议捐资独修。兹于道光九年，衿士耆老公请堰上袁可亭先生领袖重建，因连年大水，桥基淹没，兼值浙省兴修海塘，苏行石料始于今夏到齐，即于是冬竣工。明人名太平桥，今仍其旧。谨记。道光十六年嘉平月里人公立。石工池场王论才建。”

桥下拱门两侧都有刻在黄麻条石上的对联。拱门朝南的石刻对联是：“丁像水形玉带千寻环海甸，溪涌虹影金鳌百尺驾云衢。”上联写水，下联写桥，并巧妙嵌入“丁溪”二字。拱门朝北的对联是：“路接东亭砥柱双擎临凤井，水通北堰文澜一曲赴龙门。”上联写路，下联写河，写出西溪水陆交通便利，人杰地灵。联中的“东亭”就是“东台”，“北堰”就是“草堰”，“凤井”指庆丰桥东三贤祠左侧的便民泉和通圣泉，亦称双凤井。两副对联均对仗工整，气势不凡，文采斐然。

庆丰桥建筑法式特殊，历时久远，仍保存完好，是盐阜平原上最古老、最完整的一座宋代桥梁。它不仅印证着范公堤上丁溪盐场曾经兴旺的历史，也为研究古代桥梁建筑提供了实物资料。

庆丰桥

永宁桥

永宁桥

永宁桥位于盐城市大丰区草堰镇丁溪村中心河道北端，东西走向，跨越南北走向的夹沟。1990 年被列为盐城市文物保护单位。

永宁桥始建于明万历三十六年（1608），清康熙三十六年（1697）里人钱氏重修。1977 年因拓街拆除。1984 年，原大丰县文化局与草堰镇政府合作，筹集资金，并于 1988 年动工，以原石料按原造型式于官河（夹河）北端重建，1989 年竣工。

此桥为并联单孔拱桥，完全石造，一色青石垒砌，桥长 32 米，拱高 3.9 米，中宽 4.5 米，拱券阔大，堍宽 5 米。桥石栏中部两外侧有“永宁桥”碑刻，桥上铺数块莲花方形龙门石。永宁桥两侧各有一副对联。南侧联为：“路接东亭曰康曰庄占利济，桥成北堰乃文乃武际风云。”北侧联为：“三百载逸韵遗风兴怀前哲，亿万年丰功伟绩泽被群伦。”两副对联是对永宁桥壮观景色及历史价值之恰当写照，也为永宁桥增色添辉。

横跨在夹河上的永宁桥使草堰镇合二为一。全桥五方梯式踏阶结构，上下踏坡五处，南指五个方向。河东二处正面踏坡南通古街，通向河东沿岸茶馆、饭庄、酒楼以及八鲜、粮行等处；河西三处正面踏坡直通西方庵，南北通向夹河沿岸商店林立的繁华地带。古时桥上设摊布点，鱼盐、青货、各种风味小吃应有尽有，来往人群络绎不绝，既是交通要道，又是繁华集市。

永宁桥用料古老，式样别致，工艺精美，姿态雄伟，造型线条圆转流畅，是苏北里下河地区罕见的具有鲜明江南风格的桥梁。[221]

9. 公司堤

20 世纪初，中国民族资本兴起，在近代实业家张謇的倡导下，一些民族资本家、地方邑绅、官僚买办，竞相在海滨斥卤之地兴垦，盐城市境内创办盐垦（垦殖、垦牧）公司 63 家，其中 10 万亩以上的大公司 9 家。垦田、改灶、开河、筑堤为垦区四大工程，其中首要的是筑海堤御潮。除通遂公司无海堤之外，其余八大公司都兴筑自成体系的海堤，称为“公司堤”。[222] 中华人民共和国成立前夕，大部分堆堤已濒临坍塌。中华人民共和国成立初期，经多次加高培厚，连线补缺，提高标准，方形成系统的挡潮屏障。

新通公司堤

新通公司垦地位于陈家港东南，占地 12.6 万亩。中华民国七年（1918）张孝若等创办，筑堤 4500 丈，堤高 6 尺，堤东北角建三孔闸。

华成盐垦公司堤

华成盐垦公司垦地位于射阳河北鲍家墩以东，占地 60 万亩，开垦 20.4 万亩。中华民国六年（1917），张謇、冯国璋等创建。公司海堤南起射阳河北岸下环洋，向北直达杨公堆，转而折向西南，长 26 里，堤高 1 丈，顶宽 1.7 丈，底宽 6.6 丈。中华民国二十八年（1939）暴潮，堤损多处，到中华民国三十年（1941），双洋河以北部分海堤随岸滩侵蚀而倒塌。

大纲盐垦公司堤

大纲盐垦公司垦地位于新坍以东黄沙港两岸，占地 13.7 万亩，开垦 3.05 万亩，中华民国五年（1916）张謇、张詧等创办。大堤长 23.3 千米，堤宽 6.7 米，高 2 米。

[221] 盐城市政协学习文史委员会：《史海盐踪——盐城海盐文化历史遗存（盐城文史资料第 28 辑）》，中国文史出版社，2016，第 151–156 页。

[222] 江苏省盐城市水利志编纂委员会：《盐城市水利志》，方志出版社，1999，第 58–59 页。

泰和盐垦公司堤

泰和盐垦公司垦地位于西潮河南，斗龙港北，斗龙河以东，占地 20 万亩，开垦 6 万亩，中华民国八年（1919）张佩严、岑春煊等创办。公司结合开挖三里河筑海堤，长 5 千米，堤高 5 尺，顶宽 1 丈 5 尺，底宽 9 丈。

大丰盐垦公司堤

大丰盐垦公司垦地位于老斗龙港以东、以南，王港河以北，占地 45 万亩，开垦 21 万亩。中华民国六年（1917）周扶九、张謇等创办。中华民国八年（1919），结合开挖东子午河筑海堤，南至通商一卯酉河，北至五卯酉河，长 10901 丈，堤高 5 尺，底宽 4 丈。

裕华垦殖公司堤

裕华垦殖公司垦地位于大丰公司东南，占地 22.7 万亩，开垦 9.5 万亩。中华民国十一年（1922），陈仪、陈威等购自大丰公司。中华民国十三年（1924）大丰、裕华公司联合培修、续建海堤 9.45 千米，培修后裕华段堤高 3.3 米，顶宽 6 米，外坡 1:4，内坡 1:2；大丰段堤高 3.2 米，顶宽 3.2 米，外坡 1:3，内坡 1:2。

泰源盐垦公司堤

泰源盐垦公司海堤筑成于中华民国八至十一年（1919—1922），由韩国钧等创办。泰源盐垦公司垦地位于黄海路以东，三仓河以北，占地 15.8 万亩，开垦 1.8 万亩。公司堤南起牛桥口，与大赉公司海堤北头衔接，向北经六里舍、红旗店（今农干河）、三区头到雀儿洋止，历四处直角弯，计 23.5 千米，围滩面积 15.79 万亩。[223]

大赉盐垦公司堤

大赉盐垦公司堤筑成于中华民国七至十一年（1918—1922），由张詧、张佐虞等创办。大赉盐垦公司垦地位于李堡、角斜（今属海安境）以北原东台县东南角，占地 15.8 万亩，开垦 14.66 万亩。大赉盐垦公司堤南起角斜（与范公堤联结），直线向北 7 千米至木闸（今新街镇东闸村），向东转向北行，历 7 处直角弯，至弶港西南牛桥口，总长 24.5 千米，围滩面积 14.58 万亩。这段海堤中七门闸以

[223] 东台市地方志编纂委员会：《东台市志》，江苏科学技术出版社，1994，第 193 页；江苏省盐城市水利志编纂委员会：《盐城市水利志》，方志出版社，1999，第 58 页。

南段在 1964 年新港干河东岸海堤建成前使用；三门闸以西以北堤段直到 1967 年为弶港军垦海堤替代；三门闸至七门闸段到 1971 年为边防海堤取代。[224]

10. 宋公堤

明清以来滨海境内常遭海潮肆虐，1939 年 8 月，境内再次发生特大海啸。中华民国三十年（1941），阜宁县民主政府县长宋乃德组织沿海区乡万余民工，修筑头罾至扁担港口海堤 45 千米，其中头罾至扁担港口 17 千米，大部分沿旧址加修，少数堤线稍向西移。5 月 14 日开工，7 月 31 日告竣。工程标准为：北堤段底宽 10 米，顶宽 2.5 米，高 3.3 米；南堤段底宽 19 米，转弯处底宽 21 米，顶宽 6 米，高 3 米。两期工程终结，南与华成堤衔接。海堤完工后，当年特大海潮翻腾而至，潮水较中华民国二十八年（1939）高 20 厘米，由于堤身高大坚实，屹立不动，有力地保护了当地人民的生命安全和盐农生产。为感谢新四军和宋县长的恩德，沿海地方人民把这条海堤与宋代“范公堤”相提并论，称为“宋公堤”。中华人民共和国成立后，经历年加修，至今仍起御潮作用。

宋公堤

11. 盐垦区挡潮闸

民国初期，盐区传统的制盐业逐步衰颓，而垦殖业日益兴盛，废灶兴垦蓬勃发展，盐区逐渐演变为垦区。沿海兴垦需解决水利上的四个问题：一是防潮，二是防洪，三是排涝，四是淋盐。因此盐垦区建设防潮闸尤为重要。民国期间，各盐垦公司于河道出海口兴建防潮闸 16 座，有七门、三门、王港、竹港、川东港、下明、三里、二门、百合洞、铁管洞、运棉河、黄沙港、大喇叭、双洋、夸套、大淤尖等闸。这

[224] 东台市地方志编纂委员会：《东台市志》，江苏科学技术出版社，1994，第 193 页；江苏省盐城市水利志编纂委员会：《盐城市水利志》，方志出版社，1999，第 58 页。

些闸均为混凝土或钢筋混凝土制成的小型涵闸，设计排水量 600 立方米 / 秒。

王港闸

老王港闸始建于中华民国二十三年（1934），位于盐城市大丰区十户灶，钢筋混凝土结构，计 5 孔，孔宽 2.2 米，设计过闸排水流量 75 立方米 / 秒。由于闸窄，闸下引水河淤涨，大水时排水仅 50 立方米 / 秒，不适应大面积排水要求，经江苏省水利厅批准，1958 年 10 月拆除，于下游 5 千米处另建新王港闸。

川东港闸

老川东港闸距盐城市大丰区草庙镇川东小街 5 千米，建于中华民国二十二年（1933），钢筋混凝土结构，闸身净宽 12.25 米，4 孔，每孔净宽 2.5 米，顶高 4.5 米，设计流量 60 立方米 / 秒，受益面积 25 万亩。由于老闸狭窄，加之海滩延伸，闸下引河长，淤塞严重，不能适应排涝要求。按照垦区规划，在川东港整治后扩大排涝面积，经江苏省水利厅批准于 1965 年 11 月拆除老川东港闸，在旧闸东 5 千米的双林鱼舍处重建新川东港闸，次年 7 月建成。

下明闸

斗龙港是里下河南部地区的排水走廊。中华民国二十二年（1933），在东台县境（今大丰区）下明墩建斗龙港挡潮排涝闸，名下明闸，钢筋混凝土结构，共 8 孔，其中排水孔 7 孔，孔净宽 2.5 米，通航孔 1 孔，净宽 6 米，总宽 33.5 米，设计最大流量 200 立方米 / 秒。1965 年 1 月，整治斗龙港，在下明闸以东 6 千米处建斗龙港闸，次年 6 月竣工。斗龙港闸建成后，下明闸长期关闭，下游港口淤塞报废，1981 年拆除。

运棉河闸

老运棉河闸建于中华民国五年（1916），跨运棉河。闸为钢筋混凝土结构，计 2 孔，每孔净宽 5 米，顶高 5 米，设计流量 20 立方米 / 秒，下游至大冲子排水入射阳河出海，是境内较早的钢筋混凝土闸。1959 年 10 月，开挖新运棉河，拆除老运棉河闸，修筑新运棉河闸。

黄沙港闸

老黄沙港闸距射阳县中兴桥东 6 千米，跨黄沙河，中华民国十四年（1925）兴建，钢筋混凝土结构，计 2 孔，净宽 11 米，顶高 5 米，设计流量 24 立方米 / 秒，承担排涝面积 300 平方千米。1955 年后，因远不能适应该地域排涝要求，于是在 1971 年冬，整治黄沙港第一期工程时，拆除老闸，在黄沙河口新建黄沙港闸。

三、盐运河道遗产

1. 泰东河

泰东河又名运盐河，在盐城市西南部，连接泰州市东北，是泰州至东台的一条古老运盐河道，曾是泰州西溪直通海口的河道。泰东河西起泰州西坝，东至东台串场河海道口，经历代治理，形成今天的河线走向，全长达 60 千米。

泰东河的形成与东台的地域、隶属演变存在着密不可分的关系。泰东河作为一条区域骨干河道，不同的历史时期有不同的作用。《东台地名志》记载，泰东河最早开发于汉代，为运盐河，继则为宋。西汉元狩六年（前 117）建海陵县（泰州），辖海安、西溪两镇。西溪为海陵煎盐之区，西溪东边是一片大海，当时称为西溪的泰东河直通海口，海口外有一港口为九龙港（今东台镇城南村地段）。唐代兴筑常丰堰，宋代续建范公堤，使泰东河与大海隔断。南宋建炎二年（1128）黄河夺淮以后，在长江、黄河、海潮作用下，东台海岸加快淤积和东移，泰东河渐变为今天堤西地区的主干河道。

中华人民共和国成立后，泰东河以起讫地命名，一直承担着水利水运综合服务功能，包括防洪、排涝、引水灌溉、交通航运等。自 1957 年提出栟茶运河、里下河、泰州以东通扬运河改淮水为江水以来，泰东河实际承担着引江水至里下河南部的功能。1961 年泰东河接通新通扬运河后，从根本上解决了东台堤东淡水资源奇缺的状况。20 世纪 80 年代末以后，泰东河较长时间一直作为东台市管河道。90 年代末，通榆河盐城段开挖实施后，泰东河、通榆河工程，作为江苏江水北调工程——“二线引水（江都、泰州引江河）、三线输水（泰东河、卤汀河、三阳河）”布局的重要输水工程和国家南水北调东线的备用工程，河道管理级别大大提升，工程建设全面进入拓浚整治和引江配套阶段。1999 年 9 月，泰州引江河开挖竣工，国家南水北调东线取水口工程建成运行。2002 年，泰东河整治和引江配套建设工程启动实施，泰东河工程被列为当年省为民办实事项目。泰东河整治工程南起泰州通扬运河，北至东台五神庙渡口，全长 48.7 千米，东台境内长 25.37 千米（含兴化插花地 2.1 千米）。2011 年初，泰东河建设工程全面实施，工程实施后，不仅可以全面提高里下河地区防洪、排涝标准，增加引水流量，改善航运条件，还将从根本上改善东台市堤东地区水源条件，为沿海开发提供水资源和水环境保障。

在 2012 年开工建设的泰东河工程沿线，先后发现 10 处古文化遗址，其中东台段沿线发现晏溪河、辞郎村、新稽村唐宋遗址，泰和村、蓦云村、陶庄村四组与五组宋代遗址，时堰镇蒋庄五星村新石器时代遗址等 8 处历史文化遗址。考古挖掘进一步佐证了泰东河流域厚重的历史文化。

泰东河与东台地域、历史演变的过程，恰是一份宝贵的历史文化遗产。泰东河流域为我们留下了新石器时期的良渚文化和繁荣的唐宋文化，见证了东台两千年的海盐历史辉煌。同时，见证了东台人民兴修水利，与自然灾害英勇抗争的历史，以及为流域上游泄洪排涝的奉献精神，继续了新时期东台人拓浚整治泰东河，为省和国家沿海大开发、南水北调工程争做贡献的时代壮举。

泰东河

2. **串场河**

串场河位于江苏省北部，长江与淮河之间的沿海地带。串场河是随修筑于北宋天圣年间的范公堤而逐步形成的人工运河，明清时期曾多次分段疏浚。因串通宋代以来的近二十个盐场、盐仓，串场河又称“穿场河”。

据海洋、地理与考古学家共同研究考证，串场河及范公堤一带是江淮东部沿海从春秋战国到北宋时期，也就是距今近3000年到1000年之间的海岸线。[225]古籍里亦有这方面的记载。《史记·淮南衡山列传》载，“（吴楚）地方数千里……东煮海水以为盐”[226]。《史记·货殖列传》亦载，“东海、吴、广陵有海盐之饶”。此外，考古学也提供了相关证据。中华人民共和国成立后，盐城当地开展多次考古调查和抢救性考古发掘工作，在串场河一带发现春秋战国时期的文化遗存。20世纪60年代，江苏省文物工作队在北门遗址中发现周代的文化遗存和众多陶片、原始瓷残件等。[227] 1989年，盐城市和建湖县文物工作者在上冈利群村发现战国时期遗址，采集到以印纹硬陶为代表的战国时期的遗物。[228] 20世纪90年代初在配合城市建设进行考古调查和抢救性发掘中，陆续发现散布于汉代遗迹周围的春秋战国时期遗迹，包括其中一块芦苇席片，经C14测定（BC86009）距今2730年（±80年），同时还有大量的鼎足堆积，初步推测为煮盐的遗存。[229]

串场河印记了苏北最早“煮海为盐”的历史，其沿线地带汉文化遗存显示出苏北沿海汉代海盐业的盛况。串场河更是苏北沿海海盐业发达的标志产物，塑造了苏北沿海盐场独特的市镇文化。串场河的贯通为沿线盐场提供了新航道，由通扬运河运盐到扬州，为扬州成为最大的海盐集散地提供了条件。同时，串场河沿途穿斗龙港、新洋港、黄沙港等，是里下河地区各河（港）排水入海的总调节河道，在一定程度上保障了明清时期黄河夺淮阶段大运河漕运的稳定运行。可以说，串场河是向大运河输运海盐的直接产物，是大运河繁荣的重要支撑。

盐城市区串场河

[225] 吴建民：《海岸变迁与江苏北部新石器时代文化发展的关系》，载《江苏考古五十年》，南京出版社，2000，第91–96页。

[226]〔汉〕司马迁：《史记》，中华书局，1959。

[227] 南京博物院：《江苏射阳湖周围考古调查》，《考古》1964年第1期。

[228] 叶劲：《元代新兴场典史崔彬古墓发现记》，《东南文化》1988年第6期。

[229] 盐城市海盐文化研究会：《海盐文化论》，《盐城工学院学报》（社会科学版）2006年第1期。

中华人民共和国成立后，1954 年 4 月，分别对梁垛至鳅渔港、安丰至三岔河和大尖三段进行疏浚，计 4.062 千米。1963 年、1973 年两次对东台城西侧海道口一带的串场河河道裁弯改道，并相应两次重建海道桥。1958 年开挖通榆运河后，东台境内的南串场河的地位逐渐为通榆运河所代替。1971 年富安电力翻水站建成，横穿串场河向东送水（此处通榆运河在串场河以西），为控制水源，在南部与海安交界处筑土坝一座，将该河南北隔断，水路转由通榆运河向南。

现在，串场河的作用仅为调节、补充通榆运河水源，满足沿线三座电力翻水站的翻水需要。现河道北起阜宁县城的射阳河，向南流经建湖县、亭湖区、大丰区、东台市，与海安境内的通扬运河相连，全长 170 多千米[230]。

千百年过去，串场河已经完成了自己的使命，却始终是盐城人民心中的母亲河。2007 年，盐城市政府重整串场河，打造出海盐历史风貌区，集文化普及、旅游、休闲、娱乐为一体。2012 年，盐城市政府打造串场河景观带。串场河景观带以历史文化为依托，以盐文化为主要脉络，已经成为盐城绿地系统的重要组成部分，成为生态与文化并重的绿色城市生活走廊。承载着城市记忆的串场河推动着盐城形象的提升，文化与历史也通过串场河景观带融入了盐城现代化发展之中，流淌千年的串场河再一次串起了盐城的过去与未来。

3. 盐邵河

盐邵河为邵伯至盐城的水上交通运输动脉，为明清时期淮南盐业全盛时开通的盐运水道，曾将盐城地区生产的淮盐运至大运河沿线城市。上达邵伯，下通兴化，与京杭大运河直接沟通，沿途连通串场河、盐宝河、高东河、兴东河、三阳河。盐邵河不完全是一条自然河流，部分河段由人工挖掘，如明永乐年间人工开凿的杨庄真武段。

盐邵河

据《甘棠小志》记载，樊川境内有条南北向的水道叫东银沟，河两岸的庄子分别叫东查盐庄和西查盐庄。查盐庄因设有查盐关卡而名。东银沟连通淤溪河（今盐邵河），淤溪河连通海边盐场。清晚期，淮

[230] 盐城市地方志编纂委员会:《盐城市志》，江苏科学技术出版社，1998，第 748-754 页。

南盐场产量下降，调淮北盐场的盐补给，运道有所更改。到光绪年间，东西查盐庄已讹音为“（东西）茶杨庄”，民国年间，又写成“（东西）茶阳庄”，并设茶阳乡。1962 年，东西茶阳划分为东羊、西羊和茶羊。

4. 古涧河

《续纂淮关统志》载：“在郡城东门外，即古菊花沟也。明漕抚王公宗沐环城筑长堤数十里，以捍黄流。而三城内涝水不可泄，乃浚此河。长三十里，起运河东岸兴文闸，至流均沟，达射阳湖、庙子湾入海。乃食货大通之区也。”[231]

《读史方舆纪要》卷 22《淮安府·泾河》条下：“涧河在府东南五十里。旧为盐城运道，府东境小水，多会于此，下流入射阳湖。”《大清一统志·淮安府一》载：涧河“在府城东门外。上流自运河灌城中市河。出东门直达射阳湖。旧为盐城运道。”《淮南水利考》载：“洪武三年，知府姚斌开淮安城东北菊花沟，以通海运。菊花沟一名涧河。”

5. 射阳湖与射阳河

射阳湖地处里下河中心地带，清光绪《阜宁县志》载：“射阳湖，江淮间巨浸也，南通樊梁湖、博芝湖，以承邗沟之江水，北通夹耶湖，由末口达淮，汉建安中更西通白马湖，自春秋以迄汴宋千有余年，为南北馈运之孔道。”

射阳河历史悠久，河床迂回曲折，几经变化。原上游水源充沛，水流畅通。黄河夺淮以后，大量泥沙倾注到里下河平原，明嘉靖、隆庆年间，射阳湖开始淤垫。清乾隆《盐城县志》卷六载：“明嘉隆以后，（射阳）湖乃渐淤。”万历九年（1581），疏浚自青沟迤下至庙湾新丰市（今阜城）入海，“计长一万二千六百丈”。清康熙三十八年（1699）、康熙四十五年（1706）[232] 及清雍正初年（1723），

射阳河口

[231]〔明〕马麟修：《续纂淮关统志》卷三《川原》，方志出版社，2006。

[232] 康熙四十五年（1706），浚虾、须两沟，“下河七州县之水出路始畅”。民国《阜宁县志·水工志·诸水》，江苏古籍出版社，1999。

都对射阳河进行过治理。

明清时期，上游洪泽湖、高宝湖业已淤填抬高，明、清两代修筑的洪泽湖大堤和运河大堤，使洪泽湖、高宝湖和射阳湖形成三级台阶状的地势，一遇洪水盛期，上游二湖皆不能纳，加上淮河故道业已垫高，出海之路不畅，黄淮之水的出路一是人工启放运河堤上的归海坝，放水入射阳湖；二是洪水自行冲破黄河堤岸或运河堤，汇于射阳湖。二者的结果都会引起射阳湖的迅速淤垫。至清末，素有“方圆三百里”之称的射阳湖已淤，变成九里荡、马家荡等浅荡，残存部分变成狭长的带状河道湖泊。

九里荡今名九里塘，位于现建湖县西部。明万历《盐城县志》中始见“九里荡”之名，清代又改名为九里塘。马家荡位于阜宁县西南端，水域面积两万多亩。此外，市郊一带的沙村荡（塘）、三里荡、杨家荡、团头荡、缩蒲荡、西荡、龙港河荡、莘北荡等亦是古射阳湖的一部分。现射阳湖在建湖县境的湖面有南、北二塘和诸多荡名，尤其是蒋营、荡中、恒济、颜单等乡镇湖面较多，均是古射阳湖之遗留。

射阳河在里下河地区的北部，古名“射陂”，亦称“射阳港”，系古射阳湖排水形成的天然河道。射阳河是里下河地区排水入海的最大天然河道，为四港（射阳河、新洋港、黄沙港、斗龙港）排涝之首，排水量约为里下河地区总排水量的 60%。射阳河源于宝应射阳湖，由西向东流经建湖、阜宁、滨海，至射阳县下老湖入海，全长 198 千米，河口宽 100~450 米，流域面积 4036 平方千米[233]。

6. 黄沙港

清光绪年间，上冈宋姓盐商为便于运输四移煎（今兴桥、大兴、洋马一带）之盐，独资挑浚运盐沟河，该河后名黄沙港。黄沙港源于上冈，至大冲子入射阳河，长 40.5 千米，港身浅窄，港首筑有龙王坝，与串场河断隔，旱无水源补充，卤水趁机倒灌，涝时出水不快，排灌作用不大。

中华民国九年（1920）春，大纲公司为方便交通，兴工疏浚黄沙港，但限于经费，未有蓄泄之效。中华民国二十二年（1933），业户马玉仁等成立浚治黄沙港协进会，再次兴工疏浚，疏浚后的黄沙港西自上冈镇与串场河相接，向东流经黄泥墩，至北兴灶入海，全长约 45 千米，河口宽 21~30 米，底宽 10 米。

[233] 盐城市地方志编纂委员会：《盐城市志·水利篇》，江苏科学技术出版社，1998，第 748–754 页；射阳县地方志编纂委员会：《射阳县志》，江苏科学技术出版社，1997，第 252 页。

中华人民共和国成立后，政府继续治理黄沙港。1971 年冬至 1973 年春，盐城地区先后动员 30 万民工，分两期施工，在原来基础上完成西自建湖县黄土沟经湖垛镇、上冈镇向东至射阳河的开浚任务。疏浚后的河道流经县内新坍、长荡、兴桥、大兴、射海、新洋农场等区域，长 90 千米，底宽 40~90 米，日均排水流量 250 立方米 / 秒，成为苏北里下河地区排水入海的主要干河。

黄沙港在建湖县境内主要支流为廖家沟，亦名廖家港、新河，原是一条天然的古老河道。明万历二十三年（1595），曾予以疏浚，沟水北出射阳河入海。清雍正七年（1729）建上冈闸，称之为上冈闸引河。后河床积沙淤塞，由东台水利同知派人按时疏浚。

今河道南自上冈镇东、接黄沙港，向东北流经小缺口、靠渔湾、桶盐码头，至海关入海河，全长 17 千米，流经县境 12 千米。该河经 1969 年中段裁弯，1971 年大缺口段拓浚后，排灌效果较好。1973 年黄沙港拓浚后，桶盐码头以南河段变为黄沙港支流。[234]

7. 六子河

六子河是新洋港的主要支流之一，位于特庸、盘湾与盐城青墩乡交界处。清乾隆年间，陆、吴两大盐商为了引水就煎、上水过卤而开挖。河床弯曲狭浅，后淤垫日甚。中华民国三十七年（1948），民国政府兴工疏浚，南自新洋港，北至盘湾小街潭洋河，全长 9 千米，河底宽 3 米，河底高程 -0.2 米。1955 年 2 月 18 日至 3 月 7 日，射阳、盐城两地组织民工 4768 人进行疏浚，受益面积约 9 万亩。然而 20 世纪 70 年代后河床又逐渐淤浅。[235]

8. 车路河

车路河原为兴化排洪入海的干河，西起兴化城南门口南官河，东至丁溪串场河，全长 43.3 千米。其东段南岸为东台廉贻乡，北岸属兴化境，计 9.6 千米，流入大丰丁溪境串场河。该河清代曾疏浚三次。1986 年，兴化全面疏浚车路河，其中流经东台境的河段，河底宽 44 米，河底高 -2.5 米，坡比 1：3。[236]

9. 斗龙河

斗龙河有 800 年历史，是里下河地区排水入海的天然干河。斗龙河在串场

[234] 射阳县地方志编纂委员会：《射阳县志》，江苏科学技术出版社，1997，第 253 页。
[235] 同上。
[236] 东台市地方志编纂委员会：《东台市志》，江苏科学技术出版社，1994，第 205 页。

河的草堰界延伸五十里河，在白驹界延伸三十里河，汇入西团牛湾河，形成老斗龙港，到达龙堤界，为新斗龙河。新斗龙河往西延伸，通兴化、宝应，往东延伸入黄海。从空中俯瞰斗龙河，新旧一目了然。蜿蜒曲折的，是老斗龙河；笔直开阔的，是新斗龙河。

斗龙河起源于盐城市抬头村境内，河口宽80至90米，贯穿大丰区、大团、龙堤、金墩、丰富、三卯西河、四卯西河直至斗龙闸入海，成了兴化、盐城两市泄洪入海黄金水道，同时也浇灌了沿途各乡镇大片农田。斗龙港集灌溉、排涝、航运、养殖多种功能于一身。1965年整治。整治后的斗龙港，西从郊区的孙同庄起，经串场河、方强、三龙、斗龙港闸入海，全长78.2千米，流域面积4428平方千米，沿线有两个国家AAAA级景区——荷兰花海、梅花湾。

斗龙河抬头村段

10. 西团河

西团河（亦名北新河，又名五十里河），即草堰闸（北闸）下引河。现草堰乡境西团河，长约七千米，流经堰北、堰东、西河、合新四个村，至合新村五组（南新河北河边）。此段河长7100米，宽65米。[237]

据清嘉庆《东台县志》记载：“……北新河东北五十里至西团，西与白驹闸下之牛湾河，合而北流十里西合青龙闸之七灶河，再北流十五里西合八灶闸下之八灶河，又北流三十里，西会大团闸之大团河，至磨担港，又屈折东北流经龙王庙、牛汪塘入海，海口距草堰闸（嘉庆时）二百四十六里。”

11. 小海河（小海场河）

小海河（老王港河）即小海闸（今草堰南闸）下引河，长7700米，宽45米。[238]据清乾隆小海场大使林正青撰写的《小海场新志》记载：“由南闸（即小海闸，今草堰南闸）行半里至庵桥口，左分一支通草堰，用木椿钉塞。二里为三里湾，八里西柴河。右分一支（查此一支即七里港），今淤塞。五里双垛子河，南属小海五里东柴河，右分一支河为中窑港亦淤塞。……八里杨新洼，南三里为萧

[237] 草堰乡编史修志领导小组:《草堰乡志》，1985，第134-135页。
[238] 同上，第134页。

家坳，东南八里汤家舍。又东行八里古窑头有一港通草堰，又分一支即上港河通丁溪。七里至小海团。又五里至猫龙港。十里至万盈墩（右分一支即智家港，通丁溪河）。又北四里至中舀灶（左分一港通鸭儿荡），又东行十五里至王家港。”乾隆时计长七十五里，嘉庆时计长一百零五里，中华民国十年（1921）计长一百七十五里。小海河上承范堤西之蚌蜒河、梓辛河、白涂河西来之水，以达王港归海。[239]

《小海场新志》又记载：“雍正六年（1728）上命水利大人鄂公理、程公梦瑛相视河道，原江苏巡抚陈公时夏、山东巡抚陈公世倌监修自南闸至王家港，计工一万三千六百丈，水程七十六里零六分。于十二月兴工，七年六月告竣。督工泰州守褚世暄等，灶河始通。自小海闸由万盈墩东十五里出海。”

清乾隆三十二年（1767），赵之壁奏准小海闸下引河挑浚疏通。

清嘉庆六年（1801），重浚小海闸下引河。

清同治十三年（1874），浚小海河。

清光绪十四年（1888），臬司张富年自小海闸口向东挑四十里，抵窑港。

现草堰乡境小海河一段长约 8 千米，从草堰南闸，流经草堰、丰产、堰东、双河、新庄、双垛六个村至古黄牛垛地段，东流入白驹镇。

12. 丁溪河（丁溪场河）

丁溪河原为丁溪盐场运盐河，亦为丁溪闸下引河、丁溪灶河，位于东台市以北 9 千米处，由丁溪闸向东至小坝，为东台、大丰的界河，长 22.05 千米；小坝以东河床全在大丰境内。该河历史上曾为丁溪盐场运盐出闸的重要水道，也是堤西里下河地区排洪入海的干河。明清两代均有疏浚记载，明万历十一年（1583），由丁溪开挖至麻墩（三渣村境内）；万历十六年（1588），开古河口（又称卤河口、沙河口，大桥村境内）；清嘉庆六年（1801），疏浚丁溪至沈灶五十里；嘉庆二十年（1815），古河口以西，称丁溪河，古河口以东称竹港。

丁溪河

中华人民共和国成立后，丁溪河于 1959 年拓浚过一次，1965 年大丰捞淤

[239] 草堰乡编史修志领导小组：《草堰乡志》，1985，第 134–135 页。

浚深，使引江水量增大，对东台、大丰边界地区的引、排、灌、航有显著效益。[240] 1983年于丁溪闸北、丁溪集镇街南，裁弯取直，新开丁溪河头[241]。现草堰丁溪河，西从丁溪新开串场河经丁溪村流经丰产村、界中村、正东村至浦东村六组三星河头，计长约9千米，以东流入三渣村境。[242]

13. 何垛河—川东港（何垛场河）

何垛河在历史上是何垛盐场的运盐河，亦称何垛场灶河，兴挑时间不详。该河西起东台市东侧通榆运河，东至川东闸入海，全程跨东台、大丰两县（市）。何垛河一河两名：上游在东台境内，流经城东、海堰、头灶三乡镇，长26.6千米[243]，名为何垛河；下游至解家坝入大丰境，称川东港，长50.9千米。

清康熙十六年（1677）、康熙四十年（1701）为宣泄洪水入海，两次整治何垛河—川东港，疏浚西起车儿埠，东至苦水洋河段；乾隆五年（1740）、乾隆二十年（1755）又先后进行过疏浚。中华民国二十一年（1932），中华民国政府以工代赈开挖出海河床，西起大桥镇，东至川东灶，长9.25千米；中华民国二十二年（1933），建成川东港闸，使东台北部排水条件有所改善。[244]

中华人民共和国成立后，1956年建成东台河闸，南部来水减少，港口淤积日益严重，川东港闸排水缓慢，水流迂回。1958—1976年，在盐城专署主持下，先后三次整治何垛河—川东港。第一次，新开沈灶至闸下川东港22.5千米；第二次，建川东港新闸，同时在何垛河西首（东台市东郊）建造川东港调节闸；第三次，东台、大丰共同拓宽河道，东台拓宽西段，从调节闸至潘支河口，长32.1千米，大丰拓宽东段，长18.8千米。现该河西引东排，灌有水源，排有出路。

1972年，东台电力翻水站建成，并于同年在城北新开一条3.6千米的东西向河道，因历史上何垛河西段就穿越城区连接串场河，现仍沿用原名，亦称何垛河（原穿越城区的河段弯曲狭窄，已废），又名市河。该河东接通榆运河，正对东台翻水站，西

何垛河

[240] 东台市地方志编纂委员会：《东台市志》，江苏科学技术出版社，1994，第204页。
[241] 草堰乡编史修志领导小组：《草堰乡志》，1985，第133页。
[242] 同上，第134页。
[243] 东台市地方志编纂委员会：《东台市志》，江苏科学技术出版社，1994年，第198页。
[244] 同上。

连串场河，从泰东运河、蚌蜒河、梓辛河引进江水。[245]

14. 东台河（东台场河）

东台河历史上为东台盐场的运盐河，亦称东台场灶河，开挖时间无考。据《淮南中十场志》图示，清初东台河西起东台城，东至张家团河一带，后海岸东移，该河随之东延，但东无出海通道，加之盐河地势两头高、中间低，积水排不出。

明洪武二十九年（1396），曾疏浚该河。清乾隆五年（1740）、乾隆二十年（1755）又分别疏浚。嘉庆六年（1801），东台河北岸增开梅家灶、潘家灶两条纵向支流，导水入古河口王家港入海。

中华人民共和国成立后，1955 年整治东台河，1956 年配套建成东台河闸。1958 年春，拓浚东台河，当年施工潘堡河至东台河闸一段，后因三年经济困难，西段工程延至 1962 年续办，拓浚祝家洼至潘堡河一段。至此，东台河西起东台城东侧通榆运河，东至东台河闸入海，全长 52.26 千米，流经城东、东台、新曹、八里等 7 乡镇。

东台河

东台河是一条综合利用的河道，兼有兴垦、排涝、灌溉、航运诸效益，尤以兴垦效益最为显著。该河整治后，排干了八里风洼终年积水，且使全线河水位下降，为开垦低洼荒地创造了条件。至 1986 年，流域内开荒 10.9 万亩，昔日的八里风洼大草荡，已变成田连阡陌的新农村。1965 年大水，东台河承泄三仓河以北的积水入海，有效减轻了三仓河流域的灾情。[246]

15. 十八里河（梁垛场河）

历史上原有一条老梁垛河，又称十八里河、梁垛场灶河，为梁垛盐场西运食盐的河道，清乾隆十一年（1746）兴挑。东起梁垛镇西侧串场河，西至台南镇境内董永庙入泰东运河，因梁垛至泰东运河河口以及河口至东台城均为 18 华

[245] 东台市地方志编纂委员会：《东台市志》，江苏科学技术出版社，1994 年，第 198 页。

[246] 东台市地方志编纂委员会：《东台市志》，江苏科学技术出版社，1994，第 199–200 页。

梁垛河闸

里（9 千米，概数），故名“十八里河”。老梁垛河狭窄弯曲，且东无入海出路，在排灌方面不能发挥作用。今梁垛河是 20 世纪 70 年代初在老梁垛河以南开挖的一条东西向新河，为堤东地区河网建设的定向河，1966 年，为使该河与通榆运河接通，疏浚梁垛镇以东老梁垛河。[247] 现西起梁垛镇三合村通榆运河，东至弶港镇巴斗村梁垛河闸出海，全长 53.5 千米。

16. 南官河

南官河亦称运盐河，又名大尖河、六十里河，位于堤西地区南部边缘，其中段为东台、海安界河。全河东起安丰镇境内接串场河，西至溱东镇青蒲角入泰东河，流经安丰、梁垛、王烈、溱东 4 乡镇，长 30 千米。历史上为富安、安丰两盐场运盐至泰州的航道，现为东台的引江干河。

该河于清嘉庆二十年（1815）兴挑。1972 年安时河挖成后，南官河的中段和西段成为引江支河，安时河以北的东段则降为一般河道。在开挖安时河的同年，溱东镇兴办南官河西段改道工程，将原由十八里河入泰东河，改由白米河、志青河入泰东河，共开挖近 9 千米。改道后河宽水深，引江流增加，对航运更为有利 [248]。

17. 三仓河（安丰场河）

三仓河原名安丰河，20 世纪 50 年代初改称现名，位于安弶河、梁垛河之间，历史上为安丰盐场的运盐河，亦称安丰场灶河，原从安丰到南沈灶，开挖时间不详。据史料载：清康熙五年（1666），从南沈灶向东，开挖南北排列的六条东西向沙河，即一、二、三、四、五仓河和南五仓河，其中一、三仓河最大，今南沈灶向东的三仓河段面，即原三仓河河身。此后，康熙四十年（1701）、乾隆五年（1740）、乾隆二十年（1755）、嘉庆三年（1798）先后多次疏浚该河。

中华人民共和国成立后，东台境内第一项水利工程，就是整治三仓河，并

[247] 东台市地方志编纂委员会：《东台市志》，江苏科学技术出版社，1994，第 198 页。
[248] 同上，第 204 页。

先后多次拓浚延伸。三仓河拓浚后，效益显著。但20世纪50年代以后，三仓河闸港口淤塞日益严重，致使三仓河无入海出路。1959年新开东潘堡河，将三仓河流域涝水导至东台河闸入海。但该闸承受能力有限，以致1960年、1962年大水涝灾严重。

三仓河

1964年新开新港干河，建造新港闸，让三仓河流域涝水分别从东台河闸、新港闸入海；1972年建成梁垛河闸；1979年冬新开由三仓河闸至梁垛河下游的新东河，将三仓河水导至梁垛河闸入海；1983年7月建成梁垛河南闸并开挖南闸上游干河，从此，三仓河、新东河的涝水改由梁垛河南闸入海。[249] 现全河西起安丰镇东侧通榆运河，东至六里舍三仓河闸，全长42.29千米，流经安丰、南沈灶、三仓、新农、弶港5乡镇和弶港农场。

18. 方塘河（富安场河）

方塘河前身为富安盐场的运盐河，亦称富安场北灶河，开挖时间不详。该河历经多次整治，变化很大。现在西起富安镇西侧通榆运河，东至新街镇境内拐弯向北，经新农乡入三仓河出海，全长41.15千米，流经富安、富东、唐洋、新街、新农5乡镇。

明隆庆元年（1567）、清乾隆五年（1740）、乾隆二十年（1755）、嘉庆三年（1798）曾先后疏浚过富安场北灶河。中华民国三十二年（1943）春，当时的东台县抗日民主政府组织角斜、唐洋两区民工，对方塘河东段捞浅，工段距日伪军据点李堡仅10千米，一面派民兵放哨，一面紧张施工，16天时间上工人数达5000人，在东起方塘、西至张灶的河段内，共浚深浅段230处。

20世纪60年代初三仓河闸淤废后，为另辟方塘河入海出路，在堤东地区东南角新开新港干河，东至新港，西接方塘河新街境内拐角处，长13千米。1964年建成新港闸。1970年大水，新港干河水流湍急，河床冲刷破坏严重，于次年春拓浚。1981年，新港闸又淤废，方塘河复又失去排水出路，1983年新建梁垛河南闸，实施南水北排，方塘河水仍导入三仓河，经新东河至梁垛河南闸入海，

[249] 东台市地方志编纂委员会：《东台市志》，江苏科学技术出版社，1994，第201页。

同时，对新农乡境内的方塘河淤浅河段进行捞淤浚深。至此，方塘河虽然有了排水出路，但因距梁垛河南闸甚远，且与三仓河排水出路相同，因而排水效率低，未能从根本上解决问题，该河流域范围仍然易受涝害。[250]

四、盐业产运管理遗产

1. 巡检司衙门旧址

巡检司衙门旧址位于江苏省盐城市东台市西溪古镇。巡检司衙门的设立是明清政府盐场管理制度的重要组成部分，是防止海盐在运销过程中被私自贩卖的重要措施，加强了国家对海盐产销的控制。

据《淮南中十场志》和清嘉庆《东台县志》记载，明代，东台境内的海盐生产进入黄金期。明洪武元年（1368），在西溪设泰州盐运分司，辖各盐场盐课司。武宗正德十五年（1520），盐运分司署从西溪迁驻东台场。明清两代西溪巡检司（今东台西溪）是盐城境内设置的主要巡检司之一，主要行使稽查往来、缉拿寇盗、打击走私等职能。

西溪（今东台西溪）巡检司衙门，在西溪晏溪河旁犁木街中部，明代建筑，现存20多间，现为草庵堂。

2. 两淮盐运使司署告示碑旧址

两淮都转盐运使管理盐场一切事务。运司衙门外，属于运使管辖者，有通州、泰州、淮安三分司。

两淮盐运使司署告示碑旧址位于建湖县上冈镇新兴场，现存建湖县博物馆。

该碑原立于上冈镇新兴场盐课司署门旁，青石质，高1.37米，宽0.6米，厚0.15米，全文801字，清同治四年（1865）十二月初三示。碑首题“钦命三品顶戴，总理两淮，江广、河南等处都转盐运使司，盐运使兵备衔，兼管下河水利加十级记录十次”。丁为丁日昌，清史有传，时任“两淮盐运使，淮盐故弊薮，至则禁私贩、纠贪吏、凿运道，岁入骤增。同治六年，擢布政使，授巡抚（江苏）”。丁曾参与曾国藩戎幕入仕。碑文内容述整顿场规、划定地方与场方职权等。

[250] 东台市地方志编纂委员会：《东台市志》，江苏科学技术出版社，1994，第202页。

3. 新兴场盐课司署遗址

新兴场盐课司署遗址位于建湖县上冈镇冈南居委会。

清嘉庆九年(1804)，新兴场盐课司署由新兴场镇北迁至上冈镇。建署房九十九间半，有壁、门、楼、堂、廊、舍，规模较大。清光绪《盐城县志》载，道光年间所辖南十灶北七灶。鼎盛时，岁供盐22万桶，每桶200斤。该署在中华人民共和国成立后被拆毁，改为镇南中学操场，仅存“两淮盐运使司署告示牌”，现存县博物馆。

盐课司署是历史上第一次正式在各盐场生产一线设立的盐务管理机构，加强了对盐场的管理，直接管理盐场产销、盐税征收、稽煎缉私和治安秩序等。

4. 草堰场盐课司署遗址

草堰场盐课司署遗址位于盐城市大丰区草堰镇的江苏省古盐运保护区内。

明洪武二十五年（1392），各盐场置司署作为专门的盐务管理机构。各场均设盐课司大使一员，旧本未入流；雍正六年（1728），改定为正八品；其出身为内阁供事、吏员，进而为贡生、监生、举人。其职掌治盐场，“皆有经征纳课，稽煎缉私，弹压商灶之责”，直接管理盐场产销、盐税征收、稽煎缉私、治安秩序等。

5. 草堰场疆界碑

草堰场疆界碑位于盐城市大丰区草堰镇竹溪碑廊，盐城市文物保护单位，是标明当时草堰盐场所属草荡四界的重要碑证。

竹溪碑廊在草堰老镇区东500米处，碑廊里归集镶嵌了该镇上收集的明代以后近20方碑刻。

6. 务本堂水龙会所（冯道立故居）

冯道立故居位于盐城市东台市时堰镇北堂巷2号，省级文物保护单位。

在清朝道光年间，东台地带（时名为东亭）范公堤以东一带开辟了不少盐场，当时装盐均用蒲包，用量较大，存在着大量的火灾隐患，经常发生因用火不慎而导致家园被火烧毁的惨剧。鉴于此情，时年 55 岁的冯道立发起倡议，自捐二千两，向各地来时堰收购蒲包的商人劝募资助，在故居时堰建立了 8 间水龙会所，购置了水龙等救火器具，并命名为“务本堂水龙会所”，以防火警。务本堂水龙会所的设立降低了火灾对盐业生产的损害，保障了东台地区盐场的海盐生产。它是江苏省目前遗存的唯一清代民间消防设施。原房屋因旧镇改造拆除，现归并冯道立故居。

冯道立故居位于东台市时堰集镇道立路西侧，占地 508 平方米。故居坐北朝南，为六架梁，有正屋三间，内无中柱，四周装有壁板。中间格扇为六扇门，次间为八扇窗格，下为雨墙，台阶三级，是清朝中期里下河地区典型的建筑风格。屋内仿明清民居陈设，中间两侧廊柱上挂有清代进步思想家魏源赠给冯道立的对联，横梁上挂有清道光帝御赐的“孝廉方正”匾额，东侧大门楼一间，向东开门，临道立路，两扇大门内有四扇平门，门楣上挂有清咸丰帝御赐“征辟”牌匾。西侧有观象台一座，有台阶可攀登而上，为冯道立观测天象所用，两侧有回廊相连，回廊中置有石凳，内侧围墙上绘制有冯道立所著《时村记》十景图。故居东侧为冯道立展览馆，内中陈列有大型冯道立生平业绩展览和部分遗物，及《淮扬水利图说》《淮扬治水论》《测海蠡言》《攻沙八法》等著作。

1986 年经江苏省人民政府批准拨款修整，成立冯道立纪念馆，对外开放。1988 年，治理大运河指挥部特别拨款 3 万元用于修建。2005 年 5 月，在省、市文化部门的大力支持下，省文物局划拨专项经费、时堰镇政府配套资金 40 多万元对冯道立故居进行了重新修建。2006 年 8 月 20 日，冯道立故居和务本堂水龙会所隆重开馆对外开放。

7. 西溪三将军庙

西溪三将军庙位于盐城市东台市东台镇。西溪“三将军”是海盐文化的护卫者。

隋炀帝大业年间，西溪海盐生产已初具规模，但时常遭“海寇”的侵犯，朝廷派兵遣将赶赴西溪进行征剿，三员隋将贺若弼、韩擒虎、史万岁在西溪追剿大战中，缉捕“海寇”八千多人，余寇被驱逐下海。西溪百姓在镇上建“三将军庙”，塑三尊彩像，以为纪念。庙前一条河称为忠义河。

冯道立故居

8. 土山遗址

土山遗址位于盐城市东台市梁垛镇梁北村北首。土山遗址反映了东台地区海盐灶户的精神信仰，是海盐文化的组成部分。

土山旧名涌泉墩，清顺治十四年（1657）垒土而成，高三丈，宽十余丈，上有观音阁，久圮。嘉庆十四年（1809），众灶户公捐重修大殿三间，前殿三间，西厢四间，牌楼一座，又名观音山。目前大殿早已损毁，只剩下土山一座，现存高 8 米，顶部面积 50 平方米，上有一个航标塔。

9. 卢公祠

中华民国十二年（1923），北七灶、四移煎灶民为了感谢两淮盐运使卢雅雨而建。中华民国五年（1916），盐商宋勉旃将北七灶、四移煎灶民土地 41.1 万亩，卖给大纲公司，灶民按两淮盐运使卢雅雨为解决商灶矛盾而向朝廷申报的“灶属商亭，粮归灶纳”的详文，状告到省，胜诉收回土地 27.4 万亩，故在北黄沙崇雅小学境内的最北边建了一座祠堂，康有为题写“两淮盐都转祠”巨匾一幅，设了“两淮盐运使卢公雅雨之神位”。中华民国十九年（1930），马玉仁放火烧掉卢公祠，刘障东率众打官司，马被迫赔偿 6000 元，重建卢公祠。中华民国三十三年（1944），日伪军拆毁卢公祠。至今卢公祠旧址依稀可辨。[251]

五、盐业生产运销发展而来的历史城镇

1. 庙湾镇

庙湾镇位于江苏阜宁射阳河入海口，由庙湾场发展而来。《读史方舆纪要》载：“府东北百八十里，为滨海冲要处，亦曰庙湾场。”[252] 庙湾盐场东至黄海，西至阜宁县民田，南至射阳河，北至贺家沟（今千秋、鲍墩、临海、六垛、海通一部共 5 个乡镇，射阳港开发区和淮海、临海 2 个农场）。范公堤和串场河横贯盐场南北。

明洪武二十五年（1392），设盐课司署于阜宁县城，隶于淮安盐运分司。万历二十三年（1595），为防倭寇入侵骚扰，跨运盐河修筑城池。光绪《阜宁县志》：“万历二十三年，漕抚李戴始即原任巡抚唐顺之旧画基址，跨运盐河筑城，周长七百二十五丈五尺，东西径二百二十丈，南北径一百十丈，城高一丈六尺，

[251] 射阳县地方志编纂委员会：《射阳县志》，江苏科学技术出版社，1997，第 865 页。

[252]〔清〕顾祖禹：《读史方舆纪要》卷二二“南直四”。

址厚五尺，顶宽一尺。”此后，庙湾城池历经兵乱、大水、地震等，损坏严重，其间亦维修过多次。清乾隆元年（1736），庙湾场隶于泰州盐运分司；中华民国元年（1912）盐课司改为场公署，署址在阜宁县城外，场大使改称场长；中华民国十二年（1923），由于城池损坏严重，知县吴本钧与当地绅民共议，将其拆除；中华民国二十年（1931）并入新兴盐场，场署设在上冈镇。[253]

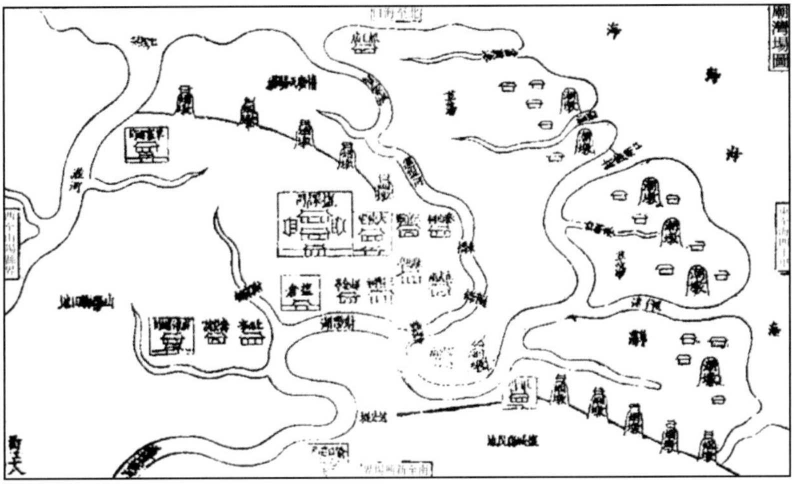

庙湾场图（明嘉靖《两淮盐法志》）

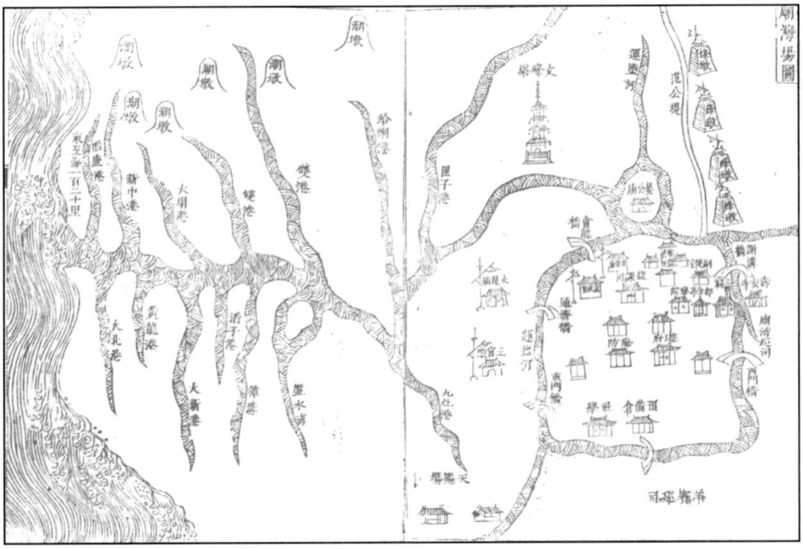

庙湾场图（清康熙《两淮盐法志》）

[253] 射阳县地方志编纂委员会：《射阳县志》，江苏科学技术出版社，1997，第230页。

庙湾古城复建是江苏阜宁县2010年重点政府工程实施项目之一，占地面积21亩，建筑面积6908平方米。庙湾古城按古典园林建筑风格，古色古香，现为国家AAA级旅游景区、文化旅游景点。

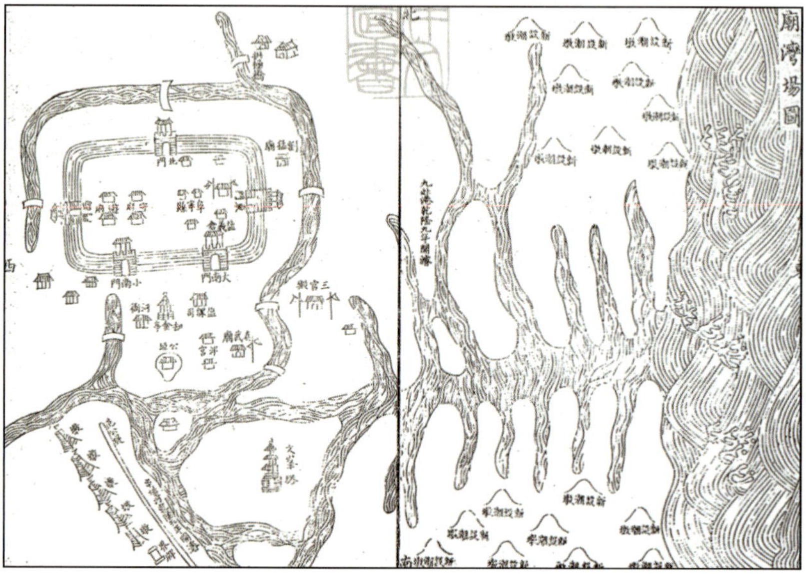

庙湾场图（清乾隆《两淮盐法志》）

庙湾古城

2. 新兴镇

新兴镇由新兴场发展而来。新兴场东至黄海，西至盐城民田，南至新洋港，北至庙湾场界（今长荡、兴桥、射海、大兴、新坍、陈洋、海河、阜余、特庸、盘湾、合兴、四明、通洋、耦耕、合德、海通一部等 17 个乡镇和新洋农场）。

明洪武二十五年（1392），盐场设盐课司署，署地设于新兴镇（今盐城郊区）；盐场原隶淮安盐运分司，清乾隆元年（1736）改隶泰州盐运分司；嘉庆五年（1800）移至上冈镇（今建湖县）；中华民国元年（1912）盐课司署改为场公署，场大使改为场长；中华民国二十七年（1938）日军入侵上冈，场公署迁至北洋岸（今射阳县特庸镇）；中华民国三十四年（1945），新兴场与伍佑盐场合并，成立新伍盐场，属上冈、北洋两场区，其时南有 10 灶，北有 7 灶，有亭灶 1231 口[254]。

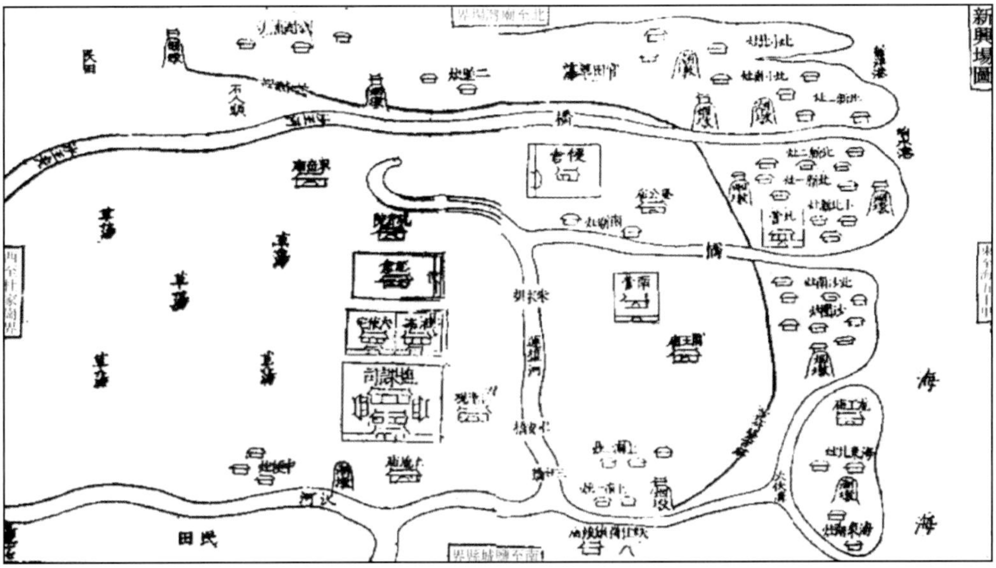

新兴场图（明嘉靖《两淮盐法志》）

[254] 射阳县地方志编纂委员会：《射阳县志》，江苏科学技术出版社，1997，第 230 页。

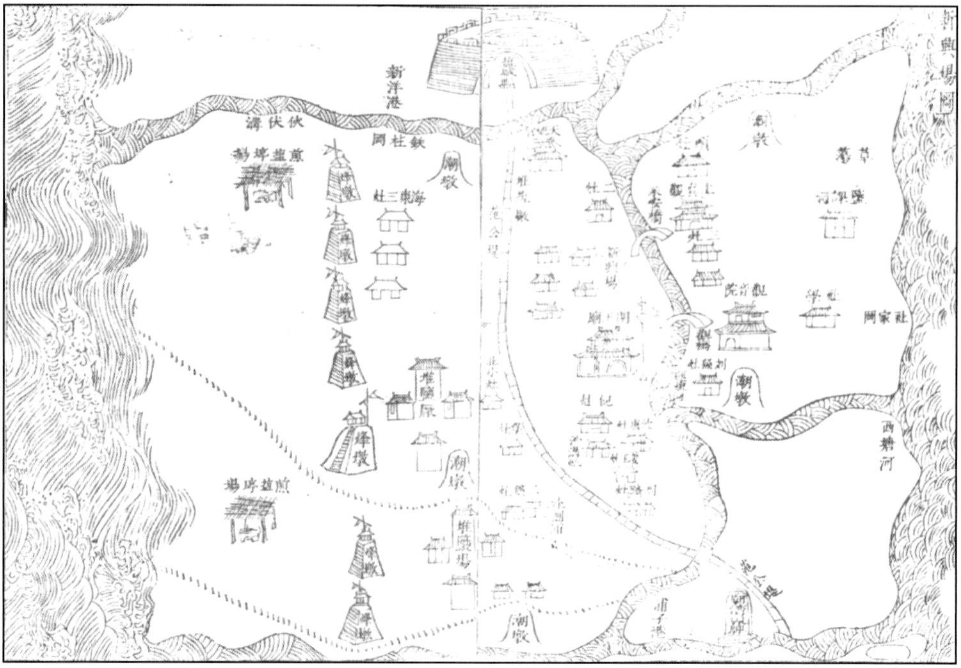

新兴场图（清康熙《两淮盐法志》）

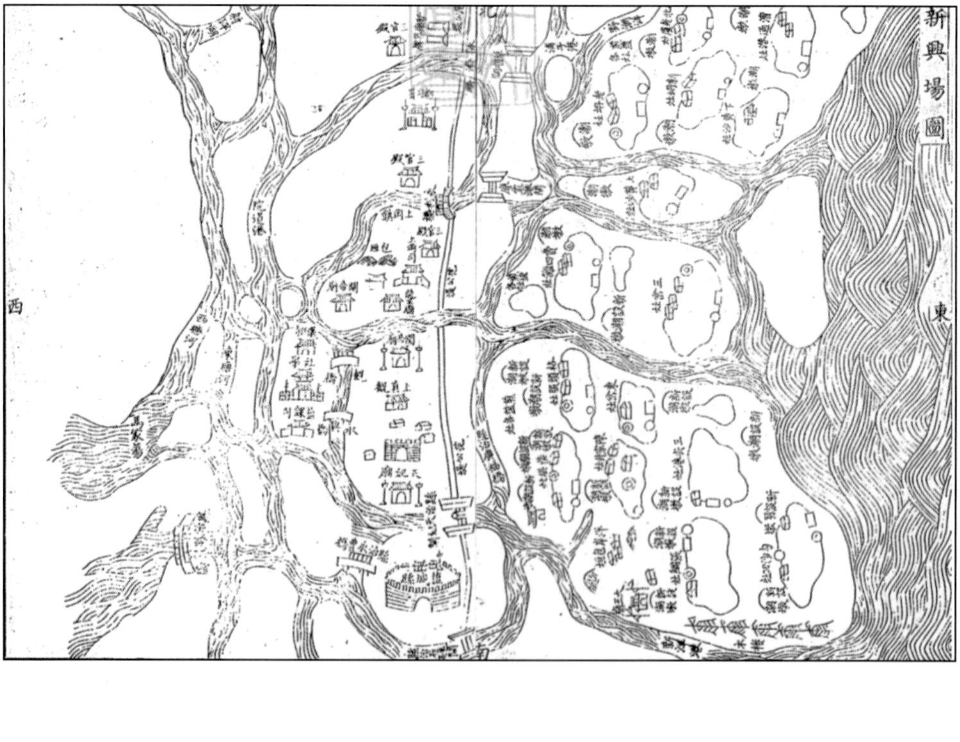

新兴场图（清康熙《两淮盐法志》）

3. 伍佑镇

伍佑镇古名“东堡庄”，因盛产河蚌珍珠而曾被称为“珠溪”，是盐城市境内现存的保留较为完整的古镇。

伍佑镇由伍佑场发展而来。伍佑场东至黄海，西至盐城县界沟，南至斗龙港，北到新洋港（今新洋、黄尖、南洋 3 个乡镇，中路港开发区、射阳林场、方强农场）。明洪武二十五年（1392），在盐场设盐课司署，辖于淮安盐运分司；清乾隆元年（1736），改隶于泰州盐运分司；中华民国元年（1912），盐课司署改为场公署，场公署设在伍佑镇，场大使改称为场长；中华民国三年（1914），设盐场盐务稽核支所。

1919 年，泰和盐垦公司成立，此地逐渐倒灶改种棉花、小麦。中华民国三十四年（1945）与新兴场合并为新伍盐场，场署设于盐城，下辖自然港、大平湾、元宝港、新兴镇、北洋岸、十八总、便仓、正仓、南洋岸等 9 个小盐场，全场共有亭灶 1231 口。

伍佑镇文化沉积深厚，人文资源丰富，现存明清徽派风格百年建筑 40 多处，九街十八巷的古镇空间格局、街巷肌理保存较好，古建筑、古树木、古文化等历史资源丰富。

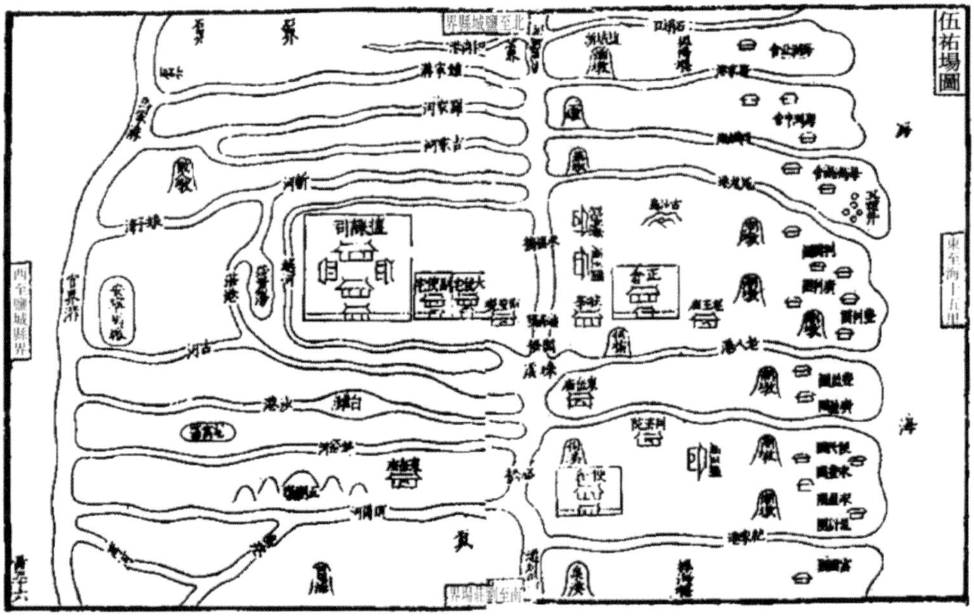

伍佑场图（明嘉靖《两淮盐法志》）

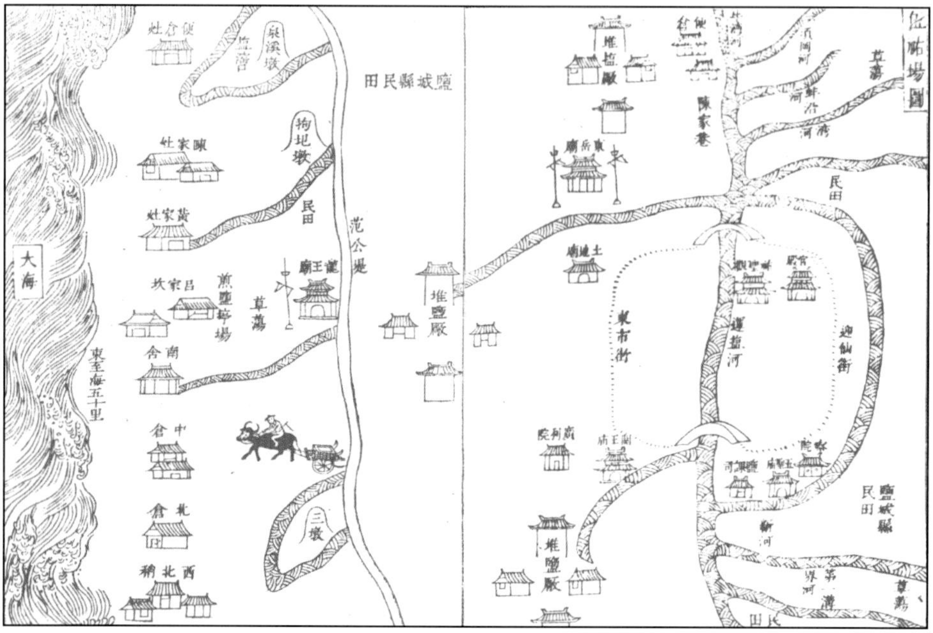

伍佑场图（清乾隆《两淮盐法志》）

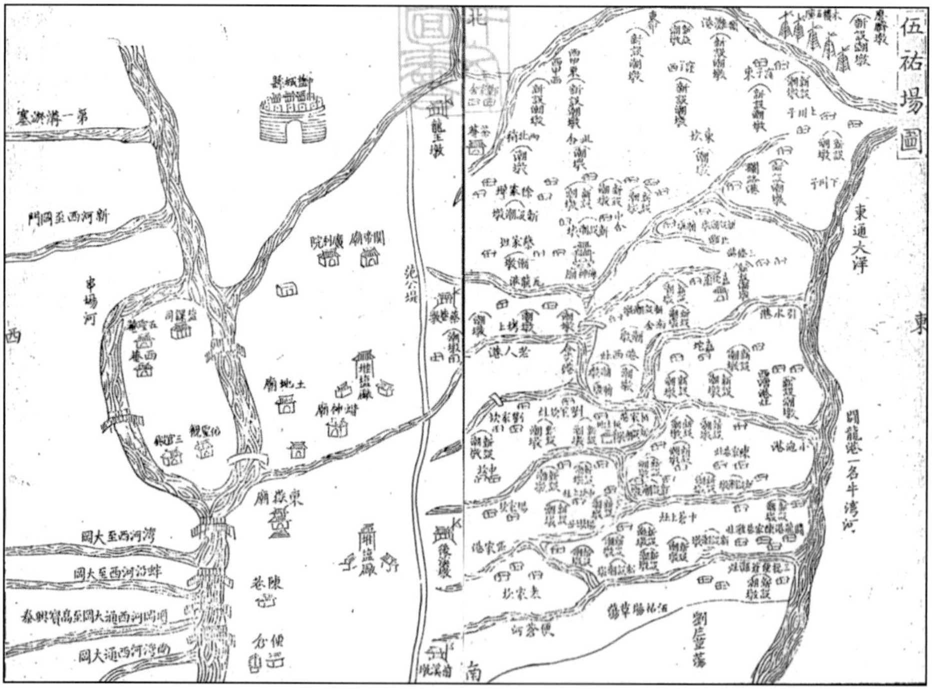

伍佑场图（清乾隆《两淮盐法志》）

4. 白驹镇

白驹镇位于盐城大丰西南部，是江苏省文化名镇、江苏省经济综合实力百强镇、盐城市工业化城镇化 50 强重点镇、江苏省文明镇、盐城市社会治安安全镇、盐城市环境优美镇。白驹镇是大丰的文化担当，同时又是文学巨著《水浒传》作者施耐庵的挥毫之处。

白驹镇由白驹场发展而来。元代白驹场名已见诸古籍。白驹场为《太平寰宇记》所记载的盐城监所辖北八游场，清雍正《两淮盐法志》记载，白驹场东至戚家团，西抵兴化海沟河，南界草堰场，北界刘庄场，于清乾隆元年（1736）并归草堰场。

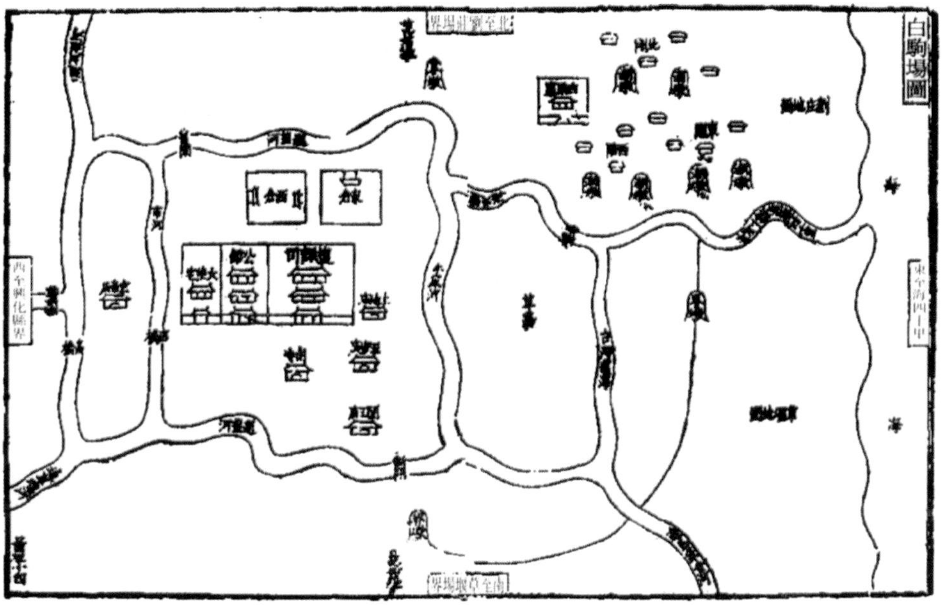

白驹场图（明嘉靖《两淮盐法志》）

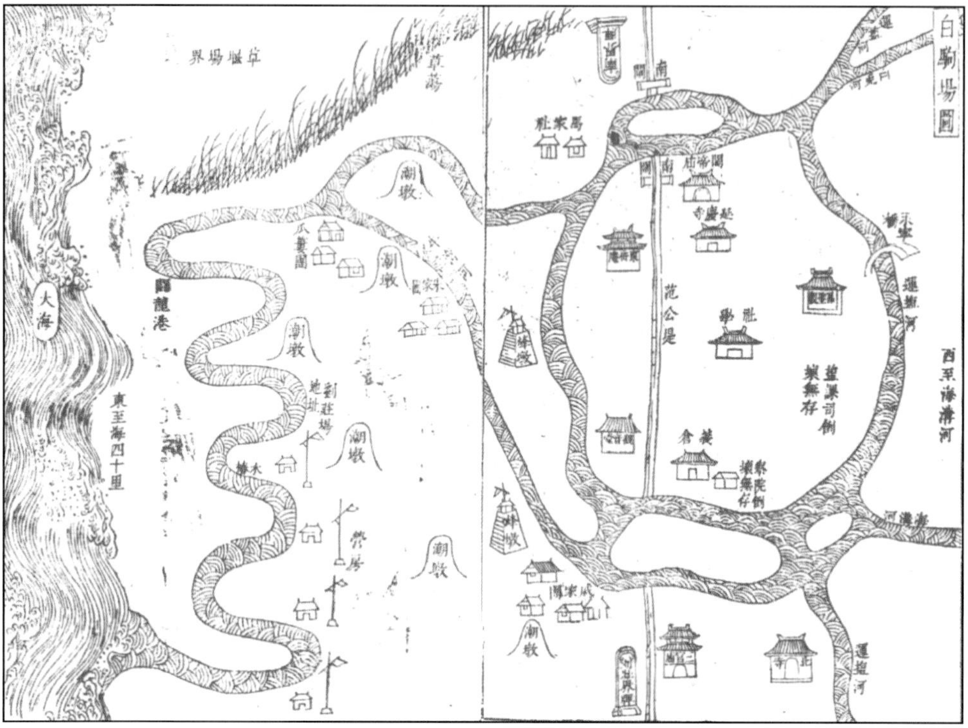

白驹场图（清康熙《两淮盐法志》）

5. 草堰镇

草堰镇位于盐城市大丰区西南端，它由丁溪场、小海场和草堰场三个古盐场组成。

唐大历元年（766），黜陟使李承任淮南节度使判官，忧海潮涨，筑捍海堰，宋时草堰名北堰，即东北段捍海之谓也，北宋修筑“捍海堰”时，以草筑堰，遂有草堰之名，因此更名为草堰场。草堰场为《太平寰宇记》中所记载的盐城监所辖南八游场。元代草堰境内设有草堰、小海、丁溪三场盐课司署。到了明代和清代前期，这里更成为当地海盐集散重地和重要集镇。乾隆元年（1736），并白驹场；中华民国元年（1912），刘庄场、小海场、丁溪场并入草堰场。因而草堰场有“五场一统”之说。

1917 年，实业家张謇在草堰创办全国首家盐垦股份公司“草堰场大丰盐垦股份有限公司”。

悠久的古盐业发展史在草堰境内留下了大量的盐文化遗存，2001 年 2 月 19 日，江苏省人民政府命名草堰为“古盐运集散地保护区”，这是中国唯一的一个以海盐文化为内涵的历史文化保护区。草堰镇也成为现今全国唯一的省级古盐运集散地保护区。保护区内现有明代盐业管理机构——草堰场盐课司署，古代盐业生产单位——草煎盐场，盐业交易市场——盐廪，盐民避灾之所——潮墩（救命墩），以及部分盐业生产工具和盐民生活用品。至今依然保持“水陆并行、河街相邻”的古镇风貌。

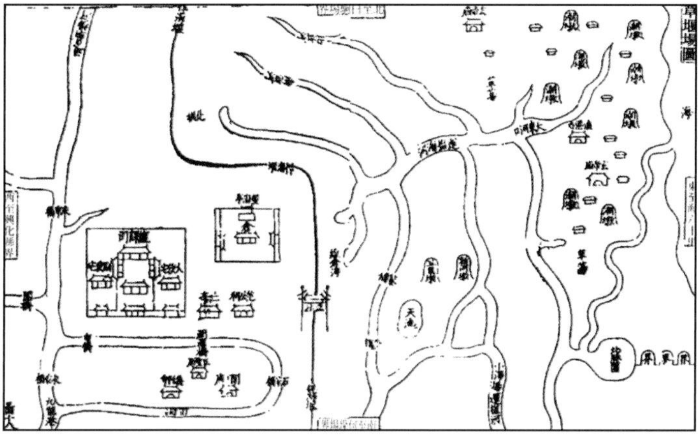

草堰场图（明嘉靖《两淮盐法志》）

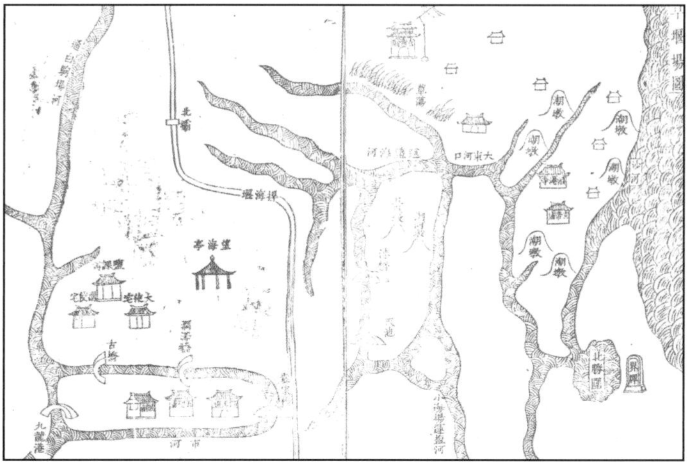

草堰场图（明嘉靖《两淮盐法志》）

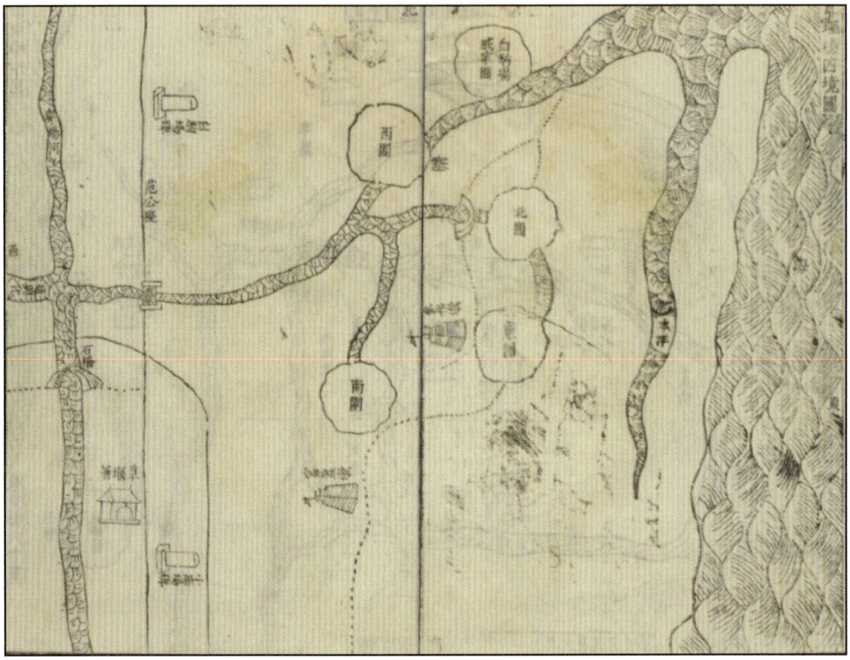

草堰场四境图（清康熙《淮南中十场志》）

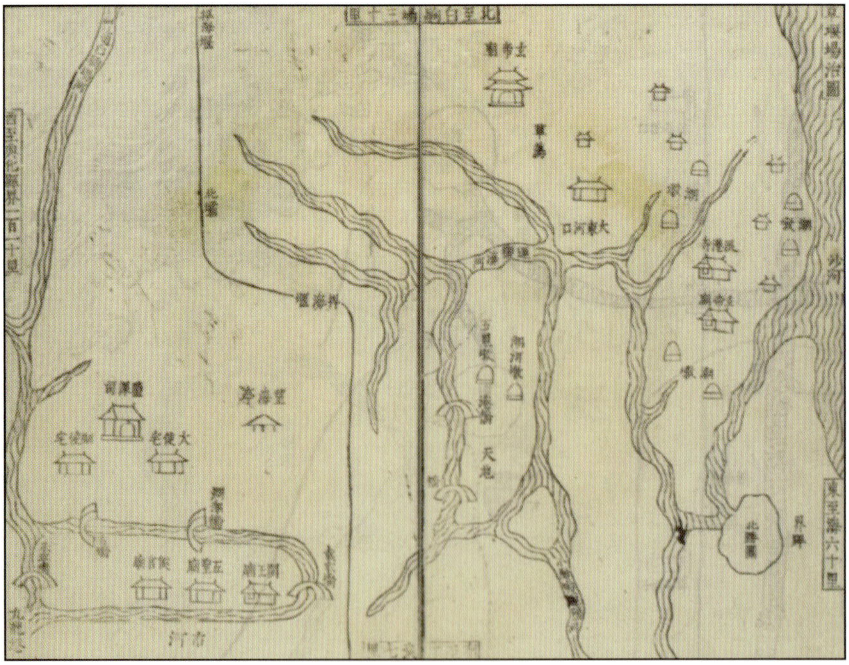

草堰场四境图（清康熙《淮南中十场志》）

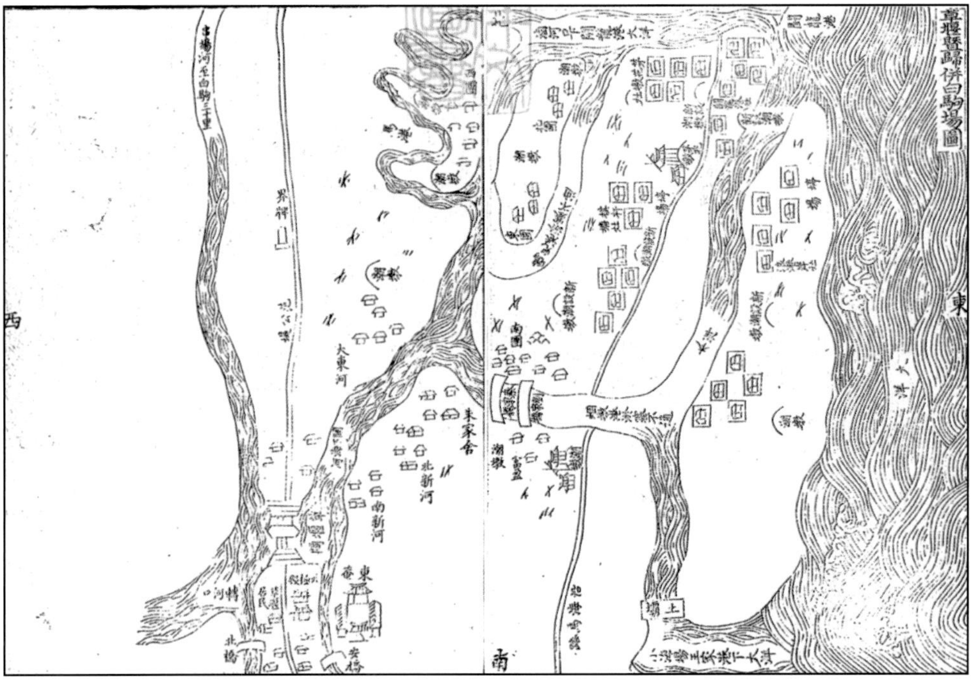

草堰暨归并白驹场图（清乾隆《两淮盐法志》）

6. 安丰镇

安丰古镇位于东台市境内，为国家 AAAA 级景区，属于中国历史文化名镇。

安丰镇由古代安丰场发展而来。安丰场为《太平寰宇记》记载的海陵监北四场之一，始为小淘场，亦称小淘浦。宋天圣五年（1027）至天圣十年（1032），西溪盐仓监范仲淹与江淮制置发运使张纶、淮南转运使胡令仪合力修成捍海堰，为盐民创造了安居乐业、丰衣足食的生产生活环境，从此“东淘”更名为安丰。安丰场东至大海，西接东台场，南至富安场，北接梁垛场。明清以来，安丰场建成南北七里的古街，北起下灶星月桥，南至盐坝盈宁桥，有“九坝十三巷七十二庙堂”的记载。

今安丰古镇保存历史街道 4 处，古巷道 68 条，明清建筑 30 余处。安丰古镇是至今产盐古镇格局保存最为完整的古镇。

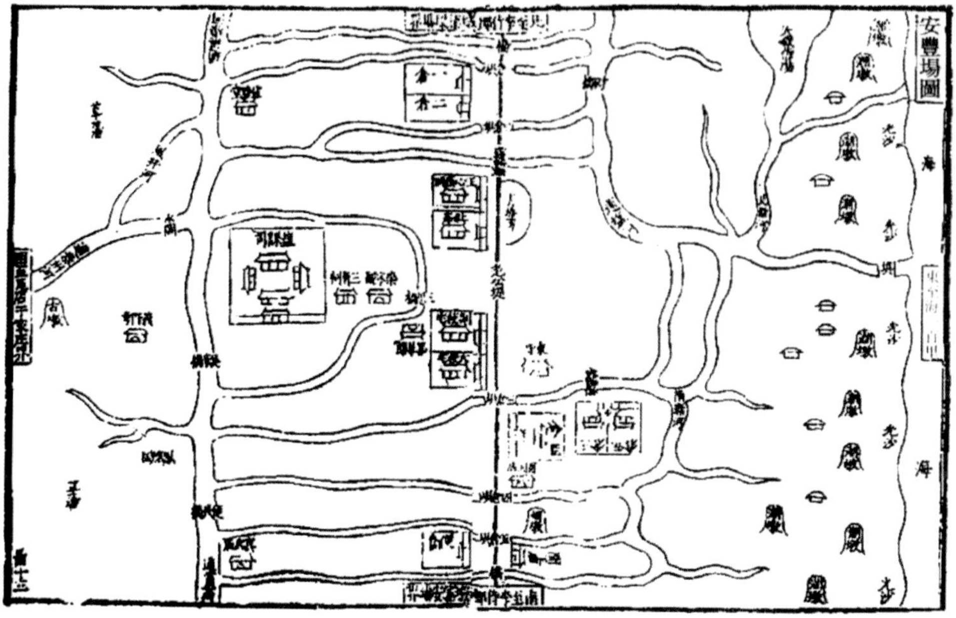

安丰场图（明嘉靖《两淮盐法志》）

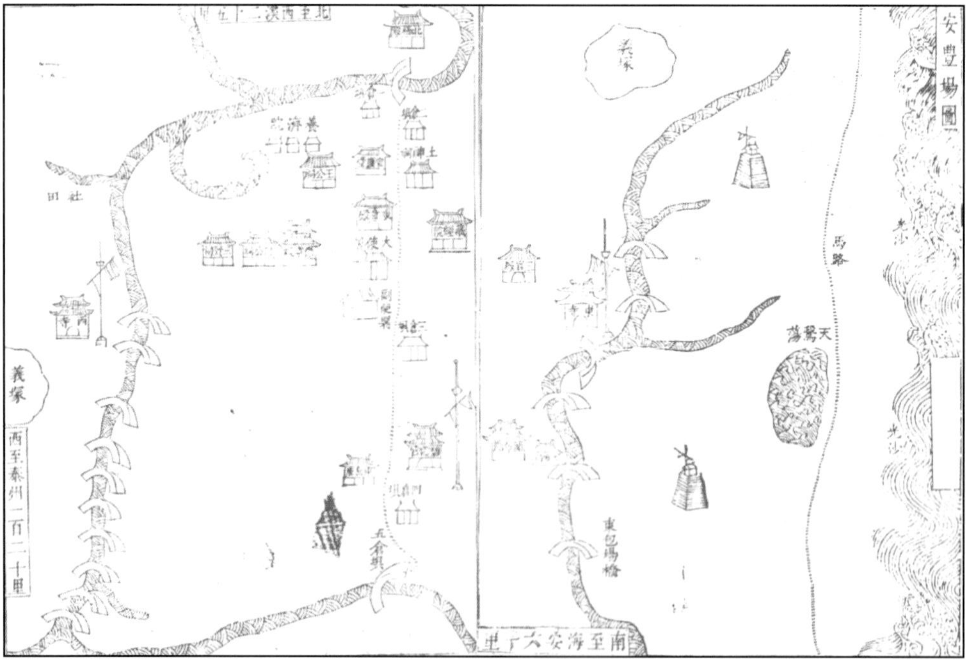

安丰场图（清康熙《两淮盐法志》）

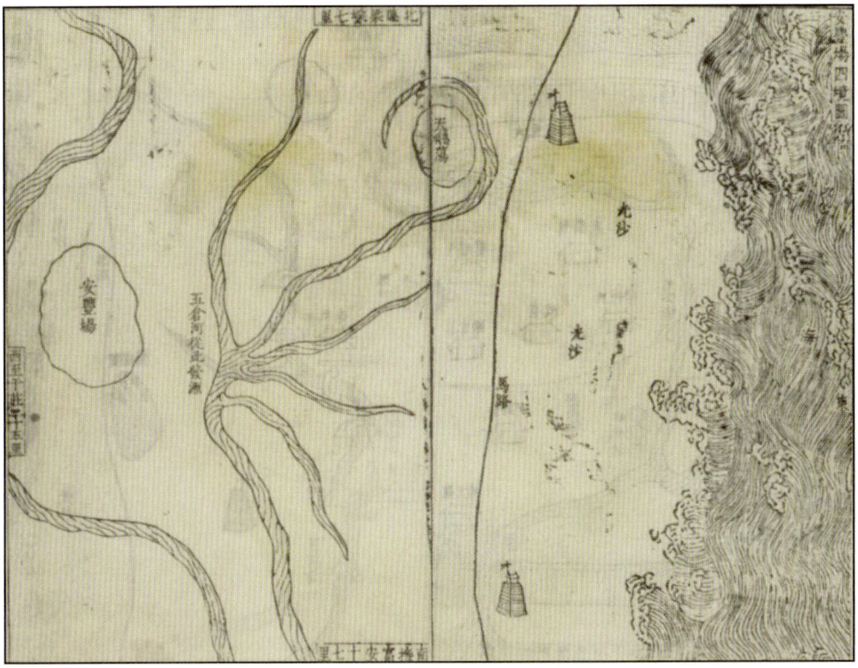

安丰场四境图（清康熙《淮南中十场志》）

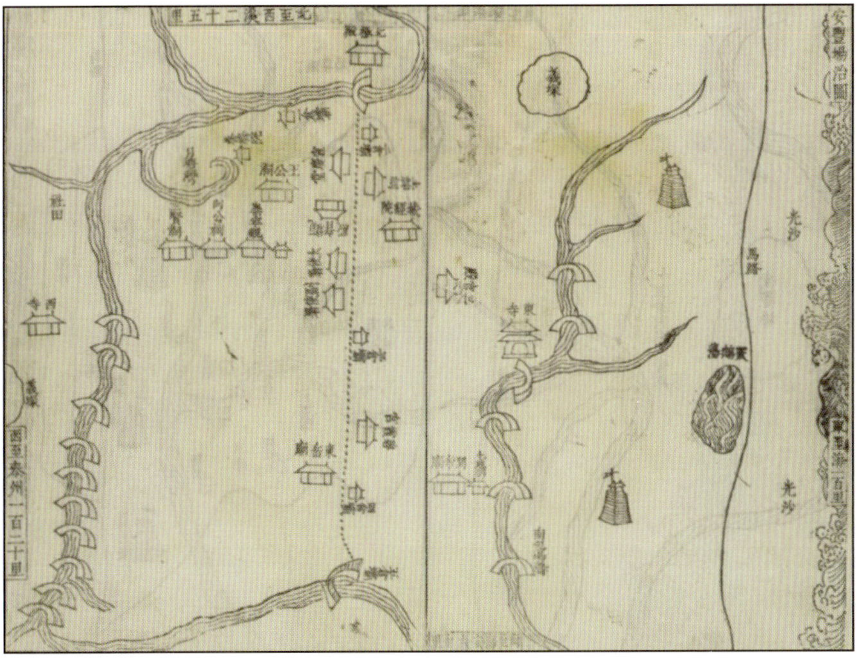

安丰场治图（清康熙《淮南中十场志》）

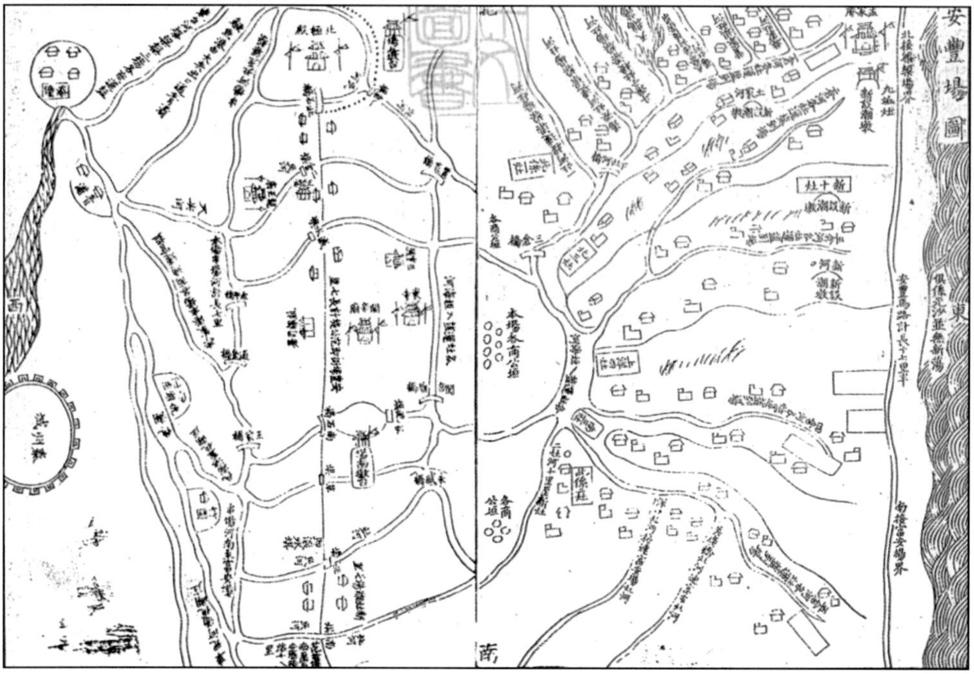

安丰场图（清乾隆《两淮盐法志》）

7. 梁垛镇

梁垛镇，位于江苏省东台市市区南侧，相传在唐开元年间即有灶民在此烧盐。明洪武元年（1368）建场设课，谓“梁垛场”，属泰州辖下十场之一。至明嘉靖年间梁垛始设盐课司，后为“淮南中十场”之一，有“九桥十三巷三十六个庙堂”之说。

2010 年 4 月撤销梁垛镇、台南镇建制，将原梁垛镇、台南镇所辖区域合并，成立新的梁垛镇。

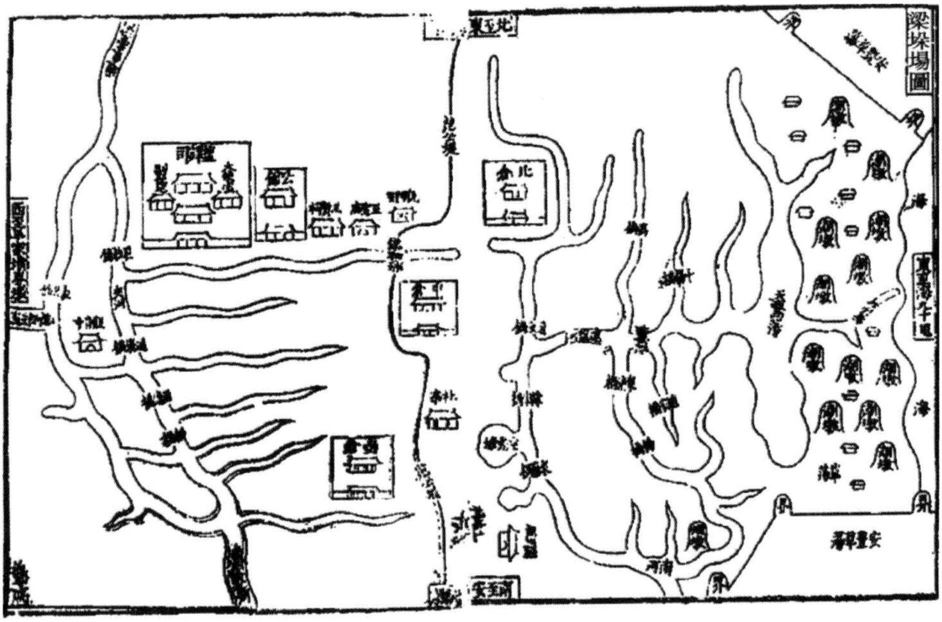

梁垛场图（明嘉靖《两淮盐法志》）

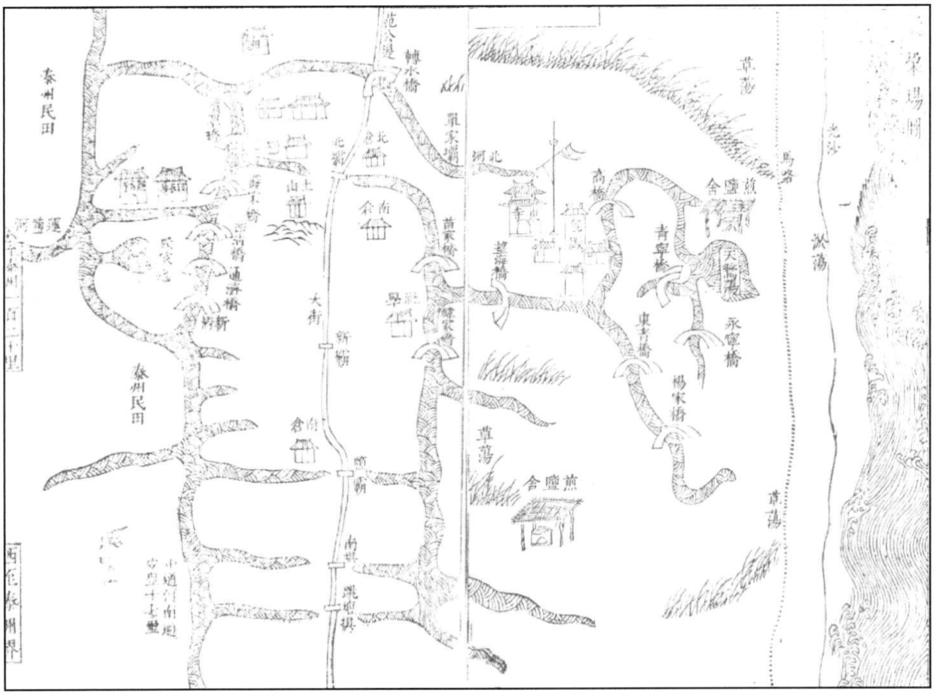

梁垛场图（清康熙《两淮盐法志》）

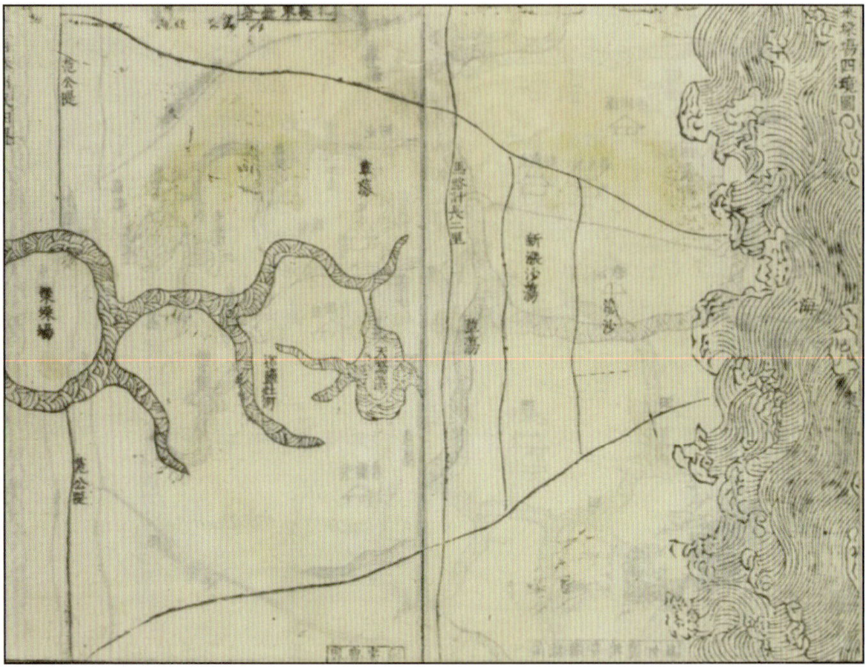

梁垛场四境图（清康熙《淮南中十场志》）

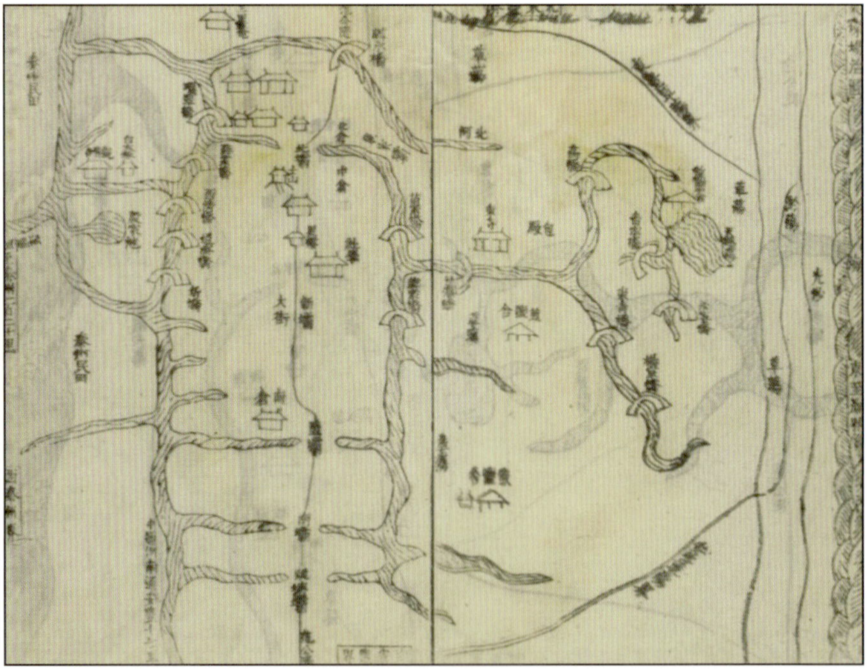

梁垛场治图（清康熙《淮南中十场志》）

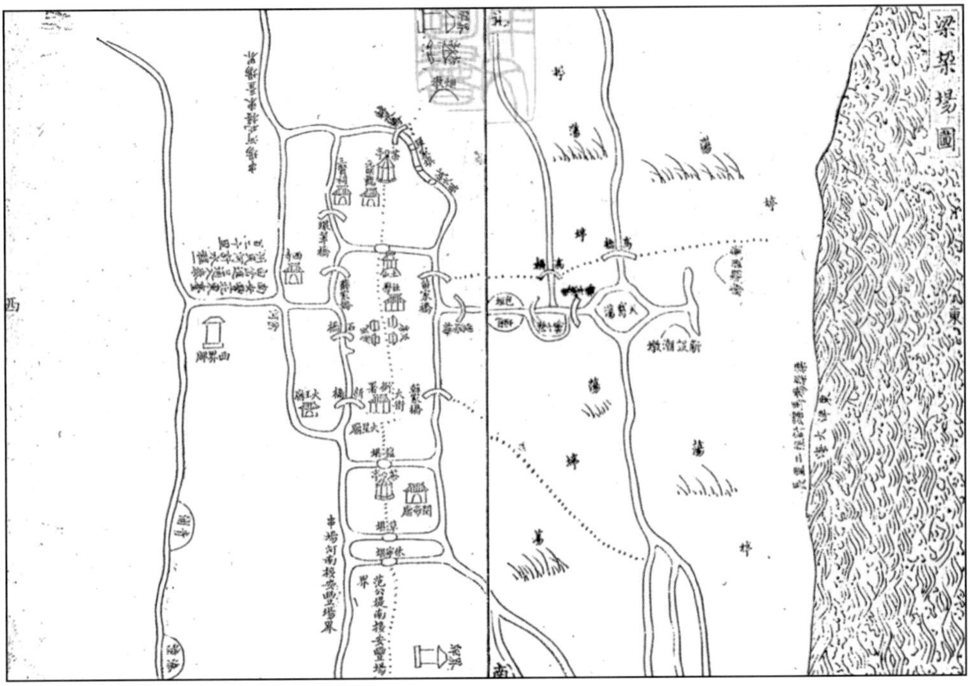

梁垛场图（清乾隆《两淮盐法志》）

8. 富安镇

富安镇在今东台市境内，与安丰古镇紧邻，街道四面环水，为千年历史文化古镇。

富安镇位于南通、盐城两市交界处，古称虎墩、虎埠。富安场为《太平寰宇记》记载的海陵监北四场之一，元代时有记载名为富安，明清沿用。到清末时，富安场东北临海，东至唐家洋（今唐洋），南与杨家庄（今如皋）连界，西北部接安丰场，东西长 110 里，南北宽 23 里。

作为富安场中心位置的富安镇至今还留有大量的明清时代的古建筑、古街巷，如东盐仓巷、西盐仓巷、盐课司巷、吕公祠巷、衙门巷、东仓桥、西仓桥、东盐坝、西盐坝、黄金坝等，是典型的因盐而生的古镇。

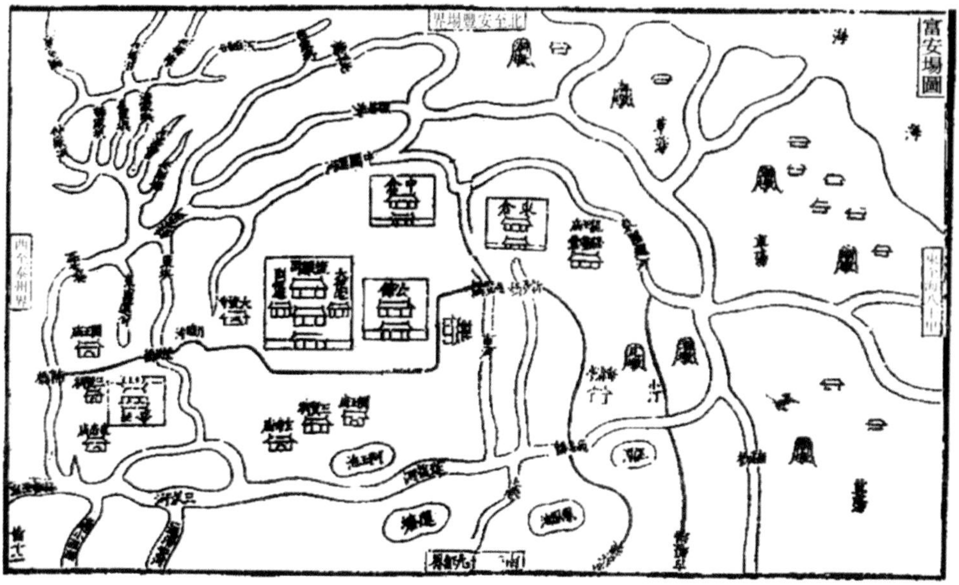

富安场图（明嘉靖《两淮盐法志》）

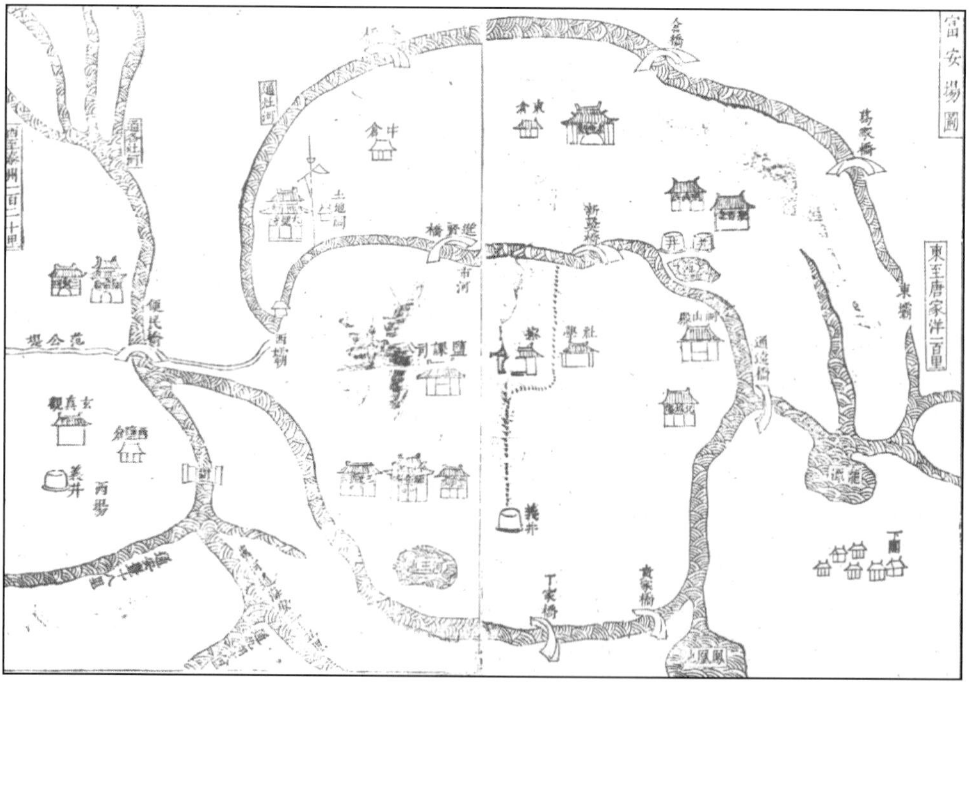

富安场图（清康熙《两淮盐法志》）

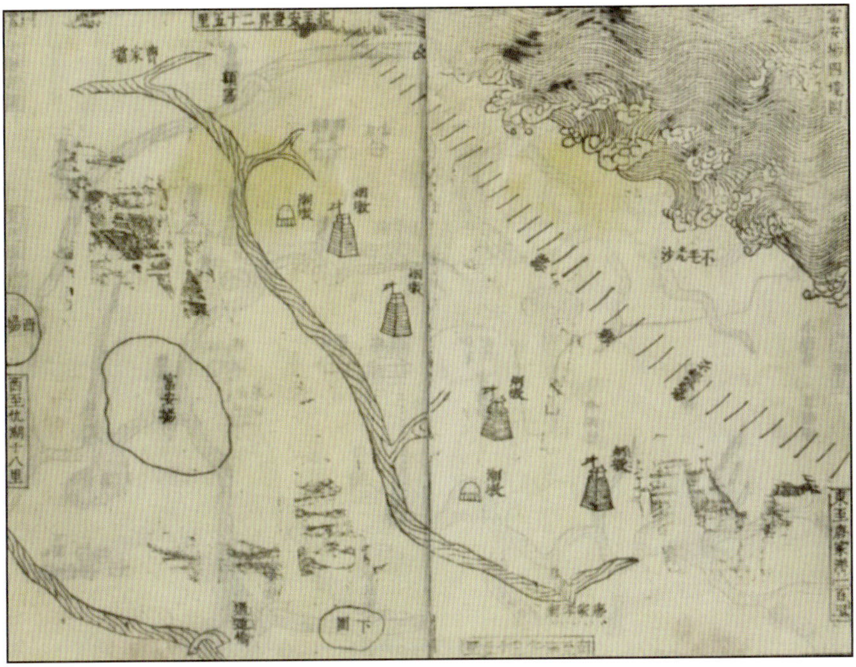

富安场四境图（清康熙《淮南中十场志》）

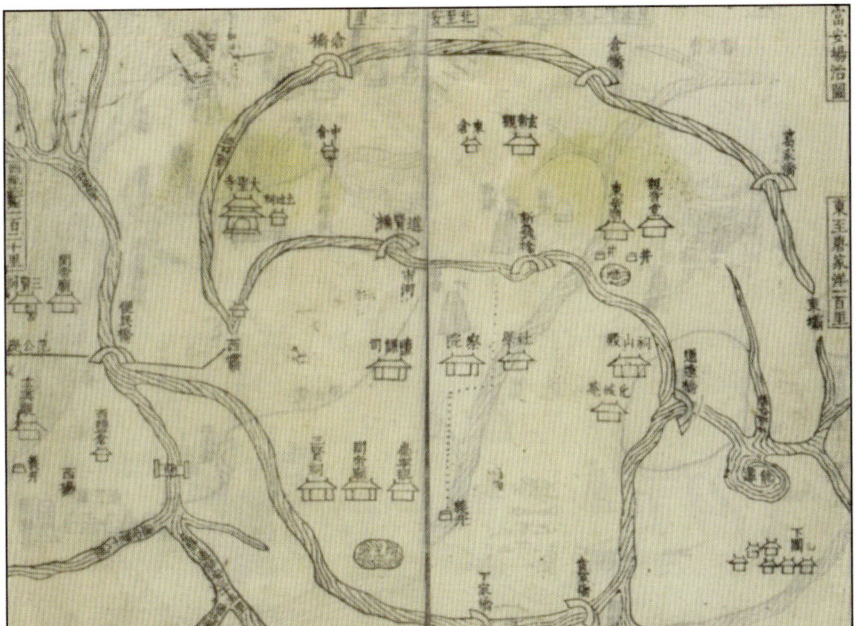

富安场治图（清康熙《淮南中十场志》）

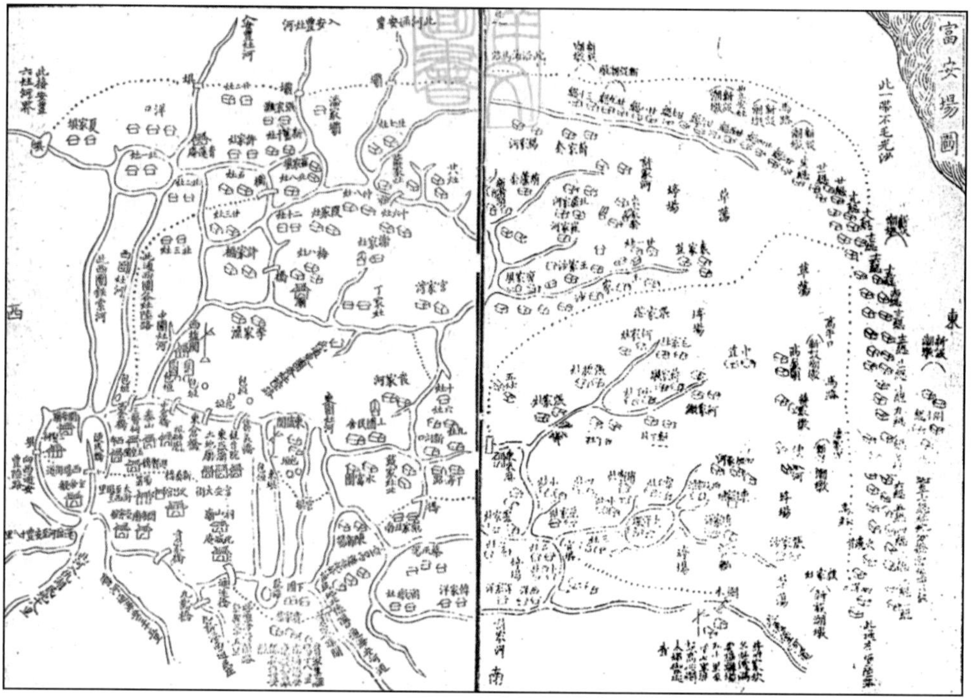

富安场图（清乾隆《两淮盐法志》）

9. 东台镇

东台镇隶属于江苏省盐城市东台市，由古代东台场发展而来，东与头灶镇接壤，西和五烈镇相连，南与梁垛镇交界，北接东台市界，是江苏省东台市人民政府所在地。

东台镇文化底蕴丰厚，民间艺术影响深远，尤其是发绣艺术，风格独特，闻名遐迩，被称为“天下一绝”。

2003 年，东台镇被中华人民共和国文化部命名为“中国民间艺术之乡”。

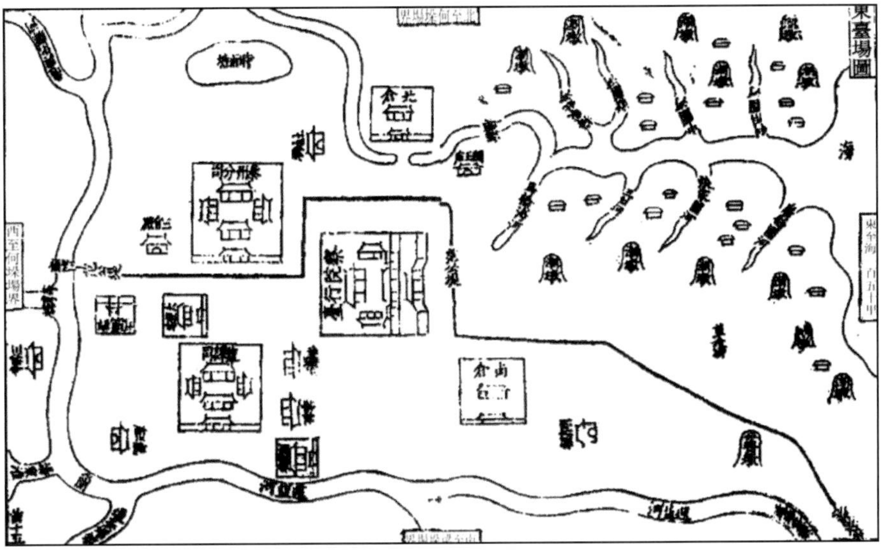

东台场图（明嘉靖《两淮盐法志》）

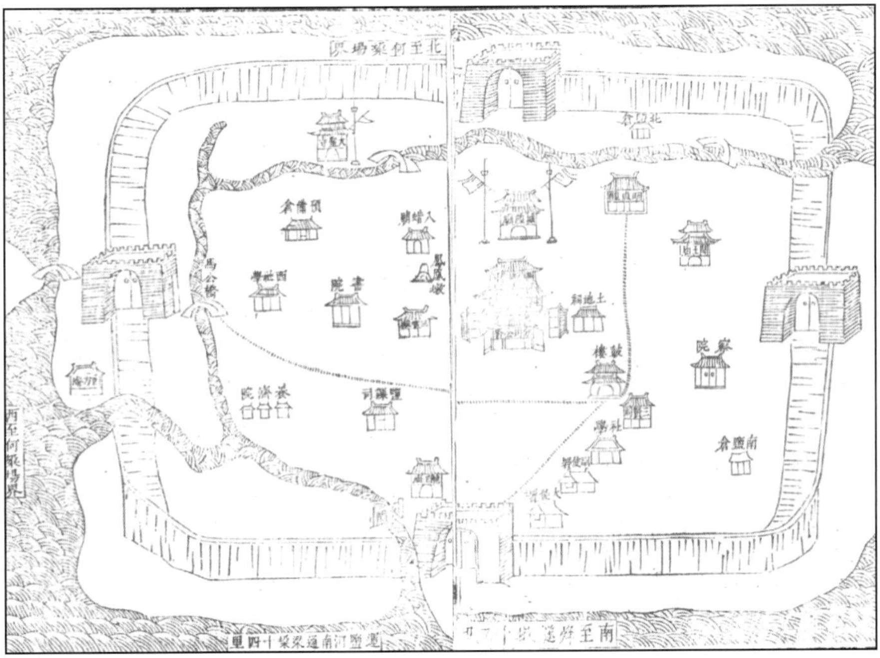

东台场图（清康熙《两淮盐法志》）

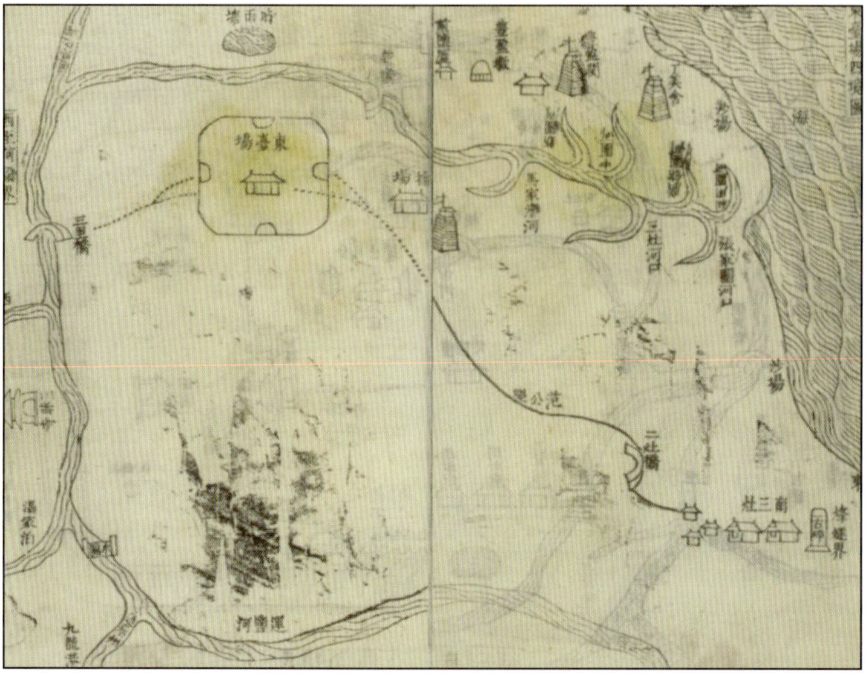

东台场四境图（清康熙《淮南中十场志》）

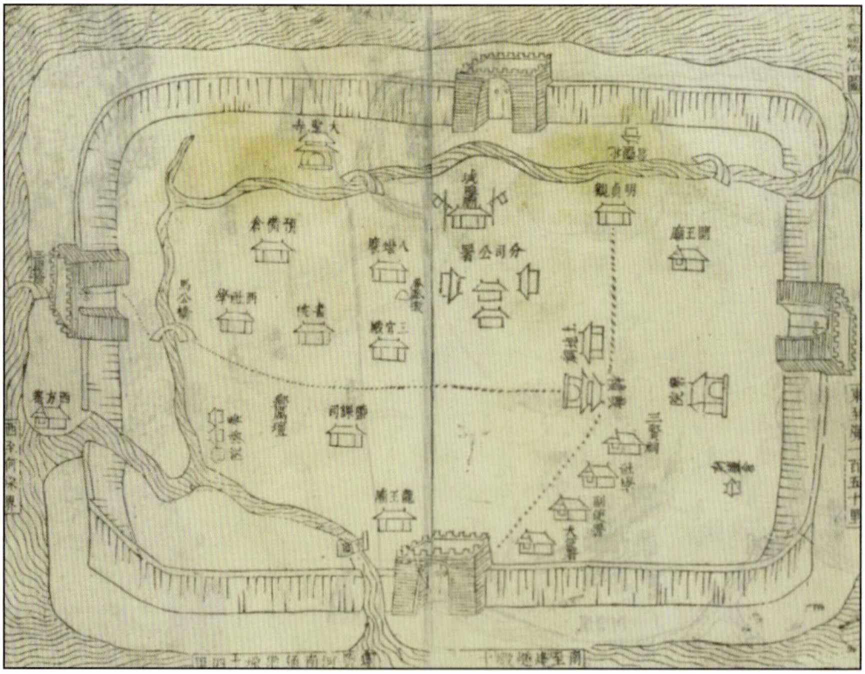

东台场四境图（清康熙《淮南中十场志》）

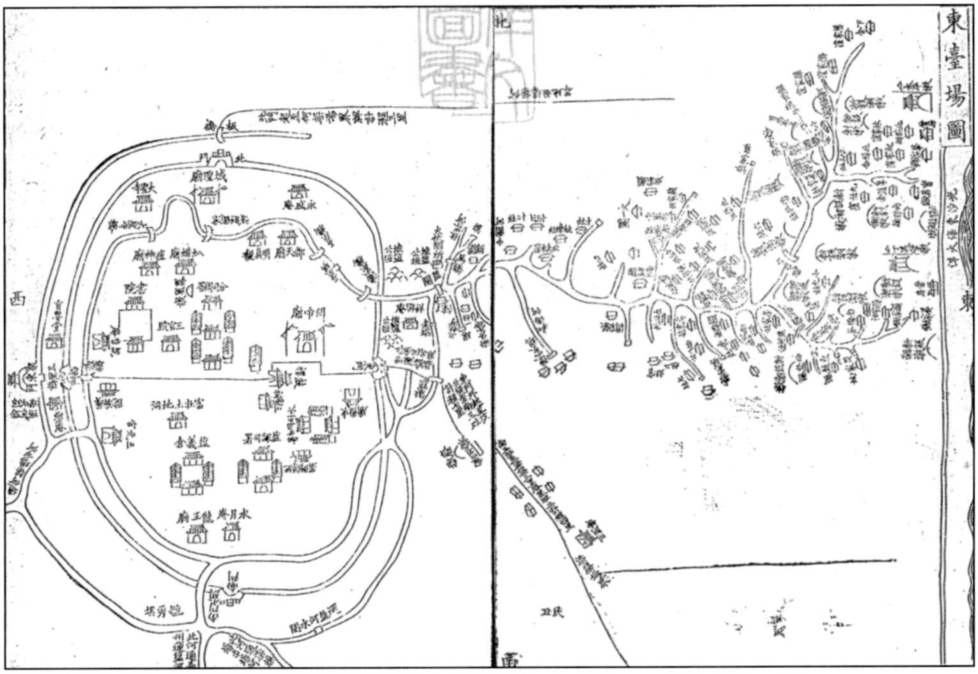

东台场图（清乾隆《两淮盐法志》）

10. 刘庄镇

刘庄镇地处大丰区西部。东与新丰镇、大中镇、西团镇接壤，南与白驹镇接壤，西与兴化市大营镇、新垛镇、盐都区大冈镇接壤，北与亭湖区便仓镇接壤。

唐称紫庄，为“盐城监九场”之一，据《读史方舆纪要》记载：“管盐场九所，曰伍佑，曰紫庄，曰南八游，曰北八游，曰丁溪，曰竹子，曰新兴，曰七惠，曰四安，俱在县南北三五十里之间。”宋改名为刘庄。清又改称刘庄场，为海防重镇。

民国称刘庄寨，后改今名。

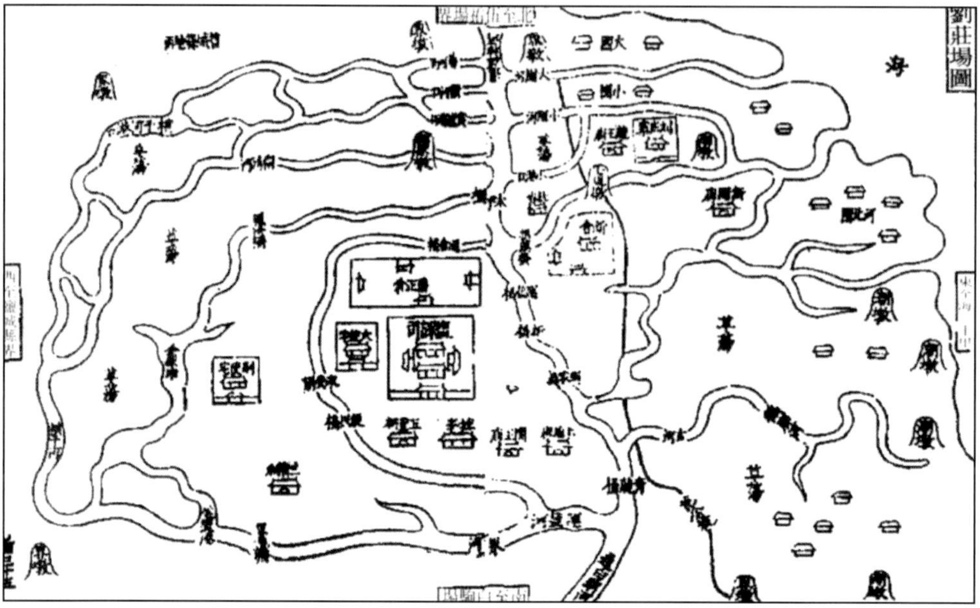

刘庄场图（明嘉靖《两淮盐法志》）

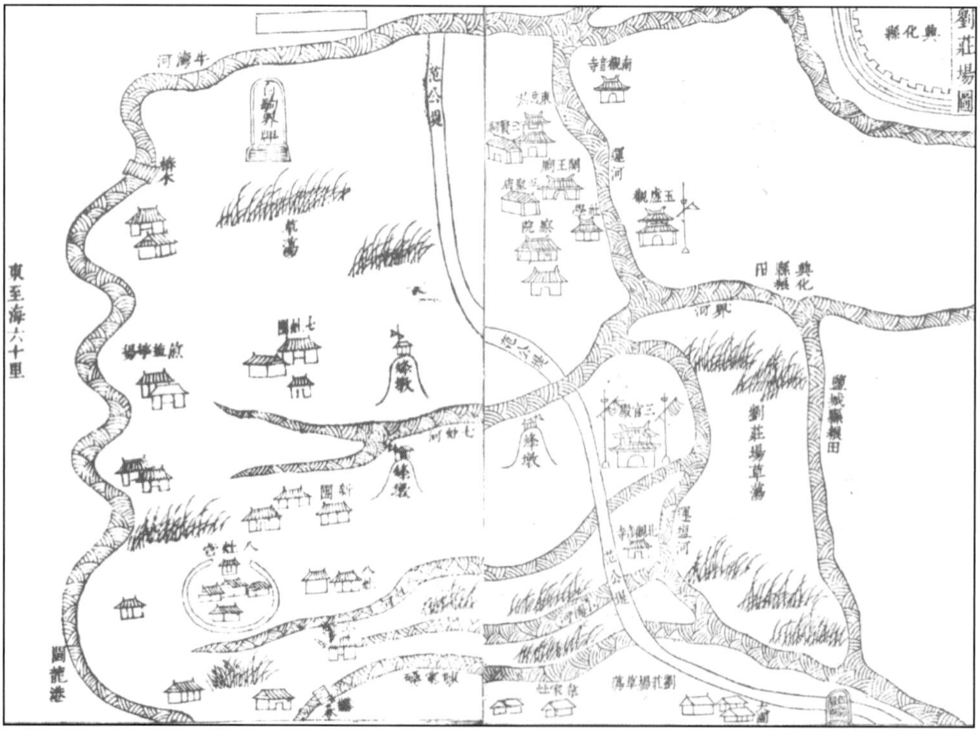

刘庄场图（清康熙《两淮盐法志》）

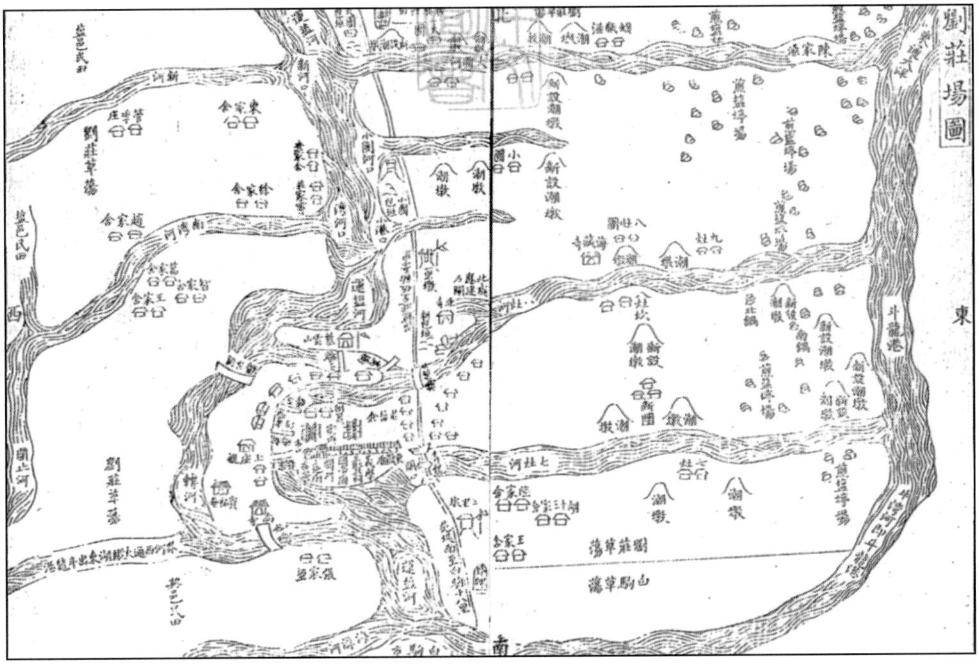

刘庄场图（清乾隆《两淮盐法志》）

11．小海镇

小海镇位于江苏省盐城市大丰区中南部，由古代小海场发展而来，是一座历史悠久的千年古镇，名胜古迹众多，旅游资源丰富，拥有镇海禅寺、小海老街、小洋桥、古丁溪、雄鸡垛、烟墩口、吴家泊、观望口等一大批历史文化古迹。

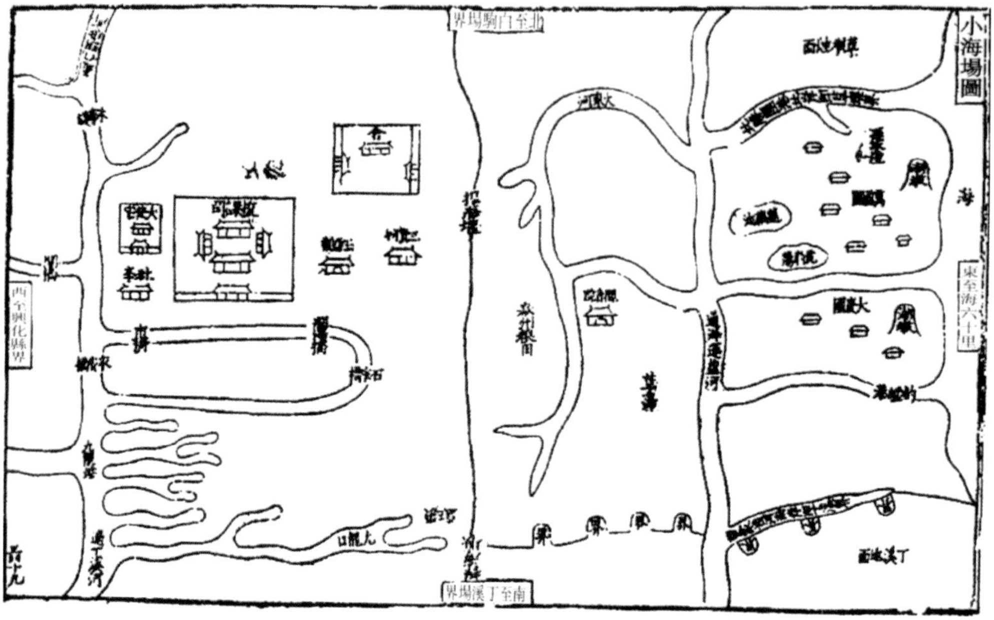

小海场图（明嘉靖《两淮盐法志》）

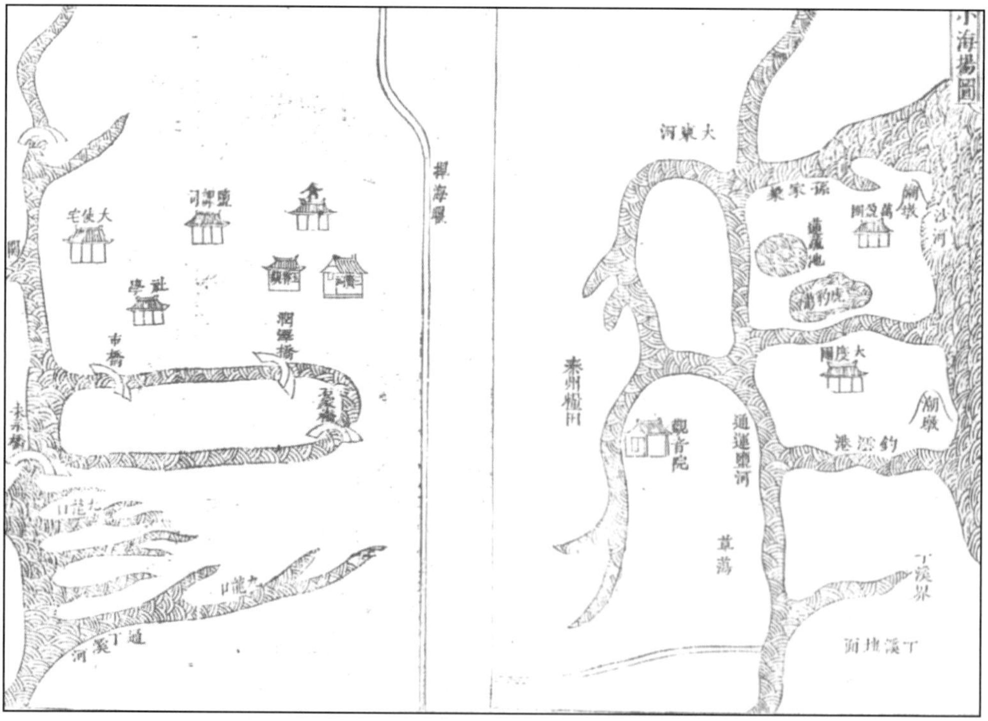

小海场图（清康熙《两淮盐法志》）

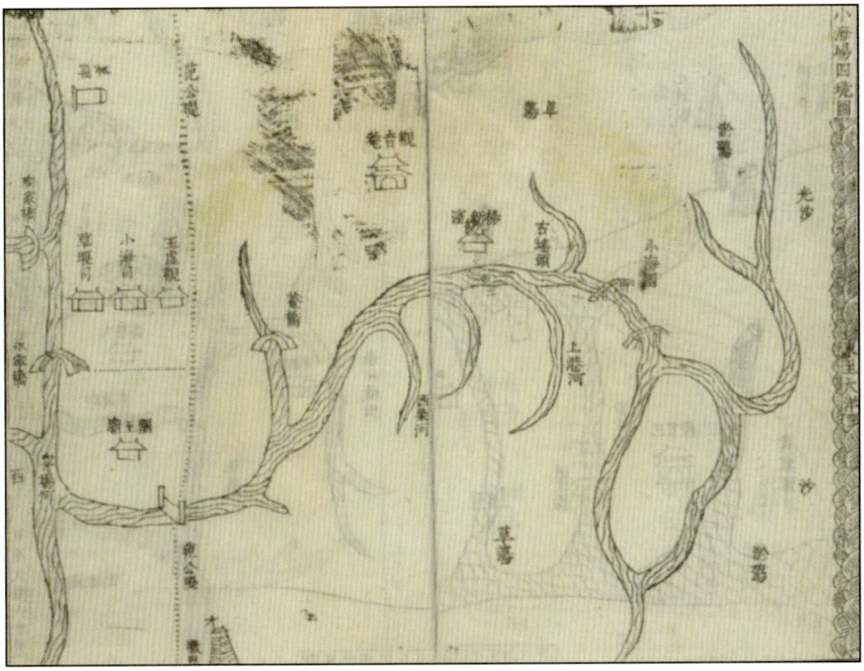

小海场四境图（清康熙《淮南中十场志》）

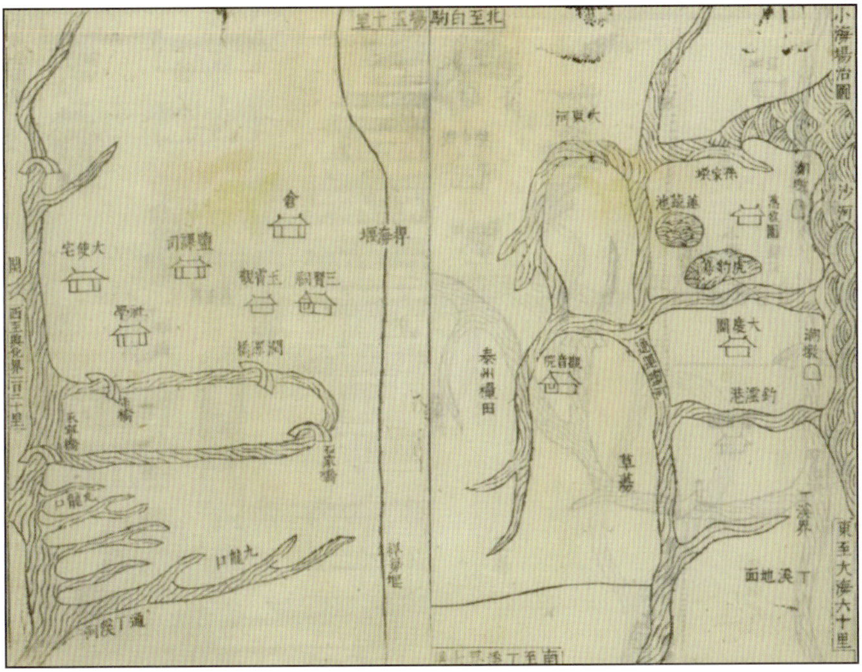

小海场治图（清康熙《淮南中十场志》）

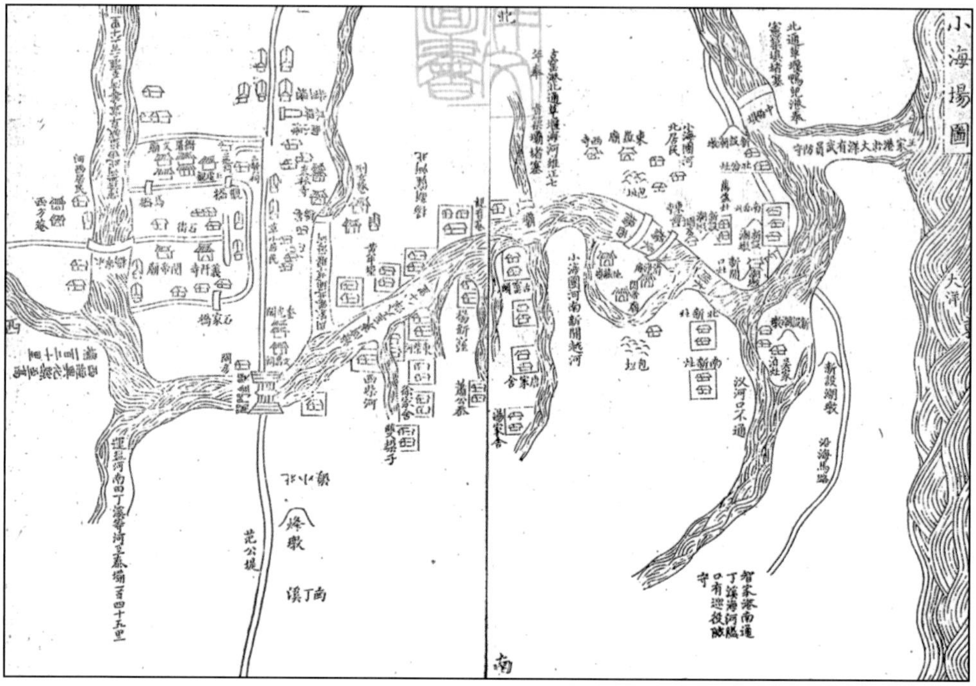

小海场图（清乾隆《两淮盐法志》）

12. 丁溪村

丁溪村位于盐城市大丰区的西南部，由古代丁溪场发展而来，地处大丰、东台、兴化三市（区）交汇点，204 国道穿村而过，通榆河、串场河环村而绕，与草堰镇城区连为一体，由原丁溪村和丰产村两个行政村合并组成。

2020 年 10 月，丁溪村入选第二批江苏传统村落名单。

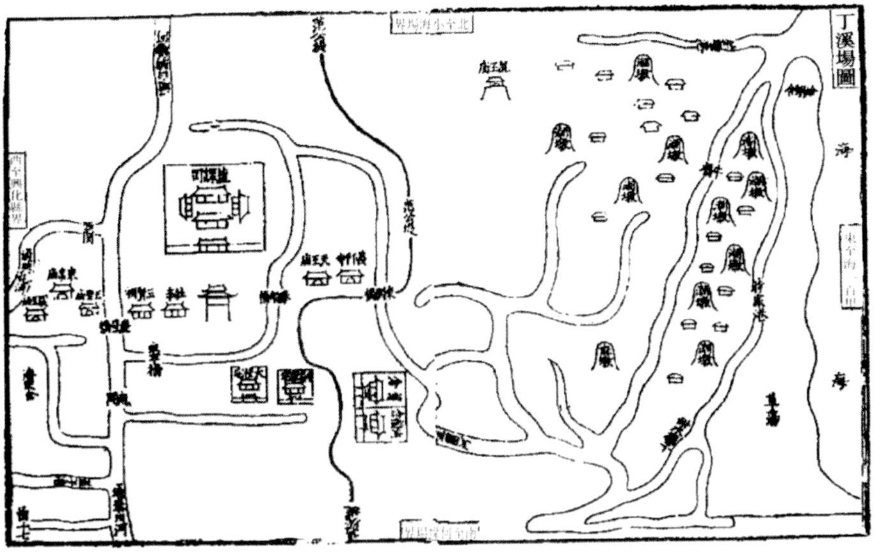

丁溪场图（明嘉靖《两淮盐法志》）

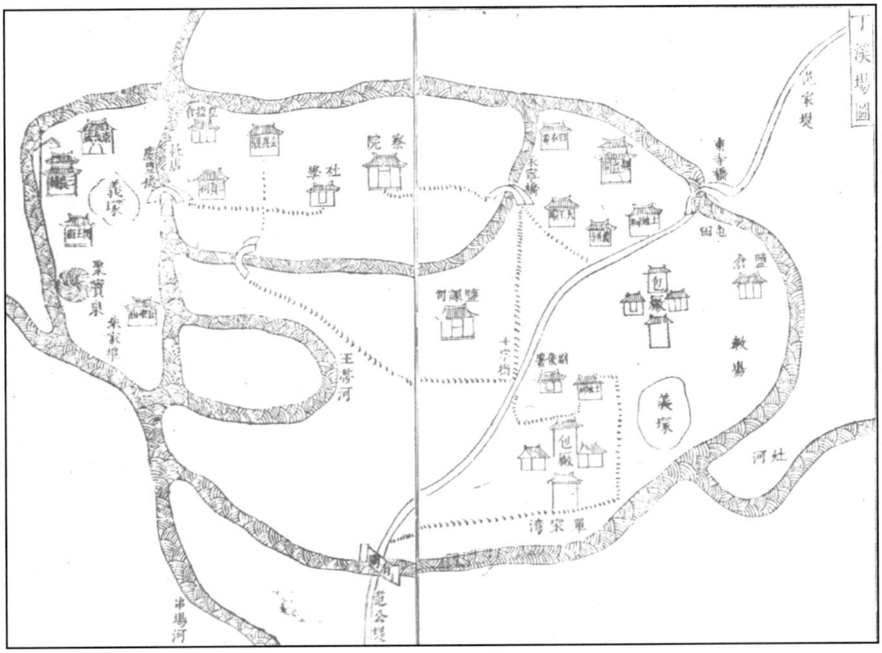

丁溪场图（清康熙《两淮盐法志》）

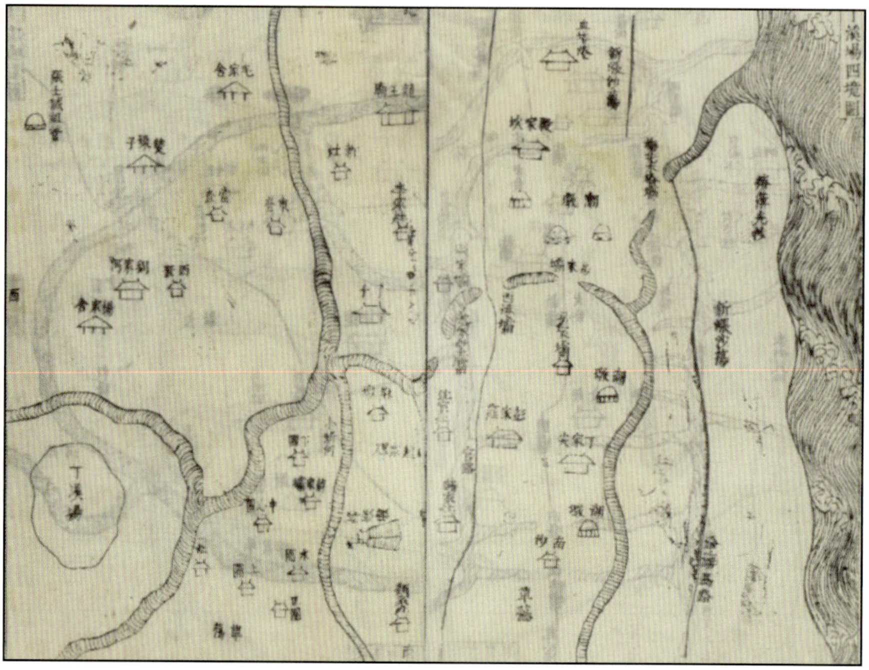

丁溪场四境图（清康熙《淮南中十场志》）

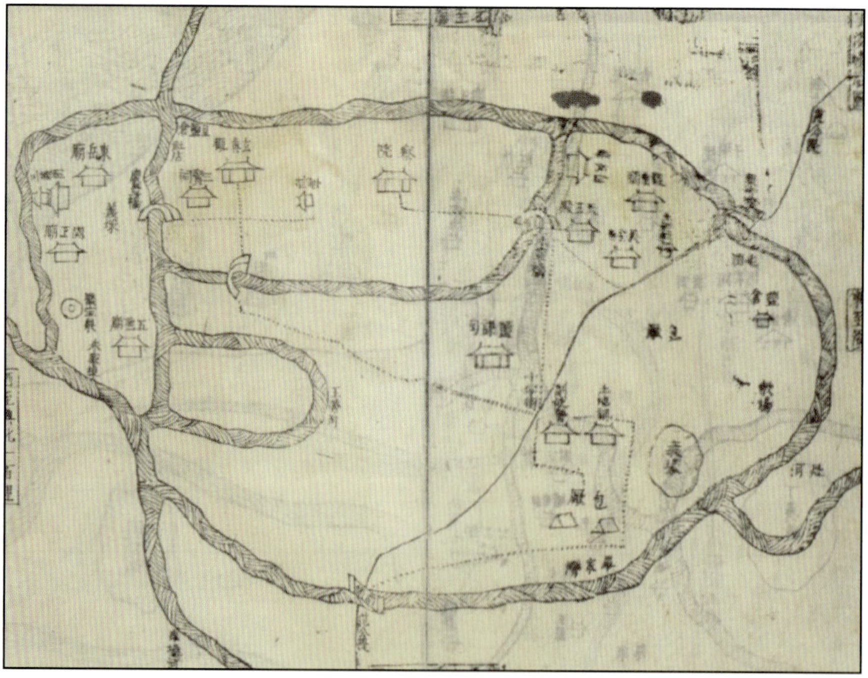

丁溪场治图（清康熙《淮南中十场志》）

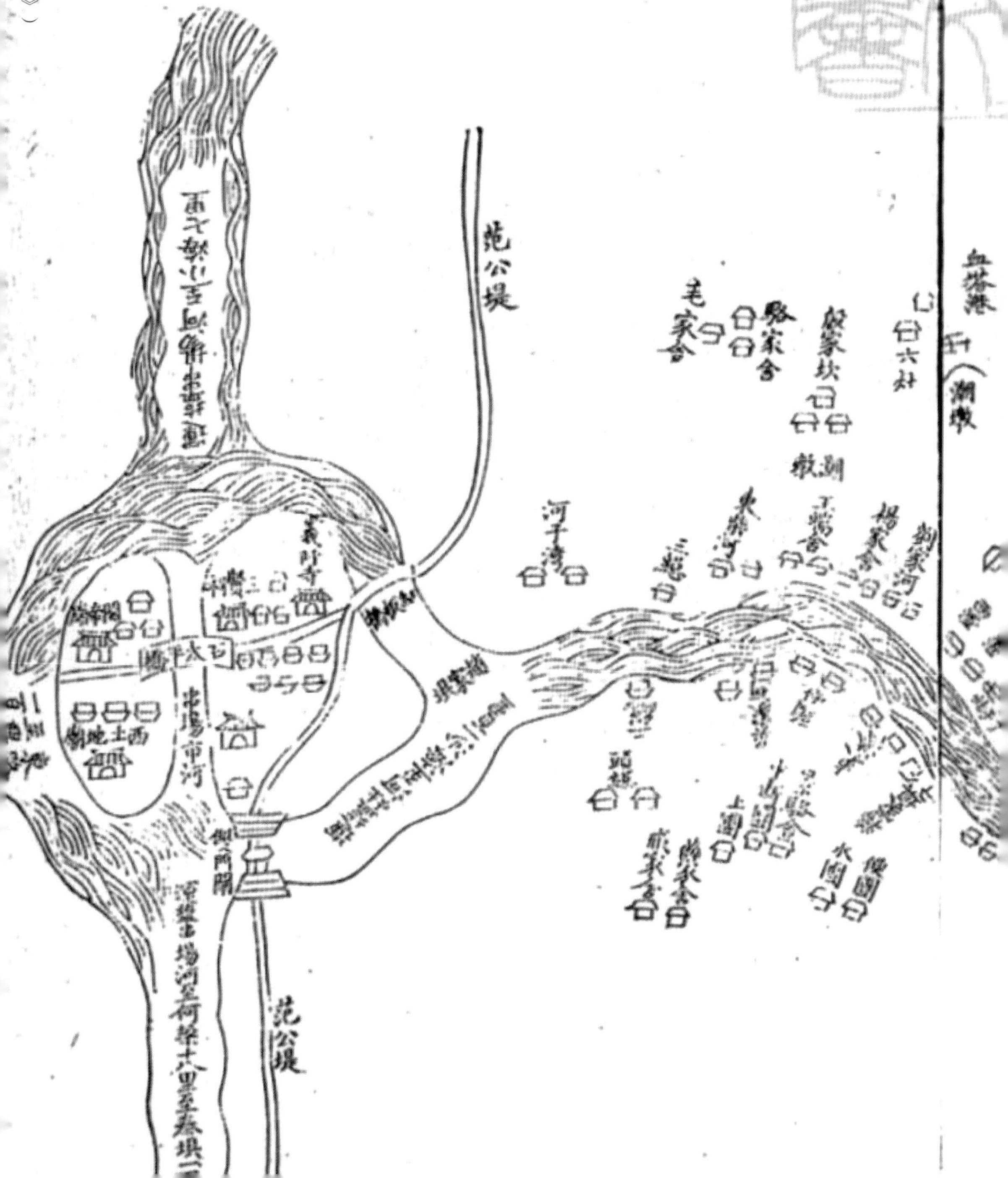

丁溪场图（清乾隆《两淮盐法志》）

丁溪場圖

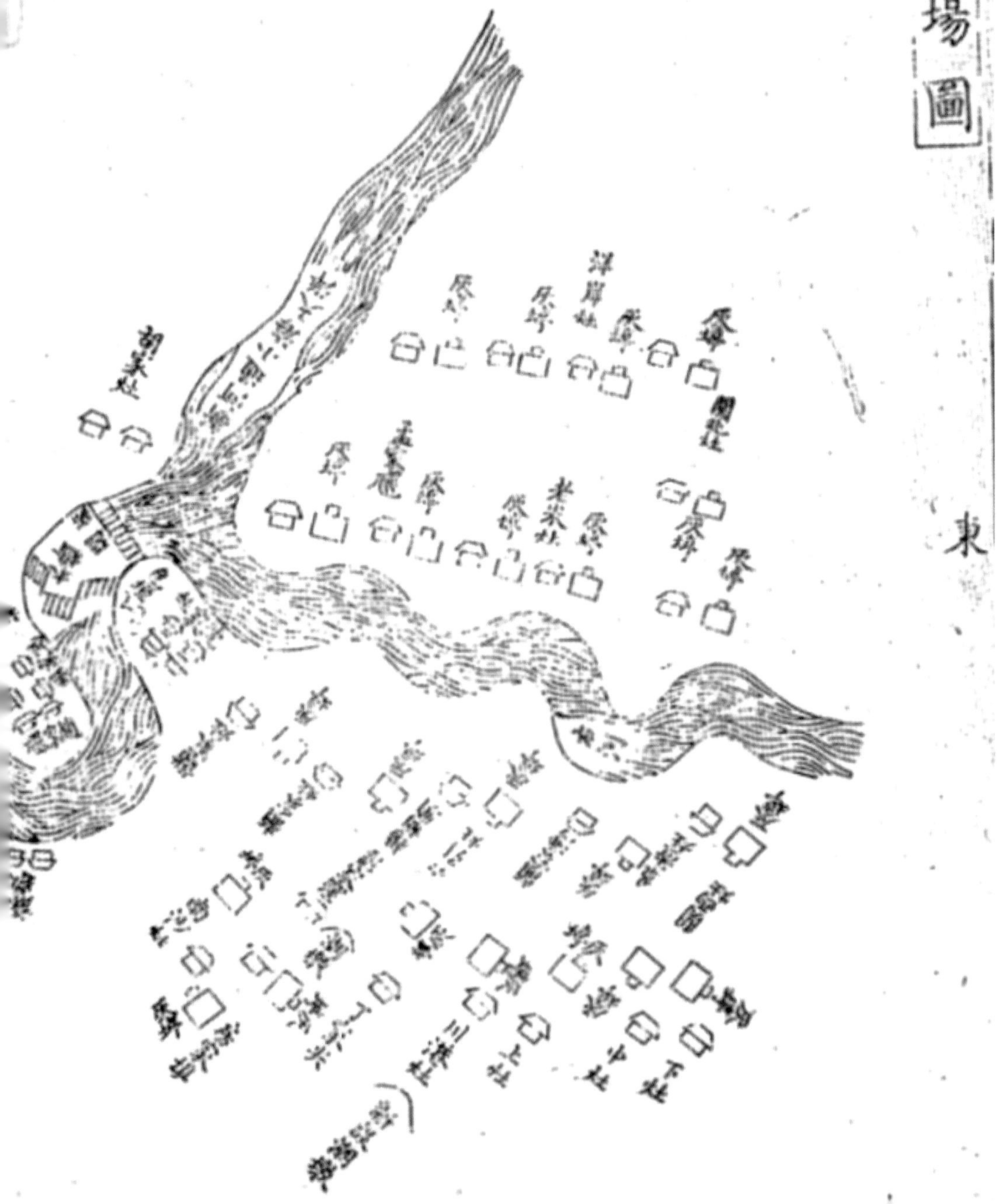

13. 西溪镇

西溪古镇为国家 AAAA 级景区，西溪曾是历史上盐税的主要征集地，北宋时期的三位名相吕夷简、晏殊和范仲淹早期都曾在东台的西溪做过盐税官员。

西溪景区内现有海春轩塔、犁木街、晏溪书院及北宋丞相范仲淹的读书堂。

西溪古镇

14. 便仓镇

便仓镇是见诸宋史的千年古镇。宋时，盐城监并九盐场为七场，各场均设正、便盐仓囤盐，此地乃伍佑场之便仓，故名便仓。

便仓古镇内枯枝牡丹闻名海内外，称“枯枝牡丹之乡”。《镜花缘》中称：“如今世上所传的枯枝牡丹，淮南卞仓（便仓）最多。”古镇现拥有古青色马道、卞氏宗祠遗址、极乐寺、枯枝牡丹园等众多人文景观。

第七章

盐城大运河盐文化非物质类遗产资源

在中华人民共和国成立后，盐城进行的多次民间文艺调查和非物质文化调查的成果中，涉及海盐生产、运销、盐民生活内容的占到了相当大的比重，反映了海盐文化对当地人民生产、生活产生了广泛而深刻的影响。丰富的制盐技术、海盐文化习俗、祭祀活动、盐宗崇拜等非物质文化遗产是盐城大运河盐文化遗产体系中不可或缺的重要组成部分。

一、大运河盐文化中的信仰习俗

1. 盐民过年关

春节，俗称过年，盐民又称为“年关”。因官、匪常在这时上门敲竹杠，“打秋风”，盐民中有“一年十二月，月月皆受憋，腊月憋得狠，过年如过鬼门关”之谚。

农历十二月（即腊月）三十日（小月则是二十九日）为除夕，盐民习惯称之“三日子”。这天人们十分忙碌，上午全家里里外外大扫除，称为“刷尘”，意思是扫去一年的晦气，盼望新的一年交好运。清扫之后，张贴对子（即春联），大门上贴“门神”或“斗方”，房门上贴钟馗，窗户上贴“太公在此，百无禁忌”的横幅，同时贴挂钱、贴花笺，还要在灶头上张贴灶君像，两边贴上“上天言好事，下界保平安”的对联，放鞭炮接“灶神”下界，保一年平安。中午上供猪头、雄鸡，点烛烧香，叩拜神灵，称“谢神”，同时烧钱化纸，祭祀祖先，并到祖先坟上烧纸，称“送守岁包子”。

相传煎盐的发明者死后被封为神，盐民称之为“盐盘大圣”，农历三十晚，盐民必到锅灶旁向“大圣”敬献酒肉刀头，焚烧黄元香烛，对“大圣”的画像顶礼膜拜。晚上煮“陈饭”，装“陈饭盆”，又称聚宝盆，盆中装满饭后，插上彩色纸旗和柏树枝，在柏树枝上嵌上白果、花生、红枣等物，还在上面贴上“黄金万两”的横幅，祈望来年五谷丰登，硕果累累。晚上合家团聚吃团圆饭，名曰“守岁”，长辈给晚辈发红包，称之为“压岁钱”。

盐民大年三十吃年夜饭忌泡汤，也为顾忌来年雨多之意。正月初一五更头，盐民到天井观看天气：如刮西南风，无云彩，则预兆当年盐花大丰收；如刮东北风，天空有毛云，则认为当年雨水多，对盐产不利。

2. 盐婆婆过生日

在两淮盐区，盐民有为“盐婆婆”过生日的习俗。盐婆婆是两淮盐区的盐神，盐民将农历正月初六定为盐婆婆的生日，纪念她将盐带到两淮盐区。

关于盐婆婆，有传说她是老龙王的女儿，但民间流传更广的是另两个版本的故事。其中一个是：盐婆婆原来出生在海边一户穷人家庭，名叫严氏，一生无儿无女，依靠织网度日。那时候，老百姓用稻草灰水、酸菜汤、辣椒之类当菜就饭，因为体内没有盐分，许多人面黄肌瘦，常生疾病。某年夏天，严氏织完网从海边回家，看到一块洼地里有些发亮的东西，铺了一层细白粉，看上去像霜一样。她捏起少许，用舌尖尝了尝，觉得很开胃口，就扫了一口袋，背回家送给左邻右舍。众人吃了这种奇怪的东西，没病的浑身添劲，有病的也渐渐好了。这种咸东西因为是严氏发现的，大家都叫它“严”。“严”“盐”两字同音，后来就说成了“盐”。地里的盐被大家吃光了，严氏就挑来海水，经过日晒，又变成了盐。时间一长，全村人都在严氏的带领下铺滩晒盐，这种晒盐方法一直流传到沿海很多地方。为了生存，人们学着“盐婆婆”煮海为盐，从此生活安康，煮海为盐代代相继。在另一个版本的传说中，很早以前的两淮地区不产盐，人们因缺食盐都得了浮肿病，生命危在旦夕，就在这个关键时刻，从东海里来了一个浑身长满盐的“女人”。她走到哪里，盐就掉到那里，当地的百姓有了盐，浮肿病就好了。后来传说那个浑身长盐的“女人”就是“盐神”，盐民们都称她“盐婆婆”。

位于盐城串场河畔的盐婆殿

两淮盐区的盐民将每年正月初六定为“盐婆婆”生日。这一天，盐民要处处图吉利，祈望盐婆婆高兴。每年正月初六，盐婆婆生日这一天，盐民手拿三股香，一对红小烛，上面印有“龙”形图案的红方，领着全家能上滩干活的，到滩头或风车头祭祀。他们将盐婆婆画像贴上，点烛、焚香、放鞭炮、烧纸磕头，名叫“烧盐婆纸”，又叫“烧滩头纸”。祭祀的人要边烧纸边祷告：请盐婆婆开恩显灵，保佑当年产盐多、盐粒大、盐花白。盐民还手持锹、锨等工具，到滩下动动手，干点活；转转风车，戽几斗水；或挖几锹泥，动一动盐席，象征性地表示一年晒盐开始了。这一天如果是大晴天，盐民会格外高兴，因为，这能预示全年盐产大丰收。因此，民间正月初一到初十有“一天二地三风四雨五草六盐场七人八谷九豆十棉花”的说法。其中的“六盐场”就是说的“盐婆婆”过生日的这件事。

清朝嘉庆年间的海州举人许桂林，曾经作过一首纪事诗《盐生日》，如实记述了当时盐民在盐婆婆生日这天的活动情况：

月初六为盐生日，晴则丰，雨则歉。厍盐中，晒盐席，户为盐做生日。

以盐为生利盐息，盐粒珠珠如水白。今年盐已生，去年盐未出。

畦户无忧船户喜，盐河冻合新安北。盐生日，月初六，日暖风和盐粒熟。

畦户手持扫盐帚，喃喃自问盐池祝。盐廪高于马耳山，为官为私无不足。

3. 二月二，敬龙王

农历二月初二，是“龙”抬头的日子。古时盐民们认为：龙是管兴云布雨的神，涨潮、落潮都是由龙王爷决定的，送上来晒盐的海水是龙王爷的“恩赐”，所以盐民有敬龙王的习俗。二月初二这一天，盐民要到龙王庙去烧龙王纸，离庙远的盐民就到海边或盐河边烧。烧纸时嘴里祷告，请龙王开恩，多送盐分高的海水，保佑多产盐，多挣钱，求得有饭吃、有衣穿。

4. 三月三，祭盐宗

农历三月初三是两淮盐区的开晒日。盐民生火烧盐之前，先要祭盐宗，乞求保佑灶火兴旺，多产好盐。

两淮地区历代供奉的盐宗有三位。其一是淮夷部落首领夙沙氏，他是“煮海为盐”的创始人。传说早在远古时期，炎帝神农氏属下有一个部落，部落里有一位少年叫瞿子，聪明伶俐，勇敢坚强。在一次狂风暴雨中，瞿子的母亲和许多乡亲被海中恶龙夺去了性命。为了替母亲和乡亲们报仇，瞿子决定把大海煮干，制伏海中的恶龙。此后每天清晨，瞿子都会用陶罐舀海水来煮。时间一久，瞿子发现，每次把一罐海水煮干后，罐底总要留下一些白色、黑色、红色、黄色和青色的颗粒。经过仔细探究，他发现原来烧的燃料不同，煮出的颗粒颜色就不一样。红松木柴煮出红颗粒，芦苇煮出白颗粒，青枫木煮出青颗粒……这些柴草燃烧时，烟灰裹在蒸汽之中，沉入罐底，从而形成不同颜色的颗粒，但咸涩的味道却是一样的。人们给这种颗粒起名为“龙沙”。从此，部落首领安排大量人力，专门“煮海”。多年之后，部落首领年纪大了，任命瞿子担任首领。炎帝知道此事后，详细询问了瞿子煮海夙兴宿眠的经过，册封瞿子所在的部落为夙（宿）沙氏。“夙”就是“早”，“宿”则代表“晚”，意思是这个部落从早到晚都在煮盐，十分辛苦，因此赐予“夙（宿）沙”这一氏族名称。夙（宿）

沙氏族的首领专门负责煮海制盐。

其二是胶鬲。相传胶鬲是中国历史上最早见于史书记载的“盐商”，是贩运食盐的鼻祖。据《孟子·告子》和朱熹的注释可知：胶鬲是商朝末年人，原为商纣王的大夫，朝代鼎革之际隐遁经商，贩卖食盐，最后被周文王发现，举为重臣。胶鬲因为贩卖食盐，对盐业的发展作出了贡献，因而也被后世尊为“盐宗”。

其三是管仲。管仲是春秋初期著名政治家，他创建了“食盐官营”制度，即食盐民产，但却禁止民运、民销，而由官府统购、统运和统销。这一制度大大增强了齐国的财力，齐国因此殷富，为齐桓公的霸业提供了雄厚的物质基础。后人称赞他“调鼎和羹，宰相事业，官山府海，霸主雄图”。这一制度虽不利于民，但大利于“国”，所以历朝统治者无不重视，继续加以推行。特别是宋、元、明、清这1000年间，盐课收入逐渐成为朝廷仅次于田赋的第二大财政来源。管仲开创的“食盐官营”制度在中国历史上具有如此重要的地位，因而他也被尊为三大“盐宗”之一。明朝嘉靖年间朱廷立、史绅等人编撰《盐政志》，所列的盐官中管仲位居第一。

位于盐城市区串场河畔的盐宗祠

两淮地区农历三月阳气上升，适宜晒盐，从此要修滩做埝，进行开晒。盐民中有“到了三月三，脱脚忙和滩”之说。三月初三这一天，盐民要赶盐宗庙会，祭祀供猪头三牲，烧香点烛，行三跪九叩大礼。祭盐宗，盐场的祭祀活动排场大，舞龙舞狮，热闹得很。盐灶的祭祀活动排场小，只是烧香叩拜而已。秋后灭火休煎，也要祭盐宗，感谢盐宗的保佑，当年盐产丰收。

清明节，天气晴朗，风和日丽，是盐业生产旺季。盐民盼望在清明节前后降点雨水，泼泼盐滩周围的尘土。俗话说：“雨打坟头田，今年产白盐。”清明这天，盐民起大早去赶城隍庙会，烧香、磕头，求城隍爷保佑当年盐业取得好收成，家家过上太平日子。

5. 烘缸会

夏、秋两季，盐场、盐灶都要举办“烘缸会”——请民间艺人说书唱戏，烧香拜太阳神。烘缸会，以盐场公署举办的最为热闹。

清晨，盐民们聚集在广场上，摆上香案，供奉三牲，恭候太阳从东方升起。由祭司领头，面朝太阳焚香磕头。祭毕，由几个大汉抬一只口朝下的大卤缸，缸底上置纸糊或苇扎的太阳神，四周用红绸裹束，以示火烤，锣鼓开道，前往会场（戏台）供奉。而后，神戏即开场，一般上演《二郎担山赶太阳》《金乌下凡》《夸父追日》等戏文。热闹一整天，直至深夜方散。

盐灶举办的烘缸会就简单多了，一般是几户盐民联合，用土块垒成一座太阳神庙，上面覆盖小缸，缸中间开洞，内置神像，外面竖两根旗杆，集体烧香祈祷，求太阳神多赐晴天。

6. 盐民不送灶

苏北民间的城乡农民一直有送灶（又叫“祭灶”）习俗。每年腊月二十三送灶为“小灶”，二十四则为“大灶”，而沿海一带的盐民（又叫“灶民”）在煎盐的大灶上就没有送灶的习俗。盐民靠烧灶煎盐为生，一日熄灶不煎盐，就一日吃不上饭，又叫“熄火穷”。因此，盐民即使过大年，也绝不送灶。他们认为，哪家送了灶，也就等于丢了饭碗。

这些盐民习俗，自民国废灶兴垦以后，随着岁月的流逝逐渐淡化了。

二、大运河盐文化中的地名遗产

“海为盐父，草为盐母。”盐城因“盐”置县，历经 2000 余年的历史沉淀，在长期的生产生活中，这里的很多地名打上了“盐的烙印”。据初步统计，在盐城地名中，至今仍保留着关系到海盐生产、运销、管理等方面的地名约 650 处[255]，是全省乃至全国地名文化中一道别致的风景。这些地名蕴含丰富的历史内涵，具有鲜明的时代印记，是盐城大运河盐文化遗产的重要组成部分，彰显着盐城地方文化的魅力。

1.盐业煮盐燃料相关的地名

总

各盐场把沿海草荡划分为若干长条块，租给灶户，时称长条块为“总”。

[255] 本节参考：盐城市政协学习文史委员会：《史海盐踪——盐城海盐文化历史遗存（盐城文史资料第 28 辑）》，中国文史出版社，2016，第 161-180 页。

根据《东台市志》记载，清嘉庆年间，富安场将东部草滩分配给由苏州迁来的移民，用于收割柴草作为煎盐燃料。当时，将这些草滩共分 30 个等份，每一个等份即称为一个“总”，计 30 总。今天盐城境内沿海乡镇地名中仍保留“总”的地名，包括 7 个行政村和 37 个自然村组，如头总、二总、五总、六总、九总、十总、十五总、十八总、十九总等。

荡

荡为古潟湖的缩影，所谓荡，即在古潟湖形成以后，上游携带的大量泥沙在潟湖中堵塞湮废，形成一个个大小不等的沼泽滩地。由于盐城境内千里灶场，这些地方最早被先民作为煎盐燃料产地开发利用。以“荡”为名的地方在里下河地区比较普遍。建湖县的历史地名中有肖家荡、符家荡、张家荡、傅家荡、吴家荡、谷家荡、野鱼荡、黑鱼荡、牛耳荡、十顷荡、观音荡等；盐都区现有地名中仍有三里荡、杨家荡、团头荡、缩蒲荡、西荡等；东台市境内有天鹅荡、六荡、中荡；滨海县沿灌溉总渠有辛荡、潘荡、北荡等。历经时世变迁，这些荡虽然现在多数已不复存在，但是作为一种历史的见证，这些地名至今仍被人们沿用。

垛

垛是古潟湖形成以后，上游携带的大量泥沙在湖中不断堆积再加上风力作用形成的。从前，煮海煎盐，烧盐需要柴草，每年秋冬季节由灶民将其收割的柴草堆积成垛以防风雨，为煎盐所用。于是，出现了许多以“垛”为名的地方。比如：何垛、梁垛、扎垛、头垛、二垛、三垛、四垛等。这些垛多为自然形成，有大有小，多随居住的户主而得名，也有些是根据其形状和大小及周边环境来命名的。现今，被人们作为行政村和自然村使用的地名，还有花垛、冯垛、王垛、甘垛、崔垛、蒋垛、丁垛等。

滩

滩有海滩、河滩、草滩或柴滩。这些滩地在初始阶段多为海潮或内陆水流积而成，后来随着海岸线或内陆河床的不断稳定，逐步发育，滩地多生长煎盐所需的燃料柴草，逐步被人们所开发利用。滩名，亦为地名。滩名多与大小、方位和开发领头人或是定居在此地人家的姓氏相关。在古海湾形成的滩地中，以“滩”命名的地方，相对集中于三个地区：一是沿海地区，已开发并形成地名的地方有条滩、大滩、新滩、月滩等；二是在古射阳河沿线，有吴滩、邹滩、大滩、小滩、前徐滩、后徐滩、西徐滩等；三是在黄河故道沿线，有吕滩、王滩、陈滩、葫芦滩、大新滩、小新滩、大横滩、小横滩等。

湾

湾通常指水流弯曲的地方。往往河流拐弯处均为柴草发育最好的地方，人们择此而居，一合择水而居的传统习惯，二是方便利用柴草，三取“柴”与“财”谐音。于是湾也就成了地名。盐城境内从北到南以“湾”命名的地方，就有莫湾、许湾、盘湾、庙湾、后湾、海湾、渔湾、洋湾、窑湾、芦湾、堰墩湾、弓湾、谢家湾等。

2. 盐业生产仓贮产生的地名

场

场是历代中央政府所设立的盐政基层组织之一。盐业生产兴旺时，沿海一带相继建起了许多盐场，有富安、安丰、梁垛、东台、何垛、丁溪、草堰、小海、白驹、刘庄、伍佑、新兴、庙湾等十三个盐场。沿海遍地盐场、盐灶，其势壮观。后来，随着海势的不断东移，朝廷改革盐法，由灶户分散煎煮，这些场灶先后废置。然而，这些盐场名称却在串场河两岸得以保留，大多成为盐阜地区集镇的所在地地名。清雍正九年（1731）设置阜宁县，庙湾场成为阜宁县治所在地，乾隆三十三年（1768）设置东台县，东台场成为东台县治所在地。

团

团为盐灶集中之地，亦为盐区生产组织。根据《两淮盐法志》记载，明朝中叶以前实行团煎制度，即采取灶户“聚团共煎”的生产方式。当时，每个盐场分设几个团，每团设若干灶户。各场灶户，领受盘铁，按规定时间在官员监督下聚团煎煮，故而得名为“团”。这些团虽然离场治远近不同，但都临近运盐河，所以按照设置团的先后，所处的不同方位，分别被冠以东南西北、大小、姓氏等而成为地名。现在盐城市境内以“团”命名的地名有许多，以东台、大丰两地为最。现有地名中就有戚家团、广盈团、卞团、正团、垛团、东团、西团、南团、北团、新团、大团、新北团、中心团等。

此外，在盐都区和建湖县境内亦有大团口、小团口、新团、西团等地名。据初步统计，市境还有 18 个村、48 个自然村组的地名与“团”有关。阜宁县和滨海县境内亦有以“团”为名的地方。这些以“团”为名的地名，都是历史的产物，客观地反映了境域当时“团煎共煮”的历史真实。

灶

灶是灶户当年煎盐的主要设施，也是灶户煎盐灶屋的所在地。以“灶”命名的地名大体有三种情况：一是以灶户的姓氏而名；二是以立灶的时间先后而名；三是按灶所列序次或所处的不同方位而名。

市境以“灶”命名的地方比较普遍，甚至一名多地。诸如：头灶、二灶、三灶、四灶、五灶、六灶、九灶、上灶、下灶、新灶、旧灶、南灶、北灶、东灶、西灶、沈灶、南沈灶、李灶、陈灶、钱灶、朱灶、王灶、洼灶、许灶、仲灶等。其中一名多地的尤以“三灶”为多。在东台市境内有三灶，亭湖区境内有三灶，阜宁县境内亦有三灶。在盐城历史上以“灶”命名的乡镇有过 6 个，分别是头灶、四灶、六灶、三灶、沈灶、南沈灶。以“灶”命名的行政村有 85 个。另外，还有 368 个自然村落名也以“灶”为名，充分反映盐阜地区历史上盐业的兴旺和盐业生产的普遍性。

仓

仓，早先仅为囤盐之所，后亦用于储存盐场所需粮食。明代灶民煎煮而成的食盐，分别由国家和盐商收购储存，储存地即称为“仓”。当然，国家和盐商所设立的盐仓是有区别的。盐商所收购的盐大多储存于靠近原盐的生产地，而且集中于方便运输的运盐河畔，如东台市境内的一仓、二仓、三仓等均属此类。国家收购的盐多储存于集镇之上，并且有正仓和便仓之分。现以枯枝牡丹而闻名于天下的便仓，就是当年官府设在伍佑场的一个便仓，这也是现今便仓镇地名的由来。此外盐城市区的东仓巷，亦是因为过去官府在此地设立囤集食盐的仓库而得名。境内还有因“仓”设名的行政村 11 个，自然村组 18 个。

锅

盐城境内，凡以“锅”为地名的地方，大都出现在明万历年间改革盐法以后。由于当时废除盐引，改征折价，团煎制度已废，改为散煮，不再使用笨重的盘铁，这样锅就成了灶户煎盐的主要工具，以“锅”命名的地名日益兴起，东台、大丰境内有叶家锅、解家锅、陈北锅、刘家锅等，建湖县原冈东镇境内亦有陈家锅、王家锅等地名。

这些以“锅”为名的地名，散落在境内各地。作为时代的产物，客观真实地展现着当年分户煎盐的历史。

鐅

明代中后期，“鐅”成了煎盐的主要工具，详见第二章第三部分“锅鐅”条。盐城境内以“鐅”命名的乡镇有东台的曹鐅、大丰的潘鐅，还有 6 个行政村和 13 个自然村组以“鐅”为地名，如顾鐅、华鐅、江鐅等，是对当年煎盐历史的最好记载。

3. 盐业运输营销管理相关的地名

河

盐城因“煮盐兴利，穿渠通运”，河流众多，也因“河”与“和”谐音，常常习惯于以“河”取名。盐城境内以“河”命名的乡镇就有 6 个，分别是南河、运河、古河、沿河、海河、许河。以“河”命名的村就更多了。翻阅《滨海县志》，该县带“河”字的村，就有南河、复河、篆河、界河、汛河、沿河、旧河、唐河、陶河、靠河、清河、夹河、清水河、岔河、五丈河、新河、条河等。

沟

沟，习惯称之为小河小港。人们在沟边聚落，于是沟便成了地名。盐城境内以“沟”命名的地方很多，诸如沟浜、沟子头、横沟、界沟、芦沟、东沙沟、东沟、新沟、马沟等。

关

关是朝廷或地方政府在海边及内河水道要津设立的关卡，多为军队把守。起先是为缉拿私盐，后兼加强海防。境内云梯关、大关、小关均为海关，野塘关、东小关、西小关等均为内河关卡，设有驻兵。

营

营本为驻兵之地。根据历史记载，明洪武三十年（1397），在盐阜分别设有守御千户所，负责此地防护，下设营，而且有营田。现今地名中的蒋营、沙营（又分前营、中营、后营）、唐营、童营、马营等，均为驻兵营田所在。

汛

根据《阜宁县志》记载，汛是清朝雍正年间为了防水患，由官府在射阳河沿线北岸、岔头港上设立的防护营地。营以下为汛，通常都设有把总或千总，负责处理防汛和安居等事宜。这些汛依次序排列，进而形成地名。现今射阳河沿线北岸的滨海县境内，大汛、二汛、三汛、四汛、五汛这些地名依然存在。其中五汛现已成为镇政府所在地，其他被作为自然村名仍在使用。

引

“引”由“盐引”而来。清朝末年，新兴场盐课司署分配给灶民的草荡，按 13 亩办盐 1 引（纳盐、行盐的重量）计算，每引计征课银 7 厘。于是，在建湖县沿冈地区便出现了一些以“引”为名的地名，比如十六引、二十引等。所谓十六引、二十引，即 16 个或 20 个 13 亩草荡的引田。按照每引 7 厘计算，十六引、二十引这些地方每年就应分别向新兴场盐课司署交纳课银 112 厘和 140 厘。这就是地名“引”的由来。

集

明清时期，盐城各地生产力发展水平有了一定的提高。为了便于人们进行商品交易，逐步开始兴集。这些“集”大多数选择在交通比较方便的位于某一区域中心的村庄。通常以二十里（10 千米）方圆设一集，而且每个集的逢集时间又是相互错开的，一般五天逢一集。为此，有的地方逢一六集，有地方逢二七集，有的地方逢三八集，有的地方逢四九集，有的地方逢五十集。这样做的目的主要是为了方便群众，不至于影响他们的交易。

盐城历史上兴集比较普遍，但真正以集为名的地方，主要集中在市境的北三县（阜宁、滨海、响水）。比如，阜宁县的历史地名中就有杨集、硕集、陈集、马集等；滨海县的历史地名中就有陆集、樊集、郭集；响水县的历史地名中就有张集、周集、龚集、海安集、王商集等。在南部的大丰区，随着盐垦公司当年在此地的经营日益兴旺，也开始兴集，大丰区政府现今所在地大中集就应运而生。

码头

码头主要是为了运盐和运粮的需要，在河岸和港湾内人工筑就的、以便停船时装卸货物的建筑。由于临水而筑，也有些地方称之为水陆码头。这一类码头，盐城市境各地均有存在，但在今天黄河故道沿线特别多。究其原因，一是这一带盛产食盐，二是这里为麦子和大豆的主产区，使这里成了南北粮食交易客商的云集之地。为了方便装卸，各地的码头也就应运而生。现在这些码头虽然已经失去当年功能，但一些地方仍以码头为地名，诸如张码头、宋码头、杨码头、钱码头、李码头、花码头、郭码头、赵码头、寇码头等，这些地名仍为大家所熟悉。特别是射阳县海河镇境内的桶盐码头，不仅留下了当年盐运在此地的历史印记，而且还留下了清末盐商宋道勋在此地将盐以木桶包装，不致使食盐散失的做法。

4. 捍海防灾相关的地名

墩

在沿海煮盐，最大的自然灾害就是水灾，每当海潮来袭，必须依赖“墩”来逃生。所谓“墩”，即用泥土筑就的高墩，俗称“潮墩”“救命墩”。

墩为先人所筑，且在经济和社会发展过程中曾为保证人畜安全做过贡献。在建湖县行政区划中，不少墩仍然被人们保留作为行政村和自然村名在使用，比如：路墩、赵墩、马墩、花墩、姚墩、张墩、季墩、陈墩、潘墩、吕墩、蔡墩、陆墩等。另外，还有一些墩，为原本不被人们认识的古代汉墓。因为这些汉墓个体比较大，大多又处于地势较高的地方，后来人们为了躲避洪水袭击，便在此基础上又添土加高，亦成了“救命墩”，如吴家墩、朱家墩、郭家墩等均属于这一类型。由于明清以后，时有倭寇、盗贼犯境扰民，这些墩相对较高，可以登高望远，除了供人们躲避洪水之用外，有的还被用来作为报警的烟墩、烽火墩。

堰

堰为建立在河口或入海口的挡水堤。堰位于内外水结合部，位置重要，后来这些堰名也都成了地名，比如盐城市境内大丰区有南草堰，建湖县有北草堰，东台市历史上亦有海堰、时堰和三堰的地名。这些地名都很客观地反映着这些地方在海盐业和水利建设方面的历史作用。

套

套指黄河堆堤，是黄河夺淮入海的产物，也是当地群众抵御黄河灾害最好的历史见证。由于堆堤是人工筑就，堤身较高，就像套子一样把奔腾不羁的黄河水罩在堆堤里面，故而人们称之为河套。按照当年自云梯关向东筑堤和管护的序次与需要，沿线分别被冠以大套、二套、三套、四套、五套、六套、七套、八套、九套、十套等地名。随着“套”的出现，人们为了进一步明确各自居住地的所在位置，于是便在靠近“套”的地方相继派生出许多与“套”相关的地名。比如，有王姓从外地迁居到黄河大堤堤下的大树下落户的，则称树根套；在树根套以西有棵古树，树干向西南歪斜，故地方上又为其取名为歪枝套（外枝套）。此外，处于大套和二套之间的地方，既不好叫大套，又不好叫二套，于是人们又为其取名为套梢。除此之外，以“套”命名的地方还有洪套、双套、夹套、薛套、邵套、仲家套、薛家套、朱家套、周家套等，分布在黄河故道沿线。人们之所以对“套”如此情有独钟，不仅因为黄河堆堤为他们亲自所筑，更重要的在于他们饱受黄河泛滥的水灾带来的不幸和灾难，对河套寄予极大的希望。当地百姓希望其能镇住黄河之水，让人们能早日过上安宁的生活。

圩

历史上黄河夺淮入海，没有现成的水道，加之黄河水来势凶猛，常常泛滥成灾，危害两岸人民群众的生命安全，因此，民众只好筑圩自保。这些圩子均为土圩，有大有小，多以居住地主人或牵头筑圩人的姓氏而命名，乃至后来成为地名。如今在响水县境内的行政村中，以“圩”为名的就有杨圩、朱圩、周圩、尚圩、洪圩等。在滨海县境内，特别是在黄河故道沿线，这种以“圩”为名的地方不少于几十处。至今仍被人们沿用或熟知的就有张圩、季家圩、朱圩子、圩子、孙圩子、夏圩、钱圩、钱小圩、薛圩、徐圩、郭圩、陈圩、尚家圩、许家圩、小李圩、林圩、刘圩、庞圩、叶老圩、韩圩子等。

坝

坝为昔日盐城地区民众为了在汛期防止外河河水入侵内陆时，在河口用来拦截外水而筑就的建筑，俗称“拦河坝”，也有的是在河工险要处为巩固堤防而加固筑就的建筑，称之为“坝”。

由于这些“坝”多为抢险、应急所建，在保障人畜安全和盐业、农业生产方面发挥了很重要的作用，于是这些坝名后来也都成了地名。盐城境内现今仍然含有“坝”的地名就有东坝、西坝、长坝、头坝、三坝、北坝、东门坝、朱家坝、杭坝、蒋家坝等。这些含“坝”的地名，都是当年百姓抗击自然灾害，加强水利建设最好的历史见证。

闸

闸为设立在海口或河道上既能随时开启，又能及时关闭，泄蓄兼施，且利于行船通航的建筑。

由于盐城地处沿海，既要及时排泄上游洪水，又要防止海潮倒灌，同时不能阻隔船运通航，因此建闸是必然的选择，也是盐阜人在水利建设方面的智慧展现。从现有资料来看，盐阜境内建得最早的闸为新洋河上的天妃闸，即今天市区的北闸，其次为位于小洋河与串场河交汇处的东门闸，均已千载。除此以外，在盐阜的通潮河上还建有许多闸。这些闸大多建于水陆要冲、交通方便之地，人们择此而居，不断聚集，后来闸名也都成了地名。

5.废灶兴垦的新兴地名

盐城的盐业生产经历了两千多年的繁荣，到了清末民初，却因海岸线东迁难以为继。民国初年，中国棉纺织业日益兴隆，原棉极为紧俏，开辟原棉生产基地势在必行。民族实业家张謇审时度势，在苏北沿海地区兴办实业，由此，废灶兴垦蓬勃兴起。在废灶兴垦热潮中，上海、南通、扬州等地的地主、垣商、资本家等纷纷在苏北沿海灶区收购废亭草荡，先后成立了77家盐垦（垦殖）公司，其中盐城市境内就有63家。轰轰烈烈的废灶兴垦，在盐城留下了一系列新兴地名。

1917年张謇创办了大丰盐垦公司，公司规划面积之大，投入资金之多，为淮南各盐垦公司之冠。大丰盐垦公司在其辖区内先后建设了大中、新丰、南阳三个镇，成为当时的沿海开发中心。1942年，由东台县析出台北县，大中镇为县城所在地。中华人民共和国成立后，由于台北县与当时台湾省的台北县同名，于是取大丰盐垦公司中的大丰二字，定名为大丰县。1996年，经国务院批准，撤销大丰县，设立县级大丰市。2015年，经国务院批准，撤销县级大丰市，设立盐城市大丰区。大丰盐垦公司总部所在地新丰镇，历史上俗称北镇，现以集观光、娱乐、餐饮、种植于一体的荷兰花海闻名。张謇创办合德公司所在地发展为合德镇，1942年射阳县建立，合德镇为县城所在地。

废灶兴垦中，一些盐垦公司所在地演变为乡村集镇，促进了沿海县乡体制的形成。裕华镇名来自裕华公司；通商镇名由通遂垦殖公司和商记垦团两个垦殖公司名的第一字合成；千秋港是华成垦殖公司总部，原名“尖头港”，张謇为其改名“千秋港”，取“厚德载福，立业千秋”之义，后发展成为射阳县重镇；通兴镇原为渔村，华成公司开发后移民剧增，1931 年兴镇；射阳县境内的耦耕镇、阜余镇都是由同名的盐垦公司名演变而成，2011 年，耦耕镇与合德镇、陈洋镇合并，成立新合德镇；阜余镇和海河镇合并，成立新海河镇。大丰区境内还有广丰、德丰、成丰等带“丰”字的村名，“丰”字寓意丰收、高产，这些村名都源自大丰盐垦公司的工区名。

三、大运河盐文化孕育的精神经典

1. 盐民哲学家王艮与“泰州学派”

王艮（1483 —1541），字汝止，号心斋，明代哲学家。其先世原居苏州，后落户于泰州安丰场（今盐城东台安丰镇），王艮出生于安丰场月塘湾盐丁王玒之家。王家世代为灶户，从事煎盐的苦力营生，处于社会底层。王艮“七岁受书乡塾，贫不能竟学”，十一岁因家贫辍学，随父兄淋盐。十九岁起，多次到山东经商，曾一度习医，后转而治学，成为泰州学派的创立者。

王艮

王艮在山东拜谒孔庙时，得到很大启发，认为“夫子亦人也，我亦人也，圣人者可学而至也”。于是日诵《孝经》《论语》《大学》，置书于袖中，逢人质义。在十多年的自学中，一方面不耻下问，一方面“不泥传注”，强调个人心得。他在自学有悟时，常联系百姓日常思想与生活，提出“百姓日用即道”的命题，认为“道”不是神秘的东西，而应解决老百姓的穿衣吃饭问题。

“百姓日用即道”是王艮主要的哲学思想，也是泰州学派思想的重要命题。其基本特点就是不分贵贱贤愚，以“百姓”为本，将“百姓日用”作为是非标准，甚至视为检验是否是“圣人之道”的尺度。所谓“即事是学，即事是道”，凡平民百姓能够知道且能做到的就是道。可见，王艮的“百姓日用之学”讲的“圣人之道”是些贴近生产、贴近生活、贴近百姓的“家常事”，是事关百姓生存生活的学问。这是第一次把圣人之道和百姓日用联系起来，对当时的思想界有着启蒙作用。

王艮创学传学，子弟众多，其一传至九传弟子人数在 1136 人以上。其中业绩突出的重要传人有林春、王栋、徐樾、王襞、颜均、李贽、罗汝芳、何心隐、焦竑、袁宏道、汤显祖、徐光启、夏完淳、毛奇龄、邵廷采、李塨、吴嘉纪等。

王艮的一生对泰州学派作出很大贡献。他践行有教无类，他的学生大多为下层群众，有农夫、樵夫、陶匠、灶丁等。王艮不信“生而知之”的唯心主义天才论，而强调后天学习的重要性。这是他自学成才的切身体会。由于他非经院出身，一生文词著述很少，着重口传心授，使“愚夫愚妇”明白易懂，这成了泰州学派的特色之一。

泰州学派

王艮长期住在安丰场月塘湾东淘精舍内，讲堂名为“勉仁堂”。他去世后，人们为了纪念他，将他的著作辑为《明儒王心斋先生遗集》传世，将他住过的地方改建为王艮祠，祠内保留了“勉仁堂”。

王艮及其思想与盐城结下不解之缘，是盐城的灶丁生活赋予了王艮“百姓日用即道”哲学思想及其平民化教育思想的基础。

2. 施耐庵与创作于白驹场的《水浒传》

现大丰区白驹镇在元明间属泰州海陵白驹场。场者，煎盐之所也，盐业兴旺，经济发展，人文荟萃，古典巨著《水浒传》正是在此创作问世。《水浒传》是我国第一部现实主义的长篇古典白话小说，反映了农民起义的历史场景。其作者施耐庵（1296—1370），曾出任张士诚起义军军师，后隐居白驹场花家垛创作了《水浒传》。

小说史的研究者和小说批评家皆认为，《水浒传》所折射出来的历史画卷、梁山好汉的生活原型与张士诚领导的盐民起义有直接和紧密的关联。施耐庵祖籍姑苏，元末迁到兴化，后隐居白驹盐场。施耐庵与张士诚同属白驹场人，施耐庵的表弟卞元亨是北极殿聚义的十八弟兄之一，他为主求贤，请表弟出师。施耐庵做张士诚幕僚的一段经历，为他创作《水浒传》积累了大量素材。施耐庵后来回到故里白驹，创作了经典文学巨著《水浒传》，把自己的理想、抱负和对张士诚的希望全部寄托到这本书中，寄托在宋江身上。专家从《水浒传》所述故事，所涉地理方位，所塑人物形象，所用地名和语言与张士诚起义，与张士诚家乡，与张士诚起义中的人物，与地名典故的出处和张士诚故乡的语言特色等进行比较，也佐证了《水浒传》与张士诚起义的这种密切关系。

如今，时间虽流逝了700多年，但白驹镇及其周边地区众多遗存仍清晰承载着施耐庵与其创作《水浒传》的那段历史。1940年春，白驹盐场曾发现施氏祠堂以及被白驹镇人称作“施公墓”的土堆，经确认，这些遗迹确与《水浒传》的作者施耐庵有关。

施氏宗祠

施氏宗祠始建于乾隆戊申年（1788），是由施耐庵十二世孙施奠邦和十三世孙施文灿、施美如三家的住宅改建而成，至第十四世孙施埁取得国学生的资格而成为施氏中出类拔萃的人物时，带领族人修建宗祠，直至清道光年间，几经周折，宗祠方才建成。

施氏宗祠位于大丰区白驹镇西郊花家垛。宗祠前后穿堂三进，共15间瓦房，头进5间，正中一间是宗祠门楼，门楼上镶嵌一块白矾石匾额，上面镌刻着刚劲有力的“施氏宗祠”四个楷书大字。黑漆大门配有一对金光闪闪的镶金铜环。门上贴着一副“吴兴绵世泽，楚水封明禋”的红底黑字对联。门墙两边装饰着一对白矾石户对。中间三间，雕梁画栋，室内东墙上嵌着刻有施子安（即施耐庵）生平的石刻碑文，西墙嵌着4块石刻诗词。后殿是祖堂3间，飞檐斗拱，巍峨庄严，祖堂悬有“圣徒世系三千岁，才子家声六百年”的楹联，祖堂神台上供奉着42座施氏祖宗牌位，正中供奉神主，上面写着：元至顺辛未进士任钱塘知县迁兴始祖施公耐庵之神位。牌位花边云头，金字蓝底，庄严肃穆。每个牌位高约0.9米，宽约0.3米。施耐庵为始祖，牌位居中，高约1米。东厢房两间，为祭祀用之厨房。

施氏宗祠在近代战争中被拆除，1982年复旦大学副教授喻蘅先生（白驹人）根据记忆，用工笔绘制了一幅《施氏宗祠复原图》。1984年，同济大学教授陈从周委托路秉杰教授在白驹召开座谈会，绘制《施氏宗祠结构复原图》。时任江苏省副省长柳林亲自批示，以施氏宗祠为原型筹建施耐庵纪念馆，后经原国家文化部批准，施耐

施耐庵纪念馆

庵纪念馆于 1993 年 8 月建成并对外开放。目前，施耐庵纪念馆就是施耐庵宗祠的原型再现，已成为盐城地区旅游胜地，也成为全国研究施耐庵和水浒文化的基地。

施耐庵书院

施耐庵早年在白驹场花家垛设馆授徒，以束脩资助家用。不久，赴京应试，他踌躇满志，不料名落孙山，遂有难见江东父老之愧感。好友国子监司业刘本善，举荐他到山东郓城担任分管地方教育的小官——训导。后又参加辛未科考，获赐进士功名，被元政府委派到钱塘（杭州）担任县丞。

元朝末年，政治腐败，群雄并起，跨州连郡者不可胜数。盐城大丰盐民张士诚揭竿而起，施耐庵和表弟卞元亨一起参加了张士诚起义，并成为张士诚的文武二辅。张士诚义军所向披靡，开国平江（苏州），成为抗衡元军最坚锐的力量。张士诚姑苏称王之后，贪图享乐，不思进取，近小人，远贤良，许多有识之士都纷纷离开张士诚。施耐庵眼见国事日非，于是，辗转返回白驹。为谋生计，施耐庵重操旧业，一面教授学生，一面编著《水浒传》。为了使自己专心著述，不涉政事，便在学馆的门上挂上“耐庵”两字的牌子，乡民把他的学馆称为“耐庵学馆”，称他为“耐庵先生”。

为了彰显地方文化特色，原大丰市政府于 2014 年在施耐庵纪念馆西侧施耐庵私塾馆旧址，兴建了巍峨壮观的施耐庵书院。书院内设长廊区、庭院区、主楼区、大厅区、过道区，檀雕石刻，琳琅满目，传统古典内涵和现代的表现手法完美地结合在一起，形象展示了施耐庵在白驹开馆授徒、交友联谊、编著《水浒传》等生平事迹。

水浒文化博物馆

博物馆内部

水浒文化博物馆

盐城市水浒文化博物馆于 2016 年 2 月正式对外开放，由仰望经典《水浒传》、文坛巨匠施耐庵、宋江原型张士诚和湖海散人罗贯中等四个部分组成。

3. 李汝珍与创作于草堰场的《镜花缘》

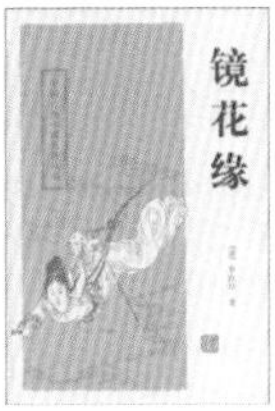

《镜花缘》，李汝珍著

《镜花缘》是中国著名长篇古典小说。可惜的是，其作者李汝珍（1763—1830）的生平，和《水浒传》作者施耐庵、《红楼梦》作者曹雪芹等一样，扑朔迷离，若明若暗。但据现存资料看，李汝珍创作《镜花缘》系在市境草堰场，并与便仓枯枝牡丹园渊源颇深。

乾隆二十八年（1763）秋天，李汝珍出生于河北大兴县李各庄一李姓书香人家。父亲是个饱学秀才，家有几顷薄地，小时候聪明的李汝珍深得父亲喜爱。

李汝珍 10 岁时，其父因急病谢世。李汝珍有个做过福建兴化府知府的远房姑表哥哥徐鉴，托人为李汝珍的哥哥李汝璜，在海州板浦场找了一个盐差。乾隆四十七年（1782），19 岁的李汝珍告别了母亲和弟弟李汝琮，跟着哥哥来到了海州。翌年，李汝璜就任板浦场盐运司大使，李汝珍在板浦场拜在家设帐授徒的学者凌廷堪为师。

李汝珍 26 岁时，学问有成，正准备返河北大兴老家成婚，不幸消息传来，幼年定聘之妻已病逝，于是又由其兄做主，在板浦场续娶了许芙蓉为妻。

嘉庆六年（1801），李汝璜调任泰州草堰场盐运司大使，李汝珍也于这年春天，赴顺天乡试。这届乡试中，有位同考官名叫高鹗，他和程伟元合作，把一百二十回本《红楼梦》整理刊行于世。李汝珍在参加乡试期间，因拜会师友见到了高鹗，意外地得了一部乾隆五十七年（1792）新刊的《红楼梦》。据说，他后来写《镜花缘》，就从《红楼梦》中得到了很多启发。比如，甄士隐白日梦识通灵玉，唐敖也白日神游梦神观；贾宝玉在薄命司翻看金陵十二钗册子，唐小山也在泣红亭辨认百花天榜；大观园里许多女子结局很惨，武则天殿试的众才女，许多人结局也十分可悲，如此等等，皆有迹可循。

这次乡试，李汝珍并没有考中。当时正遇黄河在邵家坝决口，急需治水人才，曾担任过运河通判的许阶亭，是李汝珍的叔岳丈，他向朝廷推荐李汝珍去砀山担任县丞，专管督办邵家坝水利工程，还把自己写的《河防秘要》送给了李汝珍。

李汝珍在砀山任上，充分显示了自己的才能，他礼贤下士，认真听取各种治水建议，很快治住了水患。砀山一带，至今还流传着李汝珍治水的故事。

李汝珍在砀山只当了两年县丞，邵家坝河工告竣即卸职。嘉庆九年（1804）春，他先回板浦，然后带着妻子一起去草堰场，看望兄长李汝璜。次年冬，他又去河南待选。因他不是科举出身，又无钱纳捐，所以一直未能如愿。一年后，他便回草堰场。在草堰场，李汝珍改定了他的《李氏音鉴》，完成了《受子谱》（棋艺），同时以《山海经》作引子，亲见亲闻为素材，创作长篇小说《镜花缘》。其兄李汝璜，在这里做了近十年盐运司大使，支持他潜心写作。

在此期间，李汝珍同草堰场北边便仓的卞銮结成了忘年交。卞銮是卞元亨的后裔，家中有牡丹园，园中遍植“枯枝牡丹”，李汝珍常在卞氏牡丹园饮酒谈诗论文。卞銮告诉他，这枯枝牡丹，由来已久，相传当年武则天诏令御花园百花冬天开放，唯有牡丹不遵旨，于是武则天下令用火将其烤焦，而后又贬往洛阳和曹州。花是他老祖卞济之在洛阳做官时从那里移植回来的。李汝珍在《镜花缘》中，专门写了武则天贬牡丹的故事，直接点明了“淮南便仓”。卞銮小女儿卞金花，文才出众，善赋牡丹之辞，《镜花缘》中卞氏才女，也有卞金花的影子。

李汝珍的妻子许芙蓉，比李汝珍小10岁，也是一位才女。她很喜爱《红楼梦》，但对那一群闺中女子只能关在大观园内颇表不平，曾感慨道：“我要是写书的话，就要让女儿走出大观园，和男子一样应试治国、执掌天下。”后许芙蓉真的写起《女儿国》来了。在她的笔下，男尊女卑的封建礼教完全被颠倒了过来，国王是女子，公卿是女子，连家庭里都是女子主宰，男子反而穿耳环，缠小脚，做针线，忙家务。她想起自己小时候缠足的痛苦，在《女儿国》里，刻意描绘男主人缠足之苦，写得活灵活现。

嘉庆十九年（1814），许芙蓉一病不起，在草堰场去世了。李汝珍送妻子棺柩回板浦场岳家安葬。李汝珍对妻子的早逝很是伤心，忍着悲痛在板浦场把《镜花缘》写完。为了不负妻子的遗愿，他把妻子未写完的《女儿国》遗稿中的一部分内容，也移入《镜花缘》之中。

嘉庆末年，李汝珍的大侄儿李时翱选了京官，李汝珍一家随即从草堰返回河北大兴老家。李汝珍没有同往，孤身一人又回到海州板浦场岳家小住，闭门修改《镜花缘》，只偶尔去淮南、扬州访友。道光八年（1828），他把《镜花缘》最后改定，从扬州回河北大兴，不幸于归途中逝世，终年67岁。

4. 盐民诗人吴嘉纪

吴嘉纪（1618—1684），字宾贤，号野人，泰州安丰场（今东台市安丰镇）

人。著有《陋轩诗》。据嘉庆《东台县志》记载，吴嘉纪原籍苏州，明代末年其始祖吴体迁至安丰。据道光《泰州志》卷二十六《隐逸》云：吴嘉纪“幼负异资，成童时，习举子业，操觚立就，见地迴出人意表”，后来参加科举考试，曾为州试第一。明亡后，吴嘉纪毅然抛弃举业不再参加清廷科考。他隐居东淘，生活贫困，自号“野人”，名其居曰“陋轩”。[256]

吴嘉纪所生活的东淘，因是大型盐场，云集了许多盐商，同时东淘是名儒王心斋的家乡，王心斋“百姓日用之道”的观点，在广大盐商、盐民中激起了强烈反响。吴嘉纪生长于这样的文化氛围之中，其诗歌创作自然烙上了浓重的盐文化特色。

东淘处于沿海和里下河交界之处，地势低洼，如在釜中，“遇水则地每每被淹”，因此东淘多水患。由于长期生活在东淘盐场，吴嘉纪对广大盐民灶户的悲惨遭遇了如指掌，他用生花妙笔一一进行了记载，单从吴嘉纪诗词的名称即可看出灾民之苦，如《朝雨下》《海潮叹》等。

在《海潮叹》里，飓风狂潮来袭，灾民的哀号回旋于天地间，诗云：

飓风激潮潮怒来，高如云山声似雷。沿海人家数千里，鸡犬草木同时死。南场尸漂北场路，一半先随落潮去。产业荡尽水烟深，阴雨飒飒鬼号呼。堤边几人魂乍醒，只愁征课促残生。敛钱堕泪送总催，代往运司陈此情。总催醉饱入官舍，身作难民泣阶下。述异告灾谁见怜？体肥反遭官长骂。

《风潮行》言河患、盐税最为生动，诗云：

辛丑七月十六夜，夜半飓风声怒号。天地震动万物乱，大海吹起三丈潮。茅屋飞翻风卷去，男妇哭泣无栖处。潮头骤到似山摧，牵儿负女惊寻路。四野沸腾那有路，雨洒月黑蛟龙怒。避潮墩作波底泥，范公堤上游鱼度。悲哉东海煮盐人，尔辈家家足苦辛。频年多雨盐难煮，寒宿草中饥食土。壮者流离弃故乡，灰场蒿满池无卤。招徕初蒙官长恩，稍有遗民归旧樊。海波忽促馀生去，几千万人归九原。极目黯然烟火绝，啾啾妖鸟叫黄昏。

诗歌对“东海煮盐人”的悲惨遭遇寄予了深切同情。盐民除了遭受水患，夏日煎盐也是苦不堪言。吴嘉纪反映灶丁的《绝句》非常典型：“白头灶户低草房，六月煎盐烈火旁。走出门前炎日里，偷闲一刻是乘凉。”盐民视烈日为乘凉，其煮盐工作是何等辛苦，难怪作者发出感慨“斯人身体亦犹人，何异鸡

[256]【清】陈鼎：《留溪外传》。

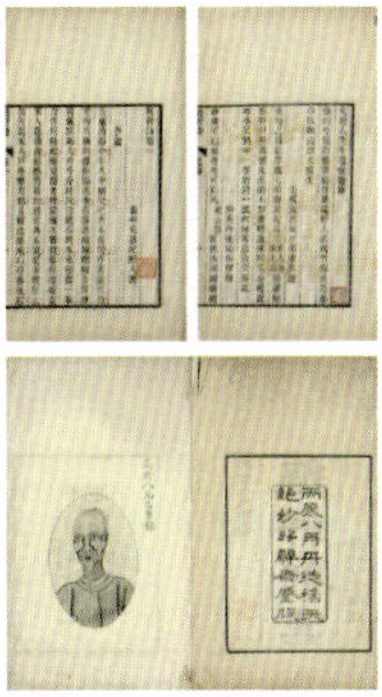

吴嘉纪《陋轩诗》

鬻釜中煮！”

如果说洪水、飓风、烈日都是天灾，那么灶民所遭遇的人祸更令人唏嘘。清朝初年，灶民赋税异常严重，虽倾家荡产亦难完税，《临场歌》写了胥吏巧立名目敲骨吸髓的惨景：“……堂上高会，门前卖子，盐丁多言，箠折牙齿。”广大盐丁多挣扎在死亡的边缘，遭受双重痛苦。

吴嘉纪的诗歌反映盐民生活细致入微，真切动人，因为他就是苦难生活的经历者，他关心盐民生活，其诗感情真挚，字字血泪。他所创作的“盐场今乐府”系列诗歌，正是源于营养丰厚的海盐文化的哺育，同时，他独具风格的诗歌作品也丰富了海盐文化的内涵，是海盐文化极其重要的组成部分。

5. 词人盐官蒋鹿潭

蒋鹿潭小像

清咸丰元年（1851）两淮盐运使任命顺天大兴县监生蒋鹿潭为东台富安盐场大使。

蒋鹿潭（1818—1868），名春霖，字鹿潭，以字行，江苏江阴人，晚清词人。少年蒋鹿潭随父往湖北荆门知州任所，颖悟聪敏，天资过人，所作诗赋，有时压倒文坛前辈，有“乳虎”之称。父亲去世后，奉母游京师，又逗留扬州，意在谋取功名，都未如愿。周梦庄《论蒋鹿潭生平及其词》里说：“这个风华正茂的年轻词人，是以扮演悲剧角色走上人生舞台的。”

蒋鹿潭道光二十九年（1849）到淮阳，咸丰元年（1851）就任富安场盐大使。盐大使只是比吏稍高一点的小官。雍正以前，盐大使还不算官，没有品级，叫作“未入流”。后来，盐业不断发展，盐场事务日益纷繁，雍正六年（1728）始定为正八品。依照蒋鹿潭所在富安盐场的规模，当时（咸丰年间）盐大使的养廉银年达 400 两，可供中人之家温饱所需。回溯蒋鹿潭一生，也只有在盐大使任上过了一段衣食无忧的安稳日子。

在富安场盐大使的任上，蒋鹿潭能恪尽职守，以仁德为怀，怜恤并尽力改善盐民生活，减轻课税，改进灶房，组织团丁防御兵匪。然而，好景不长。据光绪重修《两淮盐法志》卷一百三十四《职官门·职名表四》，蒋鹿潭于咸丰六年丙辰（1856）去职，在任共六年时间。据周梦庄先生根据道光《东台县志》水云楼图分析，蒋鹿潭罢官有两种可能，一是与上司合不来；二是在任上发生严重失职之事，即清朝官场的“墨误”。去官以后，无官无禄，生活不免时时陷于窘迫。光绪《江阴县续志》卷十五《人物志·文苑传》云：“罢官后，困苦益甚。”蒋鹿潭先在东台城暂住一段时间，次年携妻寓居东台溱潼（现划归兴化）寿圣寺水云楼，读书填词。水云楼为东台一胜迹，原为明代吏部侍郎储巏读书处。道光《东台县志》有刻绘水云楼图。后来，蒋鹿潭词集即以“水云楼”命名。词集内容及其修订，就是在这段时间完成。

蒋鹿潭生命的最后十年，其母亲与妻子先后去世，寄身于淮南水乡，往返于盐城、东台一带，生活、经济上颇得盐城士绅接济。蒋鹿潭在去官前后，与伍佑盐商周文同（字潇碧）过从甚密。周潇碧系周梦庄先生祖父，儒雅豁达，工诗词，善交寒士。周家“茧园”多花木，周梦庄《水云楼词疏证》谓其：“苍茂如云，修竹深秀，三径皆绿……凭栏俯瞰，帆影溪光，如列几案，心目旷然。”蒋鹿潭不时往来，小住茧园，与周文同诗酒唱和。同治戊辰（1868）冬，蒋鹿潭辞世，时年50岁。

蒋鹿潭游珠溪，曾绘一幅白描小像留存。画中蒋鹿潭头戴斗笠手持钓竿，姿容清秀，目光略带忧郁。这幅肖像一直收藏于周家海红精舍。周梦庄先生于改革开放后出示肖像，并作《买陂塘·题蒋鹿潭小像》词，海内名家数十人竞相唱和，一时盛况，堪称词坛佳话。词曰：

望东沟、水流云散，词人遗迹留几？菰乡旧侣应相忆，谁写薜萝高致。常买醉。任落魄江湖，洒尽伤时泪。才名盖世，怅行路歌难，家山念破，直恁岁华驶。

秋风里。泊翠评红，乐地游踪，芳兴曾寄。琵琶低诉琴心在，遥见烛光腾气。归棹理。有故国梅花，约尔为知己。飞鸿梦底。叹老去愁怀，垂虹烟雨，略识望乡意。

周梦庄先生，词人，词学家兼文史大家，曾任中华诗词学会顾问，江苏文史馆馆员，盐城市政协副主席等职，其与蒋鹿潭堪称隔代知音。这也是蒋鹿潭在东台任盐官之后，前缘再续，足音回响。

郑板桥

6. 郑板桥与《朱氏寿序》

“扬州八怪”之一郑板桥（1693—1765），兴化人，原名郑燮，号板桥，是清中前期著名书画大家，在山东潍县做官时，民间官声极好。郑板桥的生平早就成为近现代文学界书画界研究的课题。这些研究虽然取得了丰硕的成果，但尚有不少不足之处，特别是郑板桥的童年、少年、青年时代有许多疏漏、含混之处，另外民间还有不少关于郑板桥在白驹西团生活的传说。他早年和晚年都是在盐城度过的，与盐城结缘颇深，因而在盐城留下了不少遗迹，《朱氏寿序》就是其中之一。

郑板桥手书《朱氏寿序》十二条屏，是大丰区文化局 1986 年从小海民间征集的一件珍贵文物。通篇用宣纸，6 尺对开，计 12 幅，共 604 字，是郑板桥中举的第二年，即雍正十一年（1733），带着怀旧的心情，专程来小海场晋谒世伯朱子功先生时，为子功先生 82 大寿撰文并亲笔书写的寿序屏。该寿序，对于郑板桥和大丰海盐文化、风土人情的研究，具有特殊的价值和丰富的内涵。

郑板桥《朱氏寿序》（以下简称《寿序》）中的一段文字："先君子，馆西团，常过小海造先生之庐而谒焉，其心慕口诵，为予小子言者历历也……""麟标、丹午二世兄，幼与予善，迄今廿有余载……"都清楚地说明了郑板桥少年时期随父就读于西团，不但他父亲与小海的朱子功先生过往甚密，而且他与子功先生之子麟标、丹午从小友好，竟达 20 余年。《寿序》的出现，不但解开了郑板桥少年生活经历之谜，填补了少年板桥生活经历之缺，而且也证实了大丰民间关于郑板桥在大丰的一些传说并不是虚传。

郑板桥为朱子功撰书的这帧寿序屏文达 604 字，用 6 尺对开的宣纸，整整写了 12 幅。郑板桥存世书画遗作约两千张，绝大部分都是中小篇幅，分散在世界各大博物馆，像《寿序》这样巨大的篇幅，实属罕见。

写此序屏时，郑板桥 41 岁，作为康熙的秀才，雍正的举人，乾隆的进士，此时正处于步入仕途的发奋攻读时期。依照时风，进爵仕途必须熟练掌握和严守"馆阁体"。但板桥性情豪放，此时在书画界又崭露头角。他在艺术上不甘恪守陈规，因此此序屏中，明显地流露出他对新的艺术思想的追求。

郑板桥在"扬州八怪"中以诗书画三绝名世，尤其是他的书法更被世人推崇。"乱石铺街""浪里插篙"，这是人们对板桥体最精辟、最通俗的赞美之词。而郑板桥则称自己是"六分半书"，其含意就是自己书法多隶少楷，不拘一格，当然有自谦的含意。《寿序》就是形成"六分半体"之前一个过渡阶段的作品。整个篇幅，体势劲拔，疏密有致，气势俱贯，犹如银河珠湖泻池，堪称"板桥体"形成过程中的代表作。这堂条屏，不仅篇幅巨大，在思想上、文学上、书法艺术上，都是难得的珍品，是郑板桥传世书法中的巨制。

郑板桥本身在文学艺术上就是一个显赫的人物，他如此敬重父辈朱老先生，加之他后来在山东官声又好，朱氏族人就越发视《寿序》屏为宝，代代相传。每逢家祭，必高悬家庙与祖宗像并列。《寿序》屏传至朱光熙老人手里已历经11代人，250多年。其间泛海潮、发洪水、闹兵灾，朱氏家族不知经历了多少天灾人祸。特别是抗日战争和解放战争期间，跑"反"躲兵灾，宁可其他东西不顾，也总是先把12幅《寿序》屏抱在怀里、背在身上。它是朱氏家族一代代人用生命保护下来的传世珍宝！

时至20世纪80年代中期，随着人们文物保护意识的逐步增强，朱光熙老人经过深思熟虑，在与大丰文化主管部门多次商谈后，终于毅然决然地将《寿序》屏，献给了大丰文化局收藏、展出。至此，颠沛流离达200多年的郑板桥墨宝，终于找到了最好的归宿。1987年，大丰文化局请裱画高手，对《寿序》进行了抢救性的修裱，使它重现了往日的风貌，成为大丰博物馆的镇馆之宝。

7. 泰州盐运分司朱沆与《纳凉评书图》

东台收藏有一幅纸本人物画，画意为《纳凉评书图》，尺幅为长1.48米、宽0.82米。由于经历了100多年的风雨沧桑，加上后期保管欠妥，虽然画面主体完整，但折叠处已显裂痕。

该画左上角题跋为"拟高铁岭笔意，浣岳朱沆画于东台鹾署南轩"，落款印章为阴文"浣岳"。画面为宁静的夏天，纳凉的人们在一口水塘边的顶头府屋前的空场上，或站或坐地听一位评书老人说书，听书者有手拿折扇聚精会神的，有老妇人边听书边给小孩喂饭的，有背靠大树边听书边闭目养神、烧茶水的，另有三个小孩蹲在地上玩石子游戏，还有一个癞痢头孩童边听书边为一位长者模样的胖子捶背，更有一位青年妇女正侧身背对评书老人边听书边给抱着的小孩端尿。书场不远处，一位中年人挽着孩童，从桥上走来，挽着的孩童正回头招呼着后边的那个小伙伴，左手握着一根树枝，枝头上正站着一只八哥，右手搀着一位手持拐杖的老人缓步过桥。画面远景显现塘水芦苇，远不见岸。

此画场景深远，构思巧妙，笔意舒展流畅，尤其是画上人物神态栩栩如生，颇见作者功力。整个画面描绘人物有28人之多，神态各异，生活气息极为浓厚，主题明确，耐人寻味。从题跋上可以看出，此画乃朱沆在东台为官闲暇之时，模仿高其佩笔意而作。

当时的两淮泰州盐运分司官署在台城鼓楼路原大圣寺东南角，南轩似为台城林家桥河南“周氏南庄”，画取“南庄”实景创作而成，是一幅描绘清中期东台风土人情的风俗画，具有较高的艺术价值，又是一件不可多得的地方史料实物。

作者朱沆，字达夫，号浣岳、浣芳。浙江绍兴人，祖籍顺天大兴（今北京）。清道光年间监生，道光十年（1830）任东台两淮泰州分司运判，道光二十一年（1841），升迁至两淮盐转运使司泰州分司。与东台名人周不烈、僧意祖，农民画家朱进贤等友善。

朱沆性豪纵，善狂草，兴酣落笔，善画水墨人物，“腴润有骨”；其山水“下笔风捷，尤宜大幅”，“纵逸雄伟，脱去时史蹊径，应推北地第一手”。喜作壁画，扬州桃花庵、香阜寺、万寿寺，均留墨迹，真一堂写有书法《离骚》12 幅；湖北黄鹤楼留有壁画《十弟子》，极有风骨。

朱沆为人不落俗套，不拘小节，不修边幅。平时喜穿长袍，长袍上时常有墨迹。一次，在西溪泰山寺画《罗汉图》画幛时，用双手捧墨泼在画布上，随即脱下长袍卷起来当画笔作画，并戏称为“墨布”。他的《画马图》被故宫博物院收藏。东台历史上被故宫博物院收藏书画者，朱沆可称是第一人。朱沆于 60 余岁殁于东台官署。

四、大运河盐文化有关的名人轶事

1. 盐渎县丞孙坚

盐渎县建立后，孙坚是见于史书的盐渎第一任县丞。他在盐城任职期间，留下一方古井，人称“瓜井仙踪”，是盐城古八景之一。

孙坚

孙坚（155—191），字文台，吴郡富春（今浙江富阳）人，是孙权的父亲，三国时孙吴政权的奠基人。据《三国志·吴书·孙坚传》记载，孙坚少为县吏，有胆略。年十七便以斩杀钱塘“海贼”胡玉而“显闻”。后又参与征讨会稽人许昌在句章的起义，并大获全胜。当时，孙坚正在扬州刺史臧旻（广陵射阳人）辖下，臧旻为孙坚上书，表彰其功，建议由孙坚担任盐渎县丞。黄巾起义爆发后，孙坚在讨伐汝、颍黄巾军中，立下军功，被提升为别部司马。1975 年，在建湖县上冈镇利群村一座汉墓中，曾出土一枚“别部司马”铜印。印呈方形，铜质，阴文篆书。这印虽不一定是孙坚任别部司马时所用，但说明盐城在东汉时曾驻有由别部司马率领的特遣部队，这一带已是海疆要地。

孙坚幼年丧母，父亲孙钟将他抚养长大。其父孙钟，以种瓜为业，与母亲生活在一起，至孝笃信。朝廷派孙坚任盐渎县丞，其父亲随之来盐。孙坚为官清正，其父来盐，仍以种瓜为业。盐渎为海滨卤地，饮用、灌溉都以井水。明万历《盐城县志》载：“坚为（盐渎县）丞时，于父种瓜处开凿是井。”据说孙钟种的瓜又大又甜，人们都喜欢吃。孙钟待人厚道和善，卖瓜价钱公道，有过路人口渴无钱买瓜的，他也会慷慨奉送。孙钟种的瓜远近闻名，被称为“善缘瓜”。

瓜井，如今在江苏省盐城中学校园北校区东北角，是市区重要古迹之一，井深水甜，大旱不涸，保存了近两千年。孙坚任满离盐后，转战南北，战功卓著，割据江东，奠定东吴基业，后在与刘表作战中阵亡。孙坚次子孙权称帝后追谥他为武烈皇帝。孙钟家族发祥的故居和瓜井，被人们称为“真龙地”。明万历年间，孙钟故居遗址犹存。知县杨瑞云有《经孙司马坚故居二首》，其一曰：

风景萧萧起暮愁，英雄去矣地还留。
中原当日悲刘氏，建业行看有仲谋。
近海鱼龙千叠浪，西风葭苇满城秋。
只今吊故凭词赋，不尽凄凉对古邱。

瓜井

隋末，盐城地区被农民起义军韦彻占据，韦彻宫殿就建于县城内。韦彻降唐以后，改造其宫殿为永宁寺寺院。“永宁”二字，取《书经》“其宁唯永”

之意，以祈江山社稷“平安无事，永宁万年”。瓜井一直为永宁寺众僧及周边居民饮水用井，所以明万历年间盐城知县杨瑞云《瓜井》诗有“欲问龙兴地，川原久属僧”之句。

后世文人题咏“瓜井仙踪”的诗作甚多，兹引明代文人吴敏道五律二首：

其一

昔人种瓜处，兹事已千年。尚有青苔井，长流绿乳泉。

荒城横落日，素绠汲寒烟。寥落悲人代，吾生欲悟禅。

其二

种瓜原奉母，抱瓮汲深清。用尽野中力，能娱堂上情。

孙技如蔓引，王气绕栏生。白鹤今何处，烟波渺八瀛。

2. 北宋西溪盐官“三相”

宋代开宝七年（974），东台西溪设立盐仓监。所谓西溪盐仓监，实际上是西溪盐仓的盐税督察，职责是与盐仓、盐场官员共同处理盐仓、盐场政务，同时握有检查盐仓、盐场官员业绩的实权。北宋时，吕夷简、晏殊、范仲淹曾先后被朝廷委派到西溪担任盐税监，他们榷盐惠民、兴教化民、筑堤利民。后三人都成为北宋名相，传为美谈。

吕夷简

吕夷简：大储放利，榷盐惠民

北宋咸平五年（1002），吕夷简调任西溪盐仓监，时年 24 岁，是三相中第一个到达西溪的盐官。

吕夷简（978—1044），字坦夫，寿州（今安徽凤台县）人，父亲吕蒙亨是北宋太宗朝光禄寺丞，叔叔吕蒙正是太宗、真宗两朝宰相、司空。吕夷简是真宗朝进士，任真宗朝推官、判官、刑部郎中、开封知府；仁宗朝集贤殿大学士、给事中、同中书门下平章事、参知政事。真宗咸平三年（1000），吕夷简中进士，任绛州军事推官；次年调任楚州盐城监判官，解决了盐城监漕运中转缓慢的问题，崭露才能；咸平五年（1002），迁大理寺丞，调任西溪盐仓监，负责“榷定盐策”。当时盐仓监官从九品，不入流。

吕夷简到西溪时，北宋建国已 42 年。其时的两淮盐场，生产已经恢复，但储运设施与管理尚未完善。朝廷要盐，商家要盐，西溪盐仓少盐；灶团有盐，盐户有盐，却交不上来、卖不出去。吕夷简调查了解，原来盐仓破败库容不大，只能限量收储，使得盐课难以完成，灶民收入受限。

找到盐税滞缓的症结后，吕夷简与各盐场、灶团商定，组织灶民修建盐仓，以工代税，以工抵盐。数月后，盐库仓廒完工，储盐大大增多，各方商贾付货顺畅，所征税额直线上升。吕夷简也得到了治盐有方、榷税有力的岁考好评。

在西溪盐仓任职的日子里，吕夷简还在衙门外种了一株牡丹，精心照料，甚至为该牡丹赋诗一首："异香浓艳压群葩，何事栽培近海涯。开向东风应有恨，凭谁移入五侯家？"盐区人不懂他的诗，却爱他的花；有人专门剪了花枝去移植，得地名"花家尖"；有人念他扩建盐仓的好处，将所在的灶团命名为"吕家灶"；十多里外有个村子则起名为"吕家庄"，至今尚存。

晏殊：报灾赈民，兴教化民

晏殊

大中祥符三年（1010），晏殊到西溪任职，是年 20 岁。

晏殊（991—1055），字同叔，抚州临川（今南昌进贤县）人，北宋真宗朝进士，秘书省正字、右谏议大夫，仁宗朝观文殿大学士、司使、枢密使，加检校太尉，集贤殿大学士，礼部、刑部、兵部尚书，同中书门下平章事、参知政事；逝后谥号元献。他多产诗词，开北宋婉约词风，世称"北宋倚声家之初祖"。

晏殊 7 岁能文，14 岁以神童入试，赐同进士出身，授秘书省正字（校正书籍、文稿的虚职），后通过中书省考试，迁为太常寺奉礼郎。

大中祥符元年（1008），宋真宗到泰山封禅，晏殊加为光禄寺丞。大中祥符三年（1010）四月，宋真宗中年得子，晏殊随老师陈彭年到泰州光孝寺进香还愿 49 天。佛事后，到海边参观西溪镇唐塔。

陪同来的海陵郡守胡令仪向陈彭年说，自吕夷简调走后，一直未派新盐官来，今钦差光临，不知可否请晏殊兼理。陈彭年便书奏皇上，让晏殊协助打理盐课，增长才干。晏殊青年任事，有老师支持，便在西溪留下一番作为。

晏殊就职后，将宋朝以来的盐法制度，逐项清理出来，对照实施，仓库管理的"编排堆垛记号制""逐库进出货记账法""黄昏入仓周视、封锁仓门制""盐仓外围巡控制"，财务管理的"受纳盐货、起置文簿"等制度，一一执行落实，不过月余，库貌一新。

西溪一带海潮泛滥，唐大历年间李承修筑的常丰堰破损，淹没盐田，灶户逃离，盐课欠额严重。晏殊体恤民艰，见灶民无力补交欠额，倘加催欠，无异于釜底抽薪，难以为继，乃具文向皇帝报告。大中祥符五年（1012）四月，真宗下诏，“除通、泰、楚州盐亭户积负丁额课盐”。各场灶民释去重负，煎盐生产积极性大大提高。

大中祥符五年（1012）下半年至大中祥符六年（1013）初，淮扬干旱饥荒，不少人外出逃荒，海陵灶民甚至找野草籽充饥。晏殊向皇帝报告此情，两个月后皇帝下诏，“淮南给饥民粥，麦登乃止”，两淮地方官和盐官遵旨赈粥，饥荒中的灾民得以艰难存活。

西溪业盐人户甚众，读书之人少，锱铢必较之事频发。晏殊就办起西溪书院，招收所属各场灶愿意进学的青少年前来读书，亲自任课执教，在西溪播下了读书种子。后人为纪念晏殊，将书院改名为晏溪书院。

晏溪书院

大中祥符六年（1013），晏殊父亲去世，晏殊回乡守孝。后皇帝诏陈彭年删定《三司编敕》，见晏殊没有回京，下令其起复，命淮南发运使王随用船专送赴京。大中祥符七年（1014）正月，晏殊晋升同判太常礼院，正六品官阶，赐绯衣银鱼。

晏殊西溪代职近三年，因基层盐官不入流，正史未录。真宗皇帝给他指定的老师陈彭年后被仁宗斥为“真奸邪”，其百卷文集、相关资料散佚殆尽，使晏殊西溪盐仓代职一事难见于史证。然而，清嘉庆《重修扬州府志》卷四十三《宦迹》载：“晏殊字同叔，抚州人，尝官泰州西溪镇。”

范仲淹：征税忧民，捍海利民

范仲淹

天禧五年（1021），33岁的范仲淹到任西溪。范仲淹（989—1052），字希文，苏州人，北宋真宗朝进士，神宗朝资政殿大学士、金紫光禄大夫、参知政事。

范仲淹到任后巡视任所，走访灶团，眼见乡村少炊烟，黎民多菜色，心中恻隐不已。倒是吕夷简栽的那株牡丹，已高达丈余，围着朱栏加以保护，颇有感触，写诗《西溪见牡丹》，“阳和不择地，海角亦逢春。忆得上林色，相看如故人”，表达自己为官不择地方丰瘠，要让海角荒岛亦逢春色的明道之志。

面对遍野疮痍、盐灶不烟，而盐课欠额，有司催促，范仲淹思虑再三，毅然写下《上张右丞书》向时任宰相的张知白反映西溪情况。

“乾兴元年十二月日，文林郎、试秘书省校书郎、权集庆军节度推官、监泰州西溪镇盐仓范某，谨斋戒选日，裁书拜于右丞阁下。

“当世大君子，以某雕虫之技而怜之者有矣。未有谓某之诚，可言天下之道者。今复吏于海隅葭菼之中，与国家补锱铢之利，缓则罹咎，猛且贼民，穷荒绝岛，人不堪其忧，尚何道之可进？”

“先天下之忧而忧，后天下之乐而乐”的范仲淹在信中反映了自己想要将西溪治理好的朴素心愿。他组织民工以工代赈疏浚西溪河，河道挖出的淤泥，在镇西北八十五步处垒起一座土山，取名“中州山”，山上建起一座读书亭，命名“仰止亭”，又将西溪河、西溪书院更名为晏溪河、晏溪书院，继续晏殊的办学兴教事业。

范仲淹在西溪发现，唐代修筑的常丰堰已经年久失治，挡不住海潮的侵袭，因而沿海一带屡屡被淹。深思细虑后，范仲淹决定修复捍海堰，根治潮患。

天圣元年（1023），朝廷通过了范仲淹的提议，任命他为兴化县令，主修捍海堰。范仲淹调集通、泰、楚、海四州 4 万多民工，沿着唐堰旧址，在内侧取土修筑。不料捍海堰工程开工不久，冬季雨雪大至，海潮冲垮新筑之堤，淹死劳役民工百余人，海潮事件报上去，再次激起了朝中原就不同意修堰官员的反对之声，朝廷于是任命提点河北诸州刑狱的胡令仪为两淮都转运使，专赴西溪察看。

胡令仪急驰西溪，听取张纶、范仲淹的情况报告，到现场实际考察灾情后，建议朝廷仍行前议，坚持修复捍海堰。张纶亦请求兼任泰州知州，支持西溪的捍海堰工程。天圣五年（1027），朝廷采纳胡、张二位大员的建议，决定蠲免淮南水灾农田的租税，续修捍海堰。天圣六年（1028）春末，捍海堰全线竣工。濒海斥卤之地，复为盐场良田。

西溪古镇，历任吕夷简、晏殊、范仲淹三位爱国爱民的盐官，而他们后来也都先后位极人臣。今日西溪古城，矗立着吕夷简、晏殊、范仲淹三位盐官的浮雕铜像，铭刻着他们的忧民之心、爱民之情、利民之绩、恤民之德。

张士诚

3. 盐民领袖张士诚

张士诚（1321—1367），小字九四，元末泰州白驹场（今大丰区西团镇张家墩）人，张士诚祖辈以烧盐为业，生活贫困，迫于生计，张士诚开始从事贩盐走私。元至正十三年（1353）正月，因为打死了缉私盐的弓手丘义，大伙合计，与其被官府捉拿处死，不如聚众造反。于是，张士诚带领弟弟士义、士德、士信及李伯升、吕珍等 17 位兄弟，来到草堰场北极殿，歃血盟誓，起兵反元。

他们一路杀场官、剿土豪，当年三月，张士诚一举攻克泰州；五月，攻克高邮。至正十四年（1354）正月，张士诚以高邮为根据地，自称诚王，设置官吏，建“大周”，改元“天佑”。至正十五年（1355），张士诚派张士德率大军渡江直取常熟、常州、平江（苏州）、松江、湖州、杭州等地。翌年二月，定都平江（今苏州），改平江为隆平府。是时，“大周”版图南接绍兴，北逾徐州，西达汝、颖、濠、泗，东临大海，纵横 2000 余里，达到了顶峰。

翌年，张士诚军事上连连受挫，张士德也被朱元璋帐前先锋赵德胜活捉。为了摆脱困境，接受元王朝招安，官拜太尉。至正二十三年（1363），张士诚又与元决裂，自称吴王，后被朱元璋击败。至正二十七年（1367）七月平江城破。张士诚被俘至金陵（南京），自缢而死，时年 47 岁。张士诚是我国历史上唯一的盐民起义领袖。

北极殿遗址

元至正十三年（1353），张士诚偕其弟士义、士德、士信以及盐丁李伯升、潘元明、吕珍等 17 条好汉，在草堰场北极殿歃血盟誓，起兵抗元，史称“十八条扁担起义”。北极殿作为吴王张士诚带领盐民起义，反抗元朝严酷统治的首义地而声名远播，它是盐民不堪重压，愤然起义的见证。

北极殿位于盐城市大丰区草堰镇，为大丰区文物保护单位。北极殿规模宏大，历史悠久。全殿有楼房一座，瓦屋 16 间，四周围以砖墙，前面有照壁，其上用小瓦封顶，飞檐走壁，四角翼然。有一条青石甬道通向大门前，有青石鼓二，据云乃树旗杆之用。山门前为飞檐琉瓦照壁，山门上嵌有白玉石横额，上镌“北极天枢”四个贴金大字，内供四大护法元帅塑像。穿过天井是正殿，中间供奉北极真武大帝，东厢供雷祖，西厢为单房，殿后为上下两层的藏经楼。

为消除张士诚的影响，明初朱元璋曾拆毁北极殿，明天启四年（1624）重建。20 世纪 40 年代，日伪军为掠夺其砖瓦木料构筑碉堡，拆毁古殿，遗址存有石鼓、石磉、石门槛、旗杆石座及地下部分古墙基。2001 年，草堰镇政府重建北极殿，现增建有“吴王故里文化园”，占地 225 亩，规划建筑面积 1.5 万平方米。新殿气势恢宏，使人油然而生怀古之情。

丁溪古战场

元至正十三年（1353），张士诚在北极殿盟誓反元。仅两三天时间，张士诚的义军迅速扩展到 2000 多人。当时丁溪场大盐商刘子仁富甲一方，于是，张诚决定攻打丁溪。

张士诚虽有 2000 余名士卒，但都是灶丁，武器多为挑盐的扁担之类。而大盐商刘子仁看家护院的灶丁，不仅训练有素，而且武器精良。张士诚之弟张士义身先士卒，不幸牺牲。张士义的牺牲，更激发了大家复仇的决心，人人争先向前，最终消灭了刘子仁的武装，占领了丁溪场，刘子仁慌忙乘船逃跑。

张士诚首战丁溪场，击败刘子仁，进兵戴家窑。后人把张士诚乘舟进兵的这条河，誉为“胜驾河”，并把它列为丁溪八景之一。有《草堰怀古》一诗，表达了后人对张士诚的钦佩之情：

横眉裂眦起盐场，戎马征驱逐虎狼。

纵使齐云楼火尽，楚天风雨吊吴王。

吴王故里遗踪

《明史》《明太祖实录》均记载，“张士诚，泰州白驹场人”，即今大丰区西团镇黄浦人。在其故里西团有许多张士诚的相关建筑：在西团天边湖旁有一尊四米多高的张士诚白矾石塑像，有一座气势巍峨的高大牌坊，牌坊上方有“吴王故里”四个斗大金字，牌坊前方两侧，有八个神兽分列护卫牌坊前约 200 多米长宽阔神道。

在黄浦村有一小土地庙，该庙仅有几平方米，据说张士诚小时，曾在此庙敬过香，乡人怀念张士诚，所以土地庙至今犹存。

皇姑墓

皇姑墓亦称张王姑墓，该墓为张士诚之妹张士英之墓。相传张士英聪明能干，武艺高强。张士诚率领盐民起义，反抗元朝残暴统治，首仗攻打当地大地主刘子仁的庄园。张士英扮装成渔婆混入刘府，在这次战斗中，张士英腿部中了毒箭，成了残疾。病逝后，葬于草堰北闸口。

皇姑墓位于草堰街北，今草堰初级中学围墙外，204 国道西侧，占地 600 多平方米，墓上盖有 6 块大条石，石上覆土成坟状。20 世纪 60 年代曾发现用长条石砌成的墓道，后覆土封闭。另存有一墓碑。1996 年，该墓被列为原大丰市重点文物保护单位。

4. 卞元亨与便仓枯枝牡丹

卞元亨（1328—1419）出生于官宦世家，其祖父卞济之系苏州枫桥人，北宋末年在陕西任参知政事。卞济之为官清廉，深得民心，北宋败亡后，卞济之隐退姑苏城，后举家迁至盐城便仓。卞济之从洛阳携回红、白二枝牡丹，亲植于家中。

卞元亨生得丰额高颧，从小便臂力过人，力大无穷。其时，便仓以东一带常有猛虎出没，乡人莫敢近，卞元亨愤然发誓：“昔周处父射虎杀蛟，以除民害，吾当效之。”他赤手空拳，独身前往，寻到猛虎后，以脚蹴虎颌，使虎立毙。施耐庵与卞元亨是姑表兄弟，闻此奇事，惊叹不已。施耐庵在创作《水浒传》时，念念不忘此事，并以此为原型，创作了武松景阳冈打虎这一精彩章节。

元末政治腐败，各地义军风起云涌。卞元亨去山东谒中山永王，为其军中参赞军机，历时八载。后永王兵败身亡，卞元亨心灰意冷，回乡隐居。元至正十六年（1356）张士诚登门求才，拜卞元亨为殿左将军。

在张士诚帐下，卞元亨屡屡受挫。他的政治主张和军事思想，张士诚闻而不纳，在怅惘与失意中，元亨回归故里，闭门读书写诗，培育园中牡丹，将祖传红、白两色牡丹各十二株，分植于卞氏宗祠的东西两坛，精心呵护，在便仓做个名副其实的枯枝牡丹园主。他以诗明志，以一句“恐使田横客笑人”，自比宁可自杀也不愿向刘邦称臣的齐国贵族田横。后来，他被发配至辽东边地十年。行前，元亨告别家人，又亲到牡丹园以酒祝花：“待我南还花再开。”元亨走后，牡丹果然枝叶枯萎，花影不见。而元亨家人也各自散去，唯有一妾，面对一片枯枝残叶，朝夕祈愿：“主人来归日，当再作花开！”

明永乐元年(1403)，牡丹花忽放，卞元亨果然获释归来。十年沧桑，故园依旧，他百感交集，写下《戍归》诗一首：

丈夫志远遍天涯，一跨辽东忽到家。
荒径尚存苍翠柏，故园犹有牡丹花。
文章自古浑如梦，勇略于今谁共夸？
回首风烟成往事，乐夫天命复何嗟！

同时，他有感于牡丹、爱妾十年相守之情，又题咏牡丹二首。

其一

牡丹本是亲手栽，十度春风九不开。
多少繁华零落尽，一枝犹待主人来。

其二

草堂松菊晚凋残，独有西园旧牡丹。
自是枯枝存劲节，依依唯恋故人还。

清咸丰年间，鹾使杨应广羡牡丹之艳，仗势横行，强行将卞氏园中牡丹夺走，可是栽下数年，不见花开，杨氏一怒之下，又将牡丹连根拔起，抛于荒郊。卞氏后裔悄悄捡回，栽于原地，精心培育，复又花开满园。清人阮葵生奇之，题联曰：“此花琼岛飞来种，只许人间老眼看。”

枯枝牡丹园坐落在盐城市亭湖区便仓镇卞氏宗祠内，已成为独具代表性的地域文化，是民族文化的瑰宝。园区占地 50 多亩，园内亭阁掩映，牡丹品种数以百计，而枯枝牡丹乃为此园独有，为牡丹中的珍品。花分红、白二色，一年两度开花，春季开花与一般牡丹无异，冬季开花时，有花无叶，枝干憔悴欲枯，花大如拳，美艳非凡。

枯枝牡丹

5. 两淮盐运使范鏓与却金亭

范鏓，字平甫，其先祖为江西乐平人，迁居沈阳。范鏓于明正德十二年（1517）登进士科，授工部主事，迁员外郎，后迁两淮盐运使，驻节庙湾。范鏓备文向上陈述《鹾政十要》。

明初，两淮共建盐场三十处，庙湾场就是其中一个，时庙湾设置盐课司。两淮盐运使执掌一方盐业生产、销售大权，据《阜宁县志》记载，嘉靖年间，两淮盐运史范鏓勤政惠民，经常巡视各盐场，询问从事盐业生产亭民的疾苦。亭民们编歌谣唱道："范来早，我人饱；范来迟，我人饥。"后来他升迁四川参政，离开庙湾时，商民、灶户"润送"（即流着眼泪送他）。因见其两袖清风，民众遂凑钱相赠，"沿数百里（方）呈献，坚却之"。众人因范鏓坚决推却不受，便将这笔金建一亭，"以彰明清节"，此亭名为"却金亭"。却金亭建在盐课司街南即盐市口处，清初，由于年代久远而坍毁。清初有一位叫郭广的文人，访却金亭故址后，写了一首诗。诗曰：

盐使清操昔共贤，荒庭遗迹锁寒烟。

人生只解黄金好，谁识辞金更足传。

范鏓后历任四川参政，湖广按察使，浙江、河南左、右布政使。《明史》有《范鏓传》。

6. 盐城知县杨瑞云

杨瑞云，字肖韩，明万历七年（1579）进士，同年出任盐城县知县。盐城本为东南沿海"煮海兴利、穿渠通运"的渔盐兴旺之地，但自黄河改道南行后，黄、淮交替为患，盐城境内连年水灾，百姓苦不堪言。

面对田园荒芜，百业萧条，人民流离失所的现状，杨瑞云殚精竭虑，千方百计筹措救灾银两，还捐出自己的俸禄。当年就筹银 800 多两，赈济万余灾民。次年，杨瑞云筹银 2500 多两。万历九年（1581），盐城再遭水患，杨瑞云除自筹 3000 两赈灾银之外，还悉数拨出本县所存积谷，帮助灾民渡过难关，又呈请朝廷拨银赈灾。在赈灾的同时，杨瑞云鼓励流民复归，开垦田地。仅在万历七年到万历九年（1579—1581），就招抚 3461 户 9696 人，开垦田地 3100 余顷。

经过实地勘察和周密探访之后，杨瑞云认为，要解决盐城水患，必须先疏浚射阳湖。经朝廷批准并拨银后，杨瑞云亲自勘察，督工开浚，宵衣旰食，甚至“身且病，犹强治事”。此次疏浚于万历九年（1581）正月开工，八月就全部完工。工程竣工后，当年便喜获丰收，当地父老乡亲感念杨瑞云疏浚积淤、增葺堤岸的恩德，在射阳湖畔青沟镇玄君殿后建立了杨公墩。

万历八年（1580），杨瑞云在盐城东门外督建石闸，以防海潮倒灌。万历九年（1581），杨瑞云在盐城创建了便民仓，积存稻谷以备荒年；同年，瑞云重修养济院，使无依无靠者老有所养。

盐城本有南门，但不知何时被废，但城东南向为居民集中之处，为方便居民生活，杨瑞云在南门旧址处兴建迎薰门，有楼阁三间，门楼雄伟，题匾“淮扬一览”，城门“壮丽炫耀，为东南巨观”。南门外就是串场河，沿河遍植杨柳，绿影迷离、烟水苍茫的景象，被称为杨楼翠霭，成为盐城的地标，“从此看盐渎，辉光应紫垣”。

在盐城任知县期间，杨瑞云的治安管理颇有建树，尤以他智破新婚劫一案为人称道：村民张建桥新婚之夜，新房突发火灾，新郎被烧死，新娘却只剩人头，杨端云前往现场勘察，发现是一桩精心策划的纵火杀人案。他扮成收杂货的客商，来到新娘的娘家私访，在新娘邻居处打听到，婚礼当日与新娘一起长大的青年王应思在坟地徘徊，形迹可疑，就到坟地察看，发现有一坟被挖开过，坟中尸体被盗头颅，正是火灾现场的头颅。杨瑞云锁定了凶手就是王应思，派出手下的捕役抓获真凶，审得王应思与新娘一起长大，二人愿结为夫妇，但王应思求婚却被新娘的家长拒绝。新娘出嫁之日，王应思原想掘坟携带女尸进入新房放火，造成新郎新娘均被烧死的假象，但因尸体沉重无法实施计划，便带头颅潜入新房的夹壁墙中，伺机纵火，烧死新郎，带领新娘远走高飞。王应思机关算尽，还是被杨瑞云绳之以法。

在杨瑞云任职之前，盐城并无县志，他深感“志者，识也，识之考镜古昔而相土辨治也。无县志，何观焉”，万历十一年（1583），县志问世。全志近 6 万字，设地理、建置、民事、秩官、名宦、选举、人物、纶音、艺文志一、艺文志二共 10 卷，体例完备，资料翔实，是盐城见之于史、现存于世的最早的一部县志，为后世留下了难得的史料。

杨瑞云在任上时，重修范公祠，纪念范仲淹修范公堤，使盐城免除海患的功绩；重修天妃庙，祈祷“瑞云在盐一日，则守海一日，瑞云去盐之后，则神为我守之”；应盐城父老之请，为治水成效卓著的工部尚书兼都御史潘季驯建立了生祠；万历九年（1581），杨瑞云将已颓圮的学宫“大加修葺，焕然一新”，还重修了县里的社学；万历十二年（1584），增建了西书院，设儒学田，使贫困学子能够专心求学。

自万历七年（1579）上任到万历十三年（1585）卸任，杨瑞云兢兢业业，一心为民，在盐城的历史上留下了浓墨重彩的一页。

7. 富安场大使吕应兴与止马缺

据史料记载，清顺治二年（1645），清军在扬州屠城十日后，举兵东进，一支清军抵达富安场西郊时，被一缺口挡住去路。他们驻扎下来，传令富安场归顺清廷。富安场内百姓闻讯后人心惶惶，作为盐课司大使的吕应兴更是忧心如焚。吕应兴是浙江永康县人氏，明崇祯十六年（1643）被朝廷任命为富安场盐课司大使，官小位卑，手无兵权，大兵临场，实无抵御能力。正当他在场署内犹豫不决时，忽闻场署外人声鼎沸。原来场署外挤满了前来请愿的百姓，请求吕应兴保护场内百姓。吕应兴更是心乱如麻，与夫人郑氏商量对策。郑氏虽妇道人家，却深明大义，觉得唯一的退兵之法，只有以身殉国，方可使盐场百姓免遭涂炭。于是夫妇二人整冠焚香，面北哭拜，双双自缢在场署内的二堂上。驻扎在缺口的清兵，得到场大使吕氏夫妇自缢身亡的消息后，便引兵而退，使场内百姓免遭一次浩劫。从此百姓将这个缺口取名“止马缺”，以纪念吕应兴以身殉国。

吕应兴在富安场为官三年，清正廉明，深受场灶百姓的爱戴。吕应兴殉难后，百姓悲恸万分，尤感公之忠义，在岳武庙东北立“吕公祠”祭祀。历经沧桑岁月，如今的吕公祠已不复存在，止马缺亦为通衢大道所湮没，吕应兴夫妇的事迹更未载入史册。直至 200 多年后的光绪十九年（1893），《东台县志稿》的作者王璋“周历县境，搜罗采辑”，才将“止马缺”和“吕公祠”的史实记录下来，又作《过盐课祠》诗一首，诗曰：

忠臣正气自浩然，报国岂计后世传；

场西有缺名止马，行人过此泣为下。

8. 孔尚任在盐城治水

孔尚任（1648—1718），字聘之，山东曲阜人，孔子六十四代孙，清初诗人、戏曲作家，《桃花扇》的作者。孔尚任幼年家贫，自读成才。清康熙二十四年（1685），康熙皇帝亲到曲阜祭孔，孔尚任被选为御前讲经人员，为康熙讲解《大学》，得其赏识，破格授为国子监博士，赴京就任，次年随工部右侍郎孙在丰赴淮扬治水。

孔尚任雕像

时值清朝中后期，淮河下游入海口淤塞严重，每逢夏季暴雨，淮河水涨，盐城一带平地皆河，陆地行舟，百姓苦不堪言。初到盐城，孔尚任作《七律·泊盐城》一首：

津头柳色晚垂垂，客宿孤城吏未知。
晓雾漫帆秋波润，早潮平岸夜船移。
长淮已散金陵气，沧海真同玉垒诗。
一自神功溟漠后，东流水性亦多疑。

在泰州白驹场（今属盐城市大丰区），孔尚任作《夜宿白驹场》五言绝句一首：

海雾暮皆连，海风春更急。
维舟在白驹，聊以永今夕。

到西团后，孔尚任串棚走户，往来于灶户渔民之间，又泛舟于西团的港汊河道，考察淤塞情况。经过反复察看之后，将治水方案上奏朝廷。当时朝廷对治理淮、黄水患有两种不同意见，一种意见主张修筑高堤，运河水直接排泄入海，所谓“南开清口（近淮阴的河口）分淮水，东阻云梯（云梯关）去海赊”。孔尚任认为这种办法不现实。另一种意见主张利用旧河道，疏浚开拓，疏淮入海。孔尚任赞成这一主张。

疏淮入海工程开工后，四方百姓，纷纷前来。孔尚任坐镇指挥，事事亲力亲为，他把调查成果写成《西团记》，里面有“医药糗粮，事事堪愁”“坐立泥涂中，饮咸水，餐腥馔，不胜劳且苦”的自述，可见孔尚任饱尝艰辛、劳瘁交困，甚至积劳成疾。

在辛勤工作之余，孔尚任还在酝酿他的传世名作《桃花扇》。

盐城治水工程即将竣工时，孙在丰受到了降职处分，调回翰林院，监理里下河水利工程机构被迫撤销。康熙二十八年（1689），孔尚任草草结束了在盐城三年的治水生涯，怀着壮志未酬的心情返回京城。临行前，孔尚任还在担忧里下河的水患，在诗《元夕船泊渔村作》中，发出了“吾来计三年，冒雨施凿疏。西决东不流，何以救黎庶？”的感慨。

9. 盐城“大禹”冯道立

冯道立（1782—1860），字务堂，号西园，东台时堰人，清代著名民间水利学家，人称其有“大禹之风”。

冯道立父亲冯其瑚生平乐善好施，曾在时堰水灾时，赈米赈钱、施衣施棺，“每有过于其力者”，致使家道日益中落。其母胡氏，亦深明大义，将陪嫁全部拿出，佐夫做善举，毫无怨言。这些都对冯道立的一生行为产生了很大影响。

时堰古镇，地处里下河地区，境内水网密布，是著名的鱼米之乡，傍依的泰东河为西水东注的主要通道，但时堰地势低凹，夏、秋时节，每遭洪涝灾害，人民苦不堪言。据《东台县志》记载，冯道立出生那年八月大雨，平地水深三尺。此后又遇连年洪涝，青少年时的冯道立目睹了家乡屡遭洪水威胁、乡亲深受灾害的惨状，遂发奋研究水利，立志根除水患。

冯道立从小勤奋好学，博览群书，除经史子集、水利外，对天文、历法、算学、文学等都有研究。20 岁时，他爱上了天文学与《易经》，曾在书房外的小院内筑一高台作为简易“天文台”。每遇晴朗夜晚，必登台用自制的望远镜观察天象，预测风云变化，并细心记载。

道光元年（1821），冯道立考中恩科贡生，候选直隶州州判。但他无意功名利禄，专心致力于治水研究。一次，他到盐城以东的斗龙港一带察看盐场诸河的入海情况，不料在柴滩上迷了路，干粮又吃光了，只好挖芦根充饥。他在海边勘察时，常常就地过夜，为防野兽、毒蛇袭击，他燃起柴火，目不交睫，坐等天明。凡他所到之处，都做了详细记载，还立下水文标志。他的足迹踏遍苏北各地，北自淮河流域，南至长江沿岸，西起天长、六合，东临黄海之滨。历时十余年，他水路行程逾万里，翔实了解了江淮水系整体状况。他曾一次外出三年未归，路过时堰村不入家门，直比古时“大禹之风”。

他苦苦钻研明代水利学家潘季驯所著《河防一览》等前人水利著作，还访问当地的耆宿、渔民、农人，总结劳动人民在生产中与洪水、海潮作斗争的经验，并绘制了数以百计的水利图谱。在他看来，“天下莫难于治水，亦莫易于治水”“天下事畏之则难，行之则易，有志者事竟成，是在人力以胜之”。

道光六年（1826）夏，阴雨连绵，河水骤涨，里下河一片汪洋。时堰东面大兴圩决口，圩内水深近 3 米，随时面临崩溃危险。冯道立不顾个人安危，带领乡民在圩内筑堤，以刹水势，并在决口处打桩，用蒲包装泥填实。经昼夜奋战，终于堵住决口，使圩内70多个村庄几千户人家的生命财产得以保全。也是这一年，冯道立 45 岁，始著《淮扬治水论》。

《淮扬治水论》

道光十二年（1832），《淮扬治水论》刻板成书。《淮扬治水论》不仅对前人总结提出异议，而且是一部理论结合实际，通俗易读的水利专著，与《淮扬水利图说》相辅相成，书中分析了治淮与治黄的辩证关系。他说：“治渭欲求治淮，仍不外此蓄、清、刷、黄四字，淮与黄相倚伏，治淮能先治黄，则蓄清自然有功；治淮不先治黄，则蓄清终难有效。故蓄清之说，专用之不可，专辟之亦不可也。”这“淮与黄相倚伏”六个字，精辟地概括了黄河、淮河危及苏北地区的历史根源。该书不但整体分析了当时淮扬水利形势，而且科学地总结并提升了水利建设的重要意义，内含朴素的唯物主义辩证哲学思想。

道光十五年（1835），久旱不雨，河道干涸。泰州盐运分司运判朱流准备疏浚运盐河（今泰东河），时值炎夏，很多人反对此时施工。冯道立则坚决支持，并亲自运土加固东坝，此举使大家深受感动，三千六百余丈河道最终如期疏浚完工。不久东部大雨，东坝闸门开启，水尽西行，农田未遭水淹，盐船又得畅通。老百姓无不欢欣鼓舞，佩服他办事果断、有远见。

道光十九年（1839）冬，冯道立完成《测海蠡言》，凡条目 101 例，囊括挑河治水所有程序工序。次年，历 30 年之久的《周易三极图贯》出版。自序中，冯道立警言开宗明义：“从来治河难，治海尤难，治小河以通海则更难”，以示引水入海之重要。“攻沙八法”附印于《测海蠡言》之后，对平原治沙提出了独到的见解。

道光二十二年（1842）冯道立倡议筑时堰镇护堤。该堤四周围以木桩，再用蒲包装泥填实。后来虽有西水，时堰镇内却始终平安无事，人们称该堤为“丰乐圩”。此外，他还亲自勘地选址，挖掘水井，其井无论旱涝，水位不变，水质甘甜，至今仍为百姓使用。

冯道立毕生不仕，写下《淮扬治水论》《淮扬水利图说》《测海蠡言》《束水刍言》《勘海日记》《攻沙八法》《七府水利全图》等水利理论专著四十多部。他的治水理论，不仅在当时影响巨大，至今于水利建设而言，亦不乏指导作用。他的水利著作，大部分都是图文并茂，内容详尽，说理透彻，为今天研究水利史提供了宝贵的史料，在我国水利史上占有一定的地位。

冯道立墓

冯道立墓位于江苏省盐城市东台市时堰镇三时村，为东台市文物保护单位。墓原在时堰镇新嵇村三里路中段南河边，早圮毁。1984 年由镇政府在原地重新修正，并筑围墙保护。墓区占地 1840 平方米，葬有冯道立及其父、子，1972 年开河时被就地深埋，其上为农田。现墓上砌有一座六角亭，四周砌砖墙。

冯道立故居

冯道立故居于 1995 年 4 月 19 日被江苏省人民政府公布为文物保护单位。同年 8 月，国家文物局将冯道立故居收入《中国博物馆志》。

冯道立故居

10. 魏源在东台

魏源

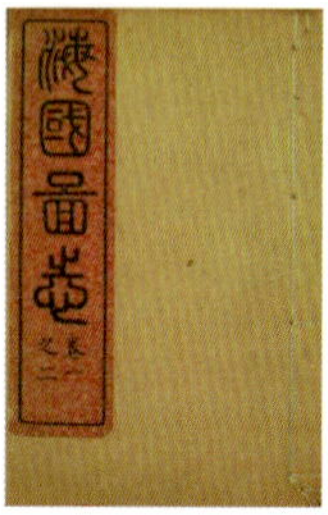

海国图志

魏源（1794—1857），字默深，湖南邵阳人，清道光进士，是我国近代著名的思想家、史学家和诗人。鸦片战争时，他在两江总督裕谦幕府，参与浙东抗英战役，感愤时事，主张“师夷长技以制夷”，加强海防，抵抗外国侵略。后举家寓居扬州，潜心著述，匡时济世，先后完成了《书古微》《诗古微》《海国图志》《圣武记》《元史新编》等大量著述，尤以《海国图志》影响最为久远，成为中国人开眼看世界的启蒙之作，对中国的维新运动产生了巨大影响。

道光二十五年（1845），魏源出任扬州府东台县知县。刚到任上，魏源就遇到了麻烦：前任知县去任前预征漕银 4000 两，又逢上级催交税款，要么再次征收，要么自己垫赔。当时的东台地处海滨，县民大多以烧盐、捕捞为生，生活十分艰难。再次向他们征税，魏源于心不忍，他决定自己赔垫。一家 10 口节衣缩食，变卖家当，并将前半生所有积蓄拿出，才还清了这笔债务。这时，魏源已一贫如洗，日子过得十分艰苦。

魏源在东台负责处理漕务、盐务和民事。东台西临里下河、东为大海滩，海潮西水经常威胁百姓的身家性命。魏源调研东台的水利民生，还数次前往时堰访问水利专家冯道立，共同探讨治水良策。

道光二十六年（1846）八月，魏源的母亲不幸病故。此时，魏源拮据得连送灵回老家安葬的路费都没有。无奈之下，一向重义轻财的魏源只得悄悄地向朋友借债。在好友胡蕴之的帮助下，魏源才得以将母亲的棺柩运回湖南家乡。

魏源送灵回乡的那天，东台民众数万人自发地聚集东台城，沿途摆下 10 余里祭桌，焚香叩拜。妇女、老人手挽灵柩，挥泪相送，殷切期望魏源能再回东台。东台从清代设县，至民国初年，共有 93 任知县，其中魏源任职的时间最短，前后不到 9 个月，但他廉洁奉公，克己爱民的高尚品质，一直深深感动着东台人民。

11. 阜宁知县阮本焱

阜宁自清雍正九年（1731）设县，至宣统三年（1911）废除帝制 180 年间，共有 119 任知县，其中第 91 任知县阮本焱是清朝大臣左宗棠任两江总督时亲自擢用的。

阮本焱，字晋明，生卒年不详，浙江余姚人，负才略，能诗文。清光绪九年（1883），阜宁知县苏超才去任后，职位空缺，阮本焱临时代理知县一职。

清光绪十年（1884）六月，两江总督左宗棠前来勘察云梯关淮水故道。与左宗棠同来者还有一支一百多人的庞大队伍。一次要接待这么多人，对于贫困的阜宁县来说，无疑是一笔巨大负担。阮本焱素来清贫，又初代理知县，为接待事宜愁坏了脑袋，僚友们也都无法可想。等到左宗棠到后，阮本焱面对左大人坦诚地说：“阜宁是个穷地方，水灾连年。今左大人来，同行一漕督，一运使，诸从官以百数十计，阜宁仅马工大王庙可以作行馆，颓屋三间无以避风雨，奈何？”众人听了这番话，大惊失色，都以为阮本焱一席话肯定得罪了左宗棠，闯下大祸。谁知左宗棠看出阮本焱说的乃是实话，便没有为难他，在云梯关勘察一番之后，返船停泊到安东佃湖（今涟水境内）。阮本焱一路随行，两人又反复论辩古今事，如遇知音。临行时，左宗棠亲自送阮本焱到舟首，遣卫卒放下小舟，礼送阮本焱离去，并对阮本焱说：“知汝居官清廉，吾不忍加责，望勤政不怠。”事后，左宗棠将阮本焱洁己奉公的事迹通报苏州、江宁两布政司，予以表彰，并改阮本焱的代理知县为正式署理。

12. 盐商周扶九

周扶九（1831—1920），江西吉安人，曾是淮南草堰场最大的垣商，大丰盐垦公司的发起人之一。

周扶九出身贫寒，年少丧父，依靠母亲缝补浆洗维持生计，后投靠在湖南长沙的伯父，被伯父安排在一家兼营存款和汇兑业务的店里当学徒，不久获得提升，担任“出水”（跑外勤），往返于长沙、扬州两地。一次，他奉店主之命，到扬州收账，正值清政府淮南盐法变革，由政府颁发盐票，招商领票，凭票运盐。

因扬州的盐商水客都争相购买盐票，欠账的盐商现金一时周转不齐，愿拿盐票折价抵账。但店主执意要银子，不要盐票。周扶九在扬州认真考察盐票市场后，他决定收下盐票。他贷款现银交还店主，从此走上盐商之路。时隔不久，盐票大涨，他发了大财，不但在扬州扎下了根，而且迅速发展成盐城、扬州两地的大盐商，拥有淮南草堰场 1033 副煎盐垣灶中的 147 副垣灶，是其中最大的垣商。

从盐业起家发迹后，周扶九不断扩充事业，第一次世界大战结束后，周扶九已经成为上海滩著名的金融巨头。除此之外，他还与近代实业家、盐政改革家南通张謇合创纱厂，并投资兴办九江久兴纱厂、汉口及济南水电公司，兴建南浔铁路。

清末民初，随着海岸线东移，盐产量不断下降，淮南盐业日渐衰落，废灶兴垦成为大势所趋。在张謇的影响下，周扶九果断投资垦殖业，成为大丰盐垦股份有限公司主要发起人、首届董事。中华民国五年（1916），周扶九和另一个垣商刘梯青，敦请张謇共同筹组淮南草堰场大丰盐垦股份有限公司。周扶九入股 53 万余元，占整个大丰公司股金 25% 以上，成为最大股东。大丰公司规划面积 112 万亩，划分为 35 个区，总面积约 105 万亩，其规模为淮南盐垦公司之冠。大丰盐垦公司的兴办，带动了伍佑场泰和、小海场通遂和何垛场通济等盐垦公司相继成立，形成了整个盐城地区的办垦高潮。周扶九为促进大丰及周边滩涂资源和农田水利事业的开发利用，推动盐城地区盐业发展作出了杰出贡献，名垂盐垦史。

13. 马玉仁：从盐贩子到抗日将领

马玉仁（1875—1940），是从盐贩子到抗日将领的传奇人物。

马玉仁出生于盐城县六区介沟乡马家墩（今建湖县高作镇陆沟村）。幼时读过村塾，11 岁随父贩卖私盐；13 岁时，父亲病故，开始独闯江湖；15 岁因抱不平打死一名土匪，流浪他乡，拜师习武；30 岁参加县里武举考试，名列第八。清王朝废除科举后，重操旧业贩卖私盐，加入青洪帮，伙集十几条私盐船，公然与缉私营官兵对抗。后势力愈发庞大，横行于沿海一带。辛亥革命后，马玉仁投靠国民政府，多次立功，后兵败逃跑，被国民政府下信通缉。“九一八”事变后，马玉仁在射阳境内从事废灶兴垦，开办实业。其间，兴工疏浚黄沙港 81 里，推行条田化，有利于农业生产。

全国抗战爆发后，马玉仁自筹资金，购买武器弹药，开始集训佃户中的青壮年为抗日做准备。后几经请缨，国民政府委他为苏北沿海抗日第一路游击司令，司令部设在安乐港（今射阳县合兴乡安乐村）吴壮飞庄圩内。马玉仁带领这支民军，转战于盐城与阜城之间，先后同日伪军作战 7 次，给日伪军以沉重打击。1940 年 1 月 3 日，他在三合尖一带（今射阳县陈洋镇杜兴村、新条村境内），与前来“扫荡”的日伪军作战，寡不敌众，指挥部队撤退时，腿部腹部连中二弹，失血过多牺牲。当时上海《申报》曾刊载马玉仁牺牲的消息，称：“苏北民军司令马玉仁于本月三日上午，在阜宁九区新吴乡三合尖率部与日军肉搏殉难，苏省政府即呈报中央，请为抚恤，并表扬马司令抗日事迹。”阜宁朦胧一带的士绅曾集会为之追悼，兴化县长李一诚送来挽联，其联曰：

功令总动员，视死如归，后死安能知死所。

偏师抗顽敌，毁家纾难，先生早不计生还。

抗战胜利后，国民政府给马玉仁亲属颁发了“荣哀状”，表彰马玉仁抗日殉国事迹，追赠马玉仁陆军少将衔。

马玉仁墓，在建湖县原高作乡荣群村西塘河边，其墓早年被毁，2014 年，当地政府重修了墓地，并对墓园进行重新规划。附近有其子马益德及其妾王氏两座水泥墓廊。

保

第八章

盐城大运河盐文化的保护与利用

大运河盐文化的地域特色鲜明，其相关遗存是江苏东部沿海地区文化遗产的重要组成部分。盐城不仅拥有自身丰厚的运河支线文化遗产，其创造的盐文化体系也是大运河干线城市如扬州、淮安大运河文化的重要构成。作为江苏段大运河文化不可分割的核心文化组成部分，盐城市应加强其境内大运河盐文化的保护与发展，积极融入江苏省大运河文化带建设。

一、大运河盐文化遗产价值

盐城地区的大运河盐文化遗产资源丰富，其具备的重要价值不容忽视。其一是历史价值，大运河盐文化是我国两千年封建经济制度兴衰、封建社会阶级转变、社会经济转型、生产技术发展的充分写照，也是江淮东部自然地理变迁、区域兴起及发展的决定性动力。从春秋时期开始，吴王阖闾便在苏北沿海组织煮盐活动。之后西汉时期的刘濞通过开凿盐运河道将淮盐发展为当时一项主要的国家财政收入产业。隋唐开始设立专场煮盐，制定盐业专卖制度，盐业生产促进了水运系统发展。宋、金、元时期在此基础上进一步发展，尤其是产销运输及制盐工艺都具有相当高的水平。明清时淮盐的产、运、销等各环节都已发展至顶峰，成为国家财政的基础。解放战争时期，淮盐还成为革命军队的重要经济支柱。可以说，大运河盐文化与我国历史几乎同步发展，充分反映我国封建经济文化和社会的变迁。

其二是文化价值，大运河盐文化遗产为古代淮盐生产提供真实的历史场景，为了解区域历史文化提供了重要的依据。盐城地区以盐业运销路线和盐商活动路线为依托，水运线路流经串场河、运盐河、大运河、淮河及支流（涡水、汝水）、长江、汉水、荆江等，途经射阳湖、洪泽湖、鄱阳湖、巢湖、洞庭湖及其支流水系，跨越两淮、皖、江汉、赣等多重文化，与整个江苏乃至全国建立密切联结。受地理环境、人文习俗、物产资源、经济文化等多方面影响，大运河盐文化催生了丰厚的物质文化和非物质文化，对沿途区域的城镇兴衰、聚落形态、建筑风貌、社会结构、经济格局、生活模式、民风习俗等产生深远影响。

其三是经济价值，盐城地区淮盐的生产与运销为我国的古代社会提供巨额财政税收，未来可作为旅游资源为世人展示丰富的大运河盐文化风貌，为区域发展创造经济价值。在知识经济的大背景下，盐城海盐文化对城市的作用在于，不仅丰富了城市的文化底蕴，而且成为城市发展源泉和新的经济增长点。通过盐城海盐文化遗产开发，可以为盐城整体经济发展开辟新的投资项目和市场空间，这也是落实科学发展观的体现。文化产业项目带来经济效益的同时，也使得盐城海盐文化的渗透力不断增强，对盐城经济发展产生促进作用，为盐城城市发展作出贡献，让海盐文化成为盐城对外交流的一张亮丽名片。

其四是社会价值，重塑大运河盐文化，为区域发展提供文化动力。盐城大运河盐文化作为城市文化的精髓，为盐城城市发展提供了强大的精神动力与智力支持，在当今盐城城市飞速发展期，以经济为基础，以海盐文化为依托，让自然与人文和谐，让历史与现代相融，朝着国际化城市迈进，彰显海盐文化特色，成为盐城城市发展的方向。世界上任何一个高水平发展的现代城市，都具有非常强大的辐射能力，对周边地区甚至整个社会产生巨大的影响力，成为区域、国家的先进代表。从城市的辐射力来看，盐城大运河盐文化的发展能够产生强大的社会效益，逐步将盐城发展成为一个文明、开放、充满活力与文化内涵的城市，成为引导地方区域发展的强大动力。

其五是情感价值，盐城地区的人口有许多是苏南地区移民的灶民后代，承载了苏北盐民后人的历史记忆和深厚情感。从城市的整合力来看，通过发挥盐城大运河盐文化巨大影响力，能够增强市民文化自信，激发市民热情，增强市民城市归属感与自豪感，将社会资源最大限度地整合起来，增加城市的凝聚力与创造力，为城市发展提供无形的力量，让城市在潜移默化中增强影响力。

二、盐城市大运河盐文化发展现状与存在问题

（一）传统淮盐业生产与运销遗存缺乏原真性保护

受到民国时期废灶兴垦和中华人民共和国成立后废灶转产的影响，盐城境内大量传统淮盐业生产与运销的文化遗存在近百年内经历了改造和再利用，其作为遗产的原真性在城市现代化建设中遭到了较大破坏。

在场镇方面，串场河沿线自古代起，区域内部经济发展较弱，场镇的规模和形态都较为简单，又常受灾害、战争影响，本身保存情况就不容乐观。近些年大施城镇建设，又对老城空间破坏严重，因此虽然场镇的位置及周围水系基本不变，但城镇内部空间、街巷格局破坏严重，仅草堰、富安、安丰等少数场镇保留了局部城镇历史空间。

在河道方面，里下河水系本身的具体变迁和形成就颇为复杂，随着通榆运河的通航，串场河降低为次要航道，部分段落淤塞，功能下降，原沿海大堤被改建为国道，原线路遭到极大破坏。加之中华人民共和国成立后各级党委和政府在盐城境内组织开展排灌水利工作，许多原先用于引潮和盐运的区域性河道被逐步改造为用于农田水利的排灌，也在一定程度上造成了对传统盐运水路系

统研究和复原的困难。

（二）对城镇体系发展的关注和研究较少

两淮沿海地区城镇的兴起、繁荣与转型皆与淮盐有关，可以说是“因盐而兴，因盐而衰”，大运河盐文化是两淮城镇最为重要的文化标识，关系到沿海城镇体系变迁的始终，不仅影响了城镇的兴衰，也塑造了独特的城镇空间格局。然而，以往对淮盐城市的研究多集中于扬州、淮安等因淮盐运转而兴的地区，对淮盐的生产基地城镇发展的研究关注严重不足。

盐城作为淮盐的重要生产基地，对沿海地区城镇体系的发展有着重要影响，但是目前盐城地区对其盐产和盐运产生的区域性影响关注较少。由于以往对淮盐文化的挖掘大多停留在历史研究层面，对淮盐产区的形成、分区、线路及影响挖掘较弱，其作为产业对区域性城镇体系的影响未引起广泛重视，导致大运河盐文化作为一项脆弱的地域文化正面临巨大挑战，保护规划和开发工作缺乏历史支撑。如今，两淮历史城镇格局完整保存下来的较少，古街巷多仅存格局，古桥、古闸坝等面临大量的改建，古建筑所存更是寥寥，在城镇更新的博弈中，出现大量的假古董，城镇历史空间不断萎缩。

（三）大运河盐文化遗产保护机制不完善

我国的文物单位、自然保护区、风景名胜区都要接受多个主管部门的业务管理和地方各级政府的行政领导，这种职能重叠、纵向分离的文化遗产管理体系，很容易导致条块分割、多头管理的局面。文物部门与建设、规划部门难以协调。文物部门对盐城大运河盐文化遗产保护工作负有不可推卸的责任，但是受管理体制、运行机制、经费、人员、交通工具等条件的限制，目前也处于心有余而力不足的尴尬状况。建立健全盐城大运河盐文化保护机构机制迫在眉睫，保护标准、目标管理、调查收集、整理建档、展示宣传、开发利用，以及资金、编制、人才等一系列问题亟待研究解决。

（四）盐文化与大运河文化缺乏深度结合和宏观规划

大运河盐文化作为一个相对新颖的概念，与近十几年所提的淮盐文化在侧重上有所不同，大运河盐文化更强调淮盐产业是如何通过运河体系产生区域性乃至全国性的辐射影响的。目前来看，盐城地区虽然已经对不少盐业遗产进行了文旅开发，但是针对大运河盐文化遗产的保护和开发仍缺乏整体性、宏观性的工作规划，对大运河盐文化遗产中的显性物质遗存和其背后的隐性文化缺乏应有的重视，对盐文化与大运河文化之间的深度关联挖掘不够充分。在大运河盐文化的发展方面，境内的众多有关资源还没能从宏观层面，也就是大运河文化发展的视角，进行内涵的深入挖掘与阐释。这就导致在保护利用时，虽在内容和形式上紧扣了“盐”的主题，但却未能更充分地融入城市本身的历史根源和文化气质，也无法从江苏乃至全国的范围认识到盐城自身的历史和文化价值。

三、盐城市大运河盐文化未来保护利用发展建议

盐城地区大运河盐文化的相关遗存是江苏东部沿海地区文化遗产的重要组成部分。在未来发展上，应注重整体的保护，尊重历史氛围与大运河盐文化内在价值的延续，动态地保护水文地貌、河网格局，保留居民的生活方式、文化习俗，保护城镇格局、建筑风貌的真实性与完整性。

（一）加强盐运河道遗产本体的保护与其生态文明建设

明确调查市境内以串场河、泰东河等为代表的古盐运河道及各古盐场城镇遗留至今的场河遗迹范围，划定生态红线，对河道类遗产的本体进行针对性保护。加大对古盐运河道环境景观的控制力度，建立环境整治及建设项目的事前、事中、事后管理，加强河道类遗产本体及周边环境整治，持续开展针对违章建设、违规排放和小码头、小砂场、小企业等的综合环境整治工程，分段明确整治目标和责任，并形成长效管理和监督机制。对古盐运河道周边进行环境美化工程，其中，尤其以串场河、泰东河为主线，打造高质量的城市绿线，将水域空间与绿地景观、人文景观有机结合起来。

（二）加强大运河盐文化古镇的保护利用和文旅融合

历史村镇是运河多元文化的重要载体，与运河传统风貌有密切关系。盐城市境内留有许多基于古盐场、盐仓发展而来的历史村镇，如伍佑镇、草堰镇、安丰镇、富安镇、西溪镇、便仓镇等。当前这些历史村镇的文旅发展有待进一步提升，盐城市应加强保护盐文化古镇的城镇格局，保持传统街巷的尺度与肌理，对不符合历史城镇建设的违规建筑予以拆除、仿古重建，对已消失的相关重要景观进行原址复建。注重传承古镇与古村独特的民间工艺、民俗活动、民间传说、传统体育和节庆文化，振兴传统手工艺，带动文化旅游的融合发展。在对古镇进行整体规划的过程中，加强大运河盐文化氛围的培育，以点带面，积极融入江苏大运河文化带建设。

（三）构建盐城市大运河盐文化宣传体系

盐城市在以往工作中十分注重当地淮盐文化的研究和宣传，已具备较好基础，但由于之前认识上的局限，在宣传展陈方面尚未有效地揭示本地淮盐文化与大运河的密切联系。未来，盐城市将重点构建盐城市大运河盐文化宣传体系，强化与大运河文化体系的关联，全方位、多层次、多角度反映和展现盐城与中国大运河之间的历史关联和文化纽带。改造提升海盐博物馆及区县博物馆展陈，新建设一批具有鲜明特色的运河主题文博场馆和遗址展示区段，如串场河博物馆等。加强群众对大运河文化的认识，提升群众参与度，形成立体式、综合式传承的良好趋势。通过系统规划大运河盐文化宣传体系，找准盐城市在江苏大运河文化带中的自身地位，揭示大运河与盐城的特殊内在联系，与其他运河城市形成错位发展。

（四）发掘地方性文化资源，打造大运河盐文化品牌

围绕“运河文化”主题，充分挖掘利用盐城市地方性文化资源，发展文化创意产业，打造具有地方特色的大运河盐文化品牌。以盐城大运河文化中的名人遗产为着手点，全面系统搜集整理盐城境内与大运河相关的珍闻趣事、民间传说、民谚歌谣等，并结合盐运河道沿岸的民俗、音乐、节庆、美食、诗词文化等非物质文化遗产，组织力量集中创作一批优秀文学艺术作品、舞台艺术作品、影视剧作品、盐运主题美术作品等运河文化作品。积极整合可利用的文化资源，打造盐城大运河文化精品 IP，讲好盐城大运河故事，展示盐城大运河魅力，推进文旅深度融合。

（五）进一步挖掘拓宽大运河盐文化的遗产内涵

要组织专门力量，对以串场河、泰东河为代表的古运盐河沿线的地上、地下文物遗存以及非物质文化遗产进行系统、全面、规范的摸底调查，进一步梳理盘清盐城境内大运河文化资源保存现状和文化资源家底，及时、全面掌握遗产点的保护情况，丰富和充实盐城大运河遗产的内涵与外延。对近年来新发现的运河遗址、遗迹，依据价值评估和保护需求推荐公布为相应级别的文物保护单位，尽快开展保护和修复工作，借此契机，可以完善盐城文化遗产保护利用机制，解决过去长期存在的问题，大力提升盐城文化遗产保护利用水平。通过进一步发现、研究市境内的大运河盐文化有关遗产，让盐城大运河文化遗产的独特价值呈现在世人面前，用更加丰富的实物证明盐城在江苏大运河文化带中不可或缺的重要地位。

盐城是江苏段大运河文化不可分割的核心文化组成部分，同时，作为国家沿海发展和长三角一体化战略的交汇点，其“京沪东线”的重要节点必将在大运河文化带建设中发挥独特的作用。盐城市应抢抓机遇，积极投身江苏段大运河文化带建设。在盐城为大运河文化贡献力量的同时，大运河文化的整体建设也能促进盐城自身的文化发展，实现双赢。我们应“保护好、利用好、传承好”盐城境内保存的极其丰富的大运河盐文化资源，完善大运河（江苏段）的文化体系，为江苏大运河文化带的建设贡献盐城智慧和盐城力量，让大运河文化带建设成为江苏文化一体化建设及美丽江苏建设的重要抓手，早日使大运河成为江苏的文化标识，成为江苏面向世界的最宏大的文化金名片、文旅融合的大系统、生态文明建设的大网络。

附录一：
盐城地区大事年表

年代数据			事件简述
朝代	历史纪年	公元	
秦			属东海郡，已兴煮盐铸铁之利。
西汉	汉高帝六年	前 201	正月，封刘缠（即项伯，归汉后赐姓刘）为射阳侯，县境为射阳侯国封地。
西汉	汉惠帝三年	前 192	刘缠死，射阳侯国废，境内为射阳县地。
西汉	元狩四年	前 119	分射阳县东部置盐渎县（一说元狩四年前置），属广陵郡。置盐铁官署，管理盐务。
西汉	元狩六年	前 117	县属临淮郡。
东汉	建武十八年	42	县复属广陵郡。
东汉	熹平元年	172	孙坚（孙权之父）任盐渎县丞。
东汉	建安十八年	213	曹操恐滨江郡县为孙权所夺，迫令广陵郡县人口迁徙，境内人口逃散，“地虚不居者数百里”。
东汉	建安二十五年	220	废盐渎县。
西晋	太康二年	281	复置盐渎县。
东晋	义熙年间	405—418	射阳、盐渎两县废，其地分置盐城、东城、左乡、山阳 4 县。盐城始有其名，县属山阳郡。
南北朝	北齐天保—武平年间	550—576	于盐城立射阳郡，辖盐城、东城 2 县。
南北朝	陈太建年间	569—582	改射阳郡为盐城郡，仍辖盐城、东城 2 县。
隋	开皇年间	581—600	盐城郡废，县属楚州。
隋	大业九年	613	两淮义军杜伏威部与隋将公孙上哲部战于盐城，大败隋军，义军将领韦彻占据盐城。

年代数据			事件简述
朝代	历史纪年	公元	
隋	隋末		韦彻于盐城置射州，分盐城为射阳、新安、安乐 3 县。
唐	武德七年	624	射州废，复并 3 县为盐城县，隶属楚州。
唐	长安二年	702	日本遣唐使因途中遇风，船达县境，受到热情款待，休整两天后去往长安。
唐	乾元元年	758	置盐城监，以管楚州境内盐务。
唐	大历年间	766—779	为御海水泛滥，淮南黜陟使李承主持修筑常丰堰（捍海堰）。
唐	元和十一年	816	冬，新罗王子金士信来唐，途遇恶风，船漂县境。
五代十国	南唐	937—975	置新兴场（盐场），县境隶属泰州。
北宋	开宝年间	968—976	泰州知州王文祐增修捍海堰。
北宋	太平兴国三年	978	县境复属楚州。
北宋	天圣元年	1023	西溪盐官范仲淹主持重修捍海堰，天圣六年秋竣工，计长 90.5 千米。
南宋	建炎二年	1128	黄河夺淮，经县境以北入海。
南宋	建炎三年	1129	正月，宋将韩世忠部溃于沭阳，退至盐城；三月，收容散兵。
南宋	绍兴元年	1131	三月，宋将张荣击败金兵于缩头湖（大纵湖南）及九里泾。
南宋	绍兴年间	1131—1162	三次修筑盐城土城。
南宋	绍兴三年	1133	四月，明州守将徐文叛宋，投靠齐帝刘豫入侵盐城，盐城代理知县刘舜士率民守境御敌。
南宋	绍兴五年	1135	知县徐挺之建常丰仓。
南宋	绍兴三十一年	1161	九月，金人完颜亮大举入侵，孔道以孤军守盐城。
南宋	隆兴元年	1163	金兵入侵，宋将陈敏与金兵战于射阳湖，败于金水师，船只被焚。

年代数据			事件简述
朝代	历史纪年	公元	
南宋	开禧二年	1206	两淮大饥，盐城灶民卞整聚众起事，率部攻克盐城、泰州、天长等地。后失败，卞整以千人投降官府。
南宋	绍定三年	1230	十月，李全发兵攻扬州，其部将入据盐城。
南宋	绍定四年	1231	县属宝应州。又三年，县属淮安州。
南宋	咸淳五年	1269	两淮制置使李庭芝开浚今串场河南段。
元	至元十三年	1276	县改属淮安路。
元	大德四年	1300	境内盐区推行关防之法，凡垣商卖盐，均需经批验所验证，并交纳牙钱。
元	延祐年间	1314—1320	新兴场开凿运盐河。
元	至正十三年	1353	张士诚起义军与元军先后转战于大纵湖、庙湾一带。
元	至正十五年	1355	重修盐城城池。
元	至正二十六年	1366	吴王朱元璋命徐达、常遇春攻取盐城。
明	洪武元年	1368	于县城东北隅创建县署，县属淮安府。
明	洪武三十年	1397	建盐城守御千户所。
明	永乐九年	1411	海水泛滥，海堤倒塌，总兵官陈瑄带民夫 40 万人修筑海门至盐城海堤。
明	永乐十六年	1418	防倭（倭寇）指挥杨清、守御千户冯善重修城池，改土城为砖城，并新建月城和东、西、北城楼三座。
明	嘉靖十年	1531	为纪念南宋左丞相陆秀夫，于县城建陆公祠。
明	嘉靖十七年	1538	县丞胡鳌督修境内范公堤。
明	嘉靖十八年	1539	七月，海水溢至县城，民、畜溺死者以万计，庐舍漂没无数。

年代数据			事件简述
朝代	历史纪年	公元	
明	嘉靖三十六年	1557	三月，倭寇从山阳县大海口闯入县境，抢掠后由盐城至庙湾入海。
明	嘉靖三十八年	1559	倭寇再次入侵，冲击城门时头领中箭而逃，从庙湾逃遁出海。
明	嘉靖三十八年	1559	明廷派通政使唐顺之视师盐城，于诸海口设兵把守。并在范公堤外建造上百座烟墩，每墩驻军 10 人不等。一遇倭寇入侵，驻军立即举火报警。
明	嘉靖四十五年	1566	教谕郑文升于儒学街建范公祠，纪念范仲淹。
明	隆庆三年	1569	六月，海水倒灌；七月，淮水泛滥，浩如大海，民多饥死。
明	万历五年	1577	淮水大溢，民庐漂没殆尽，百姓逃移者三分之二。
明	万历十一年	1583	春，知县杨瑞云主持编纂的第一部《盐城县志》问世。
明	万历十四年	1586	五月，淮水涨漫，决范家口奔盐城，禾稼、屋庐尽没。
清	顺治二年	1645	六月，江南总督沈文奎命降将刘泽清取盐城，盐城知县何文郁抗清殉职。
清	顺治四年	1647	九月，冈门诸生厉豫假借已故南明弘光大学士史可法之名，起兵反清，攻克庙湾等地，后兵败殉难。
清	顺治七年	1650	设盐城营游击，水陆军兼有，额定马步战守兵 800 名，所辖海面南北 320 里。
清	康熙七年	1668	疏浚新洋港。
清	康熙十二年	1673	洪泽湖水泛滥，淹没盐城农田，民溺死无数。
清	康熙二十四年	1685	设江海关庙湾分口，按江海关则例，对过往商船征税。
清	康熙四十年	1701	河道总督张鹏翮派员督浚东、西塘河。
清	康熙四十五年	1706	都统孙渣齐督浚射阳河、串场河。
清	雍正二年	1724	七月十八日，飓风大作，海潮灌县城。

年代数据			事件简述
朝代	历史纪年	公元	
清	雍正九年	1731	析山阳县东境，盐城县北境置阜宁县。
清	乾隆三年	1738	大理寺卿汪漋、副宪德尔敏奉旨督浚北串场河。次年，疏浚东、西塘河。
清	乾隆七年	1742	知县程国栋召集沈俨、王巨、谢弘宗等人，纂修《盐城县志》，志成共 10 卷。十二年，知县黄垣委原纂修人在程国栋所编稿本的基础上进行修改刻印。
清	乾隆八年	1743	知县黄垣领建圩堤，境内合陇堤等于此时筑成。
清	乾隆二十六年	1761	于东闸（石口闸）、北闸（天妃闸）设江海关分口，对过往商船征税。
清	乾隆三十年	1765	新兴场盐课司署迁上冈镇。
清	乾隆三十三年	1768	置东台县。
清	咸丰十年	1860	太平军攻占清江浦，境内地主富豪以圩区为单位，兴办团练，训练乡勇，对抗太平军东下。
清	同治元年	1862	正月，捻军攻陷阜宁，旋南下谋攻盐城，守备江文华率师登城防守，补道杜文澜、副将刁经明率师援盐城，于天妃闸筑土城防卫，相持七天未克，捻军北撤。
清	同治八年	1869	镇江籍商人在上冈创办宏兴昌蛋厂，为盐城境内最先出现的近代工厂。
清	同治九年	1870	海疆不靖，漕运总督张子万奏请朝廷建立淮海水师右营，驻防盐城之新洋港、斗龙港及阜宁之庙湾海口、黄河口，出洋巡缉。
清	光绪十年	1884	七月，法军入侵福建。八月，盐城营游击陈金福奉令遣兵 200 人，屯新洋港海口。
清	光绪二十年	1894	十月，日军入侵奉天，盐城营游击陈金福派兵分屯新洋港、斗龙港两海口。是月，两江总督兼南洋大臣刘坤一传令盐城县，严禁奸商贩米出洋接济日军。未几，直隶总督兼北洋大臣李鸿章给直隶商人执照，令盐城放米出洋。
清	光绪二十一年	1895	邑人陈玉澍总纂的《盐城县志》刻印成书。
清	光绪二十二年	1896	重建天妃正闸。次年，闸成。

年代数据			事件简述
朝代	历史纪年	公元	
清	光绪二十六年	1900	新兴、伍佑盐场放垦，办理樵地“升科”。
清	光绪三十四年	1908	大达轮船公司在盐城设局，盐邵（伯）班、盐阜（宁）班、盐益（林）班和湖（垛）泰（州）班等 9 条航线相继开航。
清	宣统三年	1911	九月，清江十三协反清东下，据建阳、湖垛。十月，盐城宣告光复，成立盐城县民政署，设民政长。
中华民国	元年	1912	国民党盐城县支部成立，宋润（宋泽夫）任部长。2 月，扬州军政分府徐宝山率部驻盐城。11 月，设县公署，改民政长为县知事。
中华民国	三年	1914	北洋军阀政府于盐城设淮南垦务局，在沿海废灶兴垦。
中华民国	八年	1919	5 月，“五四”运动兴起，盐城学生奋起结队游行。宋泽夫撰写《圣人不死，大盗不止》等犀利文章猛烈抨击北洋军阀，呼吁救国。
中华民国	九年	1920	岑春煊等呈请扬州两淮盐运使公署批准，在县境伍佑场范公堤东兴办泰和盐垦公司。
中华民国	十二年	1923	2 月，上冈部分知识青年组织“共进社”。其宗旨为:“砥砺德行，交换智识，谋乡梓公共事业之进步”。该社成立后，以通俗揭示和通俗格言等向平民灌输反帝反封建思想。
中华民国	十三年	1924	中国国民党盐城县党部秘密建立，王翰卿、仇一民、郑达为负责人。
中华民国	十四年	1925	6 月 15 日，盐城两万余人集会、游行，反对英、日帝国主义的暴行，向报界发声援电。
中华民国	十五年	1926	7 月，大冈成立国民党盐城县第一区分部。
中华民国	十六年	1927	4 月，军阀孙传芳部 20 余万人沿范公堤北退至盐城，强行征索钱粮、民夫、车船，先后勒索达 27 万余元。 7 月，国民党盐城县特别委员会成立。 8—9 月，中共党员、上海工人李润生回家乡南舍一带进行革命活动，发展党员；中共江苏省委派黄进来盐指导工作，帮助发展党的组织。

年代数据			事件简述
朝代	历史纪年	公元	
中华民国	十七年	1928	1月，中国共产党盐城县委员会（简称中共盐城县委）成立（一说成立于1927年冬）。 4月，伍佑场正便乡灶民书写哀告书，共列泰和公司罪状9条，向社会揭露其对灶民残酷剥削和压迫。 8月，因泰和公司放大盐桶、压低盐价、增收灶田捐、开枪杀人，中共盐城地下党组织发动东海、伍佑等地灶民两千多人，向伍佑盐场公署发起声势浩大的集体请愿斗争，迫使泰和公司作出让步。
中华民国	二十一年	1932	冬，胡鼎新（胡乔木）、乔冠军、邱剑鸣（胡扬）于盐城先后创办《海霞》（半月刊）和《文艺青年》两刊物，宣传革命思想，引导青年走革命道路。 新洋港裁弯，并挑天妃、石两闸引河。
中华民国	二十二年	1933	4月，民国江苏省政府在盐城设第十行政督察区专员公署，辖盐城、阜宁、兴化3县。董汉槎为专员，兼盐城县长。 8月，中共盐阜县委书记嵇荫根在阜宁被捕自首，后任国民党盐城县特务室特务员，搜捕共产党员，致使阜宁、盐城两县地下党组织遭受严重破坏。
中华民国	二十三年	1934	2月，江苏省改第十行政督察区为盐城区，辖盐城、阜宁、兴化、东台4县，于盐城城隍庙设行政督察专员公署。
中华民国	二十五年	1936	邑人胡应庚（胡启东）、陈中凡总纂《续修盐城县志》成书印行。 6月，省令改盐城区为江苏省第六行政督察区。
中华民国	二十七年	1938	3月30日，盐城首次遭日机轰炸。4月24日，日军从东台北犯盐城。4月26日，日军侵占伍佑、盐城、冈门。28日，侵占新兴场、上冈。
中华民国	二十九年	1940	10月初，为策应黄桥战役，八路军五纵队由淮海区迅速东进，渡过盐河南下。东进北上的新四军与南下的八路军在白驹狮子口会师，成立了华中总指挥部。 10月15日，县抗日民主政府成立。 11月23日，刘少奇、陈毅由海安到达盐城。新四军、八路军华中总指挥部同时迁至盐城，驻文庙。 11月，新四军苏北军政学校与八路军五纵队教导队合并成立中国人民抗日军事政治大学第五分校。陈毅兼任校长、政委，校址设在原省立盐城中学。 12月2日，中共中央中原局机关报《江淮日报》在盐城创刊。刘少奇兼任社长，社址设在盐城女中。

年代数据			事件简述
朝代	历史纪年	公元	
中华民国	三十年	1941	2月8日，鲁迅艺术学院华中分院（简称鲁艺华中分院）在盐城贫儿院旧址举行成立大会和开学典礼。 5月中旬，中共中央革命军事委员会新四军军分会在盐城重新成立，由刘少奇、陈毅、邓子恢等5人组成，刘少奇任军分会书记。 9月，成立盐阜区行政公署。辖盐城、盐东、建阳、阜宁、阜东、淮安、涟水7县和涟灌阜边区办事处。
中华民国	三十四年	1945	10月30日，新四军苏中部队和盐阜军分区部队发起盐城战役。次日，对伍佑汪伪军三十九师发起攻击，活捉伪师长潘子明以下1800人。
中华民国	三十五年	1946	4月25日，改盐城县为叶挺县（盐城也随之改为叶挺城）。 12月上旬，华中野战军在盐城以南伍佑一带进行盐城保卫战，歼灭国民党军5000余人。
中华民国	三十六年	1947	9月，撤销城区，市区部分成立叶挺市，农村部分成立龙冈区。
中华民国	三十七年	1948	8月底，国民党第二十五师离境，盐城县全境解放。
中华民国	三十八年	1949	4月21日，成立盐城专区，辖盐城、射阳、建阳、阜宁、淮安、滨海、涟东7县。专员公署驻盐城镇。
中华人民共和国		1950	1月11日，原泰州专区的东台、台北2县划归盐城专区。
中华人民共和国		1953	1月1日，江苏省人民政府成立，设盐城专区。盐城专区辖盐城、淮安、滨海、阜宁、射阳、建湖、大丰、东台8县。
中华人民共和国		1954	淮安县划归淮阴专区。盐城专区辖7县。
中华人民共和国		1966	以滨海县中山河以北地区析出响水县（驻响水镇）。盐城专区辖8县。
中华人民共和国		1971	5月，盐城专区改称盐城地区，辖盐城、响水、滨海、阜宁、射阳、建湖、大丰、东台8县。
中华人民共和国		1983	撤销盐城地区和盐城县，设立省辖盐城市。原盐城县盐场镇范围设置为市城区，农村范围设置为市郊区。
中华人民共和国		1996	7月，市郊区改盐都县；8月，大丰撤县改市。
中华人民共和国		2003	市城区更名亭湖区，撤销盐都县，设盐都区。
中华人民共和国		2015	撤销大丰市，设盐城市大丰区。

附录二：明清时期盐城地区盐业相关区域图

1. 中十场总图（清康熙《淮南中十场志》）

2. 淮安分司十场灶地总图（清康熙《两淮盐法志》）

3. 泰州分司十场灶地总图（清康熙《两淮盐法志》）

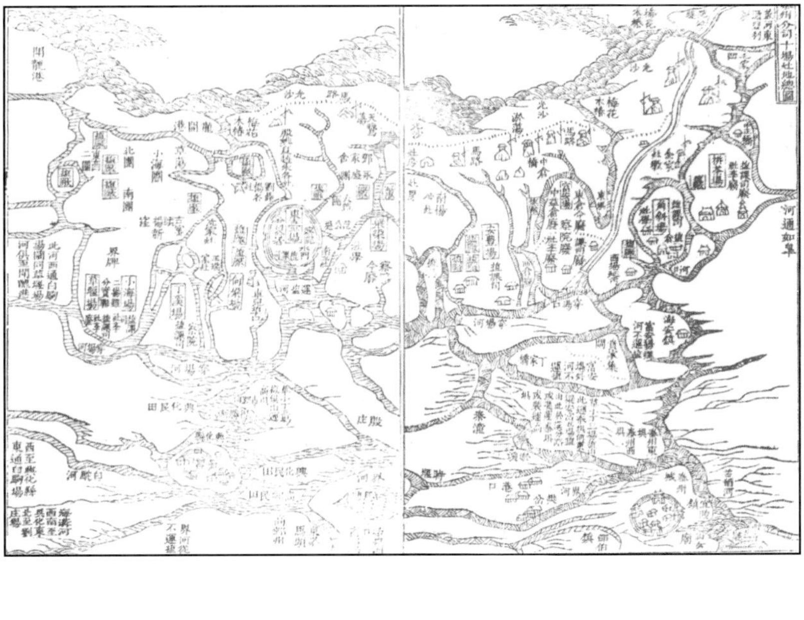

4. 通泰各场浚河车水总图（清康熙《两淮盐法志》）

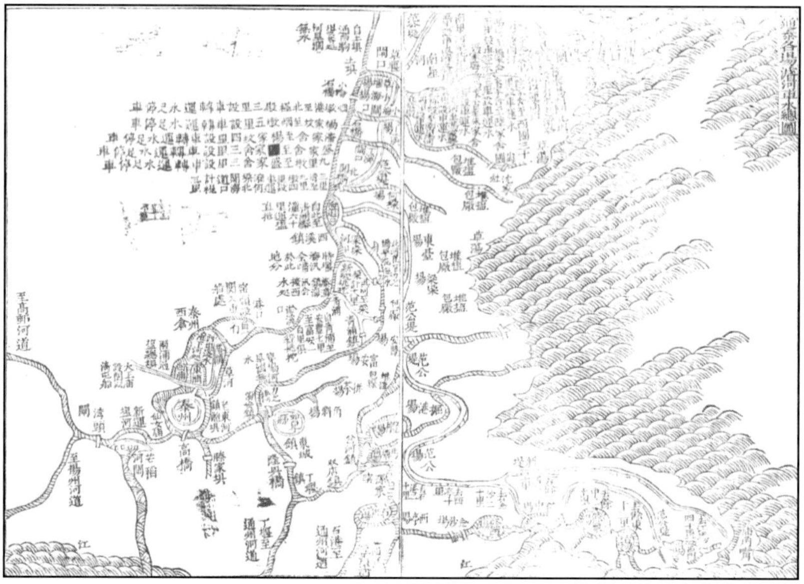

参考文献

著述

傅崇兰：《中国运河城市发展史》，四川人民出版社，1985 年。

草堰乡编史修志领导小组：《草堰乡志》（内部发行），1985 年。

史念海：《中国的运河》，陕西人民出版社，1988 年。

《江苏盐业史略》编写组：《江苏盐业史略》，江苏人民出版社，1988 年。

水利部淮河水利委员会《淮河水利简史》编写组：《淮河水利简史》，水利电力出版社，1990 年。

东台镇志编写组：《东台镇志》，东台市东台镇人民政府，1990 年。

东台市地方志编纂委员会：《东台市志》，江苏科学技术出版社，1994 年。

张謇：《张謇全集》，江苏古籍出版社，1994 年。

射阳县地方志编纂委员会：《射阳县志》，江苏科学技术出版社，1997 年。

裴熙健主编：《盐城市水利志》，方志出版社，1999 年。

江苏省大丰市盐务管理局：《大丰盐政志》，方志出版社，1999 年。

盐城市地方志编纂委员会：《盐城市志》，江苏科学技术出版社，1998 年。

盐城市政协学习文史委员会：《史海盐踪——盐城海盐文化历史遗存（盐城文史资料第 28 辑）》，中国文史出版社，2016 年。

小海镇志编纂委员会：《小海镇志》，江苏人民出版社，2016 年。

陆玉芹主编：《江苏地方文化史·盐城卷》，江苏人民出版社，2020 年。

论文及期刊文章

南京博物院：《江苏射阳湖周围考古调查》，《考古》1964 年第 1 期。

江苏省文物管理委员会，南京博物院：《江苏盐城三羊墩汉墓清理报告》，《考古》1964 年第 8 期。

杨怀仁、谢志仁：《中国东部近 20000 年来的气候波动与海面升降运动》，《海洋与湖沼》1984 年第 1 期。

叶劲：《元代新兴场典史崔彬古墓发现记》，《东南文化》1988 年第 6 期。

凌申：《江苏沿海两淮盐业史概说》，《盐业史研究》1989 年第 4 期。

吉成名：《唐代盐产地的研究》，《温州师范学院学报（哲学社会科学版）》

1989 年第 1 期。

凌申：《全新世以来苏北平原古地理环境演变》，《海洋科学进展》，1990 年第 4 期。

罗庆康：《刘濞煮盐析》，《盐业史研究》1994 年第 4 期。

徐琛：《圆仁入唐求法通如之旅路线考》，《东南文化》1995 年第 4 期。

建湖县博物馆：《建湖县沿岗地区出土汉墓群》，《东南文化》1996 年第 1 期。

朱诚、程鹏、卢春成、王文：《长江三角洲及苏北沿海地区 7000 年以来海岸线演变规律分析》，《地理科学》1996 年第 3 期。

凌申：《全新世以来里下河地区古地理演变》，《地理科学》，2001 年第 10 期。

曹金华：《隋代以前两淮盐业经济考述》，《扬州大学学报（人文社会科学版）》2003 年第 5 期。

夏春晖：《海盐文化论》，《盐城工学院学报（社会科学版）》，2006 年第 1 期。

夏春晖：《江淮东部沿海海盐发展的历史见证——串场河》，《汉唐社会经济与海盐文化学术研讨会论文集》，盐城，2008 年。

李青淼：《唐代盐业地理》，博士学位论文，北京大学，2008 年。

吉成名：《元代食盐产地研究》，《四川理工学院学报（社会科学版）》2008 年第 3 期。

吉成名：《江苏海盐产地变迁》，《扬州大学学报（人文社会科学版）》，2016 年第 1 期。

陈饶：《江淮东部城镇发展历史研究》，博士学位论文，东南大学，2016 年。

鲍俊林：《明清两淮盐场“移亭就卤”与淮盐兴衰研究》，《中国经济史研究》，2016 年第 1 期。

李岚、李新建：《江苏沿海淮盐场治聚落变迁初探》，《现代城市研究》，2017 年第 12 期。

张晓莉：《淮盐运输沿线上的聚落与建筑研究——以清四省行盐图为蓝本》，硕士学位论文，华中科技大学，2018 年。

古典文献

〔战国〕左丘明：《国语》，中华书局，2013 年。

〔战国〕左丘明：《春秋左传注疏》，浙江大学出版社，2015 年。

〔西汉〕刘安：《淮南子》，中华书局，2012 年。

〔汉〕司马迁：《史记》，中华书局，1998 年。

〔汉〕班固等：《汉书》，中华书局，1998 年。

〔汉〕桓宽：《盐铁论》，中华书局，2015 年。

〔晋〕陈寿：《三国志》，中华书局，2011 年。

〔南朝〕范晔等：《后汉书》，中华书局，1998 年。

〔唐〕魏征等：《隋书》，中华书局，1998 年。

〔唐〕李吉甫：《元和郡县图志》，中华书局，2008 年。

〔五代〕刘昫：《旧唐书》，中华书局，1998 年。

〔宋〕欧阳修、宋祁等：《新唐书》，中华书局，1998 年。

〔宋〕江少虞：《宋朝事实类苑》，上海古籍出版社，1981 年。

〔北宋〕乐史：《太平寰宇记》，中华书局，2007 年。

〔北宋〕司马光：《资治通鉴》，中华书局，1998 年。

〔北宋〕王溥：《唐会要》，上海古籍出版社，2006 年。

〔北宋〕王存：《元丰九域志》，中华书局，2019 年。

〔元〕脱脱等：《宋史》，中华书局，1998 年。

〔元〕陈椿：《熬波图笺注》，商务印书馆，2019 年。

〔明〕宋濂、王祎：《元史》，中华书局，1998 年。

〔明〕杨洵：《万历扬州府志》，广陵书社，2019 年。

〔明〕朱廷立：《盐政志》，国家图书馆出版社，2011 年。

〔明〕陈聘、史起蛰、张矩：《嘉靖两淮盐法志》，方志出版社，1999 年。

〔清〕顾祖禹：《读史方舆纪要》，中华书局，2005 年。

〔清〕刘文淇：《扬州水道记》，江苏广陵书社有限公司，2011 年。

〔清〕张廷玉等：《明史》，中华书局，1998 年。

〔清〕谢开宠等：《康熙两淮盐法志》，广陵书社，2015 年。

〔清〕史起蛰：《嘉庆两淮盐法志》，广陵书社，2015 年。
〔清〕赵尔巽等：《清史稿》，中华书局，2015 年。
〔清〕噶尔泰：《敕修两淮盐法志》，广陵书社，2015 年。
〔清〕王安定：《光绪重修两淮盐法志》，广陵书社，2015 年。
〔清〕周佑，蔡複午：《嘉庆东台县志》，成文出版社，1970 年。
〔清〕周庆云：《盐法通志》，文明书局铅印本，1914 年。
林懿均：《民国续修盐城县志》，江苏古籍出版社，1999 年。
胡应庚等：《续修盐城县志》，江苏古籍出版社，1999 年。
焦忠祖、庞友兰：《阜宁县新志》，江苏古籍出版社，1991 年。